中国法学会立法学研究会学术丛书

中国法学会法治研究基地・中国人民大学法治评估研究中心
彭真民主法制思想研究与教育基金成果

新时代的中国立法——中国法学会立法学研究会2018年年会论文集

主　　编　朱景文　沈国明
执行主编　冯玉军

XINSHIDAI DE ZHONGGUO LIFA——
ZHONGGUO FAXUEHUI LIFAXUE YANJIUHUI
2018NIAN NIANHUI LUNWENJI

法律出版社
LAW PRESS・CHINA

目录

第一编　人大主导立法与立法体制创新

第二编　监察立法与备案审查制度

第三编　科学立法与民主立法

第四编　法律体系的完善

第五编　改革问题与新兴问题的立法探索

第六编　立法理论与立法方法

完善法律体系，推进良法善治（代序）

冯玉军*

建设中国特色社会主义法治体系，必须坚持立法先行，发挥立法的引领和推动作用，抓住提高立法质量这个关键。党的十九大宣告中国特色社会主义进入了新时代。《宪法》第五修正案和《党和国家机构改革方案》的颁布，将全面依法治国新征程推向一个更高的发展境界。在此战略布局中，习近平总书记关于立法工作的重要论述更是为完善以宪法为核心的中国特色社会主义法律体系和科学民主立法提供了根本遵循和重要指引。

这个思想主要包括以下内容：完善以宪法为统帅的中国特色社会主义法律体系，把国家各项事业和各项工作纳入法制轨道是基本任务；树立宪法权威、完善宪法监督体制机制是基本前提；完善立法体制是基本要求，要求加强党对立法工作的领导、发挥人大在立法工作中的主导作用、加强和改进政府立法制度建设、实现立法和改革相衔接、赋予设区的市地方立法权等；深入推进科学立法、民主立法是基本途径；加强重点领域立法是基本内容，要求完善公民权利保障、市场经济、民主政治、先进文化、民生与社会治理、生态文明法律制度等。

一、完善立法体制机制

改革开放以来，根据宪法、立法法、地方组织法等法律的规定，我国逐渐构建起统一而又分层次的立法体制。从现实发展看，现行立法体制总体上适应改革开放 40 年来我国经济社会发展需要，功不可没，但也暴露出不少问题。习近平

* 冯玉军，中国人民大学法学院教授、博士生导师，中国法学会立法学研究会副会长兼秘书长，中国人民大学习近平新时代中国特色社会主义思想研究院副院长。

指出："各有关方面都要从党和国家工作大局出发看待立法工作，不要囿于自己那些所谓利益，更不要因此对立法工作形成干扰。要想明白，国家和人民整体利益再小也是大，部门、行业等局部利益再大也是小。彭真同志说立法就是在矛盾的焦点上'砍一刀'，实际上就是要统筹协调利益关系。如果有关方面都在相关立法中掣肘，都抱着自己那些所谓利益不放，或者都想避重就轻、拈易怕难，不仅实践需要的法律不能及时制定和修改，就是弄出来了，也可能不那么科学适用，还可能造成相互推诿扯皮甚至'依法打架'。这个问题要引起我们高度重视。"①古人云："法令行则国治，法令弛则国乱。"②"明法者强，慢法者弱。"③在改革进入攻坚区和深水区的历史新阶段，如何更好地发挥立法的引领和推动作用，关系到全面深化改革能否顺利推进，更关系到改革的成果能否巩固和持久。完善立法体制的关键在以下几个方面。

（一）加强党对立法工作的领导

党领导人民制定宪法和法律，是党的领导在社会主义法治建设方面的具体体现，也是党坚持依法执政的重要内容。加强党对立法工作的领导，完善党对立法工作中重大问题决策的程序。2018年宪法修正案增加了中国共产党领导是中国特色社会主义最本质的特征的规定，充实了坚持和加强中国共产党全面领导的内容。我们讲依法治国，就是广大人民群众在党的领导下，依照宪法和法律的规定，通过各种途径和形式管理国家事务，管理经济和文化事业，管理社会事务，保证国家各项工作都依法进行，逐步实现社会主义民主的制度化、法律化，这个概念内在包含着党领导立法的意思；我们讲依宪治国、依宪执政，不是要否定和放弃党的领导，而是强调党领导人民制定宪法和法律，党自身必须在宪法和法律范围内活动。

党的领导为立法工作提供科学的思想指导、政策引导和组织领导，对于确保立法代表最广大人民的根本利益、始终保持立法的正确方向、维护社会主义法制的统一和尊严、有效防止立法中的部门利益和地方保护主义法律化具有重要意义。

---

① 参见习近平：《在十八届中央政治局第四次集体学习时的讲话》，2013年2月23日。

② （东汉）王符：《潜夫论·述赦》

③ （战国）韩非：《韩非子·饰邪》

坚持党对立法工作的领导。要全面贯彻落实党中央确定的立法工作目标任务，严格落实立法工作向党中央和省区市党委请示报告制度。需要党中央和省区市党委研究的重大立法事项、法律规章起草及审议中涉及的重大体制、重大政策调整问题等事项，中央和地方立法机关党组应及时主动向党中央和同级党委请示报告，不折不扣贯彻落实党中央决策部署，把党的领导贯彻到立法工作的全过程和各个方面。中央和地方立法机关党组，应当在所在单位发挥领导核心作用，认真履行政治领导责任，做好理论武装和思想政治工作，负责学习、宣传、贯彻执行党的理论和路线方针政策，贯彻落实党中央和上级党组织的决策部署，发挥好把方向、管大局、保落实的重要作用。

坚持党对立法工作的领导，党本身也要遵守《宪法》和《立法法》以及其他法律的规定，认真履行党要管党、从严治党责任。党组议事决策应当坚持集体领导、民主集中、个别酝酿、会议决定，重大决策应当充分协商，实行科学决策、民主决策、依法决策。指导立法工作，要坚持运用法治思维、法治原则、法治方式，实现党对立法工作领导的制度化、规范化、程序化，保证党的路线方针政策的贯彻实施，使这种制度和法律不因领导人的改变而改变，不因领导人的看法和注意力的改变而改变。

（二）健全有立法权的人大主导立法工作的体制机制

我国现行《宪法》规定："中华人民共和国全国人民代表大会是最高国家权力机关"、"是行使国家立法权的国家机关。"《立法法》则对全国人民代表大会及其常委会、地方人民代表大会及其常委会的立法权限作了系统界定。

充分发挥人大在立法工作中的主导作用。第一，要在党的集中统一领导下，加强人大及其常委会对立法工作的组织协调和综合指导，严谨科学地制定常委会五年立法规划，完善立法体制机制，加强立法工作组织协调，增强立法的及时性、系统性、针对性、有效性。按照立法规划、计划，把好立项关，科学合理地安排立法进度，健全相关专门委员会、常委会工作机构组织起草重要法律草案机制，推动和督促有关方面按照立法规划计划及时组织起草法律草案。涉及改革任务举措的立法项目，有关专门委员会、常委会工作委员会要主动同相关政府部门沟通协调，共同做好立法起草、论证、协调、审议工作。第二，发挥立法机关在表达、平衡、调整社会利益方面的重要作用,完善立法论证、听证、评估机制,建立对重大利益调整的论证咨询制度,制定立法项目征集和论证工作规范。第三,要明确人大和常委会的立法权限划分,逐步增强人大自身的立法职能以体现立法的人民性和民主性,同时以人大及其常委会为中心展开有效的法律监督,保证行政立法和地方立法与宪法法律的统一,从体制机制和工作程序上有效防止部门利益和地方保护主义法律化,解决立法授权过于笼统、适用范围和期限不明确、缺乏有效监督的问题。第四,对法律需要制定配套法规的,有关专门委员会、常委会工作委员会要督促有关单位和地方按照要求制定、修改、清理配套法规。第五,尊重人大代表主体地位,把办理好人大代表依法提出的议案、建议与立法工作紧密结合起来,邀请人大代表参与立法评估、调研、审议,为其提供相关立法参阅资料,听取其意见和建议。

(三)加强和改进政府立法制度建设

我国的政府立法有三种形式:行政法规、部委规章和地方政府规章。其中,行政法规的制定主体为国务院。部委规章是国务院各部门(包括国务院各部、委员会、中国人民银行、审计署和具有行政管理职能的直属机构)根据法律和国务院的行政法规、决定、命令,在本部门的权限范围内,按照法定程序制定的执行性规范文件。地方政府规章是省级和设区的市级人民政府根据法律、行政法规和地方性法规,按照法定程序制定的执行性规范文件,其内容不得与法律、法规相违背,效力从属于宪法、法律、行政法规和地方性法规。习近平总书记指出,"能不能做到依法治国"的关键,一看"党能不能依法执政",二看"各级政府能不能依法行政"。④ 在不与宪法法律相抵触的前提下推进政府立法工作,是依法行政的重要前提。

加强和改进政府立法制度建设,重点要做好以下工作。第一,要细化规定行政法规的制定权限和程序。重要行政管理的法律、行政法规草案由国务院有关部门具体负责起草;国务院有关部门认为需要制定行政法规的,应当向国务院报

---

④ 习近平:《加快建设社会主义法治国家 坚定不移走中国特色社会主义法治道路》,载《求是》2015年第1期。

请立项；行政法规的决定程序依照国务院组织法的有关规定办理。第二，要完善规章制定权限和程序。没有法律和国务院行政法规、决定、命令的依据，部门规章不得设定减损公民、法人和其他组织权利或者增加其义务的规范，不得增加本部门的权力或者减少本部门的法定职责；没有法律和行政法规、地方性法规的依据，地方政府规章不得设定减损公民、法人和其他组织权利或者增加其义务的规范。应当制定地方性法规但条件尚不成熟的，因行政管理迫切需要，可以先制定地方政府规章；规章实施满两年需要继续实施规章所规定的行政措施的，应当提请本级人民代表大会或者其常务委员会制定地方性法规。第三，要及时跟踪督导。了解各部门落实立法计划的情况，加强组织协调和督促指导；对各项重要的政府立法从事前、事中以及事后进行严格审查和监督，力求使政府的每一个立法活动从程序到实体内容都符合宪法和法律。第四，要完善公众参与政府立法机制，强调专门机关、专家和公众参与相结合。

（四）实现立法和改革决策相衔接

改革是“变”，法治是“定”，二者既相互冲突，又辩证统一。习近平强调：“我们要着力处理好改革和法治的关系。改革和法治相辅相成、相伴而生。”⑤“凡属重大改革都要于法有据。在整个改革过程中，都要高度重视运用法治思维和法治方式，发挥法治的引领和推动作用，加强对相关立法工作的协调，确保在法治轨道上推进改革。”⑥应该以法治推动改革，用法治规范改革，坚持法治和德治协同发力，将社会主义核心价值观融入法治建设，为改革发展稳定提供法治保障，推进全面深化改革和法治社会建设同步、有序、健康发展。具体来说，“要实现立法和改革决策相衔接，做到重大改革于法有据、立法主动适应改革发展需要。在研究改革方案和改革措施时，要同步考虑改革涉及的立法问题，及时提出立法需求和立法建议。实践证明行之有效的，要及时上升为法律。实践条件还不成熟、需要先行先试的，要按照法定程序作出授权。对不适应改革要求的法律法

---

⑤ 习近平：《在省部级主要领导干部学习贯彻党的十八届四中全会精神全面推进依法治国专题研讨班上的讲话》，中央文献出版社 2015 年版，第 52～53 页。

⑥ 习近平：《在中央全面深化改革领导小组第二次会议上的重要讲话》，2014 年 2 月 28 日。

规,要及时修改和废止”。⑦ 完善立法体制,还必须满足维护法制统一的要求,使立法符合我国法律体系的渊源结构和效力层级的制度设计,维护宪法和法律的权威,禁止规范性法律文件与宪法、法律相抵触和冲突。

《立法法》第一条“制定宗旨”强调要发挥立法的引领和推动作用。同时规定:全国人民代表大会及其常务委员会可以根据改革发展的需要,决定就行政管理等领域的特定事项授权在一定期限内在部分地方暂时调整或者暂时停止适用法律的部分规定。针对以往授权立法规定比较原则化,有些授权范围过于笼统、缺乏时限要求等问题,《立法法》要求明确授权的目的、事项、范围、期限以及被授权机关实施授权决定应当遵循的原则等;被授权机关应当在授权期限届满的六个月以前,向授权机关报告授权决定实施的情况。

(五)赋予设区的市地方立法权

在全面深化改革的新时代,推进地方立法主体扩容、促进省市地方及时高效立法,成为有效促进地方经济社会发展、加强社会治理,提升依法行政和制度创新水平的关键举措。新《立法法》在完善立法体制机制方面的一个标志性成果,就是普遍赋予设区的市地方立法权。即在原有 31 个省(区、市)和 49 个较大的市基础上,又增加了 239 个设区的市、30 个自治州和 4 个未设区的地级市成为地方立法主体。规定设区的市人大及其常委会可就“城乡建设与管理、环境保护、历史文化保护等方面的事项”制定地方性法规,法律对较大的市制定地方性法规的事项另有规定的,从其规定。原有 49 个较大的市已经制定的地方性法规,涉及上述事项范围以外的,继续有效。“地方人大及其常委会要抓紧制定和修改与法律相配套的地方性法规。”⑧但考虑到设区的市数量较多,地区差异较大,该工作将本着“政策从宽、落实从严、逐步放权”的精神予以推进。

2018 年 3 月,第十三届全国人大一次会议审议通过中华人民共和国宪法修正案,在宪法第三章“国家机构”第 100 条增加一款,作为第二款:“设区的市的人民代表大会和它们的常务委员会,在不同宪法、法律、行政法规和本省、自治区

---

⑦ 习近平:《在中央全面深化改革领导小组第六次会议上的重要讲话》,2014 年 10 月 27 日。

⑧ 习近平:《在首都各界纪念现行宪法公布施行 30 周年大会上的讲话》,载《人民日报》2012 年 12 月 5 日,第 2 版。

的地方性法规相抵触的前提下,可以依照法律规定制定地方性法规,报本省、自治区人民代表大会常务委员会批准后施行。"

(六)切实维护法制统一和尊严

全国人大及其常委会在社会主义法治国家建设中担负着重要职责,必须全面贯彻实施宪法,履行宪法法律监督职责,健全备案审查制度,维护法制统一和宪法法律尊严。具体措施是:落实备案审查衔接联动机制,制定备案审查工作规程,建立全国统一的备案审查信息平台,实行有件必备、有备必审、有错必纠。以十二届全国人大常委会2013—2017年的工作为例,"五年来,共接受报送备案的规范性文件4778件,对188件行政法规和司法解释逐一进行主动审查,对地方性法规有重点地开展专项审查,认真研究公民、组织提出的1527件审查建议,对审查中发现与法律相抵触或不适当的问题,督促制定机关予以纠正,保证中央令行禁止,保障宪法法律实施,维护国家法制统一"。⑨

二、坚持科学立法、民主立法、依法立法

党的十八大以来,党中央反复强调提高立法质量,新《立法法》亦将提高立法质量明确为立法的一项基本要求。推进科学立法、民主立法,则是提高立法质量的根本途径。习近平总书记指出:"人民群众对立法的期盼,已经不是有没有,而是好不好、管用不管用、能不能解决实际问题;不是什么法都能治国,不是什么法都能治好国;越是强调法治,越是要提高立法质量。这些话是有道理的。我们要完善立法规划,突出立法重点,坚持立改废并举,提高立法科学化、民主化水平,提高法律的针对性、及时性、系统性。"⑩

(一)推进科学立法

科学立法是立法反映社会实际、体现客观规律的内在要求。科学立法的核心在于尊重和体现客观规律,包括社会规律、经济规律、自然规律。实现科学立

⑨ 张德江:《全国人民代表大会常务委员会工作报告》,2018年3月11日。

⑩ 中共中央文献研究室编:《习近平关于全面依法治国论述摘编》,中央文献出版社2015年版,第43页。

法,就要立足中国国情和实际,使法律规范既有规定性,又有合理性,更有协调性和系统性,经得起实践和历史的检验。其一般要求如下。

1. 遵循客观规律。在立法的本质和内容方面,马克思辨证地认为,立法的本质是反映事物的本质,法律归根结底是由物质生活条件决定的,要尊重客观规律。这是唯物主义在法学领域的体现。他指出:“立法者应该把自己看作一个自然科学家。他不是在创造法律,也不是在发明法律,而仅仅是在表述法律,他用有意识的实在法把精神关系的内在规律表现出来。如果一个立法者用自己的臆想来代替事情的本质,那么人们就应该责备他极端任性。同样,当私人想违反事物的本质任意妄为时,立法者也有权利把这种情况看作是极端任性。”⑪说到当前的立法工作,立法工作者就要做好对社会实际的充分调查研究和论证,坚持严谨细致,主客观相统一立法,注意克服经验式立法、主观主义立法的片面性、简单化、表面化倾向。

2. 优化立法工作体制机制。科学的立法体制机制要求划清中央与地方、权力机关与行政机关的立法权限,合理地规范国家机关的权力与责任,规范公民、法人和其他组织的权利与义务,使所立法律法规既符合经济社会发展的需求,又符合人民群众的意愿,真正体现法治精神和公平正义的价值追求。具体是健全立法机关主导、社会各方有序参与立法的途径和方式,建立立法选项机制、立法规划计划机制、立法决策支持机制、法案起草机制、立法论证机制、立法协调审议和表决机制、立法后评估工作机制、法的清理工作机制、法律法规配套机制等科学系统的立法工作机制,确保立法与时俱进,立改废释并举,并按照立法项目的轻重缓急组织实施。

3. 遵循立法技术规范。这是立法技术运用的具体规则和要求。既要重视立法内容的科学合理,又要自觉遵循立法技术规范,保持立法技术形态的统一,以明确易懂的形式体现立法意图,使所立之法有效贯彻执行。

4. 深入开展调查研究,处理好立法质量与效率的关系。立法工作是一项复杂的劳动,既要遵循规律,又要了解把握社会实际。在工作条件一定的情况下,

---

⑪ [德]马克思:《论离婚法草案》,载《马克思恩格斯全集》(第1卷),人民出版社1965年版,第182~185页。

主观能动性发挥得越充分，调研工作花得时间越多，立法的针对性就会越强，法律法规的质量也就会越高。与此同时，立法也必须在确保法律实施效果的前提下讲求效率，尽可能降低立法成本。

(二)完善民主立法

民主立法是保证人民有序参与立法、凝聚社会共识，实现社会主义民主政治的内在要求，是我国民主进程在立法工作中的集中反映和坚持党的领导、人民当家作主、依法治国有机统一的具体体现。其核心在于立法为了人民、立法依靠人民，让人民通过立法活动，行使管理国家事务、管理经济和文化事业、管理社会事务的权力，实现当家作主。我国宪法规定，中华人民共和国的一切权力属于人民。人民群众是立法的主体，制定良法，必须紧紧依靠人民群众，走群众路线，把民主立法的理念和做法贯穿在全部立法工作的始终，使立法主体、程序、内容都体现人民的意志。使每一项立法都符合宪法精神、反映人民意志、得到人民拥护。其一般要求如下。

1. 坚持人民群众主体地位，恪守以民为本、立法为民理念。一部法律法规是否属于良法，最根本的检验标准就是看它是否体现了人民意志，是否反映了最广大人民的根本利益。保证人民群众的意见和建议得到充分表达，合理的诉求和合法的利益得到充分体现。

2. 坚持立法公开原则，将“开门立法”精神贯穿在立法全过程。在立法的起草阶段广泛听取意见，审议阶段提高开放程度，通过阶段坚持程序透明，公布阶段力求广为人知。除依法需要保密的外，所有的法律、行政法规、地方性法规和政府规章的草案，都要通过互联网等传媒向社会公布，公开听取社会各方面的意见。

3. 坚持完善代议民主，广泛凝聚立法共识。充分发挥立法机关在表达、平衡、调整社会利益方面的重要作用，[12]完善立法程序，改革法案审议制度、代表会议制度、会议议程制度，加强立法工作组织协调，法律起草、审议的协调协商机制；充分发挥人大代表参与起草和修改法律作用，保障人大代表依法履职；改进立法机关组成人员的产生和组成，确保其真正代表和反映民意。

---

⑫ 张德江：《全国人民代表大会常务委员会工作报告》，2018 年 3 月 8 日。

4. 坚持开展立法协商，充分发挥政协委员、民主党派、工商联、无党派人士、人民团体、社会组织在立法协商中的作用。健全立法专家咨询制度，建立有关国家机关、社会团体、专家学者等对立法中涉及的重大利益调整论证咨询机制。

5. 坚持依照法定程序集体行使立法权，创新公众参与立法方式，健全公众意见表达机制和听取、采纳公众意见情况说明制度，通过座谈、听证、评估、民意调查、聘请立法顾问、公民旁听法案审议、公布法律草案等途径广泛听取各方面意见和建议，[13]通过询问、质询、特定问题调查、备案审查等积极回应社会关切，最大限度地凝聚共识与智慧。

（三）加强依法立法

依法立法是指立法应当严格依照宪法法律设定的权限和程序进行，确保每一项立法都经得起合宪性审查，经得起实践和历史的检验。党的十九大报告把依法立法与科学立法、民主立法并列为立法原则，体现出党在新的历史时期对立法工作提出了更高要求，关键是要解决越权立法、重复立法、法出多门、部门利益和地方保护主义法律化等突出问题，把握立法正确方向、依法严格进行授权立法，维护国家法制统一，通过良法促进发展、保障善治。其一般要求如下。

1. 贯彻党的方针政策。党的方针政策是党为完成一定时期任务而制定的活动准则，是党的理论、意志和主张在治国理政上的具体体现，对确立立法指导思想、立法工作原则、立法规范等有着不可替代的作用。党的方针政策和国家法律在本质上是一致的，很多法律法规就是在政策基础上制定出来的。做好立法工作一定要把党的方针政策研究好、领会好，把握好正确政治方向。

2. 恪守宪法法律。宪法是党和人民意志的集中体现，是通过科学民主程序形成的根本大法。宪法规定了我国的立法体制和原则，所有法律法规的制定和修改都必须体现宪法精神，并不得同宪法相抵触。立法法规定了立法原则，明确了立法权限划分，对立法工作各个环节都作了具体规定。贯彻宪法法律，方能使立法工作有章可循，预防违宪违法的现象发生。

---

[13] 习近平：《关于〈中共中央关于全面推进依法治国若干重大问题的决定〉的说明》，载《中国共产党第十八届中央委员会第四次全体会议文件汇编》，人民出版社2014年版，第84页。

3. 明晰立法权限。我国实行一元两级多层次的立法体制。在立法权限划分上，实行中央集中统一领导和一定程度的层级分权相结合的体制。要明确中央与地方、权力机关与行政机关的各自立法权限，处理好法律、行政法规与地方性法规的关系，处理好创制性立法与实施性立法的关系，在维护国家法制统一的前提下，依法行使好各自层次的立法权。对于国家法律专属立法事项地方立法不能涉及；地方立法的范围在于执行法律、行政法规需要做出具体规定的事项和属于地方性事务需要制定地方性法规的事项；设区的市一级的地方立法事权严格限定在城乡建设与管理、环境保护、历史文化保护等方面。

4. 明确立法原则。遵循科学、民主、法治、公开公平公正、从实际出发等立法原则，就能够确保立法的质量。地方立法工作必须坚持不与立法原则相违背，不与上位法的规则相冲突，相同位阶间的法律规范也要协调，做到法律和谐统一，易于操作。

5. 严格立法程序。依法立法不仅要遵守法定权限，还要严格法定程序。立法法、行政法规制定程序条例和地方立法条例对法规案的提出、审议和表决程序作了明确规定。惟有据此规范立法行为，完善立法程序，才能保障立法过程的科学化、民主化，增强立法工作的针对性、实效性，防止和克服立法工作中的随意性，从而提高立法工作的水平。

三、加强重点领域立法

完善和发展中国特色社会主义法律体系，当务之急是加强重点领域立法。习近平多次强调："我们要加强重要领域立法，确保国家发展、重大改革于法有据，把发展改革决策同立法决策更好结合起来。要坚持问题导向，提高立法的针对性、及时性、系统性、可操作性，发挥立法引领和推动作用。"⑭结合十八大以来党的立法方针和国家立法的实际进展，"重点领域立法"主要体现在以下几个方面。

（一）完善公民权利保障法律制度

尊重和保护公民权利是法治国家和法治社会的重要特征。法治的要义就在

---

⑭ 习近平：《在庆祝全国人民代表大会成立六十周年大会上的讲话》，人民出版社单行本，第9页。

于保障公民的人权和权利不受到侵犯。将公民权利和人权纳入到法治轨道,也是世界上法治国家通行的做法。公民权利在得到法律的确认之前,仅具有宣示意义和理论探讨价值,而在法律明确规定之后,方可在受到具体侵犯时,通过法律程序和法律渠道予以救济保护。"尊重和保障人权"不仅是我国宪法的庄严宣示,也是社会主义制度本质的根本体现;相较于侧重调整财产关系的《民法通则》,新时代制定的《民法总则》秉承人文关怀理念,将人身自由和人格尊严的全面确认和保障放在更为优先的地位,深刻地体现了当下大多数中国人的价值共识。面向未来,还要进一步增强全社会尊重和保障人权意识,加快完善体现权利公平、机会公平、规则公平的法律制度,保障公民人身权、财产权、基本政治权利等各项权利不受侵犯,保障公民经济、文化、社会等各方面权利得到落实,健全公民权利救济渠道和方式,建构和谐稳定的社会秩序,实现公民权利保障法治化,建构和谐稳定的社会秩序。

(二)社会主义核心价值观融入法律法规的立改废释过程

2018年5月,中共中央印发了《社会主义核心价值观融入法治建设立法修法规划》(以下简称《规划》),并发出通知,要求各地区各部门结合实际认真贯彻落实。《规划》强调,要以习近平新时代中国特色社会主义思想为指导,坚持全面依法治国,坚持社会主义核心价值体系,着力把社会主义核心价值观融入法律法规的立改废释全过程,确保各项立法导向更加鲜明、要求更加明确、措施更加有力,力争经过5到10年时间,推动社会主义核心价值观全面融入中国特色社会主义法律体系,筑牢全国各族人民团结奋斗的共同思想道德基础,为决胜全面建成小康社会、夺取新时代中国特色社会主义伟大胜利、实现中华民族伟大复兴的中国梦、实现人民对美好生活的向往,提供坚实制度保障。

《规划》指出,推动社会主义核心价值观入法入规,必须遵循的原则是:坚持党的领导,坚持价值引领,坚持立法为民,坚持问题导向,坚持统筹推进。《规划》明确了六个方面的主要任务。一是以保护产权、维护契约、统一市场、平等交换、公平竞争等为基本导向,完善社会主义市场经济法律制度。二是坚持和巩固人民主体地位,推进社会主义民主政治法治化。三是发挥先进文化育人化人作用,建立健全文化法律制度。四是着眼人民最关心最直接最现实的利益问题,加快完善民生法律制度。五是促进人与自然和谐发展，建立严格严密的生态文明法律制度。六是加强道德领域突出问题专项立法，把一些基本道德要求及时上升为法律规范。

（三）完善社会主义市场经济法律制度

经济体制改革是全面深化改革的重点，必须进一步加强市场经济法治建设，坚持和完善基本经济制度，通过科学、系统的经济法律体系建构，形成完善的现代市场体系、宏观调控体系、开放型经济体系，促进经济发展方式转变，使市场在资源配置中起决定性作用，提高经济立法质量和整体效益，推动国民经济更有效率、更加公平、更可持续发展。当前的主要立法任务有：依法保障各类市场主体合法权益，加强知识产权保护，健全社会信用体系，建设法治化经营环境；编纂完成民法典，为民事基本制度的稳定发展确立航向；完善税收立法和征管体制；完善金融监管和食品安全治理法律体系，加强人大预算决算审查监督、国有资产监督职能；规范财政转移支付行为，促进不同区域间的经济社会协调、平稳发展。

（四）完善社会主义民主政治法律制度

制度化、规范化、程序化是社会主义民主政治的根本保障。要坚持和完善人民代表大会制度、中国共产党领导的多党合作和政治协商制度、民族区域自治制度以及基层群众自治制度，发展更加广泛、更加充分、更加健全的人民民主，从各层次各领域扩大公民有序政治参与，规范选举制度的程序，充分发挥我国社会主义政治制度的优越性。通过制定监察法，修订国务院组织法、人民法院组织法、人民检察院组织法、刑事诉讼法，满足和适应党和国家领导制度改革的需要，推进社会主义民主政治法治化，充分保障人民当家做主的民主权利。

（五）完善社会主义先进文化法律制度

立法是确立和推广社会主流价值的重要保证。要建立健全坚持社会主义先进文化前进方向、遵循文化发展规律、有利于激发文化创造活力、保障人民基本文化权益的文化法律制度，把社会主义核心价值观融入依法治国的每一个环节，用法律的权威来增强人们培育和践行社会主义核心价值观的自觉性，充分发挥文化法律制度的规范、引导、保障、促进作用,形成有利于培育和践行社会主义核心价值观的良好法治环境。要注重运用法治手段深化文化体制改革,推进文化创新,增强国家文化软实力,依法加强文化市场监管,保障文化市场健康有序发展。促进基本公共文化服务标准化、均等化。完善互联网领域立法,保障网络传播健康发展。

(六)完善民生和社会治理法律制度

民生法治保障的发展必然加速社会法律体系的完善,而社会法律体系的完善也必将促进民生法治的发展。民生立法应该反映人民群众的利益诉求,以人本主义和实现社会公平正义为指导,构建反映民主、公平、人权等价值的规范体系,促进政治、经济和社会全面发展。具体包括:健全公民权益保障和利益协调机制,完善妇女、儿童、老人、残疾人权益保护法律法规,完善社会保障再分配,促进社会公平正义;完善社会组织立法,制定社会组织行为规范和活动准则,鼓励、引导、规范社会组织参与社会治理、提供公共服务;完善多元化的群众利益表达和保护机制,建立让基层群众、组织和社区等利益相关方能够表达意见、协商讨论的制度化平台,拓展公民参与社会治理的渠道,畅通群众协商的有效渠道,规范群众参与决策的程序,发展多元纠纷解决机制,健全社会矛盾化解体系。

(七)完善社会主义生态文明法律制度

建立有效约束开发行为和促进绿色发展、循环发展、低碳发展的生态文明法律制度,强化生产者环境保护的法律责任,大幅度提高违法成本。建立健全自然资源产权法律制度,完善国土空间开发保护方面的法律制度,制定完善生态补偿和土壤、水、大气污染防治及海洋生态环境保护等法律法规,促进生态文明建设。环境保护要坚持保护优先、预防为主、综合治理、公众参与、损害担责的原则。地方各级人民政府应当对本行政区域的环境质量负责。企业事业单位和其他生产经营者应当防止、减少环境污染和生态破坏,对所造成的损害依法承担责任。公民应当增强环境保护意识,采取低碳、节俭的生活方式,自觉履行环境保护义务。新闻媒体应当开展环境保护法律法规和环境保护知识的宣传,对环境违法行为进行舆论监督。

(八)完善国家安全法律体系

党的十八大以来,以习近平同志为核心的党中央高度重视国家安全工作,成立国家安全委员会,强调坚持总体国家安全观,构建集政治安全、国土安全、军事安全、经济安全、文化安全、社会安全、科技安全、信息安全、生态安全、资源安全、核安全等于一体的国家安全体系,走出一条中国特色国家安全道路。党的十八届四中全会提出全面推进依法治国的总目标,并对构建国家安全法律制度体系提出明确要求,我国的国家安全立法工作稳步推进,争取到2020年基本形成一套立足我国国情、体现时代特点、适应我国所处战略安全环境,内容协调、程序严密、配套完备、运行有效的中国特色国家安全法律制度。我国国家安全立法主要包括三类:一是宪法。《宪法》第28条规定,国家维护社会秩序,镇压叛国和其他危害国家安全的犯罪活动。还规定"公民有维护国家统一和全国各民族团结的义务","公民有维护祖国的安全、荣誉和利益的义务,不得有危害祖国的安全、荣誉和利益的行为"等。二是专门规范国家安全工作的法律法规,包括《国家安全法》《反间谍法》《反恐怖主义法》《境外非政府组织境内活动管理法》《网络安全法》《国家情报法》《核安全法》等。三是相关法律中涉及维护国家安全的部分条款和内容。如《刑法》中设单章规定危害国家安全罪和危害国防利益罪,刑事诉讼法规定办理危害国家安全犯罪的特别诉讼程序等。从立法现状看,文化安全、科技安全、生态安全、资源安全和核安全相对于政治安全、军事安全等领域还存在大量立法空白,有的领域也存在立法位阶偏低,约束力不足的问题。对此,既要不断完善国家安全立法,又要提高全社会形成依法维护国家安全的自觉性和坚定性,筑牢维护国家安全的人民防线,凝聚起维护国家安全的法治力量。

四、2018年学术年会与新时代中国立法

2018年10月27日至28日,中国法学会立法学研究会为深化立法学研究与交流,促进我国立法实践的进一步发展,在海口市召开了题为"新时代中国立法"的2018年学术年会。2018年刚好是中国改革开放40周年,也是海南建省办经济特区30周年。党中央决定支持海南全岛建设自由贸易试验区,支持海南逐步探索、稳步推进中国特色自由贸易港建设,分步骤、分阶段建立自由贸易港政

策和制度体系。立法学研究会选择在海南举办学术年会,不仅是对改革开放以来我国立法理论与实践的回顾,更是在新时代的背景下对未来中国立法的美好祝福与展望,诚可谓意义深远。

研讨会的具体议题包括但不限于:习近平新时代中国特色社会主义立法思想,新时代中国立法学的学科建设与人才培养,改革开放40年立法实践的回顾与展望,"一带一路"倡议与国家立法的发展与完善,区域发展与法治建设研究(长三角、京津冀、粤港澳),海南国际自贸区、自贸港立法创新研究,雄安新区建设的立法需求研究,大数据、共享经济、互联网金融等的运用与立法创新,智慧法治与人工智能的创新立法研究,立法与国家治理现代化研究,党领导立法的理论与实践,人大主导立法的体制机制研究,中央全面依法治国委员会与立法工作协调研究,地方立法权规范运作研究,国家监察体制改革的相关立法问题,司法体制改革对立法的需求,立法程序、立法评估、立法技术研究,法律体系完善背景下各领域法律制度的立改废释等18个选题,共收到学术论文近300篇。围绕着会议主题和分议题,300多位与会者开展了热烈而富有成效的发言与讨论。全方位展现了新时代我国立法的理论水平和实践进展,代表了未来一个时期加强和推进立法工作的努力方向。征得作者的同意,研究会秘书处精选了其中30篇优秀论文,编辑出版这本中国立法学研究会学术文集。分为"人大主导立法与立法体制创新"、"监察立法与备案审查制度"、"科学立法与民主立法"、"法律体系的完善"、"改革问题与新兴问题的立法探索"和"立法理论与立法方法"等六编。本书也是中国立法学研究会自2014年以来连续出版的立法研究系列论文集的第五部。

面向未来,立法工作者要坚持以新时代中国特色社会主义思想为指导,坚持法律体系形成完善的成功经验,坚持从中国国情和实际出发,借鉴世界法治文明发展成果,坚持推进科学立法、民主立法、依法立法,着力提高立法质量。我们希望本书的出版,能对从事立法工作和理论研究的同志有一定的启示作用,并希望有更多的立法工作者和学者参与这件工作,共同为形成和完善新时代的立法理论添砖加瓦。

是为序。

第一编　人大主导立法与立法体制创新

论人大立法监督中的撤销制度的完善

黄建武*

立法监督,是维护宪法权威、保证法治统一的重要措施,其中,对违宪、违法的立法文件的撤销,则是立法监督具有刚性和实效的保证。如果说法律需要“牙齿”,而追责制度是法律的“牙齿”,那么,立法监督中的撤销制度,就是立法监督的“牙齿”。

我国实行一元两级多层的立法体制,①在这种复杂的立法体制下,任何不当的立法冲动或立法技术上的失误,都会在统一法治中造就抵牾。基于维护我国法治统一的重要性和困难,中共十八届四中全会的《中共中央关于全面推进依法治国若干重大问题的决定》提出:要完善全国人大及其常委会宪法监督制度。要加强备案审查制度和能力建设,把所有规范性文件纳入备案审查范围,依法撤销和纠正违宪违法的规范性文件,禁止地方制发带有立法性质的文件。②

对于立法监督,我国宪法、法律都有所规定。2015年《立法法》的修改,更是通过完善备案审查制度加强了立法监督,备案审查的实践,在中央和地方层面都有所推进。但是,自1982年宪法颁布以来,立法监督中的撤销在实践中尚未见出现过。③ 这并非因为我们的法律体系臻于完美,考其制度上的原因,一方面是

---

* 黄建武,中山大学法学院教授(退休),中国法学会立法学研究会副会长。

① 对于我国的立法体制,学术界有不同的概述。此处所说的一元,指从权力的发生意义上说,为统一的一个立法权;两级,指行使立法权的主体分中央和地方两级;多层,指在中央和地方,行使立法权的主体及立法文件的效力都有多个层次。例如,从立法文件体系上看,有法律和行政法规,法律有基本法律及基本法律以外的其他法律;地方层面有省级地方性法规和设区的市的地方性法规,有自治区、自治州、自治县的自治条例和单行条例,还有特别行政区的立法等。此外,还有部门规章和政府规章。这些立法文件的效力各有不同,这些不同,又源于制定机关的立法权限有所不同。这种体制中保证法律体系的统一和谐并非易事。

② 《中共中央关于全面推进依法治国若干重大问题的决定》,人民出版社2014年版,第9页。

③ 笔者可能寡闻,但通过检索中国知网“中国法律知识资源总库法律法规库”“中国重要报纸全文数据库”“中国学术期刊网络出版总库”,尚未见有立法监督中适用撤销的信息。

有关机关采用了备案审查制度中柔和的监督方式,即以意见或建议提示制定机关自行修改或废止立法文件;另一方面则是,刚性的撤销制度在制度构建上尚存缺陷而难以适用。比如,法律对撤销权主体的设置存在错位,审议撤销议案所适用的程序规定不清,对立法文件撤销的决定在法律上发生什么效力、是否能够追溯到被撤销的立法文件已调整的社会关系,法律上亦未规定。虽然柔性的监督可能更符合中国当前的特点,并能应付部分问题,但无论如何,制度是需要健全的,立法监督的"牙齿"是需要健全的,不如此,则立法监督终难发挥应有的功能,统一的法治亦难保证。因此,本文拟就我国的这一撤销制度的问题及完善措施作一些讨论。

一、本文拟讨论问题的界定

为便于讨论,需要对本文的议题作一个简要的界定。本文拟讨论的是我国人大立法监督中的撤销制度,即要点是撤销制度,是立法监督中的撤销制度,且是人大立法监督中的撤销制度。

撤销这一法律术语在部门法中运用很广,并以这一术语为中心有不同的法律制度,比如,民事法律行为的撤销、行政行为的撤销、判决的撤销、人大不适当的决议(决定)的撤销,等等。这些撤销所涉及的领域,包括社会活动主体交往的民商事领域,政府管理领域,司法裁判领域,以及人大决策、立法领域等。本文所研究的撤销,是立法监督领域的撤销。对于立法概念,学界有不同的界定,但本文所讨论之"立法",为我国立法法规定所及之立法。它既包括人大的立法,也包括政府的立法,其立法的文件形式,包括表达法律、行政法规、地方性法规、自治条例和单行条例、规章(包括部门规章和政府规章)的文件。这些立法的文件形式,在此统称为立法文件。所谓人大的立法监督,即指人大系统的各级机构,依职权对立法活动及立法文件的合宪性、合法性及适当性的监督,其中的撤销,指对违宪、违反上位法、超越职权以及不适当的立法文件的撤销。由此可以简要地说,本论文所讨论的监督主体,指人大系统中具有法定监督权的各级机构;监督和撤销的对象,是违宪、违反上位法、超越职权和不适当的立法文件。虽然我国立法法规定的备案审查制度包含政府系统的监督与撤销,但为了论题更为集中,本文对此不作讨论。而人大系统各级机构的其他撤销行为(如撤销任命),这里也不作讨论。

对于人大立法监督中的撤销制度,学界作为专题讨论并不多。在中国知网学术期刊网络出版数据总库的哲学、人文、社会科学、信息、经济与管理五项分类栏目下,以特定关键字对文献篇名进行检索的情况如下:

以“撤销”为关键字检索,结果有3115项;以“立法监督”为关键字,结果有162项。以“立法”和“撤销”为关键字,结果48项,其中只有两项涉及立法监督的撤销;以“监督”和“撤销”为关键字,结果25项,均与立法监督无关。

以“备案审查”为关键字,结果有298项,当中包括其他事项的备案审查。以“备案”和“撤销”为关键字,结果2项,均与立法监督无关;以“审查”和“撤销”为关键字,结果有22项,均与立法监督无关。

以“规范”和“审查”为关键字,结果有255项,其中涉及人大对规范进行审查的只有4项;以“法规”和“备案”为关键字,结果45项,其中31项与立法监督备案相关,但以“法规”和“备案”加“撤销”为关键字,结果为零;“法规”和“撤销”,结果6项,但均与立法监督之撤销无关。

以“人大”和“撤销”为关键字的检索,结果43项,但涉及人大撤销下级人大或政府决定内容的只有6项,其中3项为“区、县人大常委会”委会撤销区政府和乡镇人大具体事项的决定的工作报道,2项为人大有无撤销权的宣传解释,1项为论文;以“人大”和“撤销”加“备案”或加“审查”为关键字,结果均为零。

总体来看,学界从人大立法监督角度讨论撤销的文献并不多(虽然在讨论立法监督和备案审查的文献中,有些在内容上会涉及撤销)。但尽管这样,在2015年立法法修改后,一些论文还是关注到了备案审查制度或在制度构建方面、或在实施方面的不足,因而在讨论中提出了一些意见建议,这些论文在研究中是值得关注的,如苗连营:《立法重心的位移:从权限划分到立法监督》(2015);马岭:《我国规范性法律文件的备案审查制度》(2016);孔繁华:《规范性文件备案审查中“其他不适当”情形的具体适用》(2016);张筱倜:《〈立法法〉修改后我国法规备案审查制度的再检视》(2016);胡锦光:《论法规备案审查与合宪性审查的关系》(2018);河南省人大课题组:《加强规范性文件备案审查制度建设研究》(2018);牛振宇:《关于地方性法规备案的思考》(2018)。此外,还应当提到较早的一篇涉及撤销制度构成的专论:汪全胜:《论立法撤销权》(2001),该文就立法法的规定论述了我国行使撤销权的主体及权限,撤销的根据,撤销的程序等问题。

总而言之,立法监督的撤销的情形是,实践无适用,制度有缺陷,研究尚不足。这些都表明,关于其研究和制度建设,我们都必须给予足够的重视。

二、现行人大立法监督撤销制度的梳理

制度构成总由一定相互关联的基本要素为框架。立法监督的撤销制度,从理论逻辑和各国相关制度的构成来看,都包括监督(撤销)者及职权、被监督(撤销)者及权利义务、监督(撤销)对象、监督(撤销)程序、监督(撤销)措施及法律后果等基本构成要素。④ 我国人大立法监督的撤销制度,其要素构成和相互关系既有同类制度的一般性,也有我们自己的特点,这些可以从相关法源梳理出来。

人大立法监督中的撤销制度构成,其依托的主要法源为宪法,立法法,全国人大组织法,全国人大议事规则,全国人大常委会议事规则,各级人民代表大会常务委员会监督法(以下简称"常委会监督法"),地方各级人民代表大会和地方各级人民政府组织法(以下简称"地方人大政府组织法")等。此外,还有地方人大根据前述法律的授权和要求而制定的有关地方人大立法监督的地方性法规。在前述法源中,立法法的规定最为直接和详细。

《立法法》第五章的标题为适用与备案审查,在适用方面,规定了各种立法文件的效力范围、效力位阶及冲突的处理制度。在备案审查方面,规定了行政法规、地方性法规、自治条例和单行条例、规章的备案审查制度。其中关于撤销权(主体及权限)的安排,表现了一种监督的等级制度。根据《立法法》第97条的规定,可概述其撤销权限等级构架如下:

表1 《立法法》第97条对撤销权的设置

主体	权限	对象
全国人大	改变或撤销	全国人大常委会制定的不适当的法律
全国人大	撤销	全国人大常委会批准的违背《宪法》和《立法法》第75条第2款的自治条例、单行条例

④ 参见刘兆兴:《德国联邦宪法的抽象审查权》,载《外国法译评》1997年第2期;钟国允:《论法国宪法委员会的组织及其合宪性审查程序》,载《清华法学》2006年第1期。

续表

主体	权限	对象
全国人大常委会	撤销	同宪法、法律相抵触的行政法规；同宪法、法律和行政法规相抵触的地方性法规；省、自治区、直辖市的人民代表大会常务委员会批准的违背《宪法》和《立法法》第 75 条第 2 款的自治条例和单行条例
国务院	改变或撤销	不适当的部门规章和地方规章
省、自治区、直辖市人大	改变或撤销	本级人大常委会制定和批准的不适当的地方性法规
地方人大常委会	撤销	本级政府的不适当的规章
省、自治区政府	改变或撤销	下一级政府的不适当的规章
授权机关	撤销	被授权机关超越授权或违背授权目的的法规

值得强调的是，表 1 显示，在立法法对撤销权的设置中，批准主体无权撤销其批准的立法文件，即全国人大常委会批准的自治条例、单行条例，须由全国人大撤销；省、自治区人大常委会批准的立法文件，须由省、自治区人大撤销，其中的自治条例、单行条例须由全国人大常委会撤销。地方人大常委会只能撤销本级政府不适当的规章。在此还需要提到，立法法规定全国人大常委会撤销地方性法规，并没有说明只是省、自治区和直辖市的地方性法规，或是除前者外还包括设区的市的地方性法规。但是，在《宪法》第 67 条关于全国人大常委会职权的规定中，其第（八）项的职权是“撤销省、自治区、直辖市国家权力机关制定的同宪法、法律和行政法规相抵触的地方性法规和决议”。根据宪法权力划分的规定可析出，全国人大常委会对地方性法规的撤销，不包括设区的市的地方性法规。

关于撤销的程序（及工作内容），根据《立法法》第 99 条和第 100 条的规定，对行政法规、地方性法规、自治条例和单行条例，从立法审查的开始到撤销的提起，其过程分为两截，或者可以说有两个程序，分别有两个起点，即立法审查的开始，以及撤销（议案或建议）的提起。在备案审查的程序中，撤销的提起需经过立法审查的开始和处理过程，审查的开始和处理过程是撤销提起的前置过程，因此，研究撤销也就不能不研究审查的开始和处理。

(一)审查的开始

审查的开始有三种情况:第一,因一定主体提起审查的要求而开始;第二,因一定主体提起审查的建议而开始;第三,有关机构主动进行审查。这三种情况所涉及的主体、处理的机构及过程,既有相同也有差别。审查开始后,如果审查机构在审查中认为立法文件与宪法或法律相抵触而向制定机关提出意见、建议,制定机关根据意见、建议修改或废止了该立法文件,则审查即行终止;如果制定机关不作修改或废止,则转入撤销的提起。

(二)撤销的提起

依照《立法法》第100条第3款规定,在审查过程中,审查机构经审查、研究认为立法文件与宪法或者法律相抵触而制定机关不予修改的,应当向委员长会议提出予以撤销的议案、建议,由委员长会议决定提请常务委员会会议审议决定。

审查的开始和撤销的提起,其中提起的主体、接受要求或建议的主体、处理机构、处理工作及过程等因素的关系,根据《立法法》第99条、第100条⑤的规

---

⑤ 为便于理解,附录《立法法》第99条、第100条条文如下:

第九十九条 国务院、中央军事委员会、最高人民法院、最高人民检察院和各省、自治区、直辖市的人民代表大会常务委员会认为行政法规、地方性法规、自治条例和单行条例同宪法或者法律相抵触的,可以向全国人民代表大会常务委员会书面提出进行审查的要求,由常务委员会工作机构分送有关的专门委员会进行审查、提出意见。

前款规定以外的其他国家机关和社会团体、企业事业组织以及公民认为行政法规、地方性法规、自治条例和单行条例同宪法或者法律相抵触的,可以向全国人民代表大会常务委员会书面提出进行审查的建议,由常务委员会工作机构进行研究,必要时,送有关的专门委员会进行审查、提出意见。

有关的专门委员会和常务委员会工作机构可以对报送备案的规范性文件进行主动审查。

第一百条 全国人民代表大会专门委员会、常务委员会工作机构在审查、研究中认为行政法规、地方性法规、自治条例和单行条例同宪法或者法律相抵触的,可以向制定机关提出书面审查意见、研究意见;也可以由法律委员会与有关的专门委员会、常务委员会工作机构召开联合审查会议,要求制定机关到会说明情况,再向制定机关提出书面审查意见。制定机关应当在两个月内研究提出是否修改的意见,并向全国人民代表大会法律委员会和有关的专门委员会或者常务委员会工作机构反馈。

全国人民代表大会法律委员会、有关的专门委员会、常务委员会工作机构根据前款规定,向制定机关提出审查意见、研究意见,制定机关按照所提意见对行政法规、地方性法规、自治条例和单行条例进行修改或者废止的,审查终止。

全国人民代表大会法律委员会、有关的专门委员会、常务委员会工作机构经审查、研究认为行政法规、地方性法规、自治条例和单行条例同宪法或者法律相抵触而制定机关不予修改的,应当向委员长会议提出予以撤销的议案、建议,由委员长会议决定提请常务委员会会议审议决定。

定，概以表2(立法法中条文中的“法律委员会”，依宪法的修改此处改称为“宪法和法律委员会”)表达如下：

表2　立法审查的提起和撤销的提起(法律根据:《立法法》第99条、第100条)

<table>
<tr><th>审查提起种类</th><th>审查要求的提起</th><th>审查建议的提起</th><th>主动审查</th></tr>
<tr><td>提起主体</td><td>国务院、中央军事委员会、最高人民法院、最高人民检察院和各省、自治区、直辖市的人民代表大会常务委员</td><td>左栏所列主体以外的其他国家机关和社会团体、企业事业组织以及公民</td><td rowspan="3">由全国人大专门委员会、全国人大常委会工作机构主动进行</td></tr>
<tr><td>受理主体</td><td>全国人大常委会</td><td>全国人大常委会</td></tr>
<tr><td>处理机构</td><td>全国人大专门委员会</td><td>全国人大常委会工作机构(必要时送有关专门委员会审查、提出意见，同左栏)</td></tr>
<tr><td rowspan="3">工作内容及过程</td><td>审查，认为立法文件与宪法或法律相抵触的，可向制定机关提出书面审查意见</td><td>研究认为立法文件与宪法或法律相抵触的，可向制定机关提出研究意见。</td><td rowspan="3">同左</td></tr>
<tr><td colspan="2">也可以由宪法和法律委员会与有关的专门委员会、常务委员会工作机构召开联合审查会议，要求制定机关到会说明情况，再向制定机关提出书面审查意见</td></tr>
<tr><td colspan="2">制定机关应当在两个月内研究提出是否修改的意见，并向全国人民代表大会宪法和法律委员会和有关的专门委员会或者常务委员会工作机构反馈</td></tr>
<tr><td rowspan="2">结果：审查终止或提起撤销</td><td colspan="2">制定机关按照所提意见对立法文件进行修改或者废止的，审查终止</td><td rowspan="2">同左</td></tr>
<tr><td colspan="2">全国人大宪法和法律委员会、有关的专门委员会、常务委员会工作机构经审查、研究认为立法文件同宪法或者法律相抵触而制定机关不予修改的，应当向委员长会议提出予以撤销的议案、建议，由委员长会议决定提请常务委员会会议审议决定</td></tr>
</table>

由备案审查走向撤销的提起，并不是人大立法监督中撤销制度的全部，根据《立法法》第99条和第100条的规定，从备案审查程序走下来所提起的撤销议案和建议(关于撤销某立法文件的议案，本文简称为撤销议案，撤销建议亦同)，只涉及行政法规、地方性法规、自治条例和单行条例，还不包括法律。法律也有提

议撤销和审议的问题。所以,从主体来说,审查立法文件的人大专门委员会(包括宪法和法律委员会)和常委会工作机构,只是有权提起撤销的部分主体(且这两类主体提起的撤销议案或建议,是向委员长会议提起而非向人大常委会提起)。从整个立法监督制度来说,有权提起撤销议案的,应当还有更多其他主体,在撤销议案提起后,也应还有相关的处理程序及工作内容,这些制度性内容,我们需要从有关法律案的提起与审议、议案的提起与审议的相关法律规定中去梳理,在这些法律规定中,立法法关于法律案提起和审议的规定较其他法律而言是更为专门和详细的,其制度性安排见表 3:

表 3　全国人大及全国人大常委会对法律案的审议

法律根据	议案种类及审议主体	提案主体	审议过程及主要工作
关于提案主体,《立法法》第 14 条、第 15 条;关于审议过程及主要工作,《立法法》第 18 ~ 24 条	全国人大对法律案的审议	全国人民代表大会主席团、全国人民代表大会常务委员会、国务院、中央军事委员会、最高人民法院、最高人民检察院、全国人民代表大会各专门委员会、一个代表团或者三十名以上的代表联名	对于列入大会议程的法律案,大会全体会议听取提案人说明;各代表团审议;各专委会审议;宪法和法律委员会根据代表团和各专委会的意见统一审议,并向主席团提出报告和法律草案修改稿;法律草案修改稿经各代表团审议,宪法和法律委员会根据意见再行修改提出表决稿;主席团提请大会表决;法律通过后由国家主席公布
关于提案主体,《立法法》第 26 条、第 27 条;关于审议过程及主要工作,《立法法》第 29 ~ 44 条	全国人大常委会对法律案的审议	委员长会议、国务院、中央军事委员会、最高人民法院、最高人民检察院、全国人民代表大会各专门委员会、常务委员会组成人员十人以上联名	对于列入议程的法律案,一般应当经三次常委会会议审议后再交表决(意见较一致的可经两次常委会会议审议后交付表决,事项单一或部分修改的法律案且意见较一致的,可经一次常委会会议即付表决)。从常委会第一次会议听取提案人说明到表决,期间有分组会、专委会审议,宪法和法律委员会根据意见统一审议和提出法律草案修改稿,以各种形式听取各方意见,宪法和法律委员会根据常委会对修改稿的审议意见再行修改提出法律草案表决稿,并由委员长会议提交常委会表决。法律通过后由国家主席公布

续表

法律根据	议案种类及审议主体	提案主体	审议过程及主要工作
关于法律的修改和废止,《立法法》第59条	全国人大或全国人大常委会审议法律修改或废止议案	分别同上两栏提案主体	法律的修改和废止程序,适用立法法"法律"章的有关规定。 法律被修改的,应当公布新的法律文本。 法律被废止的,除由其他法律规定废止者外,由国家主席签署主席令公布

当然,上面规定的是法律案,法律的修改或撤销适用上述规定。但是,从法律条文中我们不能析出对撤销其他立法文件(如行政法规或地方性法规)的议案是否为法律案,立法法和其他法律都没有界定撤销法规的议案是否属于法律案。如果撤销法规的议案属于法律案,那么,表3的提案主体、审议主体、审议过程等制度内容就覆盖在撤销议案的提出和处理上。但如果不是,将如何审议?比如,人大常委会工作机构提出撤销法规的建议,这当然不属于议案,更不属于法律案。又如,全国人大常委会委员十人联名向常委会提起撤销由某省人大批准的与立法法抵触的某自治州的单行条例,是否归于立法法"法律"章所说的法律案,如不是,又将适用什么审议程序?对于这些,立法法并无规定。由此,我们还必须找到一般议案提起和审议的制度,以其作为处理非法律案的议案的根据。这个制度的基本情况见表4:⑥

从表3和表4的比较中可以看出,一般议案的提案主体与立法法规定的法律案主体相同,但一般议案的审议程序更为简单,比如,没有类似于常委会审议法律案那样的"三读"、听证等要求,也没有类似于法律通过后如何公布的规定。如果撤销议案不属于法律案,其审议当按表4的程序进行,那么程序就可能过于简单。

⑥ 在全国人大议事规则和全国人大常委会议事规则当中,制有关于法律案审议的规定,但内容已由立法法吸收并作更细规定。另外,在常委会监督法中,关于法规备案审查的要求,已指向立法法。所以,表4不再标示前述法律规定内容。

表 4　全国人大及全国人大常委会对议案的审议

法律根据	议案种类及审议主体	提案主体	审议过程及主要工作
关于提案主体，全国人大组织法第 9 条、第 10 条；关于审议过程及主要工作，全国人大议事规则第 23 条	全国人大对议案的审议	全国人民代表大会主席团、全国人民代表大会常务委员会、全国人民代表大会各专门委员会、国务院、中央军事委员会、最高人民法院、最高人民检察院、一个代表团或者三十名以上的代表	列入会议议程的议案，由提案人向会议提出关于议案的说明。议案由各代表团进行审议，主席团可以并交有关的专门委员会进行审议、提出报告，由主席团审议决定提请大会全体会议表决
关于提案主体，全国人大组织法第 32 条；关于审议过程及主要工作，全国人大常委会议事规则第 14 条、第 17 条、第 19 条	全国人大常委会对议案的审议	全国人民代表大会各专门委员会、国务院、中央军事委员会、最高人民法院、最高人民检察院、常务委员会组成人员十人以上	常务委员会全体会议听取关于议案的说明，其后，由分组会议进行审议，并由有关的专门委员会进行审议，联组会议审议，常委会会议表决

在地方层面，人大的立法监督和对立法文件的撤销，除了依照国家的法律规定以外，省、自治区、直辖市会依据法律授权，参照立法法、人大议事规则、常委会议事规则等制定地方的相关规则(如规范性文件备案审查规则、人大和人大常委会议事规则等)，因此地方人大立法监督中的撤销制度的构成，在结构上与中央基本相同。但地方在参照《立法法》关于全国人大及常委会的立法程序、以及适用和备案审查的规定来制定地方的相关规定时，容易出现一个空缺，即省、自治区人大常委会无权审查和撤销下一级的地方性法规，这项权力是有由省、自治区人大行使，而在中央层面，是由全国人大常委会审查和撤销下级人大地方性法规，以及州、县级的自治条例、单行条例，这种上下不对应的情况使地方难以参照《立法法》所规定的程序制定地方规定，因此，在省、自治区人大对设区的市的地方性法规的监督撤销方面，地方制度容易出现空档或过于粗疏。在对一些地方的立法条例和规范性文件备案审查规则的研读中，已经发现这种情况。

三、现行人大立法监督撤销制度存在的问题

我国人大立法监督的撤销制度正在建设和完善中，存在缺陷在所难免。前

面的制度梳理,方便我们发现和分析一些存在的问题,进而为制度完善提出一些意见。根据制度基本构成原理,下面概略从主体、程序和撤销的效力几个方面进行分析。

(一)主体方面

在撤销制度中,根据法律的设定,我们可以看到不同的权力权利主体,这些主体包括提议(包括立法审查要求、立法审查建议、撤销议案、撤销建议的提起)主体,提议受理(包括审查要求、审查建议、撤销议案、撤销建议)主体,审查处理主体(根据审查要求、建议进行审查工作的主体),撤销权主体,被审查、被撤销文件的制定主体等。而这些主体及其权力或权利,目前在制度设置的上存在错位或冲突的现象。

1. 关于法律案、立法审查要求提起的主体

在表2可见,可以向全国人大常委会提起立法审查要求的主体有国务院、中央军事委员会、最高人民法院、最高人民检察院和各省、自治区、直辖市的人民代表大会常务委员,在表3、表4中,可以向全国人大常委会提起议案和法律案的主体有委员长会议(全国人大组织法中未规定委员长会议的提案权)、国务院、中央军事委员会、最高人民法院、最高人民检察院、全国人民代表大会各专门委员会、常务委员会组成人员十人以上联名。同时拥有法律案(包括议案)和立法审查要求提起权的主体有国务院、中央军事委员会、最高人民法院、最高人民检察院,只有法律案(包括议案)提案权而没有规定有立法审查要求提起权的主体有委员长会议、全国人民代表大会各专门委员会、常务委员会组成人员十人以上联名。

由此,法律规定上不清晰的问题有三:第一,国务院、中央军事委员会、最高人民法院、最高人民检察院这些同时具有法律案(包括议案)和立法审查要求提起权的主体,可否直接提起撤销议案,或者是只能提起立法审查要求,或者在这两者中可自主选择?第二,委员长会议、全国人民代表大会各专门委员会、常务委员会组成人员十人以上联名,这些有法律案(包括议案)提案权但没有规定有立法审查要求提起权的主体,可否直接提起立法审查议案(因无权提起审查要求)或撤销议案?第三,如果有法律案和议案提案权的主体直接提起撤销议案

(不是立法审查要求),对此将如何处理,是直接审议撤销议案还是作为立法审查要求转入立法审查的程序?这又是一个关联着主体提案权与处理程序的问题。

2. 受理提议主体与处理主体的不一致

在立法法关于备案审查的规定中,有关主体提起审查要求和建议,其受理主体是全国人大常委会,即有关主体是向全国人大常委会提出立法审查的要求或建议。但是,进行审查和对外向制定机关提出审查意见和研究意见的,则是全国人大有关的(而非特定的)专门委员会或常委会工作机构(见表2)。有论者批评道,规定全国人大专门委员会直接向制定机关出具修改意见,已经超越了宪法和组织法对机构性质和职责的定位,使专门委员会扮演了代表常委会行使部分"处置权"的角色,这可能从操作便利和提高工作效率上都是有益的,但也可能是对常委会职权的一种僭越。[⑦] 这种批评是值得重视的,并且,这种意见看到了宪法、组织法与立法法在此问题上规定的不一致。由全国人大常委会工作机构(实际操作中是法工委)向被审查立法文件的制定机关提出研究意见,则权力关系更加不清,而实践中可能已经走得更远。据报道,全国人大法工委创设了向地方人大常委会发"督办函"的形式,[⑧]笔者不清楚这种"督办函"的真实文件名故不好判断其法律定位,但从全国人大机构的正式工作报告中可知,法工委向地方人大常委会发函提出工作要求已成正常的工作方式。[⑨] 作为人大常委会工作机构的法工委向被审查立法文件的制定机构发"督办函",或者发函提出工作要求,这在宪法、全国人大组织法、立法法中是没有依据的,这种工作方式中的权力

---

⑦ 参见马岭:《我国规范性法律文件的备案审查制度》,载《财经法学》2016年第3期。

⑧ 参见赵晓思:《备案审查走向台前》,载《浙江人大》2018年第6期。文中提到:"2月8日,全国人大常委会正式向有关地方人大常委会发送'督办函',分别督促有关地方修改审计条例、计生条例,废止地方著名商标条例。在"督办函"中,全国人大常委会法工委要求有关地方尽快落实,已修改的要回复修改情况,尚未修改废止的要明确工作计划和时间安排,确保真正做到"有错必纠"。今年,全国人大常委会法工委将适时开展对上述有关工作进展情况开展'回头看'。"

⑨ 2017年12月,全国人大法工委主任沈春耀在向全国人大常委会所作的工作报告中说:"2017年6月,在党中央通报甘肃祁连山自然保护区存在的突出问题及其深刻教训后,对专门规定自然保护区的49件地方性法规集中进行专项审查研究,并于9月致函各省、自治区、直辖市人大常委会,要求对涉及自然保护区、环境保护和生态文明建设的地方性法规进行全面自查和清理,杜绝故意放水、降低标准、管控不严等问题。"全国人大常委会法制工作委员会主任沈春耀在第十二届全国人民代表大会常务委员会第三十一次会议上作的《法制工作委员会关于十二届全国人大以来暨2017年备案审查工作情况的报告》载中国人大官网:http://www.npc.gov.cn/npc/xinwen/2017-12/27/content_2035723.htm。参见罗婷玉:《全国人大常委会首次审议备案审查报告》,载《人民之友》2018年第1期。

定位和法律效力极不清晰。虽说这样做在目前是有效果的,但从制度上来说是不科学的,权力是错位的。

由此,这里在制度上存在的问题是:受理者与处理者不同,处理的意见是受理者的意见还是处理机构的意见,并不清晰;内部机构对外,其权力定位不清,意见的法律效力不清;审查机构非专门化,会造成全国人大常委会之下多个机构可向下级人大及其常委会下达指示、提出要求(当然是因不同法规审查),从权力运行体制上说,这在地方人大及常委会与全国人大常委会的中间,会形成一个多元领导层,从而分散了全国人大常委会的权力和权威;法规审查是专业活动,非专门化的审查不能保证审查质量。这些问题都需要通过制度完善来解决。

3. 关于撤销权主体

撤销权的界定依赖于撤销对象,即撤销权是撤销什么的撤销权。在表 1 中,我们可以看到立法法对撤销的级差安排。但是,这种安排与宪法和地方人大地方组织法的规定有不一致的地方,试比较表 5:

表 5　宪法、地方人大政府组织法关于人大系统撤销权的规定

法律根据	撤销主体	撤销对象
《宪法》第 62 条第 12、16 项	全国人大	改变或者撤销全国人民代表大会常务委员会不适当的决定;应当由最高国家权力机关行使的其他职权
《宪法》第 67 条第 7、8 项	全国人大常委会	撤销国务院制定的同宪法、法律相抵触的行政法规、决定和命令; 撤销省、自治区、直辖市国家权力机关制定的同宪法、法律和行政法规相抵触的地方性法规和决议
《宪法》第 99 条第 2 款	县级以上地方人大	有权改变或者撤销本级人民代表大会常务委员会不适当的决定
地方人大政府组织法第 8 条第 10、11 项	县级以上地方人大	改变或者撤销本级人民代表大会常务委员会的不适当的决议; 撤销本级人民政府的不适当的决定和命令
《宪法》第 104 条	县级以上地方人大常委会	撤销本级人民政府的不适当的决定和命令; 撤销下一级人民代表大会的不适当的决议
地方人大政府组织法第 44 条第 7、8 项	县级以上地方人大常委会	撤销下一级人民代表大会及其常务委员会的不适当的决议; 撤销本级人民政府的不适当的决定和命令

在表5中我们可以看到撤销权所及的对象为本级和下一级，并无下两级的对象。其中，人大撤销权所及对象是本级人大常委会不适当的决定⑩和本级政府不适当的决定、命令，⑪不涉及下一级；全国人大常委会撤销的对象是国务院的行政法规、决定命令，以及省、自治区、直辖市权力机关的地方性法规和决定；县级以上地方人大常委会的撤销对象则是本级政府的决定、命令和下一级人大及常委会的决定。但是立法法关于撤销的规定中(表1)，我们可以看到这种跨级撤销的安排：即全国人大撤销其常委会批准的自治条例、单行条例；省、自治区人大撤销其常委会批准的地方性法规；省、自治区人大常委会批准的自治条例、单行条例须由全国人大常委会撤销；地方人大常委会只能撤销本级政府不适当的规章。也就是说，全国人大和省、自治区人大的撤销对象涉及本级常委会批准的下级人大的立法文件，而州、县级的自治条例和单行条例都由全国人大常委会撤销。很明显，这些规定是与宪法关于监督撤销的权力划分相佐的。

或者有人会说，依宪法规定，全国人大、省、自治区人大有权撤销本级常委会的决定，据此即可撤销本级人大常委会批准的立法文件。但从立法的权力关系来说，这种解释是不成立的。因为，经批准生效的立法文件具有两个意志：一个是立法文件的本意志(制定机关的意志)，一个批准文件的意志(批准机关的意志)。如果按照宪法的权力划分规定，全国人大、省、自治区人大只能撤销(否定)本级常委会的批准(意志)，而无权撤销(否定)被批准的下级人大立法文件的意志(当然，从全国人大是国家最高权力机关的性质来看，全国人大应不受这个约束)。但撤销了批准，原立法文件自然不再是立法文件，故失去立法文件的效力。但是，这个被撤销的立法文件仍有可能是非立法性规范性文件。⑫ 如要否定这个非立法性规范性文件，还需要按人大常委会监督法的规范性文件备案审查程序处理。所以，撤销批准就是撤销批准，并不意味等于和能够撤销被批准的文件本身。

---

⑩ 宪法和地方人大政府组织法对“决定”和“决议”有相同和不同使用，在此处讨论时不作区分。

⑪ 宪法没有规定全国人大有权撤销国务院的行政法规或命令，当然，我们可根据《宪法》第62条第16项关于最高权力机关职权的开放性条款推定全国人大有这种职权。宪法也没有规定地方人大有权撤销本级政府不适当的决定、命令，但地方人大政府组织法对此作了规定。

⑫ 参见黄建武：《论人大非立法性规范性文件的功能与效力》，载《地方立法研究》2018年第1期。

(二)程序方面

当前法律对撤销的设置,在程序上也存在一些不足或缺陷。

1.撤销议案审议中制定机关的被聆听权

对于全国人大常委会在立法监督中对撤销议案的审议,无论撤销议案作为法律案或是一般议案,其审议程序都没有被撤销文件的制定机关的意见被聆听的法定要求。虽然按备案审查的规定,人大专门委员会和人大常委会工作机构在处理审查要求和审查建议时,可以要求文件制定机关到会说明情况,但这并非必须的,而且程序的性质和聆听的主体也不一样。被撤销文件的制定机关的意见,在撤销案审议中被聆听是非常重要的,因为撤销议案审议是撤销权主体对制定机关职权行为合法性或适当性的判断,而撤销则是基于前述判断对制定机关职权行为的处分。因此,被撤销文件制定机关意见被聆听作为一项程序权利制度化,有助于提高立法监督的质量,防止撤销工作中的武断。尤其是,在就立法文件合法性以外的适当性(如社会的适应性、法律调整方式的合理性)进行审议时,则更需要了解直接面对社会管理要求的制定机关的意见,因为适当性不同于合法性,人们是有不同的判断的。

对于全国人大审议撤销全国人大常委会制定的不适当的法律的议案,其程序在目前的法律中亦无规定。立法法中虽然规定了法律修改或废止适用法律案审议程序,但是,法律修改或废止,无论从文义上理解,或从长期实践定位来说,都是法律创制主体修改或废止自己制定的法律,而撤销,则是从立法监督角度去撤销别的主体制定的法律。如果从法律关系构成理论的角度来看,前者是一种绝对权关系,权力主体的对应面是不特定的主体不干扰;后一种是相对权关系,权力主体的对应面是被撤销立法文件的制定机关,它们负有必须配合服从的义务,当然,它们也应当享有受聆听的权利。由此,全国人大的撤销议案的审议程序应当不同于法律废止案或修改案的程序。

另外,《立法法》第100条规定了全国人大工作机构有权责向委员长会议提出撤销建议,对于这种撤销建议,由委员长会议决定提请常务委员会会议审议决定。显然,如果将建议当作议案按议案审议程序处理是不合适的。但是,在相关法律中,并不存在对接审议建议并作出决定的程序性规定。

2. 地方政府规章的双撤销权的程序关联

在地方人大立法监督层面，立法法规定，有地方性法规制定权的地方人大常委会有撤销本级政府不适当的规章的权责，但同时也规定，省、自治区政府有改变或撤销下一级政府不适当的规章的权责。这种双撤销权的存在，源于我国地方政府的双负责制度，即必须对本级人大负责、必须对上级政府负责。⑬ 这种体制造就了一个这样的可能性：地方政府为贯彻执行本级人大的要求而制定的规章，在上级政府看来是不适当的；或者，地方政府为执行上级政府的要求而制定的规章，在本级人大常委会看来是不适当的。这种问题在现实中不知是否出现过，但在理论上是存在的。如果发生撤销，规章制定机构的地位非常尴尬，都存在没有尽到应负之责的问题。因此，对于地方政府规章的这种撤销，应当在程序上设有两个撤销权主体的沟通渠道。

3. 公布方式

撤销决定作出后应当公布，以便让有关机关和公众知晓撤销的对象、原因、效力，及时停止实施被撤销的文件以及完成文件影响的善后。这样，就需要确定决定的公布方式，包括由谁以什么文件形式公布，在什么时间、什么地方、以什么介质公布等。根据立法法规定，法律的通过、修改、废止（除由其他法律规定废止外）由国家主席签署主席令公布，并及时在全国人大常委员会公报和中国人大网以及在全国范围内发行的报纸上刊载。可以推定，全国人大对全国人大常委会立法的撤销决定当采取前述形式公布。但是，全国人大撤销全国人大常委会批准的自治条例和单行条例的决定，全国人大常委会对行政法规、地方性法规、自治条例和单行条例的撤销决定，以及地方人大及常委会对地方立法文件的撤销，这些决定当如何公布，立法法中并无规定，在相关法律中也找不到对应规定。

（三）撤销的事由及效力

《立法法》第 96 条关于改变和撤销立法文件的事由有五项："（一）超越权限

---

⑬ 《宪法》第 110 条：地方各级人民政府对本级人民代表大会负责并报告工作。县级以上的地方各级人民政府在本级人民代表大会闭会期间，对本级人民代表大会常务委员会负责并报告工作。

地方各级人民政府对上一级国家行政机关负责并报告工作。全国地方各级人民政府都是国务院统一领导下的国家行政机关，都服从国务院。

的;(二)下位法违反上位法规定的;(三)规章之间对同一事项的规定不一致,经裁决应当改变或者撤销一方的规定的;(四)规章的规定被认为不适当,应当予以改变或者撤销的;(五)违背法定程序的。"五项可归为两类:一类为违法,即(一)、(二)、(五)项;另一类为不适当,即(三)、(四),其中(三)是规则冲突,是立法技术上的不适当,并非违法。很明显,立法法规定中的不适当只涉及规章,而没有涉及法律、法规、自治条例和单行条例。《立法法》第97条关于撤销权的设置则有撤销不适当的法律,同宪法法律相抵触的法规,不适当的地方性法规等对象(见表1)。也就是说,应当撤销的立法文件,在规章之外既有不适当的,也有违宪违法的。两处关联紧密的法条,而用语不统一、不对应,这对于制度的构成和运行来说,都会引出问题。

另一个存在的问题,是制度上没有规定撤销的效力,即针对什么事由的撤销发生什么效力。当然,一旦撤销决定作出和公布,被撤销的文件即无将来(向前)约束力。但是,撤销的效力是否溯及到该被撤销文件付诸实施之日?比如,文件是因违宪违法被撤销的,而在被撤销前的实施阶段,法律实施机关依这个违宪违法的文件对公民的财产实施了罚没、对人身自由进行了限制,是否需要给予法律救济。这个问题也就是:得撤销的立法文件是否自始无效;或者只是自被撤销之时起无效;或者不同事由的撤销,其效力有所不同。但关于这些,我国现行法尚无规定,不能不说这是撤销制度设置上的一个较大缺陷。

四、对完善撤销制度的建议

针对上述存在的问题,特提出以下制度完善的建议。

(一)关于主体

1. 关于提议主体、受理主体、处理主体

在立法法规定的法规备案方面,目前我们看到的问题是,有提议案权的主体不一定有立法审查要求提起权;立法审查受理的主体和处理的主体不一致;审查机构的非专门化;审查意见、研究意见的法律定位不清;实践中全国人大常委会工作机构(法工委)直接向下级人大常委会下"督办函"、提要求,其权力行使缺乏法律依据。

问题解决可以考虑这样两个可选方案:

第一种方案,以现在的立法审查提起和撤销议案的提起两段程序为基础,廓清立法审查权,以立法审查权为核心廓清相关主体及关系。

将立法审查的职权交由宪法和法律委员会专门行使,改变审查多头且非专业化的现象。宪法和法律委员会的职权和工作内容按现行《立法法》第100条的规定进行,由其向被审查文件的制定机关提出审查意见,其审查工作或者结束于制定机关修改或废止相关立法文件,或者结束于因制定机关不修改与宪法法律相抵触的立法文件而提起撤销议案(见表2)。由于职权的专门化,宪法和法律委员会成为一个撤销议案提起前的专门审查机构,其向制定机关提出的意见,就是审查机构的意见,由此,其意见的法律地位也就清晰了。

有关主体的立法审查要求和建议向宪法和法律委员会提出,对于审查要求,列入审查程序;对于审查建议,交由人大常委会法制工作机构审查提议是否列入审查程序。也就是说,宪法和法律委员会是审查要求和建议的受理主体,也是审查(处理)主体。宪法和法律委员会就审查的工作进程和内容向委员长会议报告。这一点的意义在于,保证在整个体制中,宪法和法律委员会仍是一个在常委会领导下的机构,而且,在国家层面的立法监督中,最为重要的撤销权是在全国人大及其常委会,宪法和法律委员会只有提议案权。

立法审查要求提起的主体,应当包括所有有议案提起权的主体。因为拥有更高的撤销议案提起权而没有低一层的审查要求提起权,在制度安排上不合逻辑,如果这些主体对立法文件有异议而总是(也只能是)以撤销议案形式提起,制度运作也不经济。至于立法审查建议的提起主体,可如现行法规定不变。

全国人大其他的专门委员会配合宪法和法律委员会的立法审查工作,全国人大常委会工作机构(特别是法工委)协助宪法和法律委员会进行立法审查工作。全国人大常委会工作机构在主动审查立法文件中发现问题,可以就此与立法文件制定机关的法制工作机构沟通,如需向制定机关发出具有指示性或要求性的意见,应当按程序转化为宪法和法律委员会的意见。由此,应当通过立法审查要求的提起程序,向宪法和法律委员会提起审查要求,这也意味着,法律应当将全国人大常委会工作机构列为立法审查要求的提起主体。综合前述制度建设的建议,制度框架见表6(可对比表2出现的改变)。

表 6　由宪法和法律委员会专门行使立法审查权的制度构架建议

<table>
<tr><td>审查提起种类</td><td>审查要求的提起</td><td>审查建议的提起</td><td>主动审查</td></tr>
<tr><td>提起主体</td><td>国务院、中央军事委员会、最高人民法院、最高人民检察院和各省、自治区、直辖市的人民代表大会常务委员，加对常委会有议案提起权的主体及全国人大常委会工作机构</td><td>左栏所列主体以外的其他国家机关和社会团体、企业事业组织以及公民</td><td rowspan="2">由全国人大宪法和法律委员会、全国人大常委会工作机构主动进行</td></tr>
<tr><td>受理主体</td><td>全国人大宪法和法律委员会</td><td>全国人大宪法和法律委员会，交全国人大常委会法工委审查提议是否有必要进入正式审查程序</td></tr>
<tr><td>处理机构</td><td colspan="2">宪法和法律委员会，其他专门委员会配合，常委会工作机构协助</td><td rowspan="6">宪法和法律委员会工作同左；人大常委会工作机构在审查中发现立法文件有违法问题，可与制定机关的法制工作机构沟通，亦可向宪法和法律委员会提起审查要求</td></tr>
<tr><td rowspan="3">工作内容及过程</td><td colspan="2">审查，认为立法文件与宪法或法律相抵触的，向制定机关提出书面审查意见，同时报告委员长会议</td></tr>
<tr><td colspan="2">也可以由宪法和法律委员会与有关的专门委员会、常务委员会工作机构召开联合审查会议，要求制定机关到会说明情况，再向制定机关提出书面审查意见，同时报告委员长会议</td></tr>
<tr><td colspan="2">制定机关应当在两个月内研究提出是否修改的意见，向全国人大宪法和法律委员会、常委会委员长会议报告</td></tr>
<tr><td rowspan="2">结果：审查终止或提起撤销</td><td colspan="2">制定机关按照所提意见对立法文件进行修改或者废止的，审查终止</td></tr>
<tr><td colspan="2">全国人大宪法和法律委员会经审查认为立法文件同宪法或者法律相抵触而制定机关不予修改的，应当向委员长会议提出予以撤销的议案，由委员长会议决定提请常务委员会会议审议决定</td></tr>
</table>

这种设置意味着要提高全国人大宪法和法律委员会的地位，以法律规定其立法审查的职权，对机构的性质作出定位，使其具有一定的对外提出意见、要求的职能。另外，对其也要加强组织机构建设，加强其与法工委的工作组合。

第二个方案，是基于目前体制仅作微调。即审查要求的提起主体应当包括所有拥有议案提起权的主体。受理主体、处理的工作程序和内容按现行制度执行(如表 2)。但是,宪法和法律委员会和常委会工作机构向制定机关提出审查意见和研究意见,应当经由委员长会议同意并由常委会办公机构发出。这样做,在制度上或法律形式上或可表明是常委会在行使立法监督权,所提意见的性质为常委会在审查工作中的意见。同时,这样可防止各委员会或工作机构的不当扩权。

第二方案相应容易推行一些,但没有解决立法审查专门化的问题,而且,审查意见和研究意见的法律定性仍不是很清晰,这些意见不能说是常委会的意见,但如果说是专门委员会和常委会工作机构的意见,则仍没有摆脱内部机构对外的法律问题。

在提议主体方面还有另外一个问题,即同时拥有提议案权和立法审查要求提起权的主体,没有提起审查要求而是直接提起撤销议案,法律没有规定当如何处理。因此,建议在程序上作出这样的安排:这些主体的撤销议案提起后,由委员长会议建议并经提案人同意,转入立法法规定的备案审查程序,由宪法和法律委员会按《立法法》第 100 条的规定审查。如果提案人坚持不同意,则按撤销议案审议程序进行。

2. 关于撤销权主体

在撤销权主体方面存在问题是,立法法对撤销权主体的规定与宪法和地方人大政府组织法的规定相佐,撤销权错位。宪法和地方人大政府组织法规定的监督制度可概为"人大管同级,常委会管下级",即人大撤销其常委会和同级政府不适当的决定,人大常委会撤销同级政府、下级人大及常委会不适当的决定(见表 5)。在立法法的规定中,由于人大常委会不能撤销自己批准的立法文件,因此需要人大来撤销下级人大及其常委会的立法文件,而自治县的自治条例也需要由全国人大常委会来撤销(见表 1)。在立法法规定的监督体制中,人大常委会无权撤销自己的批准,这是一个问题的关键点。

为解决上述问题,建议增设常委会对自己批准的立法文件的撤销批准权。由此,如果在备案审查工作中或撤销议案审议中,常委会发现并被证明自己批准的立法文件是不适当的,则可决定撤销批准。当然,这种撤销与上级撤销下级的决定有所不同,这是批准主体的自行撤销,实际是撤回批准,是一种自我更正。一个制度设计成主体不能更正自己的错误,这不能说是合理的。当然,为了保证制定文件机关所代表的法益，这种撤销应有严格的程序，即按撤销议案审议的程序进行。行批准权的人大常委会，在撤销批准的同时，可按宪法和地方人大政府组织法的授权以及人大常委会监督法的规定，对被撤销批准的文件再进一步撤销其非立法性规范性文件的效力。因为不作这种撤销，其文件还可能作为非立法性规范性文件发生作用。

如果行批准权的人大常委会不作为，则可通过人大按“人大管同级”的规则撤销其常委会的批准。对于自治州、县的自治条例，则可由全国人大常委会按“常委会管下级”的规则撤销省、自治区的批准。撤销后的立法文件，按规范性文件备案审查的方式处理。

由此，虽可能出现法律程序上的两步撤销，即撤销批准和撤销非立法性规范性文件（在常委会的撤销中可以同时进行），但这样可消除权力错位，保证制度的一致。而且，增设人大常委会的撤销批准权，使制度更合逻辑，监督也更有效。

（二）关于程序

对于撤销议案的审议目前并无专门的程序，但可选择的程序有立法法规定的法律案审议程序和其他法律规定的一般议案的审议程序（地方制定的立法条例和人大议事规则等对上位法有地方化的规定）。但无论选用哪一种程序，都有三个需要解决的问题：撤销议案审议中制定机关的被聆听权，撤销决定的公布方式，地方政府规章的双撤销权的程序关联。第一、二个问题涉及国家和地方两个层面，第三个问题只涉及地方。这三个问题的解决需要立法作出设定。

撤销议案审议的程序中，应当确定被撤销立法文件的制定机关的被聆听权，因为制定机关对立法的合法性和适当性有自己的理解，这种理解或许是有道理的，了解这方面的意见，能够更全面的判断立法文件的合法性或适当性，保证立法监督的质量。从另一方面说，撤销是对制定机关职权行为的处分，被处分者的意见理应被聆听。当然，比较国外的立法监督（违宪审查）制度，被否定的立法文件的制定机关不一定有这样的被聆听权。但我们应当看到我国是实行立法解释制度的，即立法文件最权威的解释是由制定机关作出的解释，我们的法律理念是，最了解法律文件意思的是立法者，而在西方许多国家，法律的解释不是立法机关而是法院。所以，被聆听权的规定，与我们的立法解释理念和制度是一致的。

撤销的决定应当及时以权威方式公布,而且应当在被撤销的立法文件实施的区域及时公布,这样才能及时停止实施违法或不适当的立法文件,降低其带来的损失和不利影响。由此,除全国人大撤销全国人大常委会制定的法律按立法法已规定的法律公布方式公布外,全国人大常委会撤销的国务院和地方的立法文件,以及地方国家权力机关撤销地方的立法文件,均由撤销机关以公告形式公布决定,公告和决定在撤销机关的同级人大常委会公报刊载,并在被撤销文件原适用区域的主要媒体上刊载。

在地方人大层面的立法监督中,人大或常委会(按现行立法法只能是常委会)在审议撤销地方政府规章的议案时,应当知会上一级政府并征询其意见,上级政府撤销下级政府规章时同样应当知会该下级政府同级的人大常委会并征求意见。因为我国地方政府实行的是双负责双监督体制,只有作这样的关联,才是适应这种体制的。审议撤销议案的人大或常委会在收到上级政府返回的意见中,如有反对撤销的意见,除因规章违法以外,对该规章不应再作撤销,而只应对其不适当性作出修改。在上级政府撤销下级政府的规章时,也应同样对待该下级政府同级的人大常委会的意见。

(三)关于撤销事由和效力

按《立法法》第96条的规定,立法文件应当改变和撤销的事由有两种:违法或不适当(第96条中明确提到不适当的情形只涉及规章)。违法以外的不适当一般有两个方面:一是社会适应性方面的不适当,如要求过于超前或滞后;二是立法技术方面的不适当,如规范出现空缺、冲突,或法律调整方法选择不当等。一般来说,违法的立法文件应当被撤销,违法以外的不适当的文件应当被改变。但这也不是法定要求。违法的立法文件被改变成合法的,违法以外的不适当的立法文件被撤销,这在法律上是可能的。但在规定撤销的法律效力时,立法当对这两种情形区别对待。目前我国法律尚无撤销效力之规定,更无规定及于这两种文件撤销之不同,所以这正是我们需要特别注意的。

撤销一个立法文件,自然这个文件在属地、属人和时间上向前(未来)的法律效力均归于无。但是,撤销的效力能否溯及于该文件实施之时,对该文件已调整的社会关系是否具有溯及力,这是制度设置时必须考虑的问题。

如果我们比较私法领域的法律行为,违法的法律行为是无效的,且是自始无效的。在公法领域,具体的公法行为如果违宪、违法,则是应当撤销的行为,其撤销及于整个行为始终,即是说这种行为也是自始无效的,其对公民、社会组织造成损失须由国家赔偿。当然,公法领域具体行为的撤销多种多样,除对违宪、违法行为的撤销溯及行为之始外,其他的撤销则不一定及于行为之始。从理论上说,任何违宪、违法的立法文件自始都是无效的,但根据公权力公定力原理,这种文件在被有权机关撤销之前,须推定为合宪合法而必须遵守,⑭如无此推定则人人皆可裁量法律而不遵守,由此必天下大乱。当文件撤销一旦作出,其效力当及于该立法文件开始实施之时,只有这样,才是符合法治原则的。同时,国外相关制度也有此类实例可供参考。⑮ 当然,这里所说的违宪、违法的立法文件自始无效,其"始"指的是其违反宪法、法律公布实施之时。如果立法文件在公布实施时即是违宪、违法的,其撤销的效力当及于该文件公布实施之时;如果立法文件公布实施时并不违宪、违法,只是实施到一段时间后,因宪法或法律发生改变而致使其出现违宪、违法状况,这种情况下,撤销的效力及于其违宪、违法之时,而非及于其公布实施之时。

当撤销决定宣告立法文件自始无效时,又当如何对待该文件已经调整的社会关系,这也是撤销制度设置所必须确定的内容。这里当区分两类情况:一类是根据该立法文件运用公权力对公民、社会组织实施刑事、行政处罚或强制,对其自由和财产造成损失的,国家机关应当主动提供法律救济,受害人亦有权提出救济要求。比如,重新审理刑事、行政处罚案件,如果案件是仅以被撤销的立法文件为处理依据的,当撤销判决和处理决定,并赔偿因处理所造成的损失。另一类是被该立法文件调整就序了的民商事关系,这类关系当以自愿原则推定并维持其效力,除非当事人提出并证明该民商事关系的形成或变化不是出于自愿,而在当时完全是受到被撤销文件要求的强制,并显失公平,则当给予救济,而救济原则为:如果当时有其他法律可依,则依当时的其他法律处理;如果当时无其他法

---

⑭ 参见胡锦光:《论法规备案审查与合宪性审查的关系》,载《华东政法大学学报》2018 年第 4 期。

⑮ 关于德国的相关制度,参见刘兆兴:《德国联邦宪法法院的抽象审查权》,载《外国法译评》1997 年第 2 期;柳建龙:《德国联邦宪法法院的抽象规范审查程序》,载《环球法律评论》2017 年第 5 期。关于韩国的相关制度,参见韩大元主编:《外国宪法》,中国人民大学出版社 2000 年版,第 325 页。

律可依,则按公平原则并根据当时的情况来平衡利益。

如果对立法文件撤销的事由不是违宪、违法,而是违法以外的不适当,如前述,这种不适当是在社会适应性方面或是立法技术方面,则撤销的效力在时间上只能自撤销决定作出之时起,而不能及于该立法文件之始。由此,这种撤销的效力不及于已调整的社会关系。

关于撤销的事由以及时间效力状况,应当在撤销决定中说明。

以上关于主体、程序、撤销事由及效力的内容,在撤销制度的完善中,当通过相关法律的修改予以确定。

改革开放40年再出发的若干立法发展走向思考

陈　俊*

摘　要：我国改革开放已走过40年。在新时代，回顾40年来我国改革开放的成绩以及立法引领、保障的重要作用，继续发挥中央和地方立法对改革开放再出发再创辉煌的积极作用，是时代新命题和新要求。为此，文章对改革开放40年再出发的立法发展走向，作出了若干思考。首先，为引领、保障改革开放再出发再发展，需坚持和改善党对立法的领导；其次，需发挥人大主导立法作用，大力倡导各级人民代表大会立法；复次，需进一步加强新时期重点领域立法；再次，需积极贯彻落实依法立法的理念并指导立法实践；最后，需着力加强立法监督、服务和保障改革开放和法治中国建设。

关键词：改革开放40年　立法　发展走向

引　言

2018年是我国改革开放40周年。改革开放已经走过40年。与此相应，在波澜壮阔的改革开放进程中，离不开相关中央和地方立法的引领、促进、规范、保障作用，正是得益于这些立法功不可没的积极作用，为改革开放添砖加瓦、保驾护航。从党的十八大以来立法工作的成绩来看，“立法工作在过去5年取得了历史性成就。全国人大常委会法工委副主任许安标说，经济、政治、文化、社会、生态领域一批重大立法项目相继出台，保障宪法实施的法律制度不断健全，国家安

* 陈俊，华东师范大学立法与法治战略研究中心主任、教授、博导。

全法律制度体系基本确立，制定了民法总则，民法典编纂工作取得重大进展。截至 2018 年 2 月底，十二届全国人大及其常委会制定法律 25 件，修改法律 127 件次，通过有关法律问题和重大问题的决定 46 件次，作出法律解释 9 件，以宪法为核心的中国特色社会主义法律体系进一步完善和发展。"①

在新时代，回顾 40 年来我国改革开放取得的成绩以及经验，可以从中提炼出一条具有共识性的经验：即改革开放的顺利推进及取得的成绩，相关立法的引领、保障作用功不可没；40 周年之后，在改革开放再出发的新时期，需要立法继续为改革开放保驾护航，继续发挥中央和地方立法对改革开放再出发的积极引领、保障等作用，以回应新时代提出新挑战和新要求。为此，下文对改革开放 40 年再出发的立法发展走向，作出若干思考。

一、继续坚持和改善党对立法的领导

我国改革开放 40 年所取得举世瞩目的成绩，是在党的领导下积极发挥立法引领、保障作用，发挥人大主导立法作用，发挥政府立法积极作用以及在社会各方面对立法的支持配合下得来的。在改革开放再出发的历史新时期，需要继续发挥立法在新时代举足轻重的重要作用，继续坚持并改善党对立法的领导。

（一）在立法的发展走向上继续旗帜鲜明地坚持党对立法包括改革开放领域立法的领导

从历史唯物主义的角度及我国改革开放 40 年的变革看，历史和现实一再证明："中国共产党的坚强领导是中国实现社会主义现代化的根本保证，是维护中国国家统一、社会和谐稳定的根本保证，是把亿万人民团结起来、共同建设美好未来的根本保证。这是中国各族人民在长期革命、建设、改革实践中形成的政治共识。"②为此，习近平总书记总结指出："党的领导地位不是自封的，是历史和人民的选择，也是由我国国体性质决定的。正是有了党的坚强领导，有了党的正确

① 吴储岐：《人大举行记者会，全国人大相关负责人谈立法工作完善和发展中国特色社会主义法律体系》，载《人民日报》2018 年 3 月 13 日，第 4 版。

② 中华人民共和国国务院新闻办公室：《中国的政党制度》，载《人民日报》2007 年 11 月 16 日，第 15 版。

引领,中国人民从根本上改变了自己的命运,中国发展取得了举世瞩目的伟大成就,中华民族迎来了伟大复兴的光明前景。”③再从宪法依据看,2018年3月11日第十三届全国人民代表大会第一次会议通过的《中华人民共和国宪法修正案》,在第1条明确肯定:“中国共产党领导是中国特色社会主义最本质的特征。”④

坚持党的领导地位,在立法上的体现就是坚持党对立法的领导。这是改革开放40年所取得的共识,也是改革开放再出发的一个前提和重要认识基础。党的领导,对保障各种立法活动的开展和立法权的行使,起到指明正确方向、协调复杂矛盾、提供政治保障等作用。正如《中共中央关于加强党领导立法工作的意见》(2016年)指出的,党对立法工作的领导,包括党中央领导全国立法工作、研究决定国家立法工作中的重大问题,有立法权地方的党委按照中央大政方针领导本地区立法工作。在此一前提和认识基础上,也要进一步改善或完善党对立法的领导。

(二)还要改善党对立法的领导,以便在新时代更好地推进改革开放

党领导立法,需要注重支持人大主导立法作用的发挥和其他主体依法开展立法活动,前者是保驾护航,后者是履职尽责。即党领导立法不是绕开人大等主体自行立法,是对后者依法依程序行使立法权的支持和保障。这是因为,党与作为国家权力机关的人大等主体性质不同,职能不同,组织形式和工作方式也不同,两者在实质上也不能相互代替。

彭真曾经总结指出:“虽然党是代表人民、全心全意为人民的,但党员在十亿人民中只占极少数,绝大多数是非党员。我们不仅有党,还有国家。党的政策要经过国家的形式而成为国家的政策,并且要把实践中证明是正确的政策用法律的形式固定下来。有些同志对经过国家的形式不习惯,嫌麻烦。民主就不能怕麻烦。一言堂不行,几个人说了算不行。凡是关系国家和人民的大事,光是党内做出决定也不行,还要同人民商量,要通过国家的形式。”⑤

---

③ 中共中央宣传部:《习近平总书记系列重要讲话读本》,学习出版社、人民出版社2016年版,第102页。

④ 《中华人民共和国宪法》,法律出版社2018年版,第50页。

⑤ 《彭真传》编写组:《彭真传》(第4卷),中央文献出版社2012年版,第1573页。

据此，从发展走向上看，改善党对立法的领导，不应弱化人大在立法过程中的主导作用、不应弱化政府等立法主体在立法活动中的积极作用；与此同时，为了避免和防止党领导立法对人大等主体依法履职可能会带来的负面影响，还需要规范党领导立法的工作程序。

党对立法工作的领导，需要有科学、民主、法定的程序。对此，应按照《中共中央关于加强党领导立法工作的意见》的要求，做好党领导立法工作程序与立法程序的对接，坚持依法依规领导中央和地方立法，使党的主张通过法定程序，通过各级人大及其常委会的主导立法活动，通过各级有立法权的政府的立法活动，将党的大政方针、政策提升入法，引领和保障改革开放再出发。

二、大力倡导和加强各级人民代表大会立法的作用

发挥人大主导立法作用，是一简称，应包括人民代表大会主导立法作用与其常委会主导立法作用两个方面，两者既有分工，不能错位，不能替代，同时又相辅相成。近些年，在党的十八届四中全会提出发挥人大主导立法作用要求以来，各级有立法权的人大常委会发挥立法活动中的主导作用体现得较为活跃，而同级人民代表大会在立法活动中的表现则相对不活跃，整体上动静也不大。因此，从发展走向上看，需要积极倡导各级人民代表大会主导立法活动的开展并形成一定的共识和良好氛围，推进人民代表大会立法趋于活跃。

(一)人大主导立法≠人大常委会主导立法

人大主导立法是一简称，应包括人民代表大会与其常委会主导立法，两者不应混同，更不能把长期以来我国省级以上人大常委会主导立法的事实状况视为理所当然，视为人大主导立法的既定模式。即既定事实并不能作为得出人大主导立法就等于人大常委会主导立法这一简单结论。这一既定模式的产生，与长期以来具有立法权的人大常委会在立法上形成的垄断性优势直接相关，给社会公众的印象就是人大常委会一直在立法，而同级人民代表大会只是每年第一季度昙花一现地履行一下程序并且还不管立法。

就全国人大与其常委会之间的立法数量比较而言，除了每年一度召开的全国人民代表大会在近些年通过的修改后的新《立法法》《民法总则》等数量有限

的基本法律以外，绝大多数法律（其中不少法律都可以归类为基本法律）是由全国人大常委会来制定或修改的。由于受全国人民代表大会每年召开一次且会期只有十几天的条件制约，全国人大常委会事实上成为主导法律制定的立法主体。在全国人民代表大会闭会期间，全国人大常委会事实上也成为制定和修改基本法律的主体。

再就地方省级人大与其常委会之间的立法数量比较而言，绝大多数地方性法规是由地方人大常委会制定的，只有为数很少的地方性法规是由同级人民代表大会制定的。在民意的代表性上，地方人民代表大会制定的地方性法规，在权威性上较之本地其他地方立法主体制定的立法，无疑是最权威的；由地方人民代表大会对事关本地经济、政治、教科文卫、民族等重大事项作出立法规范，更有利于立法的权威性、严肃性和实施的稳定性。

因此，在改革开放40年再出发的新时期，清醒地看到我国省级以上地方权力机关及其常设机构立法权行使明显失衡的弊端，重视和倡导省级以上权力机关立法，强调有立法权的人民代表大会主导立法，对进一步引领、促进、保障改革开放，有着重要的时代价值。

（二）改革开放再出发应加强省级以上人民代表大会立法

我国省级以上人民代表大会主导立法的应有地位和积极作用，在改革开放40年的时期内，并未受到足够重视。40年来，我国省级以上的人大常委会，除了在自身立法权限方面行使立法权，事实上也代行了本应由同级人民代表大会行使的立法权，一定程度上消解了人民代表大会的立法作用和法定地位。

值得关注的是，近几年，我国一些地方的人民代表大会积极行使自身的立法权，初步改变了长期以来省级以上人民代表大会立法稀缺、立法主导权旁落的状况。比如，近几年北京、上海、天津等地的地方立法实践探索，为人民代表大会主导立法提供了先行先试的有益样本。

例如，2014年1月16日召开的北京市十四届人大二次会议较之过去的一个创新做法是增加3项地方性法规审议的议程，这是时隔13年后北京市人民代表大会再度行使立法权。在北京市十四届人大二次会议上，安排《北京市大气污染防治条例（草案）》《北京市实施〈中华人民共和国全国人民代表大会和地方各级人民代表大会代表法〉办法(草案)》《北京市人民代表大会代表建议、批评和意见办理条例(草案)》3项地方性法规的审议,并得到大会审议通过。

又如,2015年1月召开的上海市十四届人民代表大会三次会议,较之往年多了一项议程:即800多名市人大代表要对3项地方性法规草案进行审议、表决。这是时隔14年之后,上海市人代会再次审议地方性法规草案。随后,《上海市实施〈中华人民共和国全国人民代表大会和地方各级人民代表大会代表法〉办法》《上海市人民代表大会关于代表议案的规定》《上海市人民代表大会关于代表建议、批评和意见的规定》(合称"一办法两规定"),由市十四届人民代表大会三次会议审议表决通过。

再如,2014年1月天津市第十六届人民代表大会第二次会议通过了《天津市绿化条例》。与北京市和上海市时隔13年、14年由市人民代表大会再度行使立法权不同,这是30多年来天津市人民代表大会通过的首部实体性地方性法规。并且,以点见面地看,"自1980年以来,天津市人民代表大会总共通过了5部地方性法规,80%是关于人民代表大会行权程序方面的"。⑥

从立法权的人民主权性质和民意代表性看,人代会和人大常委会的立法所体现的民主程度是不一样的。以省级地方人大为例,通常一个省级地方人大常委会是60多人讨论审议地方性法规,而省级人代会有700多名到800多名省级人大代表参与讨论,更能广泛汇集和表达民意,更能集思广益和凝聚社会共识,增强地方性法规实施的全社会认同程度。

从加强省级以上人民代表大会立法地方立法情况来看,当前急需激活地方人民代表大会立法的活力,适应改革开放进一步发展需要。毕竟,从数量上来看,如果要找出可与北京、上海、天津十几年后或三十多年来首次或再次激活市人民代表大会立法权相比拟的例子,还并不容易,至少在省级人大层面是屈指可数的。

以湖北省为例。2013年年初,通过广泛征集社会意见,湖北省人大常委会将《湖北省水污染防治条例》列入正式立法项目和全年重点工作计划。2013年9

⑥ 高绍林等:《在立良法立好法上迈出坚实步伐——天津充分发挥人民代表大会立法职能纪实》,载《中国人大》2017年第7期。

月,湖北省政府常务会议审议通过《湖北省水污染防治条例(草案)》送审稿,提交湖北省人大常委会审议。随后,湖北省人大常委会对草案进行了三次审议。2014年1月,湖北省人大常委会决定将草案提交湖北省十二届人大二次会议进行审议表决。为何该草案要提请"四审",即三次省人大常委会会议审议后还要提请代表大会全会表决?这是因为,该草案规定的水污染防治有关内容事关湖北经济社会发展的重大事项,而《立法法》已明确,规定本行政区域特别重大事项的地方性法规,应当由人民代表大会会议通过。因此,涉及湖北经济社会发展重大事项的地方性法规,其立法权限属于湖北省人民代表大会。随后,《湖北省水污染防治条例》由湖北省第十二届人民代表大会第二次会议于2014年1月22日通过,并于2014年7月1日起施行。《湖北省水污染防治条例》成为湖北省人民代表大会审议通过的首部地方性法规。

再以安徽省为例。在2014年召开的安徽省人大会议上,省内14个代表团516名人大代表提出86件防治大气污染相关议案和建议,反映出全省人民群众对大气污染治理的迫切要求。《安徽省大气污染防治条例》(草案)从2014年3月开始起草,历经安徽省人大常委会三次审议,不断加以修改和完善。期间,向社会征求起草和修改意见400多条,吸纳300余条。经过四次审议修改,《安徽省大气污染防治条例》于2015年2月在安徽省十二届人大四次会议上获得高票通过。《安徽省大气污染防治条例》的制定,是安徽省人民代表大会8年来首次行使地方性法规立法权,也是落实省人民代表大会立法主导权的一次有益探索。

以点见面,以上所列举的北京市、上海市、天津市、湖北省、安徽省省级人民代表大会首次或时隔多年之后重启人民代表大会立法,在行使人大主导立法权的过程中,将《立法法》所明确的"规定本行政区域特别重大事项的地方性法规,应当由人民代表大会会议通过"的法定要求,转化为了现实。在改革开放40年后,需要以北京、上海、天津、湖北、安徽等地的少数立法为样板,常态化地激活各地人民代表大会立法,可复制可推广地发挥以点带面的作用。

因此,从发展走向来看,在改革开放再出发的新时期,进一步重视和倡导省级以上权力机关立法,特别是倡导有立法权的人民代表大会积极立法,对进一步引领、保障改革开放,有着十分积极的时代导向效应和价值。

三、进一步加强和推进新时期重点领域立法

改革开放40年,也是中央和地方立法伴随改革开放发挥立法引领和保障作用的40年,成绩突出,作用显著,在不少改革开放的重点领域都活跃着立法保障的生动身影和积极元素。改革开放再出发,从发展走向上看,历史新时期的中央和地方立法,都需要秉承过去40年立法工作中取得的有益经验,进一步加强新时期推进改革开放的一些重点领域立法,促进和保障我国改革开放再出发。

(一)"以人民为中心"指引新时期重点领域立法

推进"重点领域立法",⑦是贯彻落实党的十八届四中、五中、六中全会和党的十九大精神、完善中国特色社会主义法律体系、促进法治中国建设的重要之举。

从指导思想和目标导向上看,改革开放再出发也需要立法再出发,在推进重点领域立法时,要坚持"以人民为中心"⑧指引改革开放重点领域立法。

"以人民为中心",内在地期待立法能够为人的自由全面发展创造条件,充分保障每个公民的人权和其他基本权利,使人民群众能够共享改革开放40年的成果,并有获得感。因此,在改革开放再出发的历史新时期,坚持"以人民为中心"的思想,并用以引领法律体系建设和加强重点领域立法,在走向上将要求:将法律体系建设和重点领域立法的价值目标定位于为"人民"创造良好的生活、工作环境;要求该法律体系和重点领域立法的推进要为了"人民"的自由全面发展而努力;要求重点领域立法的建设要依靠"人民";同时,也要求以上重点领域立法建设的成果要由全体"人民"共享,从而促进良法善治。即要在制定、修改、废止、解释宪法及法律法规规章等一系列立法活动的过程中,牢固树立"以人民为中心"的思想,把实现好、维护好、发展好最广大人民的根本利益作为本位,以此引领我国改革开放再出发再创辉煌,努力推进治理体系和治理能力现代化。

---

⑦ 《中共中央关于全面推进依法治国若干重大问题的决定》,人民出版社2014年版,第11页。

⑧ 习近平:《决胜全面建成小康社会 夺取新时代中国特色社会主义伟大胜利——在中国共产党第十九次全国代表大会上的报告》,人民出版社2017年版,第21页。

（二）进一步加强中央立法层面的重点领域立法

首先，进一步加强中央立法层面的重点领域立法，需要积极推进社会领域立法。

通过对我国建国以来特别是改革开放以来各领域中立法活动的比较，一个突出现象是：我国经济领域的立法或者说经济立法成绩显著，社会领域或者说社会立法相对滞后；体现国家公权力行使的立法到处可见，为数可观，而体现"以人民为中心"保障公民权利的立法，则比较欠缺，数量较少。

中国特色社会主义法律体系已经宣告形成。该法律体系是由宪法及宪法相关法、民法商法、行政法、经济法、社会法、刑法、诉讼与非诉讼程序法等法律部门组成的统一整体。其中，社会领域的法律规范，是构成中国特色社会主义法律体系的重要组成部分，也是改革开放向纵深发展的重要保障。而受制于社会领域立法的欠缺，当前，社会领域的法律规范，难以满足改革开放再出发深入发展的现实需要，成为一个不利的制约。

改革开放40年来，我国经济立法和社会立法的比例不均衡、不适当，与长期来在政策导向上强调加快经济立法是有关系的。"十一届三中全会以来，全国人大常委会共制定300多部法律和有关法律问题的决定，其中三分之一以上是经济法律。"⑨在改革开放四十年此消彼长的影响下，社会立法已明显滞后于社会发展，对改革开放的保障作用也比较有限。

因此，从中央立法层面发展走向看，需遵循以下发展方向：把实现好、维护好、发展好最广大人民的根本利益作为社会领域立法工作的出发点和落脚点，以解决人民群众最关心、最直接、最现实的利益问题为重点，以实现"以人民为中心"为目标，积极推进社会领域立法，补上改革开放再出发面临的现有立法短缺。

从社会立法领域的内容事项看，也有重点和非重点之分。当前，加强社会保障提供，加强劳动者权益保护，对社会弱者予以帮扶救济的立法事项，需要成为社会领域立法的重点和聚焦点。尽管，我国已经制定了《劳动法》《保险法》等法律，但是，当前的社会保障面还有限，社会保障体系还有许多不足，劳动者的合法

---

⑨ 郭道晖主编：《当代中国立法》，中国民主法制出版社1998年版，第603页。

权益尚未得到全面切实的保护。加上我国在社会保障领域起步较晚，与之相配套的法律也很少。因此，在劳动以及社会保障方面出现的一系列矛盾和纠纷，经常面临缺乏相关法律规范依据的窘境，这就需要在纠纷解决依据上提供相应的法律制度供给。

以加强社会保障领域立法为例。我国《国民经济和社会发展第十三个五年规划纲要》提出："坚持全民覆盖、保障适度、权责清晰、运行高效，稳步提高社会保障统筹层次和水平，建立健全更加公平、更可持续的社会保障制度。"⑩该纲要为我国加强社会保障领域立法提供了方向和目标指引。为推进和加强社会保障立法，尚需在以下几点付诸努力：

一是需要在立法上明确战略目标。全面推进社会保障体系建设，要有长远的战略目标，需要在制度建设上予以加强：从构建覆盖城乡全民的社会保障体系入手，逐渐缩小城乡之间、地区之间、群体之间的保障差别；不断推进社会保障体系循着普惠、公平、可持续发展的方向前进；着力维护劳动者的基本权利、人格尊严，增进其生活质量和幸福感；稳步提高全社会的社会保障水平。

二是需要加强社会保障立法制度的顶层设计。在过去的40年，我国的社会保障制度呈现出按照人群设置保障待遇的差别做法。例如，我国一直按照不同人群设置不同的社会保险制度，造成制度间的差异，带来保险待遇上的悬殊差别。从完善走向上看，我国的社会保障立法制度应体现出社会公平，应一视同仁，不应专为某一部分人群或某一些用人单位设置。为此，需要认真看待现行的差别对待的立法制度设计，努力超越这些制度缺陷，做好制度群的顶层设计，使得社会保障基本制度朝着一体化、平等以待的方向发展，引领改革开放再出发。

三是需要加强医疗保障、社会救助、基本养老保险等重要事项的制度保障。例如，在发展医疗服务方面，通过立法切实落实政府办医责任，合理制定区域卫生规划和医疗机构设置规划，明确公立医疗机构的数量、规模和布局。又如，在社会救助制度方面，应通过立法明确政府部门的责任，对政府服务特别是对于加大政府对社会救助工作经费投入、科学设置社会救助贫困标准等事项，也应充分

---

⑩ 《中华人民共和国国民经济和社会发展第十三个五年规划纲要》，人民出版社2016年版，第159页。

体现“以人民为中心”的思想。

其次,进一步加强中央立法层面的重点领域立法,需要积极贯彻落实党的十八届三中全会、四中全会和党的十九大提出的时代要求,形成一个系统的立法制度体系,即“到2020年,在重要领域和关键环节改革上取得决定性成果,形成系统完备、科学规范、运行有效的制度体系,使各方面制度更加成熟更加定型。”⑪

再次,进一步加强中央立法层面的重点领域立法,还需及时贯彻落实中央全面依法治国委员会部署的全面依法治国工作任务中的立法任务,及时提供中央立法层面的“制度供给”,促进和保障改革开放再出发。

在2018年9月召开的落实中央全面依法治国委员会工作任务部署会上,全面依法治国工作98项任务中,分解到立法、执法、司法、守法普法4个协调小组和中央全面依法治国委员会办公室。其中,“立法协调小组,承担工作任务29项。重点研究科学立法、民主立法、依法立法方面的重大问题,加强深化‘三大攻坚战’、落实总体国家安全观、加强知识产权保护、全面深化改革等重点领域立法,推动完善中国特色社会主义法律体系。”⑫据此,今后五年乃至更长的一段时期,中央立法预期将在以上方面所涉重点领域提供“立法制度供给”,发挥应有作用,进而推动完善中国特色社会主义法律体系、推进改革开放深化发展。

(三)进一步加强地方立法层面的重点领域立法

较之中央立法,在地方立法中加强重点领域立法,保障地方改革开放的深化发展,在过去的四十年,呈现出先行先试、创新性、多样性、多元化的发展态势,展现出体现各地地情的立法风采。即地方立法中的重点领域,各个地方因改革开放基础、地情和经济发展程度的不同,立法也呈现出各具特色、各取所需的特点。“相对于中央立法,地方立法可以更直接、更充分地反映本地区政治、经济、文化、社会发展对于法治建设的要求,因时制宜、因地制宜地解决地方的实际问题,

---

⑪ 《中国共产党第十八届中央委员会第三次全体会议公报》,载《人民日报》2013年11月13日,第1版。

⑫ 《全面依法治国工作明确98项任务》,载《法制日报》2018年9月30日,第1版。

被认为是国家法律的延伸。"⑬

就当前和往后我国地方立法的重点领域而言,需要各个地方因地制宜地结合各地的改革开放战略布局积极作出探索,走出适合自身的发展道路。可以说,不同地方的重点领域立法可能并不一样,但只要是能够反映和满足当地改革开放再出发和继续发展的需求,有助于解决或促进解决当地改革发展中的一些急需问题,就应该是找准了地方立法的重点领域。在这些领域立法就需要有所作为、有所推进。以下以处于改革开放前沿一线的海南、北京、上海、天津、云南等地的重点领域立法推进为例作一探讨。

首先,以海南省地方重点领域立法为例。

海南省是我国最大的经济特区,具有成为全国改革开放试验田的独特优势,并且在海南建省办经济特区30年来,通过地方立法的积极引领和保障,使海南的发展日新月异、今非昔比,成就有目共睹。在改革开放再出发的新时代,"习近平同志指出,新时代,海南要高举改革开放旗帜,创新思路、凝聚力量、突出特色、增创优势,努力成为新时代全面深化改革开放的新标杆,形成更高层次改革开放新格局。"⑭

为此,在庆祝海南建省办经济特区30周年之际,以习近平同志为核心的党中央决定支持海南全岛建设自由贸易试验区,支持海南逐步探索、稳步推进中国特色自由贸易港建设,并要求海南着力打造全面深化改革开放试验区、国家生态文明试验区、国际旅游消费中心、国家重大战略服务保障区。

从海南地方重点领域立法发展走向看,以上这些中央赋予海南经济特区改革开放新的重大使命,是我国扩大对外开放、积极推进经济全球化战略部署的重要内容,十分需要通过海南地方立法的有所作为,积极引领、推进、保障海南经济特区改革开放的发展,通过立法保障,支持中国特色自由贸易港建设。

其次,以北京市地方重点领域立法为例。

党的十八大以来,北京市人大的立法工作积极适应新时代改革开放发展新形势,选好重点领域立法并有所作为,成绩突出。从过去五年的立法工作进展

---

⑬ 朱力宇主编:《地方立法的民主化与科学化问题研究——以北京市为主要例证》,中国人民大学出版社2011年版,第54页。

⑭ 郑新立:《经济特区的历史贡献和新的历史使命》,载《人民日报》2018年8月21日,第7版。

看:“北京市人大及其常委会运用法治思维和改革精神来开展立法工作,重点抓好大气污染治理、交通管理、食品安全等公共领域立法工作。通过立法妥善处理好政府、社会、公民三者在公共治理中的权利义务关系,充分调动人民群众参与民主立法、自觉遵纪守法的积极性,推进民主立法、科学立法相统一,为首都公共治理提供法制保障。”⑮从实践探索看,近年来,北京市人大常委会把保证国家法律实施、促进首都科学发展、加强城市管理服务、保障公民合法权益和规范约束权力运行等方面的立法作为地方立法的重点。比如,在转变经济发展方式、推动科学发展方面,北京市制定了中关村国家自主创新示范条例、城乡规划条例、绿化条例、湿地保护条例等地方性法规,这些立法,对推进北京市改革开放的深化发展,有望产出良好的预期效果。

再次,以上海、天津等地的自由贸易试验区地方立法为例作一探讨。

建立自由贸易试验区是国家战略,旨在探索我国对外开放的新路径和新模式,培育我国面向全球的竞争新优势,打造中国经济“升级版”。上海自贸区是我国第一个获批的自贸区,其先行先试也需要地方立法的保障和支持。为此,上海市人大常委会把制定《中国(上海)自由贸易试验区条例》作为近年立法工作的重中之重,立足自贸区改革“先行先试”的定位和“重大改革于法有据”的法治要求,积极应对地方立法表达国家事权、政策入法等立法新问题和新挑战。

2014年7月25日,上海市十四届人大常委会第14次会议高票通过了《中国(上海)自由贸易试验区条例》。这部条例集实施性法规、自主性法规、创制性法规三类地方性法规的性质于一身,固化了上海自贸区可复制、可推广的改革经验,并且通过“概括加列举”等表述方法,为未来的制度创新预留了空间,为培育国际化、市场化、法治化的营商环境,提供了立法保障。这是一部推进重点领域立法的典型之作。作为大陆第一个自贸区的上海自贸区,其发展中应兴应革的新兴事项,其他地方尚未涉足,也一时欠缺条件,但却属于上海自身发展中的重点领域立法,因此先行先试地推进自贸区立法,在改革开放再出发的新时期,具有积极的辐射和改革创新示范价值。

紧跟上海自贸区地方立法的步伐,天津市人大常委会于2016年1月表决通

---

⑮ 王萍:《北京立法再开新局》,载《中国人大》2013年第22期。

过了《中国(天津)自由贸易试验区条例》并公布实施。在第二批批准设立自贸试验区的三省市中,天津市率先出台了促进自贸试验区建设的地方性法规。该条例共8章58条,为天津自贸试验区的建设、管理、改革和创新,提供了重点领域地方性法规之保障。在借鉴上海自贸区立法经验的基础上,也体现了自身的制度创新和特色。该条例将人民币跨境使用、外汇管理制度改革、促进租赁业发展、鼓励向中小微企业提供贷款和保证保险等方面的可行政策提示入法,并率先实行企业名称登记制度改革,规定企业名称自主申报,不再实行预先核准。这些规定,充分体现了天津自贸试验区在金融创新方面的优势和既有特色。

此外,“作为目前中国北方唯一的自贸试验区,服务京津冀协同发展是天津自贸试验区的重要使命。条例专设‘服务京津冀协同发展’一章,明确:实施京津冀区域通关一体化和检验检疫一体化,推进三地口岸直通;发挥融资租赁等特色金融产业优势,服务天津市和北京市、河北省实体经济,促进区域经济转型发展。”⑯

最后,以云南省关于生态环境保护的地方立法为例作一探讨。

云南省是我国为数不多的生物多样性异常丰富的省份。加强生态安全屏障建设,对改变省内经济欠发达、生态环境脆弱等发展制约状况,通过生态环境保护为云南的改革开放再出发和发展,提供法治保障,是云南地方立法面临的时代挑战和重点攻坚领域之一。

“截至今年5月底,云南省人大及其常委会制定的现行有效地方性法规共218件,其中涉及环境资源保护方面的有46件;批准的昆明市地方性法规共69件,其中涉及环境资源保护方面的有18件;云南省人大常委会批准的现行有效民族自治地方的自治条例和单行条例共207件,其中涉及环境资源保护方面的有78件。”⑰另据统计,云南省已经累计出台涉及环境资源保护的地方性法规共142件,在地方性法规总数中所占比例接近三成。可以说,正是这一系列涉及环境资源保护的地方性法规的出台和实施,使云南省环境资源保护有了有力的法律制度保障,积极促进了云南改革开放的发展。

---

⑯ 王斗斗:《天津为“试验田”首立法》,载《法制日报》2016年1月12日,第9版。

⑰ 朱江:《加强立法　保护环境》,载《云南日报》2016年9月2日,第11版。

四、积极贯彻依法立法的理念并用以指导地方立法实践

从改革开放40年的实践探索看,改革开放成绩的取得,与充分发挥中央和地方两个主体立法的积极性主动性从而推进和保障改革开放不断取得阶段性成果、促进国家和地方治理体系和治理能力的现代化是分不开的。其中,改革开放的先行先试、很多探索和试验都是从地方先做先探索的,然后形成可复制可推广的经验,进而在全国推开,改革开放得以深化发展。因此,可以说,在改革开放40年的进程中,地方立法对地方先行先试的改革支持和保障起到了不可替代的重要作用。

总结改革开放40年的经验,地方立法先行性立法、试验性立法、补充性立法、实施性立法,为改革开放在各地的推进和发展起到了非常重要的支持作用。在党的十九大提出"依法立法"新理念之后,从走向看,在改革开放进程中积极贯彻该理念并用以指导地方立法实践,将成为一个共识和各方共同努力的目标。

党的十九大报告明确提出:"推进科学立法、民主立法、依法立法,以良法促进发展、保障善治。"⑱十九大报告将"依法立法"与"科学立法、民主立法"相提并论,是一新的提法。而在此前,"科学立法、民主立法"是相提并论的。从时代发展看,十九大报告所作的十二字新概括,实际上是"依法立法"作为一种新理念在新时代立法活动中应有地位和作用的体现。在立法理念和原则上,我们此前较多关注和倡导的是"科学立法"和"民主立法",现在将"依法立法"与前两者相提并论,反映了全面依法治国和改革开放的深入发展对新时代立法活动包括地方立法提出了新需求、新要求。即地方立法需要积极贯彻依法立法的理念并用以指导地方立法实践,这是一个可预期的走向。

我国的改革开放已经走过40年,并逐渐进入深水区。在新的改革开放历史时期,十分需要发挥地方立法对改革开放的引领和推动作用。而要发挥好立法的引领和推动作用,"依法立法"理念及其实践化需要有机融入到各项地方立法活动中。从而,"为统筹推进法治改革和法治发展,为加强法治'供给侧改革',

---

⑱ 习近平:《决胜全面建成小康社会　夺取新时代中国特色社会主义伟大胜利——在中国共产党第十九次全国代表大会上的报告》,人民出版社2017年版,第38~39页。

提高立法质量，出台更多良法，修订或废止依然存在的‘劣法’‘闲法’‘恶法’。”⑲以下作一分述。

一是继续发挥立法在引领、推动、促进、保障改革开放中的积极作用，及时提供地方立法“制度供给”。

在新时代，在促进国家治理体系和治理能力现代化的过程中，地方治理的时代需求只增不减，量大面广，这也是2015年修改《立法法》，赋予设区的市制定地方性法规和地方政府规章的重要原因之一。目前，享有地方立法权的主体除了原有的31个省、自治区、直辖市和49个较大的设区的市以外，还有《立法法》赋予立法权的240多个设区的市、30个自治州和4个未设区的地级市。数量上增加了至少274个有立法权的地方城市。

因此，从走向上看，这些各类立法主体需要积极作为、依法有为、依法立法，为地方治理提供有力的法治保障特别是地方立法制度保障，及时提供“制度供给”，为深化改革开放发展保驾护航。

二是继续加强地方经济建设所需重点领域立法，努力营建法制化的“营商”环境。

以经济建设为中心是兴国之要，发展是党执政兴国的第一要务。中国特色社会主义进入了新时代，我国经济发展也进入了新时代，基本特征就是我国经济已由高速增长阶段转向高质量发展阶段。推动高质量发展，需要各地依法立法，努力营建良好的“营商”制度环境。

从制度供给的走向看，今后需要将习近平新时代中国特色社会主义经济思想中新发展理念等理念要素贯穿到今后经济建设发展中，贯彻“依法立法”理念，提供体现新发展理念的一系列法律制度，推进地方改革开放再出发和深化发展。

三是着力加强法治政府建设、民生保障、环境保护、历史文化保护等方面的地方立法，贯彻“依法立法”理念并运用于立法实践，满足各地改革开放之发展需求。

即秉持“依法立法”理念，按照《立法法》对设区的市地方人大及其常委会、

⑲ 张文显：《创新发展中国特色社会主义法治理论的四点认识》，载《法制日报》2018年5月9日，第9版。

地方人民政府行使立法权所明确的城乡建设与管理、环境保护、历史文化保护等事项的要求，因地制宜地加强各地改革开放所需立法，以此促进和保障地方治理的法制化。

四是致力于服务党和国家机构改革并及时推进地方性法规清理、修改。

根据党的十九届三中全会审议通过的《中共中央关于深化党和国家机构改革的决定》和十三届全国人大一次会议批准的《国务院机构改革方案》，中央和地方有关立法主体需要对机构改革所涉立法作出及时清理。

2018年9月28日《国务院关于修改部分行政法规的决定》公布。根据该《决定》，"国务院对机构改革涉及的行政法规进行了清理，决定对10部行政法规的部分条款予以修改"。[20] 此次修改，将为地方立法的配套修改提供新的依据。此次修改的内容主要涉及完善市场监管和执法体制、改革自然资源和生态环境管理体制、完善公共服务管理体制、发挥党的职能部门作用等方面。[21]

与中央层面的立法清理相呼应，对地方立法特别是地方性法规而言，也需要秉持"依法立法"理念，参照国务院修改行政法规的做法，按照新修改的行政法规的精神和具体规定，及时清理各地相关地方性法规，并根据清理结果，该修改的修改，该废止的废止，更好地规范和促进地方的改革开放和地方治理的法制化发展。

五、着力加强立法监督、服务和保障改革开放和法治中国建设

改革开放40年取得举世瞩目的成就，立法的作用功不可没，可圈可点。这

---

⑳ 《李克强签署国务院令　公布〈国务院关于修改部分行政法规的决定〉》，载《人民日报》2018年9月29日，第3版。

㉑ 例如，在完善市场监管和执法体制方面，修改了《卫星电视广播地面接收设施管理规定》《易制毒化学品管理条例》《外国企业常驻代表机构登记管理条例》、国务院关于《经营者集中申报标准的规定》《中药品种保护条例》《反兴奋剂条例》《戒毒条例》《残疾预防和残疾人康复条例》的相关条款，将原国家工商行政管理总局、原国家质量监督检验检疫总局、商务部等部门的相关职责整合为国家市场监督管理总局的职责。又如，在改革自然资源和生态环境管理体制方面，修改了《易制毒化学品管理条例》《残疾预防和残疾人康复条例》的相关条款，并将原环境保护部的相关职责整合到生态环境部。又如，在完善公共服务管理体制方面，修改了《残疾预防和残疾人康复条例》相关条款，将原国家卫生和计划生育委员会、原国务院深化医药卫生体制改革领导小组办公室等单位的相关职责整合到国家卫生健康委员会。再如，在更好发挥党的职能部门作用方面，修改了《卫星地面接收设施接收外国卫星传送电视节目管理办法》《有线电视管理暂行办法》《卫星电视广播地面接收设施管理规定》的相关条款，将原国家新闻出版广电总局的电影管理相关职责整合到中央宣传部。

是不容否认的事实。与此同时,在改革开放再出发的历史新时期,也需要反思一下过去这些年来我国各层级各种类立法在发挥积极作用的同时,也呈现出良莠不齐、鱼龙混杂、立法乱作为、立法越权、立法违反上位法等现象和弊端。在继续发扬积极作用的同时,加强立法监督,以期更好地服务和保障改革开放和法治中国建设。

从加强立法监督,完善以宪法为核心的中国特色社会主义法律体系的角度看,只有严格依照宪法、法律的指导精神和相关规定来开展各层级各类型的立法,由这些诸多立法所共同组成的法律体系才会内在一致、整体和谐,我国的改革开放再出发也才会有序推进、得到有力保障。或者说,以上各层级各种类立法需要达致这样一种整体和谐的状态:"法律规范之间存在着纵向的等级从属关系,下级的规范不得与上级的规范相冲突,属于同一法律部门的法律规范之间层次分明、位阶有序,上下左右相互衔接,紧密配合。"㉒以下以加强地方立法监督为例,对今后的发展走向作一思考。

(一)需着力加强对地方立法的备案审查

相对中央立法层面在立法活动中的立法乱作为、立法越权等问题,地方立法层面"立法任性"的各种表现及其弊端,因其立法主体数量庞大更加常见和更为频发,见诸报端的负面影响也更多,需要在改革开放新时期,着力加强对地方立法的备案审查等监督。其中,近些年发生的多例地方"任性立法"典型事例,也充分说明加强对地方性法规进行备案审查之必要性和紧迫性。

例如,百余位研究生联名上书全国人大法工委要求审查多个省市通过地方立法给予企业著名商标特殊地方保护的事例,就是涉及面广、影响大的一个典型例子。2017 年,来自全国二十多所大学的 108 位知识产权研究生联名致信全国人大法工委,反映多部地方性法规和地方政府规章规定了地方著名商标的特殊保护制度,认为有违现行商标法的立法本意和国际惯例,地方保护主义立法有违市场公平竞争。随后,全国人大法工委依法开展了对著名商标地方立法的备案

㉒ 朱景文主编:《中国特色社会主义法律体系的形成与完善——结构、原则和制度阐释》,中国人民大学出版社 2013 年版,第 3 页。

审查工作并认为：各地以各种立法形式规定著名商标特殊保护制度的地方性法规有11部、省级地方政府规章有18部、设区的市地方政府规章7部；由地方立法对著名商标进行认定和特殊保护，存在利用政府公信力为企业背书、对市场主体有选择地给予支持、扭曲市场公平竞争关系等问题，在操作过程中也滋生和带来了一些弊端。此后，“全国人大常委会法工委已致函河北省、吉林省、浙江省、安徽省、湖北省、重庆市、四川省、甘肃省和长春市、吉林市、成都市人大常委会对有关著名商标制度的地方性法规进行清理。”㉓

又如，杭州市居民潘洪斌2016年4月致信全国人大常委会，建议对《杭州市道路交通安全管理条例》进行审查并撤销该条例中违反行政强制法设立的行政强制措施一事例，也是近年颇具影响力的一个典型例子。

2015年10月，潘洪斌骑行的一辆电动自行车被杭州交警依据《杭州市道路交通安全管理条例》扣留。潘洪斌认为，该条例在道路交通安全法的有关规定之外，增设了扣留非机动车并托运回原籍的行政强制手段，违反了法律规定。收到潘洪斌的审查建议后，全国人大常委会法工委认为，条例关于扣留非机动车并强制托运回原籍的规定与行政强制法的规定不一致，要求制定机关对条例规定进行修改。2017年6月28日，杭州市人大常委会审议通过了一项决定，对已经施行9年多的《杭州市道路交通安全管理条例》予以修改，删除了“扣留非机动车并托运回原籍”的有关规定。

以点见面，近些年发生的多起地方立法任性、抵触上位法的典型事例，对加强地方性法规、地方政府规章备案审查的制度机制建设，提出了时代性要求。“备案审查和合宪性审查就是要通过制度的及时纠错，使受害人的合法利益获得及时、有效的保护和救济。”㉔

据此，从发展走向看，需着力加强对地方立法的备案审查，将大力减少乃至避免地方立法任性、抵触上位法等现象的蔓延，作为聚焦和主攻方向，为改革开放提供良法保障。

㉓ 陈菲、杨维汉：《地方著名商标立法“不合时宜”将被全面清理》，载《人民法院报》2017年11月14日，第4版。

㉔ 胡锦光：《夯实全面有效实施宪法的制度保障》，载《人民日报》2018年4月11日，第17版。

(二)需着力加强对政府立法和"准立法"的监督

长期以来,之所以社会各界诟病"政府立法成为部门利益法制化的工具"等立法弊端,跟人大的立法监督职权闲置、对政府违规越权立法之举监督不力是有直接关系的。孟德斯鸠曾说过:"一切有权力的人都容易滥用权力,这是万古不易的一条经验。"孟德斯鸠进而强调:"要防止滥用权力,就必须以权力约束权力。"㉕就政府立法争权诿责等滥用立法权的行为而言,要防止政府滥用立法权力,也必须加大人大立法监督来约束政府立法权力的行使。

2015 年修改的《立法法》对国务院及其所属部委、对设区的市以上地方人民政府的立法权,作了一些约束性限制性的规定,这也是回应人大主导立法的一个体现。例如,《立法法》第 80 条规定:"没有法律或者国务院的行政法规、决定、命令的依据,部门规章不得设定减损公民、法人和其他组织权利或者增加其义务的规范,不得增加本部门的权力或者减少本部门的法定职责。"又如,该法第 82 条规定:"没有法律、行政法规、地方性法规的依据,地方政府规章不得设定减损公民、法人和其他组织权利或者增加其义务的规范。"这些新的规定,实际上赋予了人大面对政府违法越权滥用立法权时,开展立法监督所必需的尚方宝剑依据。这是《立法法》修改值得肯定的一面。与此同时,事情的另一面是,修法并未完全解决对政府规章以及对政府规章以外政府制发"红头文件"这一带有立法性质文件的立法监督问题。

《立法法》规范的是"法",包括全国人大及其常委会制定的法律、国务院行政法规、国务院部门规章、地方立法机关制定的地方性法规、地方政府制定的规章。即现行《立法法》只能管到"规章"层次,而政府制发的数量众多的"红头文件",层次低于规章,只是政府部门发布的立法性质的规范性文件,可以是省政府一级的,也可以是市县甚至乡镇一级的。可见,政府红头文件比较多、而且乱。因为没有严格的法律程序限制,所以政府红头文件的制发,随意性很强,并且实际上还调整着公民的权利和义务关系,说是"准立法"并不为过。"还有的地方长

㉕ [法]孟德斯鸠:《论法的精神》(上册),张雁深译,商务印书馆 1961 年版,第 154 页。

官意志变身政府文件，随意侵犯公民合法权益，在当地造成尖锐的社会矛盾。”㉖据此，十八届四中全会决定提出：“把所有规范性文件纳入备案审查范围，依法撤销和纠正违宪违法的规范性文件，禁止地方制发带有立法性质的文件。”㉗因此，如何建章立制，贯彻落实四中全会和十九大相关精神，加强对政府规章及红头文件等规范性文件的立法监督，是改革开放再出发需要高度关注和努力加以解决的问题之一。

从发展走向上来看，着力加强对政府立法和“准立法”的监督，将是改革开放进入新时期不可逆的一个发展趋势，前景是明朗的，但是道路也是曲折的，需各方共同努力、共同推进。

㉖ 信春鹰：《地方立法权与国家治理体系和治理能力建设》，载黄瑶主编：《地方立法研究》2016年第1期。

㉗ 《中共中央关于全面推进依法治国若干重大问题的决定》，人民出版社2014年版，第9页。

人大主导的联合起草法案模式析论*

汪全胜　卫学芝**

摘　要:人大主导立法是我国现阶段对人大立法提出的新要求、新目标,为实现这样的目标,必须加大人大主导法案起草的力度。人大主导法案起草包括两大方面:一是人大自主起草;二是人大主导的联合起草。人大主导的联合起草就是人大组织起草小组,吸收对口政府部门、政府法制部门、专家学者等人员参加,既发挥人大的主导作用,还可以有效防范"部门利益"对人大立法的渗透,同时还可以降低立法成本、提高立法质量与效率,应推广适用人大主导的联合起草模式。但这种模式的适用也需要具备一定的条件如人大工作机构设置完善、立法人员的素质具备、立法资源配备齐全等。我国人大应在制度设计、机构设置、立法能力建设等进一步提高,通过在法案起草的立法源头上,逐步实现人大主导立法的目标。

关键词:人大主导立法　联合起草　部门利益　专门委员会　人大工作机构

一、问题的提出

2015年十二届人大三次会议对实施近十五年的《立法法》进行了修订,在原来94条条文的基础上又增加了11条,其中一项重要的修改就是确立了"人大主导立法"的理念与制度。修正后的《立法法》第51条、第52条、第53条相继确立

---

* 基金项目:国家社科基金2017年度一般项目《地方立法的精细化研究》(17BFX162),2016年度山东省社会科学规划项目《地方立法起草主体制度研究》(16CFXJ02)。

** 汪全胜(1968-　),男,汉族,安徽桐城人,山东大学威海法学院教授、博士生导师,研究方向为法理学、立法学、科技法学;卫学芝(1978-　),女,汉族,山东栖霞人,山东大学威海法学院教师、博士研究生,研究方向为立法学。

了:人大及其常委会要发挥其在立法中的主导作用、人大及其常委会通过立法规划或年度计划加强对立法工作的统筹安排、人大及其常委会要发挥在法案起草中的主导作用等内容。

那么人大主导立法与法案起草是什么关系?人大主导立法是不是就意味着人大主导起草法案,如何在法案起草中起主导作用?

“人大主导立法”是一个新的概念,正式确立在法律制度中这是第一次,那么人大主导立法是指什么?《立法法》只明确了“全国人大及其常委会加强对立法工作的组织协调,发挥在立法工作中的主导作用”,但对“人大主导立法”内涵与意义并没有作出明确的解释。学界也没有对此有统一的解释或理解。有学者认为,“法定意义”上的“人大主导立法”是人大立法与政府立法是支配与从属的关系,①人大立法是居于领导、支配与指导的地位,而政府立法则是从属、服从与补充的地位。有学者认为,要真正发挥人大及其常委会在立法工作中的主导作用,关键是要把握好立法工作中“立项”“起草”“审议”三个环节,②立项环节不应由政府部门主导提出法案,应通过立法规划主动设计;起草环节要强化人大自主起草法案以及对政府起草法案的控制与监督;审议环节是强化人大审议的效率与质量。有学者认为,人大主导立法,就是“也就是人大作为立法主体,对立法选项、立法过程、立法结果具有完全的实际的决定权”。③ 有学者将“人大主导立法”界定为一项立法原则、一种立法体制、一种立法机制统摄我国全部立法活动④。以上学者基本上都赞成从法案起草环节就应该加强对立法工作的主导与领导。

但是也有学者不认同法案的人大起草就能体现人大主导立法?沈国明认为,人大主导立法并不意味着人大起草立法,主要体现在“充分运用人大的审议权”“允许各利益群体进行充分表达和碰撞,并能代表最大多数人利益进行抉择,从中发现并剔除部门利益”。⑤ 上海人大财经委的吴祖强也表达了同样的观

---

① 参见朱述洋:《地方人大主导立法起草的困境与出路》,载《人大研究》2016 年第 5 期。

② 参见詹亮、张庆庆:《人大主导立法应把握好三个“关键环节”》,载《公民导刊》2016 年第 5 期。

③ 丁祖年:《健全人大主导立法体制机制研究》,载《法治研究》2016 年第 2 期。

④ 参见李克杰:《“人大主导立法”的时代意蕴与法治价值》,载《长白学刊》2016 年第 5 期。

⑤ 卞琳、郑辉:《人大主导立法与地方立法权限和范围》,载《上海人大》2016 年第 11 期。

点,“通过人大这一平台,充分审议,实现各种利益和诉求充分而有序的博弈,促成意见协调和利益平衡,既是防止克服部门利益倾向的根本办法,也是人大加强立法组织协调的真正使命”。⑥

从《立法法》修正过程的讨论中,我们知道,“人大主导立法”的提出,是针对我国当前人大立法实践中的“政府主导”倾向,立项、法案起草等都由政府提出,人大只有行使审议权、表决通过权,但是人大这些立法权力的行使,并没有剔除这些法案中的“部门利益”倾向。我认为,“人大主导立法”应该是统摄立法的全过程,从人大的立项、法案起草、审议、表决通过等环节,都要注意人大主导作用的发挥,才能从根本上破除现行人大立法特别是地方人大立法中“人大立法部门化,部门利益立法化”的倾向。

法案起草是有关主体对法的草案拟订的活动,它并不构成我国现行立法程序的正式环节,但是这个环节非常重要,“部门利益”倾向往往就是靠政府部门的起草权,夹杂在法的草案文本中,而且在当前人大立法审议效率与质量不高的情况下,特别是因为立法程序的设置无法做到“充分审议”的情况下,人大自己起草法案或组织、主持法案的起草就非常重要了。

《立法法》第53条关于法案起草的规定,实际是对《立法法》第51条的回应,或者说是第51条实现的具体制度设计。《立法法》第53条设计了三种法案起草类型:一是人大专门委员会和人大常委会工作机构应当提前介入或参与其他主体主持起草的法案;二是涉及基础性、综合性、全局性的重要法案应由人大工作机构自己起草或组织起草;三是吸收专家参与专业性的法案或委托专家、教学科研单位、社会组织起草。这三种类型的设计,都是意在剔除法案起草环节中的“部门利益”倾向。我们认为,除了涉及基础性、综合性、全局性的法案由人大工作机构起草或组织起草外,应广泛建立由人大主导的联合起草模式,以尽可能地发挥人大在法案起草环节中的主导作用,实现人大主导立法。

二、我国人大主导的联合起草法案模式的实践探索

《立法法》第53条提到的人大主导起草的法律,即是由全国人大各专门委

⑥ 吴祖强:《人大起草=人大主导?》,载《上海人大》2013年第6期。

员会或人大常委会工作机构自己起草或组织起草的法律草案。这里实际上包括两种情况：一是人大各专门委员长会或人大常委会自己起草法律案，如全国人大常委会法工委起草了《地方各级人民代表大会和地方各级人民政府组织法》《全国人民代表大会议事规则》《全国人大常委会议事规则》等，这里起草主体仅有全国人大工作机构及其人员，无其他主体的参与；还有一种是人大工作机构作为牵头单位，组织其他主体如国务院部门、专家等联合起草法律草案。这第二种情况就是“人大主导的联合起草法案”模式。无论是由人大机构自己起草还是作为牵头人起草，这都属于“人大主导”法案起草的模式。这里仅考察“人大主导的联合起草法案”的模式。

据有关资料统计，全国人大常委会自 1988 年开始制订立法规划，1988 年 6 月 25 日全国人大常委会委托法律委员会起草了《七届全国人大法律委员会关于五年立法规划的初步设想》，⑦但七届全国人大常委会直到 1991 年才制定实施其后两年的立法规划，自此以后，每届全国人大常委会都会制定自己的立法规划，我们根据立法规划的设定来考察一下全国人大常委会立法中的“人大主导的联合起草法案”模式的实施状况。参见表 1：关于全国人大常委会立法规划设定的人大主导的联合起草法案情况统计表。

表 1　关于全国人大常委会立法规划设定的人大主导的联合起草法案情况统计

序号	人大常委会立法规划名称	时间	起草的法律名称	牵头单位	参与主体
1	七届全国人大常委会立法规划	1991 年 10 月－1993 年 3 月	妇女权益保障法	内务司法委员会	全国妇联民政部
2	八届全国人大常委会立法规划	1993 年 3 月－1998 年 3 月	合伙企业法	财政经济委员会	国务院有关部门
3	八届全国人大常委会立法规划	1993 年 3 月－1998 年 3 月	独资企业法	财政经济委员会	国务院有关部门
4	八届全国人大常委会立法规划	1993 年 3 月－1998 年 3 月	矿产法	财政经济委员会	国务院有关部门

⑦　参见全国人大常委会法工委立法规划室编：《中华人民共和国立法统计》，中国民主法制出版社 2008 年版，第 299 页。

续表

序号	人大常委会立法规划名称	时间	起草的法律名称	牵头单位	参与主体
5	八届全国人大常委会立法规划	1993年3月–1998年3月	期货交易法	财政经济委员会	国务院有关部门
6	八届全国人大常委会立法规划	1993年3月–1998年3月	国有资产法	财政经济委员会	国务院有关部门
7	八届全国人大常委会立法规划	1993年3月–1998年3月	税法(及若干单行税法)	财政经济委员会	财政部、国家税务总局
8	八届全国人大常委会立法规划	1993年3月–1998年3月	乡镇企业法	财政经济委员会	国务院有关部门
9	八届全国人大常委会立法规划	1993年3月–1998年3月	老年人权益保障法	内务司法委员会	民政部
10	八届全国人大常委会立法规划	1993年3月–1998年3月	噪声污染防治法	环境保护委员会	国家环保局
11	八届全国人大常委会立法规划	1993年3月–1998年3月	预防青少年犯罪法	内务司法委员会	团中央
12	九届全国人大常委会立法规划	1998年3月–2003年3月	农民权益保护法	农业与农村委员会	国务院有关部门
13	九届全国人大常委会立法规划	1998年3月–2003年3月	矿产法	财政经济委员会	国务院有关部门
14	九届全国人大常委会立法规划	1998年3月–2003年3月	国有资产法	财政经济委员会	国务院有关部门
15	十届全国人大常委会立法规划	2003年3月–2008年3月	税务基本法	财政经济委员会	预算工作委员会、国务院
16	十届全国人大常委会立法规划	2003年3月–2008年3月	财政转移支付法	财政经济委员会	预算工作委员会、国务院
17	十一届全国人大常委会立法规划	2008年3月–2013年3月	预算法(修改)	预算工作委员会	财政部
18	十一届全国人大常委会立法规划	2008年3月–2013年3月	期货法	财政经济委员会	证监会

续表

序号	人大常委会立法规划名称	时间	起草的法律名称	牵头单位	参与主体
19	十二届全国人大常委会立法规划	2013 年 3 月–2018 年 3 月	房地产税法	人大常委会预算工作委员会	财政部
20	十二届全国人大常委会立法规划	2013 年 3 月–2018 年 3 月	国际刑事司法协助法	外事委员会	司法部

从表 1 可以看出,从 1991 年到现在,由人大工作机构牵头联合起草的法律草案有 20 件,根据我国建国以来有效的法律统计,我国由人大工作机构牵头联合起草法律草案的还有《个人所得税法》(最早由全国人大常委会法制委员会牵头起草,有财政部、税务总局参加,经过了 5 次修改,最近一次修改是 2007 年);1983 年 3 月 5 日全国人大常委制定通过的《全国人民代表大会常务委员会关于县级以下人民代表大会直接选举的若干规定》(牵头单位为全国人大常委会法制委员会,参与主体有民政部);1996 年 5 月 13 日全国人大常委会通过的《水污染防治法》(牵头单位为全国人大环境与资源保护委员会,参与主体有国家环保总局);1986 年 4 月 12 日全国人大制定的《民法通则》(牵头单位为全国人大常委会法制工作委员会,参与的专家有王家福、佟柔、江平、王家福、魏振瀛、梁慧星、余能斌、金平、马原等⑧)。这样,由人大主导起草的全国人大及其常委会立法的法律草案共有 24 件。但是如果与同期的立法项目数量比较,人大主导的联合起草的法案的比例很小,七届时仅有 2%(1 件与 64 件);八届时仅有 7%(10 件/152 件)、九届时仅有 3%(3 件/89 件)、十届时仅有 3%(2 件/76 件)、十一届时仅有 3%(2 件/64 件)、十二届时仅有 2%(2 件/102 件)。从这个数据来看,人大工作机构主导的联合起草的法案所占比例很小。但是这也并不意味着人大主导的法案起草非常小,有数据显示,“七届全国人大期间,全国人大及其常委会的立法约有 20%由全国人大常委会有关部门起草法案;到八届人大期间,这个比例上升到 30%左右,至九届人大时,这个比例已上升到 42%”。⑨ 也就是说,人大

⑧ 参见何照新、韩骁:《寻访〈民法通则〉起草人》,载《法律与生活》2016 年第 7 期。

⑨ 阿计:《立法起草:如何避免部门利益》,载《江淮法治》2002 年第 9 期。

自己起草以及人大主导的联合起草在人大立法中所占的比例在逐步提升,在修正后的《立法法》确立"人大立法的主导作用"之后,我们也有理由相信,人大主导的联合起草模式将会越来越多地被采用。

除了全国人大及其常委会的立法对人大主导的联合起草模式有过探索外,地方人大也有过这种探索,特别是修正后《立法法》对地方人大立法的影响。《立法法》修正之前,享有立法权的有省级人大及其常委会⑩以及省会所在地的市、国务院批准的较大的市、经济特区所在地市人大及其常委会⑪;2015年修正《立法法》之后,所有的设区的市人大及其常委会立法权都得以确立。应当说,在《立法法》修正之前,地方人大及其常委会的立法基本上都是由政府部门对口起草,只有涉及人大自己本身的制度建设如《……市制定地方性法规条例》《……省(市)立法条例》等才由人大自己起草,政府起草的法案占地方人大及其常委会立法的90%以上,偶尔出现由人大主导的联合起草法案的模式,如2005年山东省人大常委会修正的《山东省旅游条例》采用了人大主导的联合起草模式,即由省人大常委会法工委牵头,省人大民侨外委员会办公室、省政府法制办、省旅游局联合起草《山东省旅游条例》。⑫ 2015年以后,各地也纷纷修正自己的立法条例,将"人大主导立法"的理念与制度不仅确立在地方立法程序法规中,而且积极运用于实践。如天津市人大常委会制定的《天津市绿化条例》《天津市教育督导条例》的起草就采用由人大相关专门委员会牵头会同政府有关部门的联合起草模式;安徽省人大常委会2015年审议的18件法案中,有9件是由人大专门委员会和常委会工作机构主导的联合起草的;⑬重庆市人大常委会制定的《重庆市城乡规划条例》也采用这种法案起草模式等⑭。

---

⑩ 根据1979年出台的《地方各级人民代表大会和地方各级人民政府组织法》的规定,省、自治区、直辖市人大及其常委会获得立法权。

⑪ 1986年全国人大常委会第一次对《地方各级人民代表大会和地方各级人民政府组织法》进行修正,该法赋予了省会所在地的市以及国务院批准的较大的市有立法权;1992年至1996年全国人大常委会通过了三次授权授予了深圳、厦门、汕头、珠海四个设区的市以立法权。

⑫ 参见山东省人大常委会法制工作委员会编写:《探索·实践·硕果:山东省十届人大常委会立法回顾》,山东人民出版社2008年版,第98页。

⑬ 参看范天娇:《安徽省人大主导立法 牵头起草法规案占年度审议"半壁江山"》,载《法制日报》2016年1月5日。

⑭ 参见重庆人大城乡建设环境保护委员会课题组:《地方人大专门委员会 依法行使法规案提案权研究》,载重庆人大网:http://www.ccpc.cq.cn/home/index/more/id/206818.html,最后访问日期:2017年4月2日。

三、我国人大主导的联合起草法案模式的功能优势

（一）修正的《立法法》第 53 条的准确理解

前文考察过，人大主导法案起草有两种情形：一是人大自己起草法案；二是人大有关部门或人员作为牵头人联合起草法案。修正的《立法法》第 53 条规定："综合性、全局性、基础性的重要法律草案，可以由有关的专门委员会或者常务委员会工作机构组织起草。"这个条文需要深入分析：一是如何认定"综合性、全局性、基础性"的重要法案；二是有关的专门委员会或者常务委员会工作机构是什么；三是组织起草应包括什么样的含义；四是"可以"如何理解？

关于"综合性、全局性、基础性"重要法案的认定问题。全国人大及地方人大制定的都是适用本区域范围内的重要法律法规，如全国人大及其常委会制定的法律，哪一件不是"综合性、全局性、基础性"的？据我们考察全国人大及其常委会的立法实践，《地方各级人民代表大会和地方各级人民政府组织法》《刑法》《刑事诉讼法》《民族区域自治法》《继承法》《民法通则》《全国人民代表大会议事规则》《全国人民代表大会常务委员会议事规则》《行政诉讼法》《侨眷权益保护法》《民事诉讼法》《香港特别行政区基本法》《工会法》《妇女权益保护法》《澳门特别行政区基本法》《农业法》《仲裁法》等，都是由人大委员会或人大常委会工作机构组织起草，以上法律如何与其他法律区别开来，怎么认定它们是"综合性、全局性、基础性"的重要法案。我们认为立法机关应该对此作出明确解释，否则不具有可操作性。

关于有关的专门委员会和人大常委会工作机构的理解。我们知道全国人大设有 9 个专门委员会，地方人大根据《地方组织法》也都设定一定数量的专门委员会，人大常委会工作机构也比较多，除与专门委员会相对应的人大常委会会设定一定的工作机构，如法制工作委员会、财经工作委员会等，还有一些其他工作机构如研究室、综合室之类。但人大机构的事业编制单位如全国人大的中国人大杂志、全国人大图书馆、全国人大会议中心、人民大会堂管理局等以及人大的党群部门如全国人大机关党委、机关纪委、机关工会等，虽然是人大部门或组成机构，但这些机构从我国立法实践中来看没有承担过也不适宜承担法案起草

工作。

关于组织起草的理解。我们认为由人大自己起草或由人大专门委员会、人大常委会牵头的联合起草都属于“组织”起草，这两种方式都是实现“人大在法案起草中主导作用”。自己起草一般由人大专门委员会以及其具体的工作部门来承担；但人大主导的联合起草，在实践中通常由人大专门委员会或人大常委会工作部门的领导作为起草组的组长，联合有关政府部门、科研机构、专家来成立起草组对法案进行拟订。

“可以”一词在法律文本中的运用，是“授权规范”的表达，⑮即对于“综合性、全局性、基础性”的重要法案的起草，允许、同意、许可人大专门委员会以及人大常委会工作机构起草；也寓意着也能够允许、同意、许可其他主体来起草。这种规定显然没有准确表达“人大主导法案起草”的意义，依第51条、第52条以及53条文本连贯的理解，即依照法律文本的体系解释，立法者的意图为“应当”而不是“可以”，即在涉及“综合性、全局性、基础性”的重要法案“应当”由人大专门委员会或人大常委会工作机构来进行起草。

如此，依据前文对“人大主导立法”以及“人大主导法案的起草”的关系理解，我们认为，人大主导法案的起草，就应提高人大自己起草法案以及人大主导的联合起草法案的数量与比例，只有在比例与数量上人大主导的法案起草超过任何一种起草主体特别是作为起草机关的政府部门，方能真正显示出人大主导法案起草以及人大主导立法。

（二）人大主导的联合起草模式必须实现的两个目标

1. 人大在法案起草中的主导性

诚然，法案由人大机构自己起草，固然是其主导立法的表现，但因为人大机构能力或条件的限制，又或者法案所规制的对象与内容的限制，人大机构独自起草不可行的情况下，退而求其次，由人大机构主导其他主体的参与即可。在实践中，人大主导的联合起草模式的适用，一般是由人大专门委员会的主任委员或副主任委员以及人大常委会工作机构如法制工作委员会的主任或副主任担任起草

---

⑮ 参见喻中：《中国宪法文本中的“可以”一词的研究》，载《金陵法律评论》2004年春季卷。

小组的组长,成立由其他相关主体参与的如政府有关部门、科研机构的人员或相关专家学者法案起草小组。当然,起草小组还要有具体的工作人员,人大主导的由人大工作的具体工作人员。起草小组的组长要发挥在法案起草中的主导作用非常重要:一是起草小组的组长有一定的权威或威信;二是起草小组的组长要有一定的领导、组织与协调能力;三是起草小组组长具备浓厚的法律专业功底以及较强的立法专业技能;四是起草小组的组长能够熟悉所起草的法案的立法意旨、基本精神;五是起草小组的组长能够把控起组过程并能够处理起草过程中出现的一些问题,有较为丰富的起草工作经验。

除了起组小组的组长在法案起草过程中的重要作用以外,在起草小组的人员构成上也是要注意,人大立法除了吸收相应的政府部门以外,还可以邀请政府法制机构的工作人员、相关领域的专家、学者组成,相关的政府部门人员数量不应超过起草小组成员数量的一半,起组小组成员根据具体情况一般为 7~11 人较为合适。因此,人大主导的联合起草法案模式的适用,一定要注意起草小组组长的选择以及起草小组成员的构成,因为起草小组合理的设置与构成才是人大主导作用发挥的关键。

2. 政府部门参与不可或缺,同时又要防范部门利益对人大立法的渗透

人大的立法,除了规制自己本部门的有关事项外,绝大多数立法都是需要政府部门去执法与实施的,一些法案的起草不应将政府部门排除在外,关键是处理好法案起草与部门利益的关系问题。

《立法法》修改的一个重要理念就是确立“人大主导”立法,在法案起草与审议过程中,形成两种几近对立的观点:一是为防止人大立法“部门利益”倾向,应排除政府部门参与起草法案,建立由人大自主起草或招标起草、委托起草等模式;二是发挥人大的主导作用,但相关的政府部门参与也很重要,不可或缺。[16]我们认为,人大主导作用与政府部门参与其作为执法主体的相关立法也很重要,二者必须要有效结合。人大主导作用通过由人大组织或领导起草小组来实现,但政府部门在法案起草中,可以利用其所掌握的专业优势、资源优势与信息优势发挥其作用,要取得政府部门对法案的支持,“一项涉及规范社会生活的法规案

⑯ 参见徐涛:《避免人大主导“名过于实”》,载《检察日报》2015 年 3 月 23 日。

如果没有政府相关部门的支持与配合，虽然说不上举步维艰，但一定是处处掣肘”。⑰ 但这个作用需要进行合理限制：第一，起草小组组长及其成员不能在主体上由政府部门人员构成；第二，起草小组成员要严防政府部门在起草中渗透部门利益，要发挥其审查与辨别功能；第三，对进入起草小组的政府部门人员要严格审查，要求其必须具有公正、客观、中立的法案起草立场。如果在法案起草环节，就可以运用恰当的机制设计，建立起防范“部门利益”的人大主导的联合起草模式，势必使法案经得起检验，不仅便于立法部门顺利地完成各项议程；也便于制定出来的法规范性文件被政府部门有效地实施或实现。

（三）人大主导的联合起草模式的适用优势

前文考察过，人大主导的联合起草模式最大的优势与功能就在于：不仅能保障人大在法案起草中的主导作用，更重要的是也是防范了法案起草中的“部门利益”倾向，从而在源头上确保法的公正与公平。当然除此之外，人大主导的联合起草模式的功能还有如下几个方面。

1. 能够协调各种矛盾，让各种不同的意见在法案起草中通过辩论、博弈，最终达成意见的统一。⑱ 人大主导的联合起草模式整合了不同类型的参与主体，有人大部门、执法部门，有政府法制部门专家，也有超脱的学者等，法案起草过程中会暴露法案许多问题、许多矛盾，而这些问题与矛盾通过各方主体的辩论、博弈，甚至会妥协与退让，但最终会在人大主导下形成法案的统一意见，相对于人大的自主起草、政府部门的独立起草，人大主导的联合起草模式更容易实现协调矛盾，达成意见的统一。

2. 能够节约立法成本，提高立法效率。⑲ 立法过程也是成本支出的过程，如果在法案起草环节，将各种意见充分讨论达成一致，也会大大减少在法案审议环节的时间耗费。另外，因为有关的专门委员会或人大常委会的工作机构人员的主导立法过程，能够将法案起草与立法过程的其他环节有效地衔接，也方便该法案顺利进入立法议程，相比于其他模式的法案起草，这种模式能够提高立法效

⑰ 林纯青：《地方立法应建立多方参与的联合起草机制》，载《人民政坛》2010年第6期。

⑱ 参见杨建广：《多元主体协同起草法案的立法模式》，载《中山大学法律评论》第12卷第4辑。

⑲ 参见吴坤：《相关部门联合起草法律案有优势》，载《法制日报》2007年8月28日。

率,促进法案尽快出台。

3. 能够整合各种观点,提高立法质量,增加立法的可操作性、可接受性。人大主导的联合起草法案的过程也是经过反复调研以及论证的过程,既实现了立法的民主性,多种意见也得到了博弈整合,不仅使得作为立法部门的人大容易接受,而且执法主体、参与起草的专家、学者也能够接受,这在一定程度上就增加了立法的可操作性、可接受性。由于各方的参与不同意见的整合与调和,也相应促进了立法质量的提高,在立法过程中不会因为起草法案的质量太低或出现重大分歧而在立法议程中"中止"或"终止"。

四、我国人大主导的联合起草法案模式的实施条件

相较于人大自主起草、政府部门"对口起草"、招标起草、委托起草等模式,人大主导的联合起草法案模式有明显的优势,真正能够实现人大在法案起草环节的主导性;真正做到既吸收政府部门参与法案起草但又能避免人大立法的"部门利益"倾向,还有降低立法成本、提高立法效率、提高立法质量之效果等。但是人大主导的联合起草法案模式还需要有一定的条件。

(一)法律制度保障

实施人大主导的联合起草法案模式应该有明确"法律依据",得"有法可依",作为立法权的人大得"依法立法"。《立法法》第 51 条、第 53 条确立的全国人大及其常委会要"发挥在立法工作的主导作用"以及"人大专门委员会以及人大常委会工作机构"组织起草重要法案制度,为全国人大实施"人大主导的联合起草法案模式"提供法律依据。至 2017 年 4 月 1 日,我国大陆上 31 个省级人大(22 省、5 自治区、4 直辖市)在《立法法》修正后也修正了或重新制定了本省的《立法条例》或《立法程序规定》等,目前有北京、青海、天津、江西、河南、辽宁、广东、海南、内蒙古、广西、四川、陕西、江苏、浙江、福建、安徽、上海、湖北 18 个省级确立了"人大主导立法""人大主导重要法案起草"的制度,尚有 13 个省级人大未及时修改或重新制定其《立法条例》或《立法程序条例》。从我国设区的市来看,现行 282 个设区的市中目前仅有 17 个设区的市制定了有关"人大主导立法""人大机构组织重要法案起草"的相关制度。还有地方如黑龙江专门通过《黑龙

江省人民代表大会专门委员会工作条例》对专门委员会参与法案起草作出了明确规定。还有一些地方在其制定的《立法条例》中明确了"联合起草"模式,如《贵阳市地方立法条例》第13条第2款规定。[20] 也还有一些地方人大目前还缺少这样的制度规定,或没有将其上升到"法"的高度,仅出台了内部的工作职能与工作办法。

我们认为一些省级人大或设区的市应加强法律制度建设,制定或修正自己的《立法条例》或《立法程序条例》,及时确立"人大主导立法"的法律制度,尽可能明确"人大主导的联合法案起草模式",以为实践中运用该模式提供明确的法律依据,也是立法程序上的法治化的要求。

（二）人大机构设置完备

《立法法》第51条、第53条确立的"人大主导立法",但在法案起草工作中是由人大工作机构来主导,第53条重点提到两大人大工作机构:一是人大专门委员会;二是人大常委会工作机构。实际上立法实践中承担法案起草的主体主要也就是这两个。当然除了专门委员会以及人大常委会的工作委员会外,还有一些辅助机构与人员的设置,才能确保人大工作的顺利开展。

关于人大专门委员会的设置,全国人大现设立有9个专门委员会。自1954年第一届全国人大会议就设立了民族、法案、预算、代表资格审查4个专门委员会,直到1998年设立了9个常设的专门委员会,这9个专门委员会制度运行到现在基本上定格了。但省级人大专门委员会的设置有一些差异。根据我国《地方各级人民代表大会和地方各级人民政府组织法》第30条的规定,省、自治区、直辖市以及设区的市"根据需要"设立有关的专门委员会,这样各省、自治区、直辖市人大设立的专门委员会数量有细微差别,如四川省人大设立了8个专门委员会,[21] 而山东省人大设立了7个专门委员会[22]等,在一些委员会的名称也有差异,如有

---

[20] 该款规定:"需要平衡多方利益关系、容易出现部门利益倾向或者专业性较强的法规,由法制工作机构、专门委员会、市人民政府有关部门联合起草,或者委托专家、教学科研单位、社会组织等第三方主体起草。"

[21] 这8个专门委员会分别是:法制委员会、民族宗教委员会、内务司法委员会、财政经济委员会、教育科学文化卫生委员会、农业与农村委员会、城乡建设环境资源保护委员会、外事侨务委员会。

[22] 这7个专门委员会分别是:法制委员会、内务司法委员会、财政经济委员会、教育科学文化卫生委员会、农业与农村委员会、城乡建设与环境资源保护委员会、民族侨务外事委员会。

的称“城乡建设环境资源保护委员会”,有的称为“城乡建设与环境资源保护委员会”等。设区的市人大根据其享有立法权的长短,其专门委员会设置差别较大,特别是2015年《立法法》修订之后新获得立法权的设区的市,因为时间短,机构设置极不完善。以山东省为例,多数设区的市人大仿照全国人大设立了7个专门委员会,但也有设立8个如潍坊人大设立了8个专门委员会,㉓但也有设立比较少的如莱芜市仅设立了3个专门委员会。㉔ 2015年之后获得立法权的设区的市,在人大专门委员会的设置上明显不太规范,人员设置更是不太对应,立法权的运行也非常困难,人大工作机构及人员都在逐渐配备中。

除专门委员会外,人大常委会的工作机构设置除了全国人大、省级人大相对完善外,设区的市人大常委会工作机构不仅设立数量少,而且人员配备也非常少。在以前不具备立法权的情况下,人大工作机构及人员配备很少,只能满足人大基本的日常工作及职能的需要,在享有立法权之后,人大就面临很多困境,而机构的设置、人员的补充往往受制于省里对机构编制、人员编制的约束与控制,设区的市人大工作机构及人员的配备完善还有个过程,受机构、人员配备的影响,一些设区的市立法权的运行也受到很大的影响。如果机构、人员都不能保证人大一些基本工作的正常进行,那么让人大主导的联合法案起草模式适用就面临诸多困境了。基于此,拥有立法权的人大应尽快完善机构设置,为人大立法工作的顺利开展保驾护航。

(三)立法能力具备

一般情况下,赋予某一主体有立法权,其隐含前提便是其具备了立法能力。全国人大自1954年第一届第一次会议制定通过《宪法》(1954年宪法)行使立法权开始,至今已有60多年的历史,立法经验丰富,立法能力强。通常意义上省级人大及其常委会行使地方立法权是来自1979年《地方各级人民代表大会和地方

㉓ 这5个专门委员会是法制工作委员会、预算工作委员会、内务司法委员会、财经委员会、教育科学文化卫生委员会、城乡建设与环境资源保护委员会、农业与农村委员会以及民族侨务外事委员会。

㉔ 这3个专门委员会分别是:法制民族宗教外事侨务委员会、财经委员会以及教育科学文化卫生城乡建设环境保护委员会。

各级人民政府组织法》第6条[25]和第27条[26]的规定获得了立法权,至今有30多年的时间了,也有了丰富的地方立法经历,具备较强的立法能力。对于设区的市人大,何时享有立法权要具体分析。1986年修正的《地方各级人民代表大会和地方各级人民政府组织法》第7条[27]和第38条[28]中赋予了省、自治区所在地的市和国务院批准的较大的市以立法权;1992~1996年全国人大常委会通过三次授权,经济特区所在的市如深圳、厦门、汕头、珠海享有了立法权;2000年全国人大制定通过的《立法法》对以上三种类型的设区的市立法权予以认可。2015年《立法法》修正,赋予所有的设区的市以立法权,但根据《立法法》第72条规定了其他设区的市立法权由省、自治区人大常委会根据"设区的市的人口数量、地域面积、经济社会发展情况以及立法需求、立法能力"来决定何时赋予其立法权。以山东省为例,山东省17个设区的市,济南、青岛在1986年获得了立法权;淄博是1992年被国务院批准为"较大的市",根据1986年修正的《地方组织法》获得立法权;其他14个设区的市在2015年分两批由省人大常委会赋予了立法权;[29]至2015年年底,山东省17个设区的市都具有了立法权。但新获得立法权的设区的市明显存在立法能力不足的问题,主要表现是机构设置不全、人员配备不够、具备立法技艺的人过少、立法又是一件新事物全部从头摸索。因此,设区的市在

㉕ 该条规定:"省、自治区、直辖市的人民代表大会根据本行政区域的具体情况和实际需要,在和国家宪法、法律、政策、法令、政令不抵触的前提下,可以制订和颁布地方性法规,并报全国人民代表大会常务委员会和国务院备案。"

㉖ 该条规定:"省、自治区、直辖市的人民代表大会常务委员会在本级人民代表大会闭会期间,根据本行政区域的具体情况和实际需要,在和国家宪法、法律、政策、法令、政令不抵触的前提下,可以制订和颁布地方性法规,并报全国人民代表大会常务委员会和国务院备案。"

㉗ 该条规定:"省、自治区的人民政府所在地的市和经国务院批准的较大的市的人民代表大会根据本市的具体情况和实际需要,在不同宪法、法律、行政法规和本省、自治区的地方性法规相抵触的前提下,可以制定地方性法规,报省、自治区的人民代表大会常务委员会批准后施行,并由省、自治区的人民代表大会常务委员会报全国人民代表大会常务委员会和国务院备案。"

㉘ 该条规定:"省、自治区的人民政府所在地的市和经国务院批准的较大的市的人民代表大会常务委员会,在本级人民代表大会闭会期间,根据本市的具体情况和实际需要,在不同宪法、法律、行政法规和本省、自治区的地方性法规相抵触的前提下,可以制定地方性法规,报省、自治区的人民代表大会常务委员会批准后施行,并由省、自治区的人民代表大会常务委员会报全国人民代表大会常务委员会和国务院备案。"

㉙ "自8月1日起,山东省东营、烟台、潍坊、济宁、泰安、威海、莱芜、临沂、菏泽市人民代表大会及其常务委员会可以制定地方性法规。自12月1日起,枣庄、日照、德州、聊城、滨州市人民代表大会及其常务委员会可以制定地方性法规。"参见余东明、徐鹏、张博韬:《山东14个设区的市分两批行使地方立法权》,载《法制日报》2015年8月5日。

完善机构设置以及人员配备的同时,须不断提高人大工作机构人员的立法素质,建议采取这两种措施:一是上挂锻炼,指派设区的市人大工作机构的人员去省人大有关部门挂职锻炼,培养立法技艺;二是开展系统培训,邀请国内立法学理论专家以及立法实践部门的实务专家对人大工作机构人员系统培训,尽快提高立法技能。

当然人大立法能力的具备不仅是一般工作人员立法能力的提高,还包括专门委员会主任委员、副主任委员、委员以及人大常委会工作机构的领导等,他们不仅具备立法能力,因为在人大主导的法案起草中,人大机构的领导需要担任联合起草小组的组长,而且还需要有领导能力、组织能力、协调能力等,这就需要具有一定管理经验又具有丰富法学专业知识背景的人担任最为合适。人大有必要有针对性的选择与培养这种人才,同时也可以尝试设立符合以上条件的人担任专职人大代表,让他专职从事立法方面的工作,包括组织与领导法案起草的工作。

(四)立法资源有保障

人大主导的联合起草法案模式与其他法案起草一样,需要有一定的人财物的配备,只有具备了这些物质与精神方面的资源,法案起草才得以保障。物质保障主要是法案起草经费的保障以及为法案起草提供的物质工作条件;精神方面的资源主要是资料、信息的储备,我们知道,美国国会有自己的图书馆,作为立法机构的重要辅助机构,它收集有很多立法方面的信息与资料,供立法机关起草法案时参考。全国人大有自己的图书馆,但地方人大一般都没有自己的图书馆,建议设立一定的信息资料库,保留或收藏一些立法所需要的信息资料。另外,我们认为,人大主导法案起草,无论是专门委员会还是人大常委会工作机构,都应有充裕的时间保证。如果职责设计过多,让人大专门委员会或人大常委会工作机构承担法案起草任务也不现实。从我国现行的人大运行制度来看,现在人大专门委员会以及人大常委会工作机构工作职能较多,还要联系相关政府部门,因此需要对人大工作机构的工作职责作出优化设置:一方面各专门委员会以及人大常委会工作机构的法案起草应有一个合理的职责分工,最好能够通过法律对它们的法案起草职能及其范围作出合理的规定;二是各专门委员会以及人大常委会能够在自己的日常工作之外承担法案起草的任务或组织法案起草的任务。

五、结语

人大主导的联合起草法案的模式是我国人大主导立法的应有之义，除非涉及人大自己的相关立法如《立法条例》《专门委员会条例》等由人大自主起草以外，很多时候我们认为应适用此种模式，一是可以发挥人大在法案的主导作用；另一就是既有效吸收对口部门的智慧，还又尽可能地防范部门利益对人大立法的渗透。然而人大主导立法还要漫长的路要走，特别是新获得立法权的设区的市，相关的制度如《设区的市制定地方性法规条例》《专门委员会工作条例》等尚未建立；而且人大工作机构如专门委员会以及人大常委会工作机构设置也还不到位，人员配备不足，立法能力不够，法案所起草的人财物资源得不到保障，人大主导立法难以实现，人大主导的联合起草模式也难以建立。当务之急，享有立法权的各级人大应加强本部门的制度建设，完善人大专门委员会以及人大常委会工作机构的设置，积极采取措施提高人大工作机构人员立法能力。另外人大也可以探索建立立法研究服务基地、立法联系点等立法智库，为人大主导立法或人大主导的联合法案起草模式的适用提供智力支持。

人大主导立法的法教义学思考*

梁洪霞**

摘　要：以法教义学的研究方法来分析“人大主导立法”，可以避免学界采用其他研究方法而导致的“各说各话”的状态，同时为实务界开展的“人大主导立法”改革和创新提供理论上的指导和标准的确立。“人大主导立法”被规定在《立法法》第二章“法律”第五节“其他规定”中，表明“人大主导立法”虽然是个新名词，但却不是新事物、新“规定”，它早已蕴含在《立法法》第5条“立法应该体现人民的意志”等规定当中，因此没有必要写入总则。根据《立法法》第51、77条，主导立法的主体包括人大及其常委会以及常委会会议、主任会议、各专门委员会、各工作机构、办事机构、主席团等，主导的方式是“组织协调”，主导的范围是全程主导，各立法环节都存在主导。《立法法》第52、53条关于立项、起草的规定，以及立法法关于提出法律案、审议、表决程序的规定，都表明了人大主导立法的具体做法。

关键词：人大主导立法　立法法　法教义学　人民主权原则　立法权

一、问题的提出

自2014年党的十八届四中全会明确提出“人大主导立法”目标，以及2015

* 本文是2017年重庆市教育委员会人文社会科学研究“人大主导立法的实施机制研究”（项目批准号为17SKG014）的阶段性成果；同时也是2015年西南政法大学资助项目“人大主导立法的实施机制研究”的最终成果。

** 梁洪霞，西南政法大学行政法学院副教授、法学博士。

年《立法法》修改时贯彻落实的"人大主导立法"规定(第51条、第52条、第53条),①学界围绕着"人大主导立法",在其概念内涵、产生背景、理论渊源、实施机制等方面进行了大量研究。目前,人大主导立法的提法已经被学界和实务界广泛采纳,尽管还有少量质疑的声音,②但从两年多来全国人大到地方人大积极探索人大主导立法的实践来看,目前主要的问题并不在于要不要"人大主导立法""人大是否能主导立法""人大主导立法"的提法是否准确,而在于如何正确理解"人大主导立法"的内涵,以及应该采取何种具体的方式和措施来实现"人大主导立法"。

目前学界对"人大主导立法"在细节层面的阐述,争议大于共识。第一,人大主导立法,是否是我国立法的一项基本原则?第二,人大主导立法,到底是什么主导?立法方向主导、立法内容主导,还是立法过程主导?第三,人大主导立法的主体是谁?人大、人大常委会、委员长会议、主任会议、人大专门委员会、人大工作机构、办事机构,还是人大代表?第四,人大主导立法的具体方式是什么?是组织协调、具体参与还是监督执行?第五,人大主导立法的具体环节包括哪些?立项、起草、审议、表决、备案等全方位还是具体的某一环节?等等。针对这些问题,学界提出了很多具有建设性的阐释。这些阐释是作者从不同的角度得出的结论,如根据实践经验,政治文件、人大理论、哲学伦理价值或者从文字表面含义出发,但鲜有学者系统地从立法法的文本规定出发,来阐述"人大主导立法"的具体内涵和内容。这种缺乏对"法学=法教义学"和以"实定法解释"作为法学研究起点的共识,法学研究更多地是处在一种众声喧嚣的"各说各话"的状态。③

---

① 在此之前,有两个中央层级的文件提到了"人大主导立法",但都没有引起广泛关注。一个是2011年4月,中共中央下发了《中共中央转发〈中共全国人大常委会党组关于形成中国特色社会主义法律体系有关情况的报告〉的通知》(中发〔2011〕7号文件),全国人大常委会在报告中明确提出了人大及其常委会要充分发挥国家权力机关的作用,依法行使立法权,发挥在立法工作中的主导作用。另外一个是2013年3月19日张德江在"第十二届全国人大常委会第一次会议上的讲话"中提出"在党中央领导下,充分发挥常委会在立法中的主导作用,积极督促、推动有关方面按照立法规划和立法计划抓紧法律案起草工作,按时提请审议,并做好法律案的修改完善工作。"除此之外,在2011年以前,也有一些书籍和论文提及到"人大主导立法",如蔡定剑就曾提到:"八届全国人大、特别是九届全国人大以来,全国人大常委会加强立法的主导作用,加强了自身的起草工作。"参见蔡定剑:《中国人民代表大会制度》,法律出版社2003年版,第295页。

② 例如刘松山认为"主导"一词具有强烈的行政色彩,用在人大的权力行使领域,需要仔细思考。参见刘松山:《人大主导立法的几个重要问题》,载《政治与法律》2018年第2期。

③ 参见张翔:《基本权利的规范构建》(增订版),法律出版社2017年版,第26~27页。

由于学界和实务界对“人大主导立法”认识的不同,导致了实践中各级人大及其常委会的“人大主导立法”创新和改革,缺乏了明确的标准和指导思想,有些人大无所适从,有些人大是为了“主导”而主导,有些人大的做法甚至有了矫枉过正的现象,似乎偏离了人大制度、人大立法权设立的初衷。例如,有些人大为了避免“部门主导”,将人大及其常委会起草立法草案的比例作为“人大主导立法”的一项重要指标,等等。到底什么是人大主导立法,这是顺利开展人大立法改革,实现科学立法、民主立法的重要命题。

本文试图使用法教义学的研究立场和方法,主要根据 2015 年修改的《立法法》的具体条文,来确定“人大主导立法”的内涵以及具体的实施方式。法教义学,是以法律文本为依据,依照法律规范的内在逻辑和体系要求解释、应用及发展法律的一种法学研究方法。④ 法教义学,以现行实在法秩序为坚定信奉而不加怀疑的前提,⑤换句话说,现行实在法是法教义学的工作前提,⑥是研究问题的出发点,从文本出发,运用法律解释的方法,来探求法律规范的内涵,从而指导实践,为法律纠纷和法律问题提供解决的路径和答案。使用法教义学的方法来界定人大主导立法,是回归法律文本,尊重立法机关和立法原意的一种法学研究方法,可以结束学者从不同角度出发而导致的界定“人大主导立法”涵义混乱的局面。

二、对《立法法》“人大主导立法”规定的结构分析

2015 年《立法法》进行了大幅度的修改,修改的范围涉及第一章总则,第二章法律,第三章行政法规,第四章地方性法规、自治条例和单行条例、规章,第五章适用与备案审查,第六章附则。这次《立法法》修改,将“人大主导立法”放在了第二章“法律”中的第五节“其他规定”中,而没有放在第一章“总则”中,也没有放在第二章“法律”的第一节“立法权限”或者第二节“全国人民代表大会立法程序”或第三节“全国人民代表大会常务委员会立法程序”中,也没有在第四章有关地方性法规的立法权限和程序条文中提及。法律条文所在的结构、位置,对于理解该条文所涉内容的地位、性质及其内容,是有着重大影响的。

---

④ 参见许德风:《法教义学的应用》,载《中外法学》2013 年第 5 期。

⑤ 参见白斌:《论法教义学:源流、特征及其功能》,载《环球法律评论》2010 年第 3 期。

⑥ 参见雷磊:《法教义学能为立法贡献什么?》,载《现代法学》2018 年第 2 期。

（一）“人大主导立法”没有被明确写入《立法法》“总则”

《立法法》没有将“人大主导立法”列入“总则”，证明“人大主导立法”并不是立法的一项基本原则或基本要求。“总则”是一部法律的总括性规定，其功能是概括地表述贯穿于一部法律始终的立法思想、价值取向、基本原则等一般性、原则性、抽象性的内容。⑦ 从《立法法》的第一章“总则”来看，包括了立法宗旨、立法依据、调整范围和立法应遵循的基本原则等重要内容。2015 年《立法法》修改时，对“总则”部分进行了修改，将“提高立法质量，完善中国特色社会主义法律体系，发挥立法的引领和推动作用”写进了第 1 条，作为立法的宗旨；将“坚持立法公开”写进第 5 条，作为“民主立法”的内容；将“适应经济社会发展和全面深化改革的要求”写进第 6 条，作为“科学立法”的内容；但“人大主导立法”没有写进这些条款中，这就证明“人大主导立法”的内容，还不足以成为立法的宗旨、原则，不是科学立法、民主立法的核心内容。“人大主导立法”虽然规定在《立法法》第二章第五节，但其仍属于《立法法》的组成部分，受到《立法法》的立法宗旨、基本原则的调整。因此，人大主导立法是这些内容的下位概念，暗含在“总则”相关内容中，没有必要单独列出。《立法法》第 5 条⑧关于“立法应该体现人民意志”的规定就明显包含了“人大主导立法”的内容，而《立法法》第 1 条立法宗旨⑨、第 3 条立法原则⑩的规定也涉及了人大主导立法的内容。

需要注意的是，如何理解党的十八届四中全会决定中将“人大主导立法”视为新时期我国立法工作的重点，以及如何理解立法法修正案（草案）说明中特意强调了“人大主导立法”是我国立法的指导思想。全国人大常委会副委员长李建国在《关于〈中华人民共和国立法法修正案（草案）〉的说明》中，提出修改立法

⑦ 全国人大常委会法制工作委员会国家法室编著：《中华人民共和国立法法释义》，法律出版社 2015 年版，第 1 页。

⑧ 《立法法》第 5 条规定：“立法应当体现人民的意志，发扬社会主义民主，坚持立法公开，保障人民通过多种途径参与立法活动。”

⑨ 《立法法》第 1 条规定了立法的宗旨，包括提高立法质量，发挥立法的引领和推动作用，保障和发展社会主义民主，全面推进依法治国，建设社会主义法治国家，这些规定与人大主导立法相关。

⑩ 《立法法》第 3 条规定了立法原则，立法应当遵循宪法的基本原则，与人大主导立法相关。

法的指导思想，包括了“发挥人大及其常委会在立法工作中的主导作用”。[11] 党的十八届四中全会报告《中共中央关于全面推进依法治国若干重大问题的决定》，在“完善立法体制”中明确提出“健全有立法权的人大主导立法工作的体制机制，发挥人大及其常委会在立法工作中的主导作用。”这些规定明显是把“人大主导立法”作为新时期我国在立法领域应该坚持的一项重要的立法原则或指导思想，但立法法在修改时却将其放在“其他规定”中。有学者指出，这大大降低了“人大主导立法”的地位和层次，立法法修改并没有全面准确地体现党的十八届四中全会决定的相关精神，至少从立法技术上讲体现的并不到位。[12] 笔者认为，这次立法法修改，在思考“人大主导立法”的条文位置上，是相当慎重的，最后没有将其放在“总则”中，是经过了认真思考的。这种处理方式的原因只有一个，就是“人大主导立法并不能成为”整个立法法的指导思想，从应然层面看，它被包含在原有立法的指导思想之中，不是一个崭新的提法，不是我国立法工作的新导向、新措施和新转变；从实然层面来看，人大主导立法仅仅是这次修改的主题之一，只是针对过去弊端的一种纠正行为，具有一定的临时性或暂时性。

（二）“人大主导立法”没有被明确写入人大立法权限及立法程序

人大主导立法，应该既是一项立法原则、指导思想，又是全国人大及其常委会享有立法权的本质要求，也是一种具体的措施和方法，应该体现在人大享有立法权以及行使立法权的立法程序中。但是，2015 年修改《立法法》，却没有在原有《立法法》有关全国人大及其常委会立法权限以及制定法律的程序中，增加“人大主导立法”的提法。有学者质疑，这种处理方式，“表明发挥全国人大及其常委会的主导作用，不是制定法律的基本原则，不是划分立法权限的基本原则，也不是法律制定程序中必须遵循的基本原则，甚至不是立法程序中的法定环节”。[13] 笔者认为，这种理解有失偏颇。首先，人大主导立法，毋庸置疑是全国人大及其常委会专享立法权的又一种说法，因此，《立法法》第五章“法律”第 7 条

⑪ 李建国：《关于〈中华人民共和国立法法修正案（草案）〉的说明》，载《中华人民共和国全国人民代表大会常务委员会公报》2015 年第 2 期。

⑫ 参见李克杰：《“人大主导立法”的时代意蕴与法治价值》，载《长白学刊》2016 年第 5 期。

⑬ 见前引②，刘松山文。

第1款明确规定“全国人民代表大会和全国人民代表大会常务委员会行使国家立法权”,就足以体现“人大主导立法”,勿须作出其他改变。其次,2015年《立法法》修改,在第二章“法律”的立法程序中,增加了很多有关“征求意见、立法调研、邀请全国人大代表参加调研或列席会议、论证会、听证会、评估、单独条款表决”等内容,这些内容都可以看作“人大主导立法”的具体方式,只是没有冠以“人大主导立法”的名字。

具体来看,增加的立法程序包括以下几种:(1)第16条、第28条,常委会在审议法律案时,应该通过多种形式征求全国人大代表的意见,并将有关情况予以反馈;专门委员会和常务委员会工作机构进行立法调研,可以邀请有关的全国人大代表参加;审议法律案时,应当邀请有关的全国人大代表列席会议。这个规定实际上增强了人大代表参与立法的机会,使立法更能反映人大代表的意愿,让人大代表了解立法内容和进程。人大主导立法,实质就是让立法体现民意,这种做法正是契合了“立法反应人民意志”的初衷。(2)第36条,法律案有关问题专业性较强,需要进行可行性评价的,应该召开论证会,听取有关专家、部门和全国人大代表各方意见。这是全国人大常委会在涉及专业性问题时,为保证立法质量,通过召开论证会来“主导”立法,组织各方意见汇总。(3)第36条,法律案有关问题存在重大意见分歧或者涉及利益关系重大调整时,需要召开听证会的,应该召开听证会,听取有关基层和群体代表、部门、人民团体、专家、全国人大代表和社会有关方面的意见。这是全国人大常委会在涉及利益冲突十分严重的情况下,积极“协调”各方,寻求解决利益冲突办法的机制,“主导”体现在人大常委会的协调方式——听证会的运用。(4)第36条、第37条,列入常委会会议议程的法律案,工作机构应该发送相关领域的全国人大代表、地方人大常委会以及有关部门、组织和专家征求意见;常委会会议后应当向社会公布法律草案、征求意见,时间一般不少于30日,征求意见的情况向社会通报。这两条都是关于征求意见的,其目的就是使法律草案更能反映民意。(5)第39条,常务委员会可以就法律草案中主要制度规范的可行性、法律出台时机、法律实施的社会效果和可能出现的问题等进行评估。该条是关于法律草案的评估机制的设计,提高了法律草案的质量,有利于科学立法。(6)第41条,委员长会议可以决定将个别意见分歧较大的重要条款提请常务委员会会议单独表决。这是对“单独表决”做出了专门规定，更有利于协调立法所涉利益的平衡。以上《立法法》六种新规定、新程序、新方法，都是人大在立法过程中充分组织协调、加强民意表达、协调立法所涉各方利益冲突的体现。

综上所述，再次重申，人大主导立法，已经体现在了 2015 年《立法法》修改"全国人大及其常委会的立法程序"中。至于制定地方性法规、自治条例、单行条例的程序是否体现了人大主导立法，由于《立法法》第 77 条明确规定，地方性法规等的立法程序参照法律的立法程序，所以"人大主导立法"自然也体现在了地方层级的立法程序中。

（三）"人大主导立法"写入《立法法》第二章"法律"第五节"其他规定"

"人大主导立法"放在了第二章"法律"的第五节"其他规定"中，表明"人大主导立法"的临时性、补充性的法律地位。所谓"其他规定"，指的是不适宜在"法律"一章的其他节中做出规定，即不适宜在"立法权限""全国人大立法程序""全国人大常委会立法程序""法律解释"中规定，但在现阶段又需要加以强调的内容。有学者称，其他规定"一般是指不宜规定在法律主要章节条文中的技术性、例外性、附带性、补充性、说明性、参考性的内容，从法理、逻辑和立法技术上都不适宜进入法律的正文，或者属于可写可不写的内容"。⑭ 笔者认为，人大主导立法既然被写进了立法法，就绝对不是"可写可不写的内容"，而应该是当前立法工作中不得不实施的一项措施。它被放在"其他规定"中，就意味着它可能起到补充性、临时性的作用。作为补充性，是应对当前"政府主导立法"而言；但"人大主导立法"的临时性要相对去看，既然写进立法，就不会像"政策"一样具有变化性，而是在相当长的一段时间内长期存在。

综上所述，笔者认为，"人大主导立法"虽然是个新名词，但却不是新事物、新规定：

第一，人大主导立法，归根结底就是人民立法。这是我国一贯倡导的立法原则，是中国特色社会主义人民当家作主的基本要求和重要内容。因此，人大主导立法，并不是一项新规定。人民掌握立法权，立法反映人民意志，这个根本的原

⑭ 见前引②，刘松山文。

则没有变,并会继续坚持下去。

第二,人大主导立法,虽然作为一个旗帜鲜明的指导原则或实现目标提出来,但这只是一种临时性的提法,并不包含新的内容,只是对原来我国的人大及其常委会长期的立法权虚置的一种应对措施、应对策略。人大主导立法,只是要在新时期在我国立法体系逐步完善之后,立法体系完备,已经基本实现了重大立法后,针对部门利益、重大改革等不良现象而提出的改良措施。[15] 因此,人大主导立法具有补充性和临时性的特征。

第三,人大主导立法蕴含在立法遵循的"提高立法质量、发挥立法的引领和推动作用,保障和发展社会主义民主"的立法宗旨中,是人大享有并行使立法权的应有之义。因此,在人大主导立法的具体措施上,要严格遵守宪法和法律的规范规定,不能突破原有的规定;不宜在立法工作中给予过高的评价,不要为了"主导"而主导,防止矫枉过正。

三、对《立法法》"人大主导立法"规定的条文分析

人大主导立法,集中规定在《立法法》第51条、第52条和第53条中。其中,第51条是概括性规定,指出现阶段人大工作的重点是"人大主导立法";第52条、第53条是两个"人大主导立法"的具体措施,分别体现在立项和起草环节。

(一)《立法法》第51条的分析

《立法法》第51条规定,"全国人民代表大会及其常务委员会加强对立法工作的组织协调,发挥在立法工作中的主导作用"。该条位于《立法法》第二章第五节"其他规定"部分的第1条,与其他部分的规定相比,它尤其重要。从字面来看,该条明确了"主导立法"的主体是全国人大和全国人大常委会,人大主导立法的工作方式,就是"组织协调",而且是针对整个"立法工作"而言的。

1. 必须明确谁来主导立法

从条文的字面含义来看,主导立法的主体是"全国人大及其常委会"。从整个立法过程来看,全国人大及其常委会由于行使职权的会期限制,以及组成人员

---

[15] 参见封丽霞:《人大主导立法的可能及其限度》,载《法学评论》2017年第5期。

较多的原因,它们在立法过程中并不决定或直接参与一些细小的立法工作。大部分的工作是由全国人大常委会委员长会议、主席团、法工委等工作机构、法律委员会等各专门委员会、办事机构来组织进行或具体操作的。"在人大和人大常委会闭会期间,专门委员会、法律工作委员会和办事机构在委员会会议(主任会议)领导下开展经常性的工作,为代表大会和常委会行使职权做准备。"⑯所以,该文中虽然说主导的主体是"全国人大及其常委会",这只是一种概括性的提法,不能理解为主导的主体仅包括全国人大及其常委会,还包括其他主体,主要是委员长会议、主席团、法工委、法律委员会等各专门委员会、办事机构。需要明确的是,该条虽然是放在第二章"法律"中,主导立法的主体是全国人大层级,但因为《立法法》第77条规定了制定地方性法规要参照法律的制定程序,所以主导立法的主体还应该包括有地方性法规、自治条例和单行条例制定权的地方人大及其常委会,以及主任会议、法工委、专门委员会和办事机构,这可以从党的十八届四中全会报告中获得印证。

2. 主导立法的方式是什么

《立法法》第51条明确提出"加强对立法工作的组织协调",这样才能发挥人大及其常委会在立法工作中的主导作用,所以主导立法的方式很显然就是"组织协调"。何为组织协调?组织,是指安排分散的人或事物使之具有一定的系统性或整体性。⑰ 协调,是指使配合得适当。⑱ 组织协调是一种领导方式,不等同于命令、强制,也不等同于自己事必躬亲,而是统筹全局、协调各方,使各方参与主体能够积极响应、形成合力。具体到立法过程,指的是人大及其常委会、常委会会议、主任会议、专门委员会、法工委、办事机构,在各个立法环节能够组织社会大众、社会组织、人民团体、政府、法院、检察院、军事机关、与立法相关的各方利益主体、人大代表、代表团、代表小组、专家学者或其他立法起草组织等,积极参与立法,使人民的利益、人民的诉求能够通过各种渠道反映到立法中,提高立法的民主性和科学性,保证立法质量;在各方利益发生冲突的时候,前述主体能够通过行之有效的程序协调各方利益,引导各方放弃纷争,以大局为重,最

⑯ 刘政:《人民代表大会制度的历史足迹》,中国民主法制出版社2008年版,第339页。

⑰ 《现代汉语词典》,商务印书馆2012年版,第1739页。

⑱ 同上注,第1440页。

终达成一致意见,从而保证重要立法能够如期制定,发挥立法的引导和推动作用,为经济建设和社会发展服务。

所以,人大主导立法,主导的不是立法的实质内容,而是立法程序中一些具体的步骤、方式。例如,在立法的立项阶段,全国人大常委会法工委要广泛征集立法项目意见,认真对待人大代表提出的议案和建议,并对征集的立法项目进行科学的论证评估,这些基础性工作实质上影响着委员长会议的最终决定,哪些立法项目最后编入立法规划和年度立法计划。又如,在立法的起草阶段,全国人大常委会法工委可以决定到底采取哪种方式来起草,可以考虑成立“立法起草委员会”,决定哪些利益相关人,或专业人员进入该起草小组,起草方式的选择可能会最终影响立法草案的质量,是否会避免更多的部门利益。再如,起草的具体时间表的设定以及对起草过程的监督,也会最终影响立法草案的进度。立法的程序和立法的内容是相辅相成的。立法最终要在人大及其常委会获得通过。人大及其常委会是合议机关,它行使权力、做出决定必须通过人大代表或组成人员按照少数服从多数的方式来进行表决。任何人也主导不了人大代表来进行投票,也就无法通过全国人大及其常委会来主导表决的结果。因此,人大主导立法,所谓的方向主导、内容主导,都不妥当,主要还是过程主导。

3. 人大主导立法,到底是哪一环节主导

《立法法》第51条是一个总括性的规定,明确了加强人大及其常委会在“立法工作”中的组织协调,并没有限定立法工作的哪一环节,因此,人大主导立法,应该是立法的全程主导,不是个别环节主导。况且,立法程序是一个连贯的过程,每个环节都有各方参与主体,不可能隔离中断,人大在某一环节主导,在某一环节又不主导。人大只有全程主导,才能充分反映各方利益,才能充分了解立法中存在的利益冲突,才能更好地适时进行组织协调,每一个环节都缺一不可。立法是一项综合性很强的工作,人大及其常委会的主导作用应当体现在法律法规的立项、起草、审议、修改、表决等各个环节。[19] 甚至,立法后的评估、备案程序,也属于人大主导的范畴。[20] 例如,湖北省人大常委会出台的所有法规均在表决

---

⑲ 全国人大常委会法制工作委员会国家法室编著:《中华人民共和国立法法释义》,法律出版社2015年版,第162页。

⑳ 参见秦前红、李雷:《人大如何在多元备案审查体系中保持主导性》,载《政法论丛》2018年第3期。

通过后一个月内制定法规实施工作方案，明确每条每款的实施内容、完成期限和责任单位；对需要制定配套制度和实施措施的，督促责任单位及时制定，解决好法规实施"最后一公里"问题。㉑ 例如，立项是立法的前提，如果立项过程没有把握好，没有将最有价值最亟须解决的问题进行立法，那么后续的立法程序就真成了"无米下锅"；起草是立法的基础，"谁起草法律草案，谁就掌握了立法的主动权。"㉒谁来起草，起草的进度如何，起草过程的调研论证，都需要人大组织；审议程序是立法的关键步骤，如何广泛收集民意，如何让代表或组成人员畅所欲言，如何进行立法决策等，影响着草案的内容和质量；表决程序是决定性步骤，如何进行分条表决，也需要人大组织协调。虽然《立法法》在第 52 条、第 53 条规定了两个立法环节的人大主导，但这两条不是限定了只有在立项、起草环节才能主导，而是补充强调。前述 2015 年《立法法》修改，在提出法律案、审议、表决等步骤也都体现了人大主导立法。

(二)《立法法》第 52 条、第 53 条的分析

《立法法》第 52 条、第 53 条是对如何编制立法规划、年度立法计划，以及如何起草所做的规定。因为原 2000 年《立法法》，在全国人大常委会的立法程序中，并没有阐述立法规划和起草的程序，直接从由谁提出法律案开始的（原《立法法》第 12 条、第 13 条）。在立项和起草环节，需要人大主导，加强对立法工作的统筹安排。

按照《立法法》第 52 条的表述，人大的主导体现在，认真研究代表议案和建议，广泛征集意见，科学论证评估，根据经济社会发展和民主法制建设的需要，确定立法项目，提高立法的及时性、针对性和系统性。什么法该立、什么法不该立，这是一个非常重要的问题。对于涉及党中央的重大决策部署，涉及经济社会发展全局的重要领域立法，以及人民群众高度关注的立法，全国人大常委会应该通盘考虑、总体设计，从各项意见建议中，进行评估和筛选。例如，自 2010 年起，安徽省人大每年都将人大代表在人代会上提出的立法议案，全部列入当年立法调

㉑ 参见胡志强：《创新立法工作机制　着力提高立法质量》，载中国人大网：http://www.npc.gov.cn/npc/lfzt/rlyw/2018-09/18/content_2061399.htm，2018 年 9 月 18 日发布，2018 年 10 月 1 日最后访问。

㉒ 蔡定剑：《中国人民代表大会制度》，法律出版社 2003 年版，第 292 页。

研论证项目。经调研,有的直接进入审议类项目,及时反映了人大代表的意愿以及人民群众的期盼。安徽省人大常委会还敞开“大门”,向各有关单位书面征求立法建议项目。㉓ 另外,立法规划和年度立法计划,也不是铁板一块,允许根据社会的发展变化,进行适度的调整。

根据《立法法》第 53 条,法律草案的起草方式具体有三种,都强调了人大主导立法:

(1)由政府、法院、检察院、中央军委等机构具体负责起草,此时全国人大有关的专门委员会、常务委员会工作机构应该提前介入。提前介入的方式很多,主要是加强与立法起草单位的沟通联系,及时掌握立法起草进展以及起草中的重大问题,了解各方诉求和分歧所在,督促和推动起草单位抓紧起草工作,从而强化人大对法律起草进度和内容的把控。

(2)对于综合性、全局性、基础性的重要法律草案,可以由有关的专门委员会或者常务委员会工作机构组织起草。首先需要明确的是,何为“综合性、全局性、基础性”,这是个相对概念,综合性,意味着立法涉及多个政府职能部门,由一个部门无法完成立法;全局性,是指该立法涉及党和国家的重要战略部署,属于重要领域顶层设计的内容;基础性,表示立法还是涉及公民重要权益保护的立法,属于民众关注的领域的立法。还需注意的是,该条中,可以由专门委员会或工作机构来组织起草,也可以不由;该条并不是对专门委员会或工作机构起草立法的限制,只要其想起草,那么任何立法都可以由其起草,只不过涉及“综合性、全局性、基础性”的法律草案,由于其重要性,涉及的部门较多,更适宜发挥人大的主导作用,便于进行统筹安排。至于该条是说由其“组织起草”,不是由其自己起草,实践中多为专门委员会或法工委组织成立“法律起草委员会”,由其组成人员、政府部门、专家等组成,当然也可以由法律委员会或法工委自己起草。该条中提及“综合性、全局性、基础性”,这一标准需要明确。

(3)对于一些专业性强、涉及利益冲突严重的立法,可以委托第三方来进行,如委托专家,像民法典起草就委托学者专家组成民法起草工作小组,也可以委托教学科研单位,现在很多学校研究所等成立了立法研究院,也可以委托社会

㉓ 参见范天娇:《安徽省人大主导立法“点菜上桌”》,载《人民代表报》2016 年 1 月 12 日,第 5 版。

组织起草,如一些法律咨询公司会承接立法修法业务,还有些行业协会对立法内容较为熟悉也可以委托其立法。

四、"人大主导立法"是宪法人民主权原则的具体化

宪法是母法、根本法,任何法律都要依据宪法,遵循宪法的精神,法律的某一规定也要从宪法上寻根探源,找到其正当性依据。立法法属于宪法性法律,是对宪法规定的"立法权"的细化,明确宪法规定的立法权行使所要遵循的立法原则、立法权限、立法程序等重要内容。什么是立法权?立法权都是以人民的名义制定社会规则的权力。㉔ 立法权只能由代表民意的机关享有,由人民的代表行使,而不能交给行政机关和司法机关。所以,《立法法》在2015年明确了"人大主导立法",就是在强调立法权只能由人大行使,只能掌握在人民手中,如果任由行政机关行使,或司法机关行使,就变成了"政府主导""法院主导",此时人大只是名义上有权、实质上无权,那就违背了人民主权原则,是对社会主义民主和法治的极大破坏。

所以,四中全会决定提出人大主导立法,是有深刻背景的。这个背景中的最大问题就是,立法在不同程度上出现了脱离民意、背离人民意愿的现象。习近平总书记在对四中全会决定所作的说明中,列举了立法中背离民意的诸多问题,其中突出的一条就是,"立法中部门化倾向、争权诿责现象较为突出,有的立法实际上成了一种利益博弈,不是久拖不决,就是制定的法律法规不大管用,一些地方利用法规实行地方保护主义,对全国形成统一开放、竞争有序的市场秩序造成障碍,损害国家法治统一"。为了解决这个问题,他说,需要"明确立法权力边界,从体制机制和工作程序上有效防止部门利益和地方保护主义法律化"。如何防止部门利益和地方保护主义法律化呢?习近平总书记指出的第1条就是,"健全有立法权的人大主导立法工作的体制机制,发挥人大及其常委会在立法工作中的主导作用"。㉕ 习总书记的讲话,提出了当前立法工作所要解决的主要问题,实质上就是要通过人大及其常委会,让立法来体现民意。

我国自1954年宪法开始,就明确了"人民当家作主"的基本原则,明确了全

㉔ 见前注㉒,蔡定剑书,第262页。

㉕ 习近平:《关于〈中共中央关于全面推进依法治国若干重大问题的决定〉的说明》,载新华网2014年10月28日。

国人民代表大会享有立法权。1954年《宪法》第2条第1款规定:“中华人民共和国的一切权力属于人民。人民行使权力的机关是全国人民代表大会和地方各级人民代表大会。”第21条规定:“中华人民共和国全国人民代表大会是最高国家权力机关。”第22条规定:“全国人民代表大会是行使国家立法权的唯一机关。”即使在1975年和1978年宪法,也基本沿袭了这一规定,只不过没有明确说明全国人大享有国家立法权,仅在全国人大职权中列出了“制定法律”的权力。1975年《宪法》第3条第1款规定:“中华人民共和国的一切权力属于人民。人民行使权力的机关,是以工农兵代表为主体的各级人民代表大会。”第17条规定了全国人民代表大会的职权包括制定法律。1978年《宪法》第3条第1款规定:“中华人民共和国的一切权力属于人民。人民行使国家权力的机关,是全国人民代表大会和地方各级人民代表大会。”第22条规定了全国人大的职权包括制定法律。到了1982年宪法,继续坚持人民主权原则,只不过享有立法权的主体除了全国人大之外,还有全国人大常委会。1982年《宪法》第2条第1、2款规定:“中华人民共和国的一切权力属于人民。人民行使国家权力的机关是全国人民代表大会和地方各级人民代表大会。”第58条规定:“全国人民代表大会和全国人民代表大会常务委员会行使国家立法权。”因此,人大主导立法,有着明确的宪法依据,是落实人民代表大会制度的需要,㉖是实现宪法规定的人民主权原则的理性回归,是全国人大及其常委会享有立法权的应有之义。

五、结语:人大主导立法的内涵

“人大主导立法”虽然是个新名词,但却不是新事物,新规定。人大及其常委会在立法中发挥主导作用,从根本上说,就是民意的主导,也即通常所说的立法要反映人民的意愿,反映最大多数人的最大利益。我国自1954年宪法开始实施的人民代表大会制度,实质上就反映了“人大主导立法”,只不过在多年的立法实践中,由于人大自身建设,我国经济社会发展对立法的需要,以及政府等其他部门具备立法条件等问题,导致了人大立法权虚置,所以目前重提“人大主导立法”,是宪法“人民主权原则”的具体化,是人民代表大会制度的本质回归,是

㉖ 参见李翔宇:《人大具有天然的宪法意义上的立法主导权》,载《人大研究》2017年第2期。

让人大完整实现立法权能、表达立法意志的能力。[27]

人大如何主导立法？归根结底就是考虑如何让民意通过人大及其常委会，或其各个具体的机构，真实、顺畅地表达出来，让立法真正体现人民的意志，这就是主导。主导并不是说某个机构或个人要引领立法的方向和结果，而是要回归到“民意”上来，哪一种方式更有利于反映民意，哪一种就是可取的。所以，不要将人大主导立法绝对化、字面化，非要说出个具体的体制机制谁主导、何种方式主导、哪个环节主导。实际上，整个立法过程都有主导，哪个主体都可以主导，也没有固定的方式，因地制宜，因法而异，有其灵活性。

具体而言，人大主导立法的主体，概括的说，是指人大及其常委会，具体而言还包括每个立法步骤涉及的委员长会议、主任会议、各专门委员会、各工作机构、各办事机构等。人大主导立法的方式，具体是通过人大及其常委会的“组织协调”，畅通民意反映的渠道，协调各方主体的利益，最终形成合力。人大主导立法，主要不是方向主导、内容主导，而是过程主导，每一个立法环节都有主导，只有全程主导，才能真正理解和掌握立法是否真正反映了人民意志，如何去协调其中存在的问题与冲突。

《立法法》将“人大主导立法”规定在第二章“法律”第五节“其他规定”中，并不是降低“人大主导立法”的地位，主要是考虑到“人大主导立法”本就是立法法的应有之义，此次重提是应对实施过程中出现的弊端。《立法法》的立法原则和指导思想的实质就是“人大主导立法”，《立法法》在第二章法律制定程序中的原有规定和修改，都体现了人大主导立法；《立法法》第 52 条、第 53 条的补充规定也充分体现了人大主导立法的原则和精神。因此，立法法关于“人大主导立法”的规定，契合人大主导立法的本质，与人大享有并行使立法权的实然与应然状况相一致。

综上所述，人大主导立法，实质上就是人民主导立法，保证人大对立法具有完全的决定权，具体而言，是指人大及其常委会以及所属机构，在立法过程中通过组织协调的方式，掌控立法进程，最大限度地畅通民意反映的渠道，使立法反映最大多数人的最大利益，以实现科学立法和民主立法，提高立法质量。

---

[27] 参见秦前红：《人大主导立法不能过于理想化》，载《人大研究》2017 年第 2 期。

我国行政立法存在的问题及对策

王子正　王毅华*

摘　要:我国行政立法主要存在立法权限过大、立法程序不严格、公众参与不够和对行政立法的监督审查机制不健全等问题。完善我国的行政立法制度,要限缩行政立法权,确立人大立法权威,让人大主导立法进程;要加强行政立法的程序性控制,完善立法案卷制度、成本效益分析制度和专家论证制度,同时要扩大公众参与,落实立法听证制度;要完善对行政立法的监督审查机制,加强行政机关对行政立法的内部监督,完善人大对行政立法的监督和推进法院对行政立法的审查。

关键词:行政立法　立法程序　公众参与　立法监督

一、我国行政立法存在的问题

(一)在立法权限上:行政立法权限过大

根据宪法和立法法的规定,国务院享有以下三种立法权:一是授权立法权,指1984年全国人大授权国务院就"税收体制改革"、1985年全国人大授予国务院对"经济体制改革和对外开放"领域的事项进行立法。这一授权范围极为广泛,属于"空白授权",即全国人大对授权的内容、时间、限制措施都没有进行详细规定。根据这一授权,国务院至今仍能够制定许多关于经济和对外开放领域的法规。二是执行性立法,即为了细化人大法律制定的实施细则。执行性立法

* 王子正,东北财经大学法学院教授;王毅华,广东融关律师事务所律师。

一般包括综合性的实施细则、实施条例和实施办法,这是因为人大立法“较为原则”,需要行政机关进行细化后方可操作。三是职权立法权,即国务院可以在自身的管理职权范围内,在人大法律保留的范围外制定行政法规。

上述三种行政立法权中,只有第二种执行性立法应该成为常态。第一种授权立法应该严格根据立法法的规定,详细规定授权法的内容,不能笼统地进行“空白授权”,否则人大对行政立法的监督将很难实现。第三种职权立法权的正当性存在疑问。因为根据职权立法权制定的行政法规与全国人大及其常委会的法律存在一定的重合,国务院实际上是在进行着全国人大的立法工作。

这里需要特别说明的是,现行立法法赋予中央行政机关和地方行政机关以行政立法权。其中,国务院制定行政法规,部门规章能制定执行性立法,地方政府规章可以就执行性立法和本行政区域内的具体管理事项进行规定。有学者认为这种多主体、多层次的行政立法主体制度会造成重复立法,①甚至是不同主体立法之间的冲突。此外,出于“部门利益”“地方利益”的考虑,各个行政立法主体可能会在行政立法中争夺管理权、处罚权,对应承担的责任却不予规定。因此,有学者建议应取消地方政府的规章制定权,②并将国务院各部委的规章制定权合并到国务院的行政法规制定权中去。③

本文认为,行政立法主体较多造成的问题确实存在,但这是行政立法程序不规范、审查制度不严格造成的。解决前述问题的办法是规范规章的制定程序,加强审查程序。此外,出于因地制宜的考虑,应当给予地方政府根据本地方具体情况制定有针对性的地方政府规章的权力。2015 年修订的《立法法》延续了这一思路,立法法没有简单的削减行政立法的主体,而是将规章的立法权限予以限制。修改后的《立法法》第 80 条规定:没有相关依据,部门规章不得设定减损公民、法人和其他组织权利或者增加其义务的规范,不得增加本部门的权力或者减少本部门的法定职责。第 82 条规定:没有相关依据,地方政府规章不得设定减

① 参见石旭斋:《行政立法民主保障之问题与对策》,载《政法论坛》(中国政法大学学报)2006 年第 4 期。

② 参见石旭斋:《行政立法民主保障之问题与对策》,载《政法论坛》(中国政法大学学报)2006 年第 4 期。

③ 参见侯淑雯:《论我国行政立法的体制改革与制度完善》,载《东方法学》2012 年第 4 期。

损公民、法人和其他组织权利或者增加其义务的规范。

(二)立法内容上:重权力、轻责任

有学者经研究后发现"截至2010年7月31日,在有效实施的22657部行政法律、法规和规章中,广泛地授予行政部门审批(88.6%)、处罚(60.9%)、强制(42.1%)、征收(35.8%)和监督检查权(40.1%);根据宪法重申'尊重和保障人权原则'(7部)和明确赋予公民知情权(156部)、信息公开与参与权(351部)、听证权(1483部)、表决权(0部)与监督权(1194部)的法案则很少"。[④] 这就是说许多行政法规的内容都有"重权力、轻责任"的问题,即行政法规重在规定行政机关的管理职权,且避免自己的责任。具体来说有这么几个原因:首先,这是传统"管制"思想的延续,行政机关普遍将行政法规当作实施管理的一个武器,试图通过行政法规将自己的管理行为合法化。行政法规中往往会更多地规定自身的各种职权,对自身的责任则选择性的忽视。其次,这是部门利益法律化的表现,即行政部门将对自己有利的审批权、处罚权等内容统统写入行政法规中,而对自己没有利处的行政责任条款则选择略写甚至不写。许多行政立法中将决策权、执法权等管理职权写入法律,但对行政相对人权益受损时应进行的监督机制和救济机制却选择略写。

(三)在立法程序上:公众参与不足

行政立法过程一般包括立法动议、立法起草、立法征求意见、立法听证、立法表决和立法公布程序。根据《立法法》《行政法规程序制定条例》《规章制定程序条例》的规定,公众对立法动议、立法起草、立法表决、立法公布阶段无法行使权利。公众只能在立法征求意见和立法听证环节表达自己的意见,但是在实践中,这两个环节又是不规范的。

在立法征求意见阶段,公众可以提出自身对法律草案的观点,表达对整部法律或某个法律条款的评价乃至修改建议。但是意见收集后如何处理属于行政立法机关自由裁量的范围,现行法律没有对行政机关如何处理公众立法意见提出

④ 包万超:《平衡立法与公共选择》,载《学习与探索》2013年第3期。

要求。换言之,行政机关可以选择性地听取意见,排除某些公众意见也不需要理由。因此,公众意见有被“符号化”的尴尬境地,即公众提意见只是起到证明行政立法公开的“符号”,公众意见其实并不能实质性改变该行政立法的规定。

在听证阶段也出现了类似的问题。首先,现行法律并没有将“听证会”作为行政立法的必经程序,听证只是一个“可以”采取的程序。行政机关可以自主决定是否采取听证会。其次,听证会的运行也不规范。在实践中,听证会的发起人、主持者、决策者都是起草单位,参与人也没有选拔的程序。听证会的本质是模拟司法审判,由意见相反的双方互相辩论。但是,许多听证会变成了座谈会、讨论会,听证会的功能没有发挥出来。

(四)在立法监督上:缺乏实效

为了规范行政立法权的运行,现行法律也规定了一系列的监督措施,主要包括人大的监督、行政机关的监督和公民的监督。但遗憾的是,这些监督机制没有发挥应有的效果,没能起到监督行政立法的作用。

首先是人大的监督不力。人大对行政立法的监督主要包括授权法的监督和备案审查制度。根据2015年修改的立法法,今后人大在授权国务院立法时要对授权的目的、事项、期限进行详细规定。也就是说,人大在授权行政机关立法权时会更加严格,程序更加规范。但就之前的授权立法实践来看,人大的授权规定没有起到规范行政立法的作用。20世纪80年代,全国人大授权国务院就“经济体制改革和对外开放事项”进行立法的授权规定至今仍然有效。这种“空白授权”需要得到规范。此外,国务院还有职权立法权,即国务院可以在自身职权范围内,在不超出人大及其常委会立法权的情况下,制定行政法规。对于职权立法权,人大还没有较好的监督方式。而对于“备案”制度,即行政机关要将其制定的行政法规送到人大“备案”,以便“审查”。在“备案”制度下,行政机关一般都会将其制定的行政法规交付人大,但审查功能却没有发挥出来。“备案”制度只起到了“备查”的作用,而没有起到“审查”的功能。目前,人大还没有对行政法规进行过审查。

其次,行政机关对行政立法的监督没有发挥应有的作用。根据立法法和相关法律的规定,行政机关对行政立法的监督主要有两种情况:一是行政立法程序中对送审稿的“审查机制”，即由法制办对行政法规送审稿、规章送审稿进行事前审查；二是在规章通过以后，行政机关对规章的事后审查。对规章事后审查的依据是《宪法》第89条、《立法法》第97条的规定，即国务院可以依法改变或撤销各部、各委员会发布的不适当的规章，改变或撤销地方各级国家行政机关的不适当的决定和命令。但是对行政立法的事后审查有两个问题：一是国务院制定的行政法规无法审查，意即行政机关对行政法规的审查对象只能是国务院以下的规章；二是这一审查制度属于“内部监督”，过于原则，可操作性不足。这一监督是在内部进行，无法为公众所感知，其实际效果也不是很好。

最后，公众对行政立法的监督效果不佳。按照现行法律规定，公众可以通过批评、提出意见和建议等方式对行政立法提出建议，但由于我国公众权利意识不强，较少有公众对行政立法提出相关建议，提出建议的公民又因缺少相关申诉途径而无法对行政立法产生实质性影响。

二、我国行政立法存在问题的原因

（一）人大制度不完善

首先是层层选举代表制度。根据宪法和选举法的有关规定，我国县级及以下的人大代表实行直接选举，县级以上的人大代表则实行间接选举，即县级人大代表选举市人大代表，市人大代表选举省人大代表，省人大代表选举全国人大代表，全国人大代表选举全国人大常委会成员。这种层层选举的制度固然有方便选举制度运行，节省时间、经费的作用，但层层间接选举制度的存在也有稀释人大代表的民意代表性的弊端。现实中，“人大代表很少向他的选区的选民述职，报告他在当选人大代表的任内为人民和本选区选民做了些什么”。[⑤] 人们会问：经过层层间接选举产生的代表是否能够代表他所在选区公民的意愿？能否将他所在选区公民的建议和意见反应到法律和各种公共政策当中去？现实中，层层间接选举制度稀释了人大代表的民意性。这导致在立法过程中，人大无法就公众的意愿做出准确的判断。“如果代表与选举制度之间存在脱节现象，那么立

---

⑤ 郭道晖：《完善我国人大制度的几个问题》，载《辽宁大学学报》（哲学社会科学版）2014年第3期。

法就很难反映选民的利益，同时选民也很难对代表进行实质性的约束……无责任感是代表的常态，代表欠缺像本职工作中的那种责任制。他们找不到具体的、必须代表的利益。”⑥因而，人大就各种不同的、甚至是相互冲突的利益进行辩论和妥协的功能也就无法发挥，这导致人大汇集不同群体意见进行立法的功能大大降低。

其次是代表兼职制。根据宪法和选举法规定，我国的人大代表履行代表义务时不脱离原有工作岗位，人大代表当选后继续进行生产活动。代表兼职制严重制约了人大代表正常职责的履行。人大是一个立法机关，需要联系选民，了解选民的立法需要并对法律案进行辩论和审议；人大是一个议事机关，需要大量的时间辩论公共议题；人大是一个权力机关，需要对其他国家机关负责人的任免进行讨论，作出决定；人大是一个监督机关，需要对其他国家机关的工作情况进行调查。因此，人大代表要想履行好立法工作、公共决策工作、任免工作和监督工作就必须付出大量的时间和精力。而人大代表兼职制导致人大代表不能较好地履行其立法、监督、任免等职能。尤其是立法工作是一个相当专业化的工作，需要投入大量时间和精力，兼职的代表很难行使好立法权。

最后是会期制度。在我国，全国人大每年只开一次会，开会时间一般不超过20天。全国人大常委会每2个月开一次会，会期一般在一周左右。总的来算，我国人大及其常委会的会期较短，不能够处理好诸如立法、监督等专业技术工作。以每年一次的全国人民代表大会来看，会期时间不长，期间还要审议政府工作报告、最高院工作报告、最高检工作报告，最后留给人大代表进行法律辩论和审议的时间少之又少。而全国人大代表接近3000人，根本无法进行有效的辩论。在这样的会期制度下，我国法律的审议过程通常很少有辩论环节。

因为层层选举制度，人大代表的民意性降低，人大汇集全体人民意愿进行立法的功能被削弱。又因为代表兼职制，人大代表几乎没有时间和精力去从事联系选民、立法调研和法律辩论等工作，人大立法的效率因之降低。最后在会期制度的影响下，人大及其常委会没有充分的时间进行立法工作。总之，在层层间接选举、代表兼职制和会期制度的影响下，我国人大的立法能力没能充分发挥。人大因而无

⑥ 孙潮、林彦：《从简单同意到有效表达——提高人大立法质量刍议》，载《法学》2003年第4期。

法主导立法工作,这就给行政机关参与甚至主导立法提供了机会。现实中,许多“涉及公民的基本权利义务的事项,依宪法和立法法必须是由全国人大以法律定之,而迄今多是由国务院以行政法规和规章、甚至地方政府的‘红头文件’定之”。⑦

(二)对行政权力的约束不够

在我国,国务院及其各部委、地方行政机关是我国的行政机关。我国的行政机关是从改革开放前的高度集中的计划经济体系下演变过来的。在实践中,行政机关一直是一个强势机关,在政治体系中居于主导地位。

因为历史传统的原因和改革开放的需要,我国的行政机关拥有巨大的管理职权。尽管从立法法的角度来看,行政机关的行为有了形式上的合法性。但从法理上来说,我国行政机关的巨大行政权至少有三个方面的问题:首先是权限过大,造成各国家机关之间权力失衡。在我国的政治运行过程中,行政机关在各国家机关中居于主导地位,其权限远远大于人大、法院。这会造成权力间的失衡,不利于其他权力的良好运行。比如说,在行政诉讼中,作为一方当事人的行政机关可能会通过各种方式影响法院的审判工作,以使法院作出有益于行政机关的判决。其次是有权力但无相应的制约,容易造成权力的滥用。行政权独大一方面是指其职权巨大,另一方面也是因为对其制约太少。缺少制约就容易产生权力的滥用。现实生活中的强制摊派、捐款现象就是行政权不受约束的表现。最后是行政机关的部分管理行为实际上还是无法可依的。尽管规定了权力清单制度,但该制度的运行效果还有待考察。

从立法权限来看,我国行政立法的立法权限没能得到适当的控制。国务院拥有执行性立法权、职权立法权和授权立法权,其行政立法权限甚至超过了法国的行政机关。从立法程序来看,我国的行政立法程序不够正式。公众对法案的动议、立项、起草、修改的权利没有得到保障。在行政立法中,听证制度也只是“可以”适用,而不是必须采用。从行政立法的监督审查制度来看,我国的行政立法监督审查机制很不完善。对行政立法的监督机制效果不明显,没能起到应有的作用。

---

⑦ 郭道晖:《完善我国人大制度的几个问题》,载《辽宁大学学报》(哲学社会科学版)2014年第3期。

对行政立法的监督机制是制约行政立法的重要制度,起着“把关”的作用。但如前所述,在我国,对行政立法的行政监督规定过于原则,可操作性不足;对行政立法的人大监督失效,“备案”制度只起到了“备查”的作用,没有体现出“审查”的功能;对行政立法的司法审查还没有起步。因此,现行制度对行政立法的监督作用非常小,行政立法实际上主要是通过行政机关的“自律”来约束的。但是,自律显然不是一种长效机制。

大多数西方国家将行政立法定位为议会的“授权立法”,行政机关的立法权限必须符合议会授权法案的规定。除了法国,其他国家的行政机关没有职权立法权。从立法程序上看,基于“正当程序”的要求,大多数西方国家都要求行政机关对立法进行充分的“说理”。同时,公众有权对行政立法提出建议,且行政机关必须对其建议进行合理处理。如果行政机关没有对公众建议的采纳情况进行合理的说明,法院可以通过审判否决该行政立法的效力。因此,在立法程序上,听证制度和“公告——评议”制度被广泛使用。从立法监督上看,对行政立法的行政监督、议会的监督和司法监督制度都较为完善。监督机制对行政立法的制约作用非常明显。

三、完善我国行政立法制度的对策建议

(一)立法权限上:限缩行政立法权,确立人大立法权威

1. 限缩行政立法权

部门规章只能制定执行性立法,地方政府规章只能制定执行性立法和有关本地具体事务的管理法规。因此,部门规章和地方政府规章的立法权限是在合理范围内的。但是国务院拥有执行性立法、职权立法权和授权立法权,国务院的立法权过大。且之前对国务院的授权决定模糊不具体,职权立法权边界不清晰。因此,有必要限缩国务院的行政立法权。

(1)规范国务院的授权立法权。修改后的《立法法》第10条规定:授权决定应当明确授权的目的、事项、范围、期限以及被授权机关实施授权决定应当遵循的原则等。这一规定更加具体、明确,今后应该严格实施,以使授权立法过程更规范。

(2)限缩国务院的职权立法权。前已述及,职权立法是与人民主权原则相违背的。没有人大的授权,仅仅因为行政机关拥有行政管理职能就规定行政机关具有立法权是不合理的。当然,如果有对职权立法的监督审查机制,职权立法的质量还能有所保证。但在我国对行政立法的审查机制尚未完善的情况下,我们应该限缩职权立法权的范围。

现在对职权立法权的限制主要是通过法律保留原则,即《立法法》第8条规定了关于国家主权、国家基本政治制度、犯罪与刑罚、税收制度等十类事项必须由人大及其常委会制定法律。但是这一规定看似具体,实际上还是不具有操作性。因为这十类事项的内涵与外延都是模糊的,需要进一步进行解释。在没有法律解释的情况下,国务院仍可以在这些领域进行立法。建议全国人大及其常委会通过修改法律或法律解释的方式明确《立法法》第8条的内涵与外延,以限缩国务院的行政立法权。

2. 确立人大立法权威

确立人大立法权威与限缩国务院立法权有着直接的联系。因为,若人大无法主导立法,行政立法权过大就不可避免。我国是一个大国,社会事务复杂,每年的立法项目很多,如果人大不能把立法事务处理好,国务院的行政立法权就不可能收缩。因此,要想限制行政立法权,我们还应该确立人大立法权威,“在国务院与全国人大及其常委会的立法关系上,确保后者对前者的优先性、主导性和最终的实际控制”。⑧ 巩固人大立法权威,其中最关键的是“用好用足”人大自身立法权,⑨提高人大的立法能力,具体措施包括以下几个方面:

(1)人大应主导立法进程。人大应在立法的全过程起到主要作用,而不仅仅是一个配合的角色。人大应加强对立法工作的组织协调,通过立法规划、年度立法计划等形式,加强对立法工作的统筹安排。尤其是在法律起草环节,人大及其常委会应逐步让人大下属的专门委员会负责法律起草工作。

(2)人大常委会应实行全年会期制。在改革选举制度还不太可行的情况下,增强人大立法能力最直接的办法就是增强人大常委会的立法能力。人大常

---

⑧ 王保民:《中国行政立法的利弊得失》,载《理论导刊》2008年第1期。

⑨ 参见陈俊:《论人大主导立法所涉若干重要关系及其立法权行使》,载《政治与法律》2017年第6期。

委会每两个月才开一次会,每次会议只有一周时间。这些时间是不能处理好立法事务的。因此,建议人大常委会实行“全年会期制,每天八小时坐班制,从时间上保证应对大量立法工作的需要”,⑩同时给各个委员配备立法助理以辅助立法工作。

(二)立法程序上:加强程序控制和扩大公众参与

1. 加强对行政立法的程序控制

行政立法权也是一种权力,是权力就有滥用的可能。为了规范其行使,必须配置以合理的程序控制措施。程序性控制措施有两类:第一类是使立法进行的步骤程序,如法律的起草、征求意见、审议、公布程序。第二类是指使立法“理性化”的控制程序,如案卷制度、征求公众意见、成本效益分析、专家论证等程序。

本文认为,在我国行政立法过程中,第一类程序已经建立,但第二类程序还不完善。我们应建立案卷制度,将行政立法的前期调研、立法论证、不同部门和群体的意见、立法理由等内容写入案卷,同时案卷应予以公开,供普通民众参阅。我们应完善征求意见制度,在征求公众意见后进行仔细筛选,对于合理的意见予以采纳。在征求意见制度中,我们尤其要让行政机关公开筛选的过程,说明采纳某些意见的理由,拒绝某些意见的理由。如果行政机关可以随意采纳或拒绝某些意见,征求意见制度的作用就不能实现。我们应建立行政立法的成本效益分析制度。早在2004年的《全面推进依法行政实施纲要》中就提出要“探索对政府立法项目尤其是经济立法项目的成本效益分析制度”,研究法律实施后的“执法成本和社会成本”。但是迄今为止,对行政立法实施成本效益分析的案例还不多,今后应予以加强。我们应建立完善专家论证制度,吸收法学和相关领域专家进行立项论证、重大难题论证等工作,以提高立法的质量。

2. 扩大公众参与

“公众有效参与行政立法能够提高公众对行政法律规范的理解和可接受性”,⑪应当予以重视。现行行政立法的立法程序中,公众参与程度不够,这表现

---

⑩ 李林:《全面深化改革应当加强立法能力建设》,载《探索与争鸣》2017年第8期。

⑪ 崔浩:《行政立法公众参与有效性研究》,载《法学论坛》2015年第4期。

为公众在行政立法的法律立项、法律起草、听证制度、法律审议等环节参与不够。

我国公民在行政立法的立项、起草、审议环节均无法参与，而立法听证制度也没有很好的实施。听证制度对于立法至关重要，但我国行政立法的听证制度有这么几个问题：一是立法听证的决定权在行政机关手中。《行政法规制定程序条例》第 13 条规定，听取意见可以采取召开座谈会、论证会、听证会等多种形式。这就是说，是否听证由行政机关根据实际情况自由裁量，公众无法申请，这就限制了公众通过听证会参与重大争议讨论的机会。二是立法听证会的运行很不规范。从以往的行政立法听证会来看，行政机关组织、安排立法听证会，选取听证的参加人员。听证会有可能变成座谈会、茶话会，听证的效果没有体现出来。因此，建议今后增加公众申请进行行政立法听证的权利，同时规范听证会的程序，加强其严肃性。

(三)立法监督上：完善对行政立法的监督审查机制

如果说加强程序控制和扩大公众参与是从行政机关内部的角度做出的完善措施，那么完善对行政立法的监督审查制度则是“从行政立法本身的弱点、可能的滥用、误用及其危害着眼，充分发挥其预防与救济的双重功效”。[12] 监督和审查制度可以起到“把关者”的作用，防止不合法的行政立法的出现。权力运行的原理也告诉我们：通过权力制约权力往往更有效。因此，鉴于我国对行政立法的监督审查机制的失效，我们非常有必要完善相关制度实践，具体来说应做到以下几个方面：

1. 行政机关对行政立法的内部监督

目前我国行政机关对行政立法的内部监督主要有上级机关的日常监督、法制机构的审查和备案审查制度三种形式。一是上级机关的监督。根据宪法和立法法的规定，上级行政机关对下级行政机关有监督的权力，上级行政机关有权撤销下级行政机关违法的或不适当的行政法规；上级行政机关有权撤销下级行政机关违法或不适当的行政规章，有权改变下级行政机关不适当的行政规章。二是法制机构的审查。根据《行政法规制定程序条例》和《规章制定程序条例》的

---

⑫ 王保民：《中国行政立法的民主保障和监督控制》，载《中国行政管理》2008 年第 3 期。

规定,行政法规或行政规章应当报送法制机构(一般是法制办或法制处)进行审查。法制机构一般会对报送审查的行政法规和规章的合法性进行审查。三是备案审查制度。行政法规和规章制定出来后一般会进行备案。备案机关(如国务院)有权对接受备案的行政规章进行审查。

行政机关实行首长负责制,下级行政机关接受上级行政机关的领导。也就是说,如果上级行政机关把重点工作放在对行政立法审查上的话,对行政立法的行政监督将会是高效的。但现实是,行政机关事务繁多,不一定会重点关注法规的合法性问题。换言之,对行政立法的行政监督的效果随着行政领导注意力转移而变化。因此,我们应加强行政监督的规范化和制度化。

建议加强法制机构的审查能力,依托现有机构设置(法制办或法制处)的同时,增加编制以加强对送审稿的"审查"工作和对行政法规的备案后的"审查"工作。这样就可以避免只"备案"不"审查"的突出问题。

2. 人大对行政立法的监督

现行人大对行政立法的监督包括事前的监督和事后的监督。事前的监督是指通过严格授权决定限制国务院立法的期限、目的、范围等内容。事后监督包括备案审查和立法抵消解决程序。备案审查制度是指行政机关制定行政法规后要将该法规提交全国人大进行备案以便审查。立法抵触解决程序是指当全国人大发现有行政法规和规章同宪法、法律相冲突时,有权撤销该行政立法。

人大对行政立法的事前监督正在完善。修改后的《立法法》第 10 条规定,授权决定应当明确授权的目的、事项、范围、期限以及被授权机关实施授权决定应当遵循的原则等。因此,今后应将这一规定落到实处,防止模糊的授权决定再次出现。人大对行政立法的事后监督很不完善。备案审查制度也出现了只备案不审查的现象。"即使是有明显问题的法规或规章,也往往难以被及时发现和纠正。"⑬立法抵消解决程序的设计也存在问题,该审查程序存在"审查的对象过窄、审查程序不很科学和民主的缺陷"⑭的问题。

建议立法法对授权立法的规定一定要严格执行,且要明确全国人大和全国

⑬ 王保民:《中国行政立法的民主保障和监督控制》,载《中国行政管理》2008 年第 3 期。

⑭ 王保民:《中国行政立法的民主保障和监督控制》,载《中国行政管理》2008 年第 3 期。

人大常委会行使授权决定的具体程序。其次,要完善备案审查制度。人大应主动审查行政法规和规章,不能让权力流失。最后,加强立法抵消解决程序的效力。“只有当经审查‘相抵触的’立法性文件面临被‘改变或撤销’的命运时,审查才有意义。”⑮根据《立法法》第100条的规定,全国人民代表大会专门委员会、常务委员会工作机构审查后发现行政立法违法后,只能提出意见让制定机关进行修改。制定机关不予修改的,人大审查机构才能向委员长会议提出予以撤销的议案、建议。本文认为,如果行政立法违反宪法和法律,属于下位法与上位法冲突,可以赋予审查机构直接撤销该行政立法的效力。

3. 法院对行政立法的监督

司法机关对行政立法进行审查可以起到很好的监督作用。目前,我国法院只对规范性文件有审查的权力,对行政法规和规章还不能进行审查。根据《行政诉讼法》第53条的规定,公民、法人或者其他组织在对行政行为提起诉讼时,可以一并请求对涉案的规范性文件进行审查。也就是说,行政诉讼法实际上认可了法院对抽象行政行为进行审查的做法,只是审查范围还只限于规范性文件。

我们认为规范性文件、行政法规和规章同属于抽象行政行为,这三者在性质上是一样的。今后,应该将它们一并纳入法院的司法审查当中。当然,考虑到法官素质和司法审查对行政机关工作的影响,应在考虑实际情况的前提下进行渐进式改革,逐步将地方政府规章、部门规章和行政法规纳入法院的审查范围。

---

⑮ 苗连营:《立法法重心的位移:从权限划分到立法监督》,载《学术交流》2015年第4期。

第二编　监察立法与备案审查制度

大陆法系国家之监察法权立法言说

曾 哲*

内容摘要：我国的监察法权之立主要是依据现行宪法设计。其关于监察法权的性质、地位、目标和结构无不透过立法法益进行表达。国家监察体制改革可谓牵一发而动全身，从法国监察法权的历史缘起、演变到德国国家监察法权的承继和发展，无不浸透国家基本法对监察权的关照与规制。中法德虽同属大陆法系均有一定的法律借鉴和融汇，但中国更有自身的特点和独立的中华法谱系，其对监察法权立法及监察制度改革则凸显出中国特色之复合型权力的法精神。

关键词：大陆法系国家　监察法权　立法　法益言说

一、我国《监察法》立法法益的宪法言说

一马之奔，无一毛而不动；一舟之覆，无一物而不沉。

——语出北周庾信《拟连珠》

众所周知，制定《国家监察法》是大陆法系之中国弥补现行监察制度立法之不足的必然要求，是实现反腐制度化、法治化的客观需要，也是全面推进依法治国，实现国家治理体系和治理能力现代化的重要举措。制定《国家监察法》必须坚持正确的立法思想和立法导向，明确监察机关的定位和运作机制，实现对监察对象的全覆盖，完善监察手段和监察程序，强化对监察机关的监督和制约，设计

* 曾哲，法学博士，西南政法大学教授、博士生导师，主要研究宪法与行政法学、立法学、监察法学等基础理论。

好监察机关与司法机关的衔接机制,确保在法治轨道上推动改革。① 一个国家新的立法行为和新法实施,对百姓,对整个国家有着举足轻重的作用。诚如《拟连珠》所言,“一马之奔,无一毛而不动;一舟之覆,无一物而不沉”。

《国家监察法》的立法基准,就将监察权设定为国家核心权力的重要组成部分。加强监察法理论研究是发展中国特色社会主义监察制度的必然要求,中国政法大学马怀德教授认为:监察法是运用法治思维和法治方式反腐的最新制度成果。《监察法》第1条规定立法的宗旨和目的,为了深化国家监察体制改革,加强对所有行使公权力的公职人员的监督,实现国家监察法权全面覆盖,深入开展反腐败工作,推进国家治理体系和治理能力现代化,根据宪法,制定本法。依法治国是党领导人民治理国家的基本方略,依法执政是党治国理政的基本方式。习近平同志强调,要坚持改革决策和立法决策相统一、相衔接,做到重大改革于法有据,使改革和法治同步推进。国家监察体制改革是建立中国特色监察体系的创制之举,是推进国家监察体制改革试点实践,使改革实践成果上升为宪法法律规定,充分体现了用法治思维和法治方式引领推动保障改革的导向。修改后的《宪法》专门增加一节“监察委员会”,就国家监察委员会和地方各级监察委员会的性质、地位、名称、人员组成、任期任届、领导体制和工作机制等作出规定,使国家监察体制改革于宪有据。从法律规范的角度监察法全面规定了监察工作的原则、体制、机制和程序,赋予监察委员会职责权限和调查手段,用监察“留置”权取代纪委“两规”措施,体现了全面深化改革和全面依法治国、全面从严治党的有机统一。② 也有学者认为“监察法构建了党统一领导的国家监察体制”。《监察法》第2条规定,坚持中国共产党对国家监察工作的领导。十八大以来,习近平同志提出并反复强调,中国共产党的领导是中国特色社会主义最本质的特征。《监察法》明确阐明其强烈政治属性的信号,坚持中国共产党对国家监察工作的领导,构建集中统一、权威高效的中国特色国家监察体制。监察委员会就是反腐败工作机构,监察法就是反腐败的国家立法,深化国家监察体制改革的一

---

① 参见秦前红、叶海波等:《国家监察制度改革研究》,法律出版社2018年版,第1~5页。其《序》中表达了“监察机关性质的宪法设计”和“监察机关的地位的宪法设计”,还有国家“监察机关目标的宪法设计”和“监察机关结构的宪法设计”。

② 参见马怀德:《监察法:新时代党和国家自我监督的重要规范》,载《紫光阁》2018年第4期。

个重要目的，就是加强党对反腐败工作的统一领导。制定《监察法》，推进国家监察体制改革，旨在实现党的监督和国家监督的有机统一、协调匹配。通过建立监察委员会，健全国家监察组织架构，强化反腐败斗争的统一领导，使党内监督和国家监督机构结合，以此保证监督力量能延伸和覆盖到所有公职人员，促进监督体制机制的制度化、规范化。③ 通过整合行政监察、预防腐败和检察机关查处贪污贿赂、失职渎职及预防职务犯罪等工作力量，组建国家、省、市、县监察委员会，同党的纪律检查机关合署办公，有效解决了监察覆盖面过窄、反腐败力量分散、纪法衔接不畅等问题，有利于健全党领导反腐败工作的体制机制。监察委员会将不再隶属于一级人民政府，而属于经由人大产生的与行政机关和司法机关相平行的其他国家机关。我国的政权结构将由原来的典型的并且实施了半个多世纪的“一府两院”转变为“一府一委两院”，由“一委”对所有行使公权力的公职人员实现统一监察，从而实现党内监督和国家监督相统一，党的纪律检查与国家法律监察相统一，做到监督无死角。《监察法》第 15 条规定，监察机关的监察对象是中国共产党机关、人民代表大会及其常务委员会机关、人民政府、监察委员会、人民法院、人民检察院、中国人民政治协商会议各级委员会机关、民主党派机关和工商业联合会机关的公务员，以及参照《公务员法》管理的人员；法律、法规授权或者受国家机关依法委托管理公共事务的组织中从事公务的人员；国有企业管理人员；公办的教育、科研、文化、医疗卫生、体育等单位中从事管理的人员；基层群众性自治组织中从事管理的人员；其他依法履行公职的人员。

大陆法谚说，失去监督的权力必然导致腐败。为实现国家监察权的法治化、规范化、制度化，协调推进全面建成小康社会、全面深化改革、全面依法治国、全面从严治党，十九大报告提出，制定国家《监察法》，要依法赋予监察委员会职责权限和调查手段，用留置取代传统纪检监察中的“双规”措施。监察法明确规定监察机关享有监督、调查、处置职权，可以依法采取谈话、讯问、询问、留置、搜查、

③ 支持这一观点的国内学者，主要有秦前红、马怀德、童之伟、付子堂、朱福惠、张翔等教授，在他们的论文中不难发现公法学者的内心共识，特别是通过修宪将合宪性审查与监察法的内容有机结合，从某种意义上亦看到当时学界的睿智。如《监察法》规定对所有行使公权力的公职人员监察全覆盖，用“留置”取代“双规”；《监察法》赋予监察机关职责权限和调查手段；《监察法》明确了对监察机关的监督制约机制。——笔者注

调取、查封、扣押、勘验检查、鉴定等调查手段。用“留置”取代“双规”符合宪法法律等规范要求,符合法治精神和法治要求,是运用法治思维反腐的具体举措。从监察法对“留置”的具体规定可以看出,这一措施的实质是将被调查者置于一个较为特殊的、与外界相对隔离的环境中进行调查。因此,监察法明确规定了“留置”的条件和程序,切实保障被调查人员的合法权利。《监察法》第22条规定,被调查人涉嫌贪污贿赂、失职、渎职等严重职务违法或者职务犯罪,监察机关已经掌握其部分违法犯罪事实及证据,仍有重要问题需要进一步调查,涉及案情重大、复杂,可能逃跑、自杀的,可能串供或者伪造、隐匿、毁灭证据的,可能有其他妨碍调查行为的,经监察机关依法审批,可以将其留置在特定场所。对涉嫌行贿犯罪或者共同职务犯罪的涉案人员,监察机关可以依照前款规定采取留置措施。

在立法层面,现在留下的主要诟病的是“留置”问题。当然,任何新的法律和规制都有一个理论与实践的协调问题,在实践中砥砺前行素来也是国家立法的微言大义。特别是监察权行使过程中的变更“留置”措施,它关乎被留置相对人的基本宪法权利和人权保障,必须对话宪法,经得住宪法法益的拷问。监察法明确规定,监察机关采取留置措施,应当由监察机关领导人员集体研究决定。设区的市级以下监察机关采取留置措施,应当报上一级监察机关批准。省级监察机关采取留置措施,应当报国家监察委员会备案。留置时间不得超过三个月。在特殊情况下,可以延长一次,延长时间不得超过三个月。省级以下监察机关采取留置措施的,延长留置时间应当报上一级监察机关批准。监察机关发现采取留置措施不当的,应当及时解除。对被调查人采取留置措施后,应当在二十四小时以内,通知被留置人员所在单位和家属,但有可能毁灭、伪造证据,干扰证人作证或者串供等有碍调查情形的除外。监察法明确规定,留置场所的设置和管理依照国家有关规定执行。从当前实践来看,有的试点地区将留置场所设定在看守所,有的试点地区则设定在纪委系统原有的办案基地,即“两规”基地。从便于监督和保障人权的角度出发,将留置场所确定在看守所较为合理(对相对人更具有威慑力)。大多数看守所已有较为成熟的制度规范和硬件条件,监所检察机构的监督也相对到位,能在保证调查的同时对调查活动展开有效监督,更重要的是对违纪涉案嫌疑人有一种不可名状的威慑力。因此,可在看守所中单独配置一部分专门场所，供监察委员会实施留置措施使用。出于节省资源的考虑，现有的部分符合条件的“两规”基地经改造后也可考虑转隶至看守所进行统一管理。事实上，条条框框的利益驱使，很多的留置场所还是建立在过去的“双规”场所。在监察立法的理论和实践中均未有很好地解决这一问题。

从立法目的的角度理解《监察法》第55条，监察机关通过设立内部专门的监督机构等方式，加强对监察人员执行职务和遵守法律情况的监督，建设忠诚、干净、有担当的监察队伍是国家监察权建设不可或缺的要求。十八大以来，中央反复强调，有权必有责，用权受监督。法治国家与专制国家最大的区别是“法律之治”“人为之治”。监察机关是一个新的国家机关，虽然在历史上早已存有，甚至可以追溯到先秦时期，其行使的监察权同样必须接受监督和制约。监察法规定了对监察机关和监察人员监督的四个方面，即人大监督，司法监督，民主监督、社会监督、还辅助舆论监督和内部监督。在合署办公体制下，第一位的监督是党委监督，确保党对监察工作关键环节、重大问题的监督。在自我监督方面，监察法规定了严格措施，要求设立专门的内部监督机构，建立打听案情、过问案件、说情干预登记备案制度，规定回避制度、离岗离职从业限制制度、案件处置重大失误责任追究制度等，引导和监督监察人员忠于职守、秉公执法，清正廉洁、保守秘密。同时要求监察委员会还要自觉接受民主监督、司法监督、群众监督、舆论监督等外部监督。监察法规定，监察机关办理职务违法和职务犯罪案件，应当与审判机关、检察机关、执法部门互相配合，互相制约。监察机关与检察机关、审判机关和公安机关等执法部门之间的关系，本质上是一种监督制约关系，监察机关在履行职责办理相关案件的同时，要接受其他国家机关的监督与制约。亦绝非社会上传言的“一权独大”。

“强化对国家监察权行使的法律监督，维护社会公平正义”，这本身是国家监察权正当性的重要基础和历史使命，也是积极应对当前监察制度和监察法立法理论所面临的各种挑战。但是，在不同的国家或地区，其监察权的性质和内容及其权力配置都有着重大差异。之所以如此，既有各国宪法实践方面的考虑，更有各国法律文化传统方面的历史原因。也就是说，由于各国政治、文化、历史、法律制度发展的不同，各国的监察制度设计与监察权运行当然也会存在诸多差异。比如，中国监察权立法既不同于西方国家的监察立法，又与其效仿的前苏联的监察权立法有所差异，具有较强的独特性或说不可比较性；与此相适应，中国的国家监察权配置也有很多特立独行的地方。这一特色与中国独具的社会主义政体国体有关，同时还与中国悠久历史文化中的监察思想主流和立法目的宗旨传承有关；大陆法系法德国家监察法权与英美国家监察法权及其立法宗旨目的同样也是存在诸多差异，因此，笔者觉得有必要客观地厘清大陆法系国家监察权及其立法产生的历史源流和发展趋势，才能科学地揭示当下同一法系视域下中国国家监察法从立法到实体权力行使运行之“应然到实然”存在的合理性、正义性。诚如学者姚建国所说，“合宪性审查是宪法监督制度的核心环节”④也是我国监察立法不可逾越的最低纲领，以我国合宪性审查制度关注我国《监察法》立法程序及立法文本，还存在诸多问题：

第一是对监察委的监督——“自我监督”和“无瑕监督”。法谚云“任何人都不能做自己的法官”。监察法权的运行行使也是同理，现在的文本法益表述提倡自我监督，而地方同级人大又“无瑕监督”；

第二是《立法法》审查功能未有充分被激活，按照《立法法》，国务院等国家中央国家机关省市人大常委会有权就行政法规、地方性法规和自治法规提出违宪审查，这是非常重要的合宪性审查机制，但自《立法法》诞生来从未出现过审查，亦从未出现任何一级法院审判作出人大立法的违宪性裁判；

第三是从未进行过宪法实施的执法检查或评估；且这方面尚未建立健全检查评估机制；

第四是从未明确进行过宪法解释，一般只是在文本前言表述上“依据宪法，制定本法”。事实是在立法环节及技术处理上，很少将“合宪性”问题作出规范的立法解释。理论上宪法解释是合宪性审查必不可少的环节。依据现行宪法，全国人大常委会是宪法解释机关，同时全国人大常委会也是合宪性审查机关。

---

④ 姚建国：《合宪性审查：加强宪法实施和监督的重要战略举措》，载《中国党政论坛》2017年第12期。国内研究者认为，西方国家一般并不采用“宪法监督”这一概念，但美国、法国、德国、日本和英国等均基于自己的国情、政治传统和宪法理念普遍建立了自己的宪法监督制度。以宪法监督主体为标准，可将这些国家的宪法监督模式分为两种：一是以普通法院作为宪法监督机构，这种模式以美国为代表；二是以专门机关（宪法法院或宪法委员会）为宪法监督机关，这种模式以德国和法国为代表。这些国家的普通法院或宪法法院根据各自的程序对本国立法机关制定的法律、行政机关的政策及其他公权力行为是否符合宪法进行审查，宣布那些违反宪法的法律、政策或行为无效或予以撤销，从而保证本国宪法的实施，这些实际上就是上述国家的合宪性审查制度，学术上统称为“违宪审查制度”。——笔者注

宪法将合宪性审查权和宪法解释权同时赋予了全国人大常委会是因为二者之间存在的紧密关联。宪法解释是合宪性审查的核心内容即通过宪法解释明晰宪法条款的含义,从而可判断相关法律法规是否合乎宪法。遗憾的是基于合宪性审查是宪法解释的载体,即一般只有在合宪性审查时才需要对宪法作出解释,故而,迄今全国人大常委会没有作出按照正式的“宪法解释”文号制发解释文本或说解释案,这也就表明了我国的合宪性审查制度并没有真正运作;现实中,虽然国家监察委员会已经启动运作经日,但比较严重的违宪现象仍然得不到纠正和法律意义上的终结,最终伤害宪法本身,尤其是宪法法律,基于不可诉性的立法原则限制,结合上述合宪性审查四大难题,表现在监察委员会的位接和工作程序中,同样需要理论渊源的进一步厘清。

近年来有一些学者刻意将英美法系国家的监察制度与我国方兴未艾的监察制度作应然的比对参照,从而引发对当下中国监察法权(faquanism)的属性及其权力行使过程中可能出现的问题进行检讨与反思,他们认为:

——我国监察机关是法律实施机关还是法律监督机关,由谁来监督法律实施或监督法律机关这本身就是一个不可绕过的悖论话语;特别是在针对监察机关属性的定论出现了“既不是司法机关,也不是法律监督机关,而是政治机关”的表达背景下,⑤但何谓政治机关,此处政治属性又如何作法理上的规范诠释?

——我国监察机关在公诉案件中仍以监督机关自居,行使的是将国家侦查权与检察院特定的公诉权平行结合,这个过程的设计程序,与其说是创新,到不如说该模式有如竞技体育中,监察委员会有“既当运动员又当裁判员”,身份混同重叠之嫌。成为“法官之上的法官”,势必影响刑事诉讼“控、辩、审”三角结构的稳定与平衡,进而影响刑事诉讼的公正性,要求取消对检察机关的刑事案件审判监察权,使得国家公诉权独立判断,独立行使也成为了公诉机关某种呼声。

——批准和决定逮捕权,不应该成为监察委员会的权力事项,即便是自侦案件的决定逮捕权,都要一并交给预审检察院行使逮捕权,刑事案件中决定逮捕、起诉或不起诉均关系犯罪嫌疑人的自由权、生命权、财产权、人格尊严权等诸多

---

⑤ 王岐山答中外记者问的讲话。同时参见《中国纪检监察报》2018 年 3 月 8 日第 1 版载:宪法修正案明确,“中华人民共和国各级监察委员会是国家的监察机关”。监察委员会是实现党和国家自我监督的政治机关,其性质和地位不是行政机关和司法机关。

人权事项。

——国家监察权是否对检察机关对民事、行政案件的判决、裁定具有抗诉权和建议再审权,影响判决的稳定和司法权威比重协和问题,监察委员会的全覆盖,是否应该变为有限覆盖,在特别的领域,权力应该受到限制,不能无限放大覆盖。

——自行侦查案件的侦查权,使得监察委员会自己侦查的案件自己决定留置并移送司法机关起诉,特别是留置程序的期限设定和变更,带有一定人为主观与私权利之好恶性,缺乏相关的监督制约机制,且调查留置权属于行政权力,是否应该从更科学的角度考虑,因为给予监察权门槛不高的留置处分权,容易造成对被留置人员的屈打成招进而演化为“冤假错案”?

——基于国家监察委员会是政治机关的权力属性及其定位,并无宪法授权针对涉案违纪人员的法律解释权,也就是说与最高人民检察院有权对刑事诉讼中的有关法律问题进行司法解释不一样,监察法的法权里却没有这项职能,比较而言,“中国的监察机关在职能上具有明显的优势和更为广泛的权能”。⑥

中国古代杰出法思想家韩非曾说过:“不期修古,不法常可,论事之事,因为之备。”⑦意思是,不期望完全遵循过去,也不效仿那些陈规,要研究现在的事情,从而作出国家权力重新配置和法律上的某些调整。韩非子的“论事之事,因为之备”即为笔者重新审视和研究中国国家监察法立法的原初动机与目的。人们常说,司法公正是社会正义的最后一道防线。那么,司法机关的公正与社会正义的最终实现,则有赖于国家权力系统特别是行政司法组织的科学配置及其良性运作。

监察法学是以研究国家监察法律及其监察过程为对象,进而系统化理论化的学问。中国当下国家监察法学及其权力覆盖在宪法运行语境下似乎遇到的尴尬会越来越多,诚如有的学者所言,伴随着每一次国家公权的新权力创设、调整、运用,都会引起社会的广泛关注,且这种论争具有世界性意义。⑧ 因此,如不能及时从理论上深入探讨和积极回应澄清国家监察权与行政权、警察权、检察权,

⑥ 李粤贵:《中英检察制度考察》,载《南风窗》2003年第22期。

⑦ 《韩非子·五蠹》。

⑧ 参见林钰雄:《检察官论》,台北,学林文化事业有限公司1999年版,第14~19页。

势必将对国家监察权的正当行使造成极为消极的影响。当然我们也知道，国家监察权立法的合理配置关涉现行体制运行的顶层设计、权利对权力的制约以及一种权力对另一种权力运行的制衡等重大理论实践问题；其中，既不能脱离具体国情民俗，也不能无视世界历史发展潮流与国际接轨。因此，能否借鉴国际社会的先进监察经验和成功范式设计出独具中国特色的监察制度和权力运行机制，也是立法学研究着意的题中之义。

总体而言，通过透析中国现行监察法立法原则及其理论与实践存在的种种缺失或主要问题，探寻更为中道、更为理性的依宪治国理念和科学的监察制度安排，进而探索在当代宪政维度规范下的中国国家监察权正当行使的路径依赖和学理支撑。借引陈光中教授的观点，具体就是寻找以下三个问题的答案：处于社会主义新时期发展阶段中的中国究竟需要什么样的监察法律制度；如何才能充分发挥国家监察权在现代社会中边际化的作用；如何有效防止国家监察权从立法开始因缺失“违宪审查”的误用和滥用？[⑨] 的确，如果我们能够穿越国家监察法与权的丛林，正确回答了这三个问题，中国国家监察法权研究之使命也就豁然了大半。

首先，是对大陆法系背景下国家监察权的属性从立法上进行定位。因为我国国家监察权的国家权力配置有其特殊性，它既承担着内容繁杂的反腐败法律监督职责，又担纲着对职务领域里的犯罪侦查，并且要代表党和国家对全体党员干部及其国家机关工作人员违纪违规行为承担全覆盖不间断的实施监察，可谓是一种“复合型”权力；同时，具有剥夺公民的人身自由权、财产权、文化权等方面的行政留置权和调查权、处罚权。这种权力配置载体的高度集中，已经大大超越了西方国家监察权理论预设的法益视域。

其次，是进一步论证监察制度设计合理性、必然性与动态发展性。在坚持人民代表大会制度的前提下，要履行好法律监督职责，监察机关就不能简单地被视为中央人民政府的行政机关，也不能被看作立法机关或者是审判机关，它是特立独行且具有存在价值的政治机关。其制度设计的目标，旨在维护国家法律的统一实施，防止中央行政权、国家审判权的误用和滥用。同时，在行使国家公权的

⑨ 参见陈光中、邵俊：《我国监察体制改革若干问题思考》，载《中国法律评论》2017年第4期。

过程中,通过国家监察权的“缓冲”,可以使得行政权、审判权以及公安部门的侦查权和检察院的自侦权在程序上有一个制衡的地带和不可克减的内在程序安排。

最后,正确认识世界各国监察制度与国家监察法权发展过程中的曲折性,以及权力法义在不同宪政体制下国家监察权属性的认定多元性,进而论证我国监察法权的合理性与扩权的边界。中国国家监察权现实的合理性与普适性,主要表现在宏观和微观两个方面:宏观上基于国家监察权的来源和职能的正当与正义性,而微观上则值得着重立法解释其权能的实质正义性。一是职务犯罪侦查权。职务义务上对宪法法律的不忠诚,导致国家公职人员在履行法定职务义务过程中实施滥用以及误用国家权力的行为,直接危害了国家正常的管理秩序,因此对其监督并施以法律惩戒是法律监督的内在要求。二是违背党纪党规含八项规定监督权。侦查监督是指监察委依法对政府行政、人民法院司法活动等其他机构程序是否合法进行的监督。在我国合宪性的层面,有权行使侦察权的是公安机关和国家安全机关等,当然检察院也有自侦权(主要在刑事犯罪领域)。无论是行政权还是司法权,侦察活动的程序合法性当然要接受检察机关的法律监督和监察机关的全覆盖监督。三是批准逮捕权。批准逮捕是指人民检察院对公安机关、国家安全机关、国家海关,监察委等部门基于犯罪侦查提请批准逮捕犯罪嫌疑人的请求进行的程序和实体并重的审查,决定是否逮捕的活动及过程。它是刑事强制措施中最严厉的一种,涉及公民的人身自由权限制的边际问题,但面对纪委监察委提请的留置权使用权问题,则显出更多的灵活性,宽泛性。换句话说,留置的门栏极低,只要是为了配合案件的进一步了解,侦查阶段的查清案发过程的需要,都可以提请“留置权”,且只要走内部流程即可成就。因此,对留置权的使用进行必要法律监督是必不可少的。事实上近半年的试点,已经显现出监察部门办案,大多从有罪推定主义的原则出发,首先是假设有罪求证,根本不讲“罪刑法定主义原则”。四是纪委监察委特有的“留置权”最终与检察院公诉权之间如何衔接的问题。公诉是指享有公诉权的主体为了维护公共利益,代表国家对认为犯有罪行,应当追究刑事责任的对象向人民法院提起公诉,请求人民法院依法判定有罪并对其判处刑罚的特殊职权活动,而这一活动案源对象过去主要来自公安部门、海关、国家安全部门移送的刑事起诉案件,其中也有部分是源自纪委监察委、检察院自身侦查起诉的案件,新的国家监察法权与检察院的公诉权配置事实成为了种属于政治机关监督下的联合性(复合型)权力,互为依存,互为依托,来彰显强大国家专政机器的"特质"。从留置权的专享角度进行法律监督保留,其合理性是非常明了的。值得特别研究的还有与基本人权密切关联的羁押监督权、行政处罚监督权、审判监督权与刑罚监督权等。⑩

二、大陆法系国家之监察法权的缘起与延宕

(一)国家监察法权权属性质问题

"监察权"三字的古意,此前少有人在法意上做过统合与考证。据东汉文字学家许慎考:监(jian),临下也;监,察也。⑪《周礼·太宰》有察"立其监"之记载,意谓公侯佰子男各监督一国。"何用不监"与现代汉语通检,有监督、察看督促、监临之意;察(chá),初八切,覆也。从宝,祭声。察,原初指屋檐向下覆盖。郑知同《商义》:"乃屋宇下覆之名。""覆之义引申为自上审下,察义亦然。"按《段注》:"从宝者,取覆而审之,从祭为声,亦取祭必详察之意";权(quán),巨员切,黄华木。从木,劝声。一曰:反常。权本为权变反常之意。引《公羊传》说:"权者,反于经(至当不变的道理)。"从这些烦琐的文献注疏里,我们不难发现其当代汉语言简单的法义。

在西方语系里,国家监察权又是作怎样表述的呢?《元照英美法词典》或可使得我们从东方古老而烦琐的汉语语境里解放出来。但我们也不能简单地解构为"监察+法权=国家监察权"。国家监察权,它是一个富有内涵和学科特色的权力名词,更是与国家政权建设、民主法治环境紧密关联在一起。在英美法域里,它是指 procurator-fiscal,最早在苏格兰地区的财物检察官,或是地方检察官,当他们充当特别代理人(procurator)后,持有国家委托的权力(powers)时,他们的权力与身份就混同合意为"国家监察权"(Procuratorial Power)。在早期还有表述为"Procurador Del Comun",意即调查官,负责进行调查及执行行政命令的政

---

⑩ 参见徐荣生:《中国检察权及其权力配置》,载《国家检察官学院学报》2006年第1期。

⑪ 东汉许慎:《说文解字》《方言十二》,监是动词,会意。甲骨文字形,左边是睁大眼睛往下看(臣竖目),右边是个器皿,金文在器皿上加一横,表示皿中有水,意即从器皿中照看自己的面影。同本义(supervise)。

府官员。总之,其表述各异,但主旨则非常相近或同一。

究竟何谓国家监察权?结合东方汉语的古意与西语原初表述的法意,国家监察权的语义概念甚为复杂,至少需要涵盖国家监察权的产生与发展、国家监察权的性质、国家监察权的基本内容、国家监察权行使的主体、国家监察权的效力、国家监察权与国家其他公权之间的关系。但最核心的表述则是"国家监察权作为监察官或监察(supervise)机关依法所享有权力的总称,是国家的一项重要权力"。国家监察权的界定或定位,关乎国家监察改革方向和成果的巩固以及将来创新发展的成败。戴玉忠先生说,国家监察权定位问题,是一个宪法问题。对我国国家监察权的研究,是关系到宪法制度、行政体制、司法体制改革、中国特色社会主义监察法律制度的立法修宪之健全完善的重大理论课题。窃认为,国家监察权是指国家监察机关依法享有和运行的权力规范,其权力的核心在于国家监察权之"反腐防腐惩治权"和"法律监督权",当然还包括其他政治权力形式。依照现行宪法及其修宪文本解释,其监察法权权力属性及其职能,是新时期中国共产党中央领导下的政治权力机关,其权力运行范式符合国情的社会定位,在全社会已经形成一种广泛共识,只是对问题分析的切入点不同,却又导致某些观点和期许不同。总之,国家监察权是"一种复合性的政治权力而非集司法、侦查、检察之综合性权力。"作为国家运行中一种重要的权力规范,它在程序上应当是正当的,在实体上则必须是正义的,在过程状貌形态上则是动态的、发展的,其渊源的母体性则是我国现行宪法。

(二)大陆法系国家之监察权的缘起与法益阐幽

学界一般认为,"国家监察权诞生于欧洲中世纪的法国"。同时法国又是大陆法系最具代表性的国家,是大陆法系的监察权起源的"母法国"。故而,有必要对中世纪时期的欧洲社会和法国监察权力制度的起源作必要阐释。

1. 法国监察法的立法渊源

法兰西(France)第三帝国缔造者之一的甘必大(Gambetta)有一句至理名言以致后人无数次援引:"All that is human must be retrograde if it does not advance."意即人类的一切,不进则退。的确,从人类发展的历史看,人类的一切文明及其成果,在历史长河的湍流中,如水载之舟楫不进则退。人们通过长期的实践,“发现国家权力监督相对于个人监督和社会团体或民间组织监督甚至诉讼要进步和文明得多”,由国家设置专门机关代表国家监督检控社会各种违法犯罪,特别是那些持有国家政府权力的人员以捍卫国家法律统一实施的权力——国家监察权这才应运而生。按照马克思列宁主义的观点,阶级、国家是随着私有制的出现而伴生的,而国家权力的配置与实施当然地是国家政权存在的基石。以大陆法系的法国为例,法兰克人是日耳曼人的一支,大约在公元5~7世纪就有了很高的法律文化与法律文明,从墨洛温王朝时期的《萨克利法典》可见端倪。中古时期的西欧王权进一步衰弱,世袭的“采邑制”和“封建领主制”也加快了加洛林王朝的败亡。12世纪的法国,封君封臣关系是法国国家政权最基本的权力配置基础并以此维系法兰西在欧洲大陆不朽的历史地位。在欧洲,中世纪亦经历了漫长的封建集权和割据纷争的时代,也正是这一特殊的封建政治制度环境,才促进了国家监察法权制度从滥觞到发育稔熟。

何谓封建?据考证,“封建”二字与国家权力配置(含国家监察权、监督权、司法权、检察权的行使)有着极大的内生正向关联性。“封建”本为表述中国古代政制的汉字旧名,意谓“封土建国”“封爵建藩”,⑫后来与中世纪欧洲的史学术语(feudalism)对译为封土封臣、采邑领主制,演变为一个不可争议的表述普世性历史阶段和社会形态的政治权力特征的新名词。

在西欧封建(封君封臣)政治较为发达的法国和德国,为确立这种封建规范的对主子权威忠诚与内心信仰色彩的关系,在程序上还须行臣服礼和宣誓效忠礼,行臣服礼仪式是欧洲封建权力等级规范重要的组成部分。封臣对封君效忠,效忠或忠诚义务同样需要内臣监督和检察考量,于是,大约公元13~14世纪带有王权监督君下封臣是否履行法定义务的类似监察专员官开始出现在宫廷的视野并日益受到封君的重视。他们代理国王或封君对领地封区里某些重要犯罪形式的检察权和起诉权,决定其所犯罪刑的处置方向和格局。由于当时的国王或封君是国家法益的代表,“国王代理人”或是“封君代理人”制度原则或形式的监察官便开始出现,统含了王室对臣下与臣民的监督监察权,和对那些变节不负责任,不忠于恪守王室委托义务与职责的地方大臣进行全覆盖的监察与处罚权,特

⑫ 参见冯天瑜:《“封建”论考》,武汉大学出版社2006年版,第9~13页。

别是建立了对犯有重大行政过错和重大违法乱纪行为的高级别的王爷、勋爵及责任官员直接纠举和呈报帝都皇室核心的权力，开始了标志着国家监察权（检察权、法律监督权、司法权）从笼统的封建君权体系中分离出来，分疏成为拱卫王室和皇权的一支极为重要的生力军力量，为维护欧陆封建社会的稳定性起到了不可替代的作用，故而监察权力形态及其法益上散发，不仅仅在欧洲，实际上也深深影响了后世的北美洲，包括美国的宪法及其修正案。

不过，到了 14 世纪初叶，"国王代理人"或"封君委托人"制度设计，仍然不能以成文法典的形式肯认下来，而更多地是时人习惯和心理上的理解接受，在某种程度上只是在封君封臣领地以一种较为固定的惯例或善的风俗加以推行，在司法惯例上基本形成的是"国王代理人"和"封君委托人"行使王权委托，以法律条款形态对渎职侵权（不作为责任过错）追诉的制度惯例建立，不仅如此，这种特殊的"委托人""代理人"还负有监察地方百官的职权，包括一般违纪与重大违法和地方暴乱流血现象。到了 15 世纪中叶，皇权象征的王室监督权，其权力进一步扩张，超越旧有法律授权的边界，不仅仅囿于对大臣和地方官员的监督权、检察权、追诉权，甚至将地方法院审理判决也纳入了监察的法权范围之内。值得说明的是，这个时期法国法院组织存在着多重互不统属且体制各异的审判机关，主要有王室（封君）法院、领主（封臣）法院、城市法院、教会法院。以宗教视域观之，主要为宗教法院和世俗法院两大部类。无论是世俗法院与法院之间，还是世俗法院与宗教法院之间，都经历了一个画地为牢，各司一方独立执掌辖区内监察、司法大权，并由此产生欧陆国家之间，王朝之间战争频发，王室法院所统驭的痛苦的权力角逐过程也成就尔后波拿巴 · 拿破仑帝国统一大修法典的政治历史理据和根由。而事实上，处于封建割据时期的法兰西民族，既没有完整的司法审判组织，更谈不上审级位阶的划分。王室法院的管辖权也仅限于王室领属封地，其他大小封建领主对各自领地内的各类案件（民事、刑事、行政）行使审判权。教会法院更以其强大的宗教精神实力对峙于世俗法院的实体权力与司法权威。

众所周知，法国监察法权的渊源经历了由习惯法到罗马法再到王室立法的演化变迁过程。法国作为大陆法系的主要渊源国家，不仅仅只是因为《法国民法典》在民事私法上的杰出贡献——《拿破仑大法典》——对人类法律规范与法律文明的贡献，其实与之同样媲美的还有法国法典在立法上的重大贡献，同样开创了公法立法及立法解释权的先河。在国家监察法、国家行政法以及在刑事诉讼法和程序法上的贡献也是走在世界前列,给后世立法活动和立法精神留下了许多精彩的片段和永恒的咏叹。

值得指出的事实是,13 世纪前的法国,在法律程序上立法法益主要采取"控诉式诉讼",诉讼的发动主要是由原告提起,国家不绝对不会主动干预,在职务性犯罪和侵权性刑事案件中亦采取"不告不理"原则,当然,这个告与不告主要取决于负有国家或王室监察法权的监察机构或者地方监察官员的心理姿态,他们查实与监察的力度强弱直接会影响对职务犯罪行政责任过错的纠举绩效。一旦进入神圣庭审程序,无论是在教会法院或是世俗法院,争讼双方在法庭上即以非常平等的地位辩论,法庭根据辩论中的双方所陈述的事实作出判决。在没有特别干预的情况下,只有一审判决即为终审。但在 1357 年以后,法国国王颁布法令,废除赎罪金制度(相当于大清律中的"议罪银"制度⑬),将犯罪视为"破坏国家安宁、破坏社会正义秩序的恶行,危害王室与皇权权威形象的重罪,由国家监察机关督促,检察机关代为诉讼,法院判处"予以制裁,同样也有"犯罪连株"之惩戒,对重罪绝不赦免。这个时期诉讼代理人在法庭上主要采用"纠问式"。在这种诉讼语境下,案件无须原告,有检察官代表国家和公益主动追诉其官员违纪违规行为,当然犯罪属于严惩不贷难以赦免周全的司法拷问。在侦查和审判过程中为了证据,对被告并不排除采取刑讯逼供和有罪推论求证的进路,且对关涉王室和大臣的案件,出于对王室形象的维护和臣民对法律的信仰,在宫廷法院里一般采取秘密审判的方式。

由于建立在纠问式的司法机理上的立法许可和解释,形式主义的证据制度便开始在大陆法系中形成,但该证据制度与我国现行证据规则⑭存在天壤之别。在整个欧洲控诉式诉讼中,证据来源或所倚重的证据,是监察院和参与诉讼的检

---

⑬ 议罪银制度:是清朝乾隆年间由和珅提议设立的一项以钱顶罪的制度,即根据官员犯罪情节的轻重以多少不一的银子来免除一定的刑事处罚,此法出台后,立即受到贪官污吏的欢迎,同时也招致了一些廉洁官员的质疑。应该说,议罪银制度的立法实施,使乾隆皇室的钱包鼓胀,部分解决了皇朝的财政危机,但却刺激了而后官员的贪腐。——笔者注

⑭ 现行刑事证据规则及立法法益,是指以法律规定形式表现出来的,能够证明待证案件事实的证明作用。证据的能力是指证据资料在法律上允许其作为证据的资格,也是证据的特征,即表现为客观性、关联性、合法性,排除规则是非法证据排除规则。——笔者注

察官在侦查环节得到"当事人誓言、神示证据、司法决斗",此前的一些"法定证据"则成为了形式要件,可以说,法国人是重口供轻实证的,当事人的口供被推为"证据之王",由是不难想象,控诉机关为了"口供之证"所施行的各种酷刑。封建制度下的法国审判所重"口供制度"与中华封建帝国司法审判所重的证据"画押制度"不谋而合,大有异曲同工之妙。所不同的是,中华帝国没有欧洲中世纪的"骑士精神"和基督教或其他宗教的深刻影响,对"神示证据"和"司法决斗"丝毫不敢有所轻慢。而恰恰相反,同属大陆法系的中国刑事司法审判及其立法法益,是轻口供重实体。因为犯罪者无论是在神的目前还是人的面前早已没有敬畏之心,翻供或说口供成为最不稳定的证据元素。

直到1539年,法国政府才颁布法规将刑事诉讼分为两部分,即起诉和审判,即将涉案对象的侦查权和对公职犯罪嫌疑人的监督权交给监察官,并且在此后取消了刑事诉讼中原告的角色,转由授权检察官决定某一特殊犯罪是否值得法律干预,在此立法法义变更基础上最终在法国确立了现在的国家公诉制度。

虽然在法律上确立了以检察机关起诉而非以国家监察机关的公诉制,但是纠问式的诉讼形式使得检察机关的作用发挥非常微弱。法官主动追查事实,依职权调查直接受理控告发动公诉非常常见。而且为了达到查明事实真相的诉讼结果,法官可以采取任何手段,包括秘密侦查、秘密审判、刑讯逼供等。这样的诉讼模式使得个人权利被牺牲殆尽,社会利益得不到有效保护。于是,启蒙思想家孟德斯鸠、贝卡里亚等激烈地抨击刑事审判过程中刑讯逼供及程序上的不公平,尤其是对法官那种排除监察官监察、检察官提起公诉的司法模式中的专断行为表现出极大的愤慨与不安,在学理上开始提出改革这种法国诉讼模式与制度。因此,废除纠问制度的目的是为了避免法官因集监察权、追诉权、审判权为一身而带来的思维偏颇与专断。在后来的改制中,法国吸收了英国法中的当事人主义的制度,将公诉权从审判权中加以分离,在1808年的《法国刑事诉讼法典》正式立法并明确载明:发动公诉的职权,原则上由监察官监督,检察官行使。至此,检察机关被最终确认为刑事公诉权的主体机关。客观地说,1789年爆发的法国资产阶级大革命才得以粉碎中世纪遗留下来的形式主义法律制度和刑事诉讼的"纠问"程序,才开始系统而较为全面地创立反映资产阶级利益法典和比较完善的刑事法律体系,成为大陆法系法治渊源的影响最深广的国度。

列宁曾告诫苏俄共产党人,“为了解决社会科学问题,为了获得真正处理这个问题的本领,而不被一大堆细节或各种争执意见所迷惑,为了用科学眼光观察这个问题,最可靠、最必要、最重要的就是不要忘记基本的历史联系,考察每个问题都要看某种现象在历史上怎样产生,在发展中经历了哪些主要阶段,并根据它的这种发展去考察这一事务的现在是这样产生的”。[15] 法国法律上建树鲜明特色,其来源应归结于法国一大批资产阶级启蒙学者的杰出贡献。著名的学者有伏尔泰、孟德斯鸠、卢梭、孔多塞和以狄德罗为首的“百科全书派”。是他们高举思辨理性的旗帜,以自然法理论为武器,同封建的专制法制和神学论相抗衡,用“天赋人权、思想自由、博爱兼济”来对抗长久统治法国人民的“专制禁锢、自私偏执、等级特权、贵族政治”思想。孟德斯鸠在《论法的精神》一书中提出了“天赋人权”“社会契约”“人民主权”“三权分立”等法治国家的思想,亦为法国全面的资产阶级立法奠定一帧“法治国”壮丽图景。[16]

2. 拿破仑对法兰西帝国监察法权设立的经典贡献

现行的法国监察制度是建基于法国拿破仑法典时期所建立的法律帝国土壤上,形式与实体上自觉继承了法国对政府公职人员的监督主要由国会、行政法院等实施,此外对公职人员的从政行为和执业道德操守通过法律加以明确约束。[17] 的确,国家监察权与刑法涉诉权利保护的相关立法,大致经历了资产阶级大革命时期的立法、1810 年的刑法典及其修改的立法和 20 世纪 90 年代(1994 年)的刑法典。该三个刑法典在世界刑法与司法权(含国家监察权与审判权)史上的定位与权能细则都占有十分突出的地位。

稍有法制历史知识的人都不会忘记,法国在资产阶级革命前,等级森严、王室、僧侣、教会把持着社会资源和国家特权、王室代理人(监察官)与审判官(法官)专横擅断,侦查手段残忍、逼供盛行、刑事制度乱象是法国刑事法制的主要特征。因此,改革刑法的呼声日涨。在提出的社会群体中不仅有伟大的思想家

---

⑮ 《列宁选集》(第 4 集),人民出版社 1990 年版,第 43 页。

⑯ 孟德斯鸠是一位百科全书式的学者,他的主要成就是奠定了西方国家学说的理论和法治国家的图景,主要代表作是《波斯人信札》《罗马帝国盛衰原因论》《论法的精神》等,集中的核心学说就是法治国家的“三权分立”。——笔者注

⑰ 参阅《法国的监察制度》,《党风与廉政》2001 年第 7 期,原载《钱江廉潮》。

和激进的革命者,也包括一些大城市位居要职的监察官和法官。1799年11月9日,法国“雾月政变”使得拿破仑执掌政权,君临天下。拿破仑所推崇的法治理念国家在第一帝国的土壤上结出令人敬畏的硕果:上台伊始,拿破仑即迅速起草宪法,经过公民投票表决,确立了拿破仑第一执政的宪法地位,同时也正式确立了监察院和检察官作为法官公权一个重要组成部分的权力架构及其属性的宪法定位。据此,宪法最后为法兰西“共和国总统是司法机关独立的保障者”的演化提供了依据,同时,“司法官的地位由组织法立法所规定”。这一点与英美普通法系的法官权实有云泥之别——美联邦最高法院至高无上的权力是谁给的——“说出来可能都没有人敢信,最高法院至高无上的政治权力是最高法院大法官自己赋予自己的”⑱。

其实,拿破仑是一个启蒙运动自然法学的忠诚信徒,如果说他主持制定《法国民法典》的目的在于创建一个全新法律秩序的法兰西(France)的话,那么,他继《法国民法典》之后,于1806年、1807年、1808年和1810年分别完成了《法国民事诉讼法典》《法国商法典》《法国刑事诉讼法典》和《法国刑法典》这四部大法典。上述五部法典与这一时期的法国《宪法》合称为“法国六法”,也是世界性的六法立法,在立法学史上堪称前无古人后无来者之壮举,使得大陆法成为了一个相当完备的成文法体系。⑲ 而后的法学家称其为“是一个以罗马法为蓝本,继承以往法国历代立法精华,以民法为基础,以宪法为根本法,以刑法为支架,以诉讼法为程序依托的有机整体”。它的出现,标志着近代意义上法国法律制度的基本构建,同时也奠定了无论是公法还是私法之法国六法典的“霸主地位”。

此外,基于法国宪法的规制与对话,法国刑事司法制度中分权原则得以进一步立法确立,同时满足了法院公平审判(court proceedings),保障自由人权和监察权有效行使监督、违法追诉权以及控制犯罪(crime control)的需要。并且,国家监察权与审判权在行使职权的过程中,逐渐形成了相互监督和相互制约的机制,从而保障了刑事司法权行使的客观性、公正性以及程序上的正当性和实体上的正义性与及时性打击犯罪。

---

⑱ Marbury & Madison,5 U.S. 137(137).参见任东来、陈伟、白雪峰等:《美国宪政历程》,中国法制出版社2017年版,第22页。

⑲ 转引自王俊、曾哲:《中国检察权论略》,中国检察出版社2012年版,第20~21页。

综上所述,法国的监察制度随着"法国六法"司法体制构建和法国资产阶级大革命的影响得以广为传播,欧洲大陆的许多国家及法国的殖民地国家纷纷以法国的监察制度为范本,设立自己的监察(supervise)制度,从而形成了以法国为代表的大陆法系的监察体系。因此,在大陆法系国家,国家监察权一般也被定性为"监督权、司法权、与预防腐败等复合型权力"。其监察权的运用,遵循着"罪刑法定原则"的宪政主义思考,但给予法官和检察官都有一定的"自由心证权"和"自由人格保障的监察权",体现了一种与封建刑法的"罪刑擅断"间的折中主义倾向;再则,深受刑事古典学派客观主义的影响,定罪判刑或是起诉时所重视的是"犯罪行为",有行为就有责任,无行为即无责任;同时,还受边沁(Bentham)功利主义的影响,规定了残酷的刑罚量刑上的加重性,以巩固司法权威和资产阶级革命的立法成果。

3. 德国国家监察法权的承继与恪守

德国流行一句著名的哲学谚语"政治是衡量可能性的艺术"。至于德国的法律与政治是否联姻而诞生国家监察权这一事涉国家长治久安,纯洁公务员队伍形象,整肃国家机关内部贪腐而奉行国家主义至上原则的监察立法,皆取决于宪法的授权和立法的合宪性审查。自德意志统一以来,从普鲁士王朝开始就一直在考量着某种"可能性"法律承袭。在18~19世纪的德国,直接关涉政治权力和司法权的历史法律文本主要有三:一是《奥托特许权》,二是《金玺诏书》,三是《威斯特伐利亚和约》。事实上,普鲁士封建王朝时期的德国,与国家监察权相关联的刑法主要以《萨克森法典》和《加洛林法典》的刑罚部分为代表作为规制犯罪者的"圣经"。封建时期的刑罚侦查手段简单,程序便捷,处罚却异常残酷恐怖。其特点是广泛适用酷刑,实行威吓原则,以残酷阻却犯罪和宗教"变节"者。刑事诉讼分为侦查和审判两个阶段,实行纠问式"有罪推定"模式审判,为了获取口供,侦查环节允许检察官严刑拷打,且享有国家监察权的监察机关对案件似乎不寻不问,进入司法程序后其案件不公开审理。司法判决即分为有罪、无罪、存疑三种判决。这就给监督不公(选择性监督),司法不公(侦查环节与审判环节)埋下了诸多隐患,也成为德国宪法与刑法对话的一大软肋和攻击的毒树之果。

近代德国的监察立法依然留存着封建德国法的某些元素和特征。首先是德国在近代法律立法规范程式上呈分散性、法律渊源多样化及适法的属地性特征,历史出现上下德国的分离与统一，东西德国的并起与争雄；其次是基于对罗马法的国家理念的深刻认同，使之与法国法最终不能完全耦合的历史文化原因在于各邦封建君主共同接受的是罗马法的立法技术遗产，其法文化遗产自觉成为德国封建法的缘起；最后是邦法、城市法组成的地方法成为德国社会深厚封建性存在的基石，相对成熟和完备的地方法体系为统一后的德国法创制提供了基本法源和范式。因此，从某种语义上讲，近代德国法进步、完备而享有盛誉是在地方法基础上实现的。直到1794年颁布的具有法典性质的《普鲁士普通邦法》，将民法、商法、刑法、诉讼法等内容庞杂地混同在一起（融诸法于大典），代表着普鲁士邦国在国家统一立法中的特殊地位和至高无上的荣誉。

应当说，1871年统一后的德意志才开始大规模的立法创制，搭上欧洲大陆立法创制的"末班车"，当然，后来居上是指他们的立法技术及其立法成就。关涉德国国家监察权与审判权及其司法立法，同样追循着德国国家政体和国体的变化及社会结构的转型而华丽转身，实际上德国法制渊源的创设与影响力亦经过了"一波三折"，实则令人惊羡的民商法、宪法、行政法立法和研究的成果翘首全球，单以奥托·迈耶的德国《行政法》将国家法权划分的三张图景便是惊世之作："臣民国——警察国——法治国"。此三张不同社会图景所承载的社会法律核心内容及国家权力运行的监督谱系是完全不一样的进路。但也不得不承认德国封建前期的刑法典却也败绩昭昭，带有极大的封建滞后性。进入19世纪，借鉴或植入法国人的监察官制度后，部分接受了普通法系之刑法的民主原则，确立法无明文规定不为罪，法不溯及既往的若干原则，最终内生成长为"罪刑法定主义"的宪法与刑法统一的原则。德国法典特别保护最高统治者的权益，国家监察权的主要职能之一除了监察公务人员是否恪尽职守和积极履行国家之忠诚义务，严禁贪腐行为外，还有对"人民的反抗"和暴动，对谋杀皇帝（皇室）罪定为"首罪"，意味万恶之首，永不赦免。

与此同时，国家监察权的立法法益还要与德国基本法解释对接，对土地贵族和资产阶级私有财产权行使特别庇护权，犹如我国宪法规定对国有财产权保护一样"神圣不可侵犯"，严厉打击不法侵占他人财产权和不当得利者巧伪者非诚信者，其惩戒和判处的力度要远大于今日之中国刑法量刑的处罚。《德国刑法典》还对"宗教罪"进行了现世规制。鉴于"马丁·路德"宗教纷争和改革血的教训，国家监察权立法法益及其解释中还特别提出了对亵渎宗教神灵、恚怒教会主教和宗教戒律者，或是故意滋扰宗教场所、妨碍他人从事宗教活动甚至是礼拜者，也将进行刑事追诉[判处3年监禁(《德国刑法典》第116条)]，如果发现有对宗教极端或异议者，不恭敬者，监察的法棒亦将会主动棒杀(惩戒)之。

鉴于德国国家在一战后的职能越来越彰显，在德国刑法典中，还专门规定了公务员职务犯罪惩戒条款，在1919年的《魏玛宪法》也有立法和司法上的解释，强调进入国家公务员队伍成员的纯洁性，免除党争，以保持特殊的中立立场，禁绝国家公务员加入任何党派，向宪法宣誓就职；再则是对职务犯罪的侦查权和控诉权是德国监察官制度的两把“匕首”，直指国家官吏违背职责职守，不积极履行职务忠诚义务的要害，包括为人请托，接受他人职务上的馈赠，行贿受贿，或是政府机关或司法官员误用滥用职权，徇私枉法，与职务上的忠诚义务相背离的均可能够成“职务犯罪”[(《德国刑法典》第332条、第334条、第339条)]。同样，基于成功借鉴法国孟德斯鸠的三权分立理论原则，重构了德国监察权力机关不仅成为国家公权行使监督的主体机关，对包括政府首脑在内行政权运转也会自觉监督，“绝对权力必然产生绝对地腐败”也正是针对监察法权立法法益阐释的。依法对国家警察权、检察权、司法权、行政权、财政权及资源分配权属等关怀重大民生领域的进行重点布控监督，定期检查，采取灵活多样态的督促示范引导这是德国二战废墟上能够迅速崛起的真正原因——承继德国历史上最优良的恪守不变的立法原则和制度基因。

三、结语

从立法学应然法义语境来看，德国立法与法国所有立法同属大陆法系系列，均在罗马法系基础上建立起来的法律帝国体系，可谓是同祖同宗同源。只不过后者对前者有所超越有所创新发展，特别在国家监察权属性及其地位与作用上，两国应该是诸多相似性，是联系最为密切法律近亲。但实际上并非如此，以奥托·迈耶所写的德国《行政法》和法国《行政法》[20]为例，德国法与法国法之间还是

[20] 奥托·迈耶同时期著述了法国《行政法》与德国《行政法》，基于他所处时代是德国从封建专制国家向具有民主因素转变的时期。他先以法国法为基础，完成对法国《行政法》的著述，并赢得了良好的社会反响，这就刺激了他对法国行政法的研究的野心，也由此完成了1895/1896~1914年对其巨著的二版修订。

存在重大差异的,法国发生的资产阶级大革命给法国的政治法律社会带来巨大的冲击和对贵族社会特权思想的荡涤,德国社会的封建气息更为浓烈而保守,奥托研究的目标在于克服集权国家或警察国家的弊端以建立法治国家,尽管理论上不可避免的带有时代的偏颇和局限,但是他所确立的理论框架和法义的分析模式至今仍然有不可替代的意义。㉑

如果仔细分析同属大陆法系国家间的立法规范和原则,当然可以有很多不同的说法或表达:法国原本属于高卢法系,德意志属于日耳曼法系(总体属于罗马法系),而整个东方(含中国台湾地区、日本、韩国等)属于东方法系,亦有学者称之为中华法系。㉒ 对于法系及立法的渊源并非本文探讨和言说的主旨,很明显我们亟须对新立的国家监察法立法意涵作某种学术理论上的回应,试图从应然与实然的层面作为问题意识思考:一是如果国家监察机关是政治机关,其法定权属是属于政治权,还是属于一般公权的范围和运行范式;二是如果在这个权力领域里德国监察法权比之法国监察法更具有强大的保守性和“封建领主式的”法精神惰性,那么我国的监察法在立法法益是否考虑中国官场中的“精神惰性”;三是法国法与德国法不一样,在监察法与刑法、监察法与“根本法”(宪法)关系表达上是存有巨大差异的,这个差异不仅仅局限于私法上,主要还是在公法上。法兰西帝国一直试图引领西方大陆成文法伦理和法精神的导向与潮流,但事实上事与愿违,而是稍后崛起的德意志在立法技术和立法思想潮流上后来居上,直接取代了法国许多新式的法律成果,诸如在国家监察权与法院的制衡申诉抗辩等过程中,德国更为实然性地完成了“潘德克顿”法学㉓的理性转型。诚如何勤华教授所言,“如果说近代法国以其国民性、开创性和历史的进步性独占鳌

㉑ 参见奥托·迈耶:德国《行政法》,刘飞译,商务印书馆2013年版,何意志所写的“德国行政法的奠基人奥托·迈耶与行政法的发展”(中文版序言),第3页。

㉒ 参见曾哲主编:《中华法系寻根》,中国人民大学出版社2015年版,第1~3页。

㉓ 潘德克顿法学,是其中所谓“潘德克顿”(pandekten)即古罗马《学说汇纂》的汉语音译,国内又有学者将其译为“潘德夏克”,其实是一回事情。温德海得(Windscheid)是潘德克顿学派的代表人物,其代表作品有《关于前提的罗马法理论》《条件成就的效力》《潘德克顿教科书》。其中《潘德克顿教科书》是潘德克顿学派的集大成。其特点在于:①此书对该学派所有文献进行概括、整理和阐明内容的同时,站在客观的立场上对其进行了公正的批判;②该书体系完整、理论结构严密,不仅在各项制度研究上运用了由概念的形式逻辑性操作构成的系统的法学方法,而且将其推广到了整个私法学领域;③传统潘德克顿学派的作品,或偏向于理论或偏向于实用,而本书则第一次将理论和实用结合在一起。——笔者注

头的话,那么,德国法以其透彻的学理性和高度的法律技术及其严密的思维著称于世”。事实上,法国国家监察权的安排与德国国家监察权的制度设计的精妙之处也就在于此。当然,用美国政治学者赛义德的话说,观念和理论从一种文化向另一种文化移动的情形很有趣……进入新环境的路绝非畅通无阻,而是必然会牵涉到与始发地情况不同的再现和制度化的过程,这就使关于理论和观念的移植、转移、流通以及交换的所有说明变得复杂化。

据此,站在科学立法维度言说,“只有当一个民族用自己的语言掌握了一门科学的时候,我们才能说这么这门科学属于这个民族了”。㉔ 试想,我们已经很好地掌握这门科学了吗——最终,将留给历史检验并作出回答。

㉔ [德]黑格尔(Georg Wilhelm F. Hegel,1770-1831):《哲学史讲演录》(第4卷),贺麟、王太庆译,商务印书馆1997年版。

国家监察与刑事司法的衔接机制研究*

江国华**

摘　要：监察机关对职务犯罪的调查权及其行使程序具有刑事司法的基本属性。鉴于其所适用法律为国家《监察法》，而职务犯罪的公诉和审判程序则主要适用《刑事诉讼法》之规定，由此，衍生出《监察法》与《刑事诉讼法》两法衔接之课题。在司法实践中，诸如线索移送、工作协助配合、证据衔接或转化、案件移送与审查等乃两法衔接中核心议题。为因应两法衔接之需要，正在修改的《刑事诉讼法》对职务犯罪调查、审查起诉和审判等程序作了针对性调整。但仅此尚不足以满足司法实践的需要。适当的时候，最高国家监察机关可以考虑出台《监察法》的监察解释，为两法衔接程序和机制提供细则化和可操作性的法律规范。

关键词：两法衔接　线索移交　工作配合　证据衔接　移送审查

国家监察与刑事司法的衔接，其本质是监察制度与刑事诉讼制度的衔接，并体现为监察工作和刑事司法工作中多主体之间的互动互涉问题。① 根据宪法和监察法的规定，国家监察机关承担了职务犯罪的调查职能，因此，在其行使职务犯罪调查职能的时候，国家监察机关属于刑事司法机关之范畴。但是，监察机关在调查职务犯罪过程中所适用的法律是《监察法》，而非《刑事诉讼法》；而其他

---

* 教育部哲学社会科学研究重大课题攻关项目“法律制度实施效果评估体系研究”（项目编号：16JZD011）。

** 江国华，国家 2011 计划司法文明协同创新中心首席科学家，武汉大学法学院教授，武汉大学杰出青年学者，研究方向：宪法学与行政法学、司法法学。

① 参见龙宗智：《监察与司法协调衔接的法规范分析》，载《政治与法律》2018 年第 1 期。

包括检察机关、人民法院乃至公安机关在行使刑事司法性质职权过程中则适用《刑事诉讼法》。正是在这个意义上,产生了国家监察与刑事司法之间的衔接课题。基于"两法"的内在关联性,结合《监察法》和《刑事诉讼法》(2018 修正案征求意见稿)之相关规定,"国家监察与刑事司法衔接"问题贯穿职务犯罪调查、审查起诉、审判等全过程,其中"五大机制"最具典型意义,即线索移送机制、工作配合机制、证据转化机制、移送起诉机制以及案件审理机制。

一、线索移送机制

重构党和国家监督体系乃监察体制改革的基本任务之一。以国家《监察法》为标志,我国已经构建了以国家监察为核心的多层次、全方位的公权监督体系。在整个体系中,基于职能分工不同,国家监察、人大监督、检察监督、审计监督、民主监督等各司其职,相互配合。但是,由于国家监察是整个监督体系中的核心或中枢,因此,其他监督形式负有协助配合国家监察工作的职责。鉴于此,其他机关在工作中,若发现职务犯罪等线索,应当及时移送给国家监察机关。特别是公安机关、检察机关、审判机关和审计机关,鉴于其职能的特殊性,具有发现国家公职人员涉嫌职务违法和职务犯罪线索之便利,依法应当将其掌握或发现的公职人员涉嫌贪污贿赂、失职渎职等职务违法或者职务犯罪线索移送给监察机关,由监察机关依法调查处置。

(一)公安机关与监察机关的犯罪线索移送

在我国,刑事犯罪的侦办历来实行双轨制。一般刑事犯罪案件由公安机关侦查,职务犯罪案件的侦办则由检察机关管辖,在监察体制改革之后,此类案件就转由监察机关管辖。基于此,监察机关与公安机关便负有相互移送犯罪线索的职责。

其一,公安机关需要移送监察机关案件线索的情况主要有两种:一是公安机关在工作中发现公职人员涉嫌贪污贿赂、滥用职权、玩忽职守、权力寻租、利益输送、徇私舞弊以及浪费国家资财等职务违法或职务犯罪线索的,应当移送有管辖权的监察机关,由监察机关依法调查处置;二是公安机关在办理公职人员涉嫌一般刑事犯罪和因涉嫌黄、赌、毒被处以行政处罚或因其他违法行为被处以行政拘留的案件时,应当将立案情况、调查情况及处理结果向监察委员会通报。

其二,监察委员会在工作中发现属于公安机关管辖的案件线索,应当移送公安机关查处。但根据《监察法》第34条第3款之规定,被调查人既涉嫌严重职务违法或者职务犯罪,又涉嫌其他违法犯罪的,一般应当由监察委员会为主调查,公安机关予以协助。《监察法》的这一规定事实上确立了"监察优越"的职能管辖原则,改变了2012年《关于实施刑事诉讼法若干问题的规定》中公安机关与检察机关就贪污贿赂案件的管辖规定,否定了以涉嫌主罪的管辖机关为主要侦查机关的既往规则②,表明了国家对职务违法和犯罪调查工作的高度重视和"重拳反腐"的决心。

（二）检察机关与监察机关的线索移送

检察机关作为国家的法律监督机关,在履行法律监督职责的过程中,也具有发现涉嫌贪污贿赂、失职渎职等职务违法或者职务犯罪线索之便利。这些线索在改革前是由办案部门直接移送检察系统内设反贪反渎部门进行侦查和处理,在职能转隶之后,检察机关发现的职务犯罪线索就则须移送给同级监察机关调查和处置——据此,检察机关在对公安机关侦办的刑事法罪案件批捕、审查起诉以及在履行其他监督职责的过程中,发现了犯罪嫌疑人、被告人涉嫌职务违法或者职务犯罪线索,应及时移送有管辖权的监察机关进行调查和处置。对此,在2018年5月公开征求意见的《刑事诉讼法(修正草案)》中,人民检察院立案侦查的范围修改为了"在对诉讼活动实行法律监督中发现的司法工作人员利用职权实施的非法拘禁、刑讯逼供、非法搜查等侵犯公民权利、损害司法公正的犯罪"③,

---

② 最高人民法院、最高人民检察院、公安部、国家安全部、司法部、全国人大常委会法制工作委员会曾于2012年联合发布了《关于实施刑事诉讼法若干问题的规定》,其第一条就规定了"公安机关侦查刑事案件涉及人民检察院管辖的贪污贿赂案件时,应当将贪污贿赂案件移送人民检察院;人民检察院侦查贪污贿赂案件涉及公安机关管辖的刑事案件,应当将属于公安机关管辖的刑事案件移送公安机关。在上述情况中,如果涉嫌主罪属于公安机关管辖,由公安机关为主侦查,人民检察院予以配合;如果涉嫌主罪属于人民检察院管辖,由人民检察院为主侦查,公安机关予以配合"。

③ 参见中国人大网发布的《中华人民共和国刑事诉讼法(修正草案)》第二条规定,"将第十八条改为第十九条,第二款修改为:'人民检察院在对诉讼活动实行法律监督中发现司法工作人员利用职权实施的非法拘禁、刑讯逼供、非法搜查等侵犯公民权利、损害司法公正的犯罪,可以由人民检察院立案侦查。对于公安机关管辖的国家机关工作人员利用职权实施的其他重大的犯罪案件,需要由人民检察院直接受理的时候,经省级以上人民检察院决定,可以由人民检察院立案侦查。'"。

以保证监察机关与检察机关在线索受理工作中的良好对接，促进国家法制的协调与统一。

在实践中，由监察机关调查处置的职务犯罪案件很可能涉及公益损害赔偿等问题。根据第十二届全国人大常委会第二十八次会议通过的《关于修改民事诉讼法和行政诉讼法的决定》(2017年)，对破坏生态环境和资源保护、食品药品安全领域侵害众多消费者合法权益等损害社会公共利益的行为以及对国有财产保护、国有土地使用权出让等领域负有监督管理职责的行政机关违法行使职权或者不作为，检察机关有权依法提起公益诉讼。在整个层面上，国家监察机关负有将其在职务犯罪调查处置过程中发现或掌握的公益损害线索移送检察机关，由检察机关依法提起公益诉讼。

(三)审判机关对监察机关的线索移送

在规范意义上，如果说公安机关、检察机关与监察机关的线索移送机制均具有双向性，那么审判机关对监察机关的线索移送机制则只能是单向的——监察机关不具有向审判机关直接移送线索条件和义务。但审判机关负有向监察机关移送涉案人员职务犯罪线索之义务。具体有三种情形：

其一，人民法院在办理案件中，发现公职人员涉嫌贪污贿赂、失职渎职等职务违法或者职务犯罪线索的，应当及时向有管辖权的监察委员会通报移送。具体而言：(1)人民法院在办理涉嫌职务犯罪的刑事案件中，若发现涉案对象以外的其他公职人员涉嫌贪污贿赂等职务违法犯罪线索的，应当移送监察机关依法处置；(2)人民法院在办理涉嫌职务犯罪的刑事案件中，若发现涉案对象存在公诉范围以外的其他职务违法犯罪线索的，应当移送监察机关依法处置；(3)人民法院在办理民事案件、行政案件或者公益诉讼案件中，若发现公职人员涉嫌职务违法犯罪线索的，应当移送监察机关依法处置。

其二，监察委员会对涉嫌犯罪的中共党员或者其他公职人员作出党纪政务处分决定时，要求人民法院提供相关材料的，各级人民法院应当予以协助配合。根据《公职人员政务处分暂行规定》第七条之规定，具体有三种情况：(1)公职人员中的中共党员严重违犯党纪涉嫌犯罪的，应当由党组织先做出党纪处分决定，并由监察机关依法给予政务处分后，再依法追究其刑事责任。据此，人民法院在审理党员犯罪案件时,应当遵循党纪先于国法之原则,将犯罪嫌疑人的党纪政务处分材料纳入案卷一并审查,若未经党纪政务处分的,应在开庭审理之前,将有关材料移送有管辖权的党组和监察机关,由其依法先行作出党纪政务处分;(2)非中共党员的公职人员涉嫌犯罪的,应当先由监察机关依法给予政务处分,再依法追究其刑事责任。据此,人民法院在审理非党员犯罪案件时,应当将有关材料移送有管辖权的监察机关,由其依法先行作出政务处分;(3)公职人员中的中国共产党党员先依法受到行政处罚和刑事责任追究的,党组织、监察机关可以根据生效的行政处罚决定和司法机关的生效判决、裁定、决定及其认定的事实、性质和情节,依纪依法给予党纪、政务处分。

其三,审判机关对于被告人为党员或党和国家机关工作人员及监察对象的,在作出判决(裁定)后,应当按干部管理权限直接或通过上级机关将判决(裁定)书抄送同级纪检监察机关和组织部门,以扩大监察机关的线索受理范围,促进司法程序和监察程序的有序衔接。

二、工作配合机制

根据《宪法》第140条和《监察法》第4条第2款之规定:"人民法院、人民检察院和公安机关办理刑事案件,应当分工负责,互相配合,互相制约,以保证准确有效地执行法律。""监察机关办理职务违法和职务犯罪案件,应当与审判机关、检察机关、执法部门互相配合,互相制约。"由此衍生出监公检法四者在办理刑事案件中的分工合作、相互配合、相互制约的工作机制,其中:(1)互相配合。监公检法四机关在办理职务违法犯罪案件方面,要按照法律规定,在正确履行各自职责的基础上,互相支持,不能违反法律规定,各行其是,互不通气,甚至互相扯皮;(2)互相协作。监公检法四机关之间互相配合是建立在平等基础上的互相协作,四者之间只有职责差别而无地位高低之分,不存在领导与被领导、服从与被服从的关系,监察委员会不能凭借其超然于公检法等国家机关的地位而僭越干涉公检法独立行使职权和正常工作;(2)互相制约。监公检法四机关在追究职务违法犯罪过程中,通过程序上的制约,防止和及时纠正错误,以保证案件质量,正确应用法律惩罚违法犯罪行为。作为职务犯罪侦查的法定主体,监察机关必须要接受法检机关对其工作的监督,同时,法检机关应当依法承担其对监察工作的监督职责。

（一）公安机关与监察机关的协助配合机制

基于警察权的专属性和监察优先之原则，监察机关在调查处置职务犯罪工作中，需要警察权支持的，公安机关依法应当予以协助配合。

其一，监察机关采取特定调查措施时，需要提请公安机关予以协助配合。在实践中，特定调查措施往往包含即时强制、技术调查等具有警察权属性的特别手段，为防止这些手段的滥用，国家在对其实行“专配”，即垄断性地配置给了公安机关，但同时规定，监察机关基于调查职务犯罪之必要，可以提请公安机关协助配合。公安机关接到监察机关工作协助提请时，应当依法予以协助配合。根据《监察法》和公安机关内部文件之规定，监察机关要求公安机关协助对被调查人或其他相关人员采取技术调查、通缉以及限制出境等措施的，公安机关应当按照监察委员会出具的相关文书及时执行。监察委员会需要公安机关协作配合的，应当经主要领导之间沟通明确后送达公函，因情况紧急并与公安机关沟通后，也可以先直接联系公安机关有关业务警种开展协作配合，并于事后及时将公函补送公安机关。公安机关在协助配合监察委机关采取调查措施时，应当根据监察机关要求在监察员的主持下开展工作，并按照规定佩戴单警执法记录仪或者其他具有视音频记录功能的设备，对现场执法活动进行全程视音频同步记录，同时做好对视音频资料的收集、保存、管理、使用等工作。

其二，在被调查人既涉嫌严重职务违法或者职务犯罪，又涉嫌其他违法犯罪时，公安机关应当依法予以协助配合。根据《监察法》第 34 条第 2 款之规定：“被调查人既涉嫌严重职务违法或者职务犯罪，又涉嫌其他违法犯罪的，一般应当由监察机关为主调查，其他机关予以协助。”该条款虽规定了监察委员会在职务违法与职务犯罪调查工作中的优先地位，但也限定了“严重职务违法或者职务犯罪”这一必要条件。根据我国目前法律法规之规定，在一般刑事犯罪中，由公安机关负责立案侦查工作，而在职务违法与职务犯罪案件中则由监察机关负责立案调查。这类涉及两种性质的刑事案件往往有多种情况，例如公职人员因涉嫌贪腐渎职犯罪被采取留置措施后被发现被调查人涉嫌如诈骗、故意杀人等其他犯罪的，公职人员因为涉嫌其他犯罪被采取强制措施后被发现该公职人员还涉嫌贪腐渎职犯罪的,非公职人员涉嫌其他犯罪被采取强制措施后被发现其还涉嫌行贿犯罪或者参与职务犯罪的,非公职人员因为涉嫌行贿或者参与职务犯罪被采取留置措施后被发现其还涉嫌其他犯罪的④,等等。在对这类案件的调查过程中,公安机关不仅应当以监察委员会之调查权为优先,而且应当依法予以协助。

其三,在实践中,监察机关查办的案件如果涉及公安机关在押的人犯或者收容审查人员,可以将需要调查的问题书面告知公安机关,由公安机关对其进行讯问,并将取得的证据材料及时送交监察机关。公安机关将案件移送给监察机关的,由监察机关统一移送审查起诉。

(二)检察机关与监察机关的衔接配合机制

从诉讼构造来看,无论是监察机关所行使的职务犯罪调查权,还是检察机关行使的公诉权,都共同属于对职务犯罪的控诉职权的范围,其共同目的都是更好地实现对职务犯罪进行追诉的要求,所以,监察机关和检察机关事实上拥有同向度的诉讼功能,⑤强化"侦诉同向"的诉讼构造,不仅是法定要求,也是现实要求。⑥

其一,监察过程中检察机关提前介入机制。公诉机关提前介入职务犯罪调查过程,可为调查活动提供行为规范和法律指引,⑦改善监察机关在证据收集、法律适用和调查手段运用等方面的工作。具体而言:(1)在过往的刑事司法程序中,"提前介入"意指检察机关在公安机关提请批捕和移送起诉之前参与到刑事案件的侦查活动中,引导公安机关侦查取证,并对侦查活动是否合法、当事人合法权益是否依法得到保障实行法律监督,以保证刑事诉讼程序合法、公正、高效的一项工作机制。⑧"提前介入"制度的产生,有其现实需求。在时间维度上,侦查和公诉前后衔接,并不直接相交,由于所处立场不同,侦查机关和公诉机关

④ 参见王飞跃:《监察留置适用中的程序问题》,载《法学杂志》2018年第5期。

⑤ 参见谢登科:《论国家监察体制改革下的侦诉关系》,载《学习与探索》2018年第1期。

⑥ 参见樊崇义:《"以审判为中心"与"分工负责、互相配合、互相制约"关系论》,载《法学》2015年第11期。

⑦ 参见陈卫东:《"以审判为中心视角下"检察工作的挑战与应对》,载《学习与探索》2017年第1期。

⑧ 参见太原市人民检察院课题组:《检察机关提前介入"命案"侦查工作机制研究》,载《中国检察官》2013年第11期。

对证据证明力和证明能力的认识可能存在分歧。换言之,侦查机关的供给和公诉机关的需求并不能完全对接,这是检察机关要求"提前介入"的现实基础。⑨此外,这一工作制度的产生也有提高取证效率和质量,缩短办案时间,有助于侦查终结后移送审查起诉的顺利承接等现实考虑。⑩ 对此,最高人民检察院曾于2015年发布了《人民检察院侦查监督、公诉部门介入职务犯罪案件侦查工作的规定》,指出侦查监督、公诉部门介入职务犯罪案件侦查的主要任务是规范和引导侦查取证工作,研究法律适用问题,对侦查取证提出意见和建议,加强对侦查活动的监督。⑪ (2)在国家监察体制改革之后,职务违法与职务犯罪的调查权转隶至监察委员会,依照法治的一般逻辑,检察机关"提前介入"机制应当适用于监察机关的职务犯罪调查过程。立基于此,部分省市已出台相关文件,明确规定了检察机关对监察机关职务犯罪调查活动的"提前介入"机制。⑫ 其中,在介入程序上,规定职务犯罪案件需要移送起诉的,应当提前书面通知检察机关,协商移送事宜;检察机关接到书面通知后,需要及时派员提前介入,在尽快熟悉案情的同时,就案件证据收集、法律适用、强制措施适用等问题提出初步审查指导意见,并就案件卷宗整理等形式方面的标准予以明确。据此,可以避免案件正式移送后因某些方面的问题而被退回,影响案件办理工作进程。

其二,强制措施的衔接配合机制。监察机关依《监察法》采取的监察留置措施与检察机关依《刑事诉讼法》采取的刑事强制措施是两种不同法律性质的强制措施。根据《监察法》第47条之规定,对监察机关移送的案件,检察机关应依照《刑事诉讼法》对被调查人采取强制措施。但监察留置措施与刑事强制措施

---

⑨ 参见崔凯、彭魏倬加、魏建文:《检察机关"介入侦查引导取证"的理论重塑——兼论制度的可行性》,载《湘潭大学学报》(哲学社会科学版)2017年第2期。

⑩ 参见胡朝晖、刘涛涛:《公诉提前介入职务犯罪侦查问题探索》,载《中国检察官》2015年第7期。

⑪ 参见《人民检察院侦查监督、公诉部门介入职务犯罪案件侦查工作的规定》第二条:"侦查监督、公诉部门介入职务犯罪案件侦查的主要任务是规范和引导侦查取证工作,研究法律适用问题,对侦查取证提出意见和建议,加强对侦查活动的监督。"

⑫ 目前,已有不少试点地方对检察机关的"提前介入"做出了规定,如《广东省检察机关与监察委员会办理职务犯罪案件衔接办法(试行)》提出"监察委员会在调查案件中发现被调查人涉嫌职务犯罪的,可以邀请检察机关派员提前介入了解案情。检察机关可以就证据标准、取证方向、补充调查、法律适用等问题与监察委员会进行讨论,提出建议或意见。"深圳市《关于监察机关与司法机关在查办职务违法犯罪案件中加强协作配合的意见(试行)》明确了检察机关提前介入的时限,规定"监察机关调查的职务犯罪案件需要移送起诉的,应当在正式移送15日前书面通知检察机关,协商移送事宜""检察机关接到书面通知后,应当及时派员提前介入,对证据收集、法律适用以及是否需要采取强制措施进行审查"。

之间应如何衔接,《监察法》却并未给出具体的规则指引。故此,2018年《刑事诉讼法》(草案)拟规定:"对于监察机关采取留置措施的案件,人民检察院应当对犯罪嫌疑人先行拘留,留置措施自动解除。人民检察院应当在拘留后的十日以内作出是否逮捕、取保候审或者监视居住的决定。在特殊情况下,决定的时间可以延长一日至四日。"⑬由此,基本确立了"监察留置措施先行转为刑事拘留措施""刑事拘留之后如有必要再行采取其他刑事强制措施"的程序规则。整体来看,这种程序规则既意在保证犯罪嫌疑人能够得到有效控制,又着力于监察机关和检察机关分别采行的强制措施之间的有序转换,从而为国家监察与刑事司法在强制措施上的衔接提供了最低限度的可操作性规范。但在实践中,监察留置措施与刑事拘留措施之间在具体时间上如何衔接,仍需要更为具体的规定。根据《监察法》第43条之规定:"留置时间不得超过三个月。在特殊情况下,可以延长一次,延长时间不得超过三个月。"这就意味着,留置措施的使用和延长都是有明确时限要求的,而且,从监察实践来看,采取留置措施的也往往是非常重大的职务犯罪案件。而新的《刑事诉讼法》(草案)中"对于监察机关采取留置措施的案件,人民检察院应当对犯罪嫌疑人先行拘留,留置措施自动解除"之规定,并未明确在"监察留置"的哪个期间检察机关应当采行"先行拘留"。为此,可以考虑推广深圳市的做法,引入"提前告知"程序,明确监察机关在留置措施届满15日前书面告知检察机关,从而为检察机关在留置期限届满前是否决定采取刑事拘留措施预留充足时间;同时,检察机关应当在留置期限届满10日前告知监察机关是否采取刑事拘留措施,从而为监察机关是否决定解除留置措施预留时间。⑭

(三)审判机关与监察机关的协作配合机制

在实践中,监察机关会因办理关联案件、送达处分决定等事宜需要讯问、会

---

⑬ 中国人大网发布的《中华人民共和国刑事诉讼法(修正草案)》第12条第2款规定,"对于监察机关采取留置措施的案件,人民检察院应当对犯罪嫌疑人先行拘留,留置措施自动解除。人民检察院应当在拘留后的十日以内作出是否逮捕、取保候审或者监视居住的决定。在特殊情况下,决定的时间可以延长一日至四日"。

⑭ 根据《关于深圳市监察机关与司法机关在查办职务违法犯罪案件中加强协作配合的意见(试行)》第16条之规定:"对被调查人采取留置措施的,监察机关应当在留置期限届满15日前书面告知检察机关""检察机关应当在留置期限届满10日前告知监察机关是否采取强制措施。"

见人民法院在办刑事案件被告人,或就相关法律问题向人民法院征询意见的,各级人民法院应当配合。在实践中,人民法院审理的以下三类职务犯罪案件,需要在判决前将拟判意见向同级党委反腐败协调小组报告:(1)同级党委管理的领导干部职务犯罪案件;(2)与监察委员会、检察机关就案件定性或案件处理有重大分歧的职务犯罪案件;(3)党委反腐败协调小组要求报告的其他职务犯罪案件。⑮ 据此,尽管党委反腐败协调小组与同级监察委员会互不隶属,更非等同,但鉴于监察机关党政合设的特殊体制,该规定仍可解释为审判机关协助配合国家监察工作的规范依据。

三、证据衔接机制

证据是事实认定的依据和刑事司法的基石。监察机关在行使处置权的时候,必须以事实清楚、证据确凿为基础。虽然《监察法》并未明确规定监察机关在收集、固定、审查和运用证据时直接适用《刑事诉讼法》的证据条款,但其第33条所规定的三项内容⑯仍可以合乎逻辑地解释为《刑事诉讼法》之证据规则在国家监察过程中的间接适用。由此衍生出来的问题就是“监察证据”与“刑事诉讼证据”之间的转化和衔接课题。

(一)证据标准的统一性

证据的目的在于有效证明案件事实,而证据能否达到此目的则涉及到证据的标准问题。尽管监察证据主要是充当监察案件处置的依据,而刑事证据则是用于刑事案件裁判的依据,二者适用的程序不同,证据的强度要求可以有差异,但其标准应当是统一的。具体而言:

其一,根据《中共中央纪律检查委员会关于查处党员违纪案件中收集、鉴

⑮ 实践中,各级反腐败协调小组都根据自身工作情况制定了相关的工作规则和办事规则,如深圳市就通过《中共深圳市委反腐败协调小组工作规则》《深圳市反腐败工作协调联席会议制度》等文件对人民法院就职务犯罪案件向反腐败协调小组报告的制度进行了规定。

⑯ 《监察法》第33条所规定的三项内容包括:(1)证据类型与准用——“监察机关收集的物证、书证、证人证言、被调查人供述和辩解、视听资料、电子数据等证据材料,在刑事诉讼中均可以作为证据使用。”(2)证据要求与标准——“监察机关在收集、固定、审查、运用证据时,应当与刑事审判关于证据的要求和标准相一致。”(3)非法证据排除——“以非法方法收集的证据应当依法予以排除,不得作为案件处置的依据。”

别、使用证据的具体规定》第 21 条之规定:案件的证据与事实应当具有客观联系,并且形成一个完整的证明体系,在足以排除其他可能性前提下,才能作为定案依据。这就意味着在监察过程中,违纪审查的证据应当符合客观性、关联性和排他性等基本标准。

其二,根据《监察法》第 33 条之规定,监察机关收集、固定、审查、运用证据,应当与刑事审判的要求和标准一致,对以非法方法收集的证据应当予以排除。而所谓"刑事审判的要求和标准"即《刑事诉讼法》第 53 条所规定的"证据确实、充分,且均经法定程序查证属实。"这就意味着监察过程中,违法调查的证据应当达到客观性、真实性、充分性、合法性等基本标准。

其三,为了确保监察机关收集的物证、书证、证人证言、被调查人供述和辩解、视听资料、电子数据等证据材料,能够在刑事诉讼中当做证据使用,监察机关在收集、固定和审查证据的时候,就应当秉持"就高不就低"的原则,主动对标刑事证据标准和非法证据排除规则。

(二)证据转化问题

在实践中,党的纪律检查机关在办理违纪案件过程中收集的证据,特别是言词证据,能否在刑事诉讼领域直接使用,一直存在较大的争议。赞成者从证据证明力的角度出发,认为"如果案件当事人或证人在诉讼阶段改变供词和证言,不用纪检监察阶段获得的言词证据,有些案件就难以证实,从而难以有效地打击这些犯罪现实";反对者从证据合法性的角度出发,认为"纪检监察言词证据虽然有一定证明力,但因其取证主体不合法,所获得的言词证据只能作为司法机关获取证据的线索和参考材料。"⑰

其一,根据过往做法,由于违纪审查案件的证据收集主体和程序与《刑事诉讼法》的规定不一致,纪检机关收集的证据特别是言词证据,往往需要经过检察机关立案侦查后进行重新收集,方能在刑事诉讼中使用。这样一来,既浪费了司法资源、降低了工作效率,又变相地放大了违纪审查在法治化、规范化方面的不足。

---

⑰ 龙宗智:《证据法的理念、制度与方法》,法律出版社 2008 年版,第 98 页。

其二，国家监察体制改革后，鉴于监察机关在违法调查中依法收集的证据可以在刑事诉讼中使用，纪检监察机关在办理违纪违法案件中，可以统合违纪审查程序和违法调查程序，统一收集能够证明案件事实的各种证据材料，从而能够有效避免重复取证所造成的公权力资源浪费。其中：(1)在收集言词证据时，可采行一套工作程序、两套办案文书的模式，针对违纪问题和违法问题一并开展谈话，同时用两种不同的文书进行记录，以便于后续证据运用和案卷材料的移送、归档，无须考虑重复取证带来的言词证据转化问题。(2)关于实物证据，鉴于其稀缺性特征和证据间接证明力的作用，自然不用考虑证据转化问题，例如对刑事司法程序中的鉴定结论与纪检监察证据的鉴定结论来说，其在学理上具有共通性。对于纪检监察人员移送的鉴定意见，实践中的通常做法是，检察机关认为鉴定程序合法、鉴定意见客观公正的，可以准许进入刑事诉讼，作为刑事诉讼案件证据使用。

(三)非法证据排除问题

非法证据排除规则是刑事司法制度中标志性的证据规则，是程序公正乃至国家法治发达程度的重要标尺。⑱ 监察机关收集的证据依法可以在刑事诉讼中使用，同时也意味着必须适应以审判为中心的诉讼制度改革，与刑事审判关于证据的要求和标准相一致，因此，应当适用非法证据排除规则。具体而言：

其一，检察机关在对监察机关调查终结案件进行审查的过程中，如果发现监察机关办案人员以非法方法收集证据材料的，应当依照《刑事诉讼法》和《关于办理刑事案件严格排除非法证据若干问题的规定》予以排除。为了保证检察机关对监察委员会调查工作的有效监督，还需要建立对讯问、取证工作全程录音、录像制度，并在移送起诉时随案移送录音录像资料，以备审查。

其二，审判机关在案件审理过程中，对于监察机关收集的证据材料，必须经过质证方能作为定案的依据；同时，应当依职权或者根据被告人及其辩护人的申请对监察机关收集证据的合法性进行法庭调查，如果发现有通过刑讯逼供、暴力、威胁等非法手段取得的证据，应当根据《刑事诉讼法》和《关于办理刑事案件排除非法证据若干问题的规定》予以排除。特别是对于言词证据，法庭如果对

⑱ 参见陈光中：《对〈严格排除非法证据规定〉的几点个人理解》，载《中国刑事法杂志》2017年第4期。

证据收集的合法性有疑问的,可以依法通知监察机关讯问人员出庭作证,监察机关讯问人员应当出庭作证,就言词证据收集的合法性作出说明,确保职务犯罪案件审理的程序正义。

其三,根据《监察法》第 28 条之规定,监察机关调查涉嫌重大贪污贿赂等职务犯罪,根据需要,经过严格的批准手续,可以采取技术调查措施,按照规定交有关机关执行。但 2018 年《刑事诉讼法》(草案)并未明确规定人民检察院对监察机关调查涉嫌重大贪污贿赂等职务犯罪,特别是采取技术调查措施,进行法律监督职能和手段。针对这一情况,有学者从非法证据排除的角度提出,检察机关对监察委员会技术侦查权的监督主要应通过审查批捕和审查起诉程序进行——在审查批捕和审查起诉程序中,检察机关通过讯问犯罪嫌疑人、审阅案卷材料、听取辩护人意见等途径可能发现监察委员会在专门调查阶段违法实施技术侦查的相关线索,针对相关线索检察机关应进行调查核实。一旦查证存在违法技术侦查的事实检察机关应参照最高检《人民检察院刑事诉讼规则(试行)》第 566 条和第 572 条的规定,视情况分别作出口头提出纠正意见、发出纠正违法通知书、移送有关机关追究相关人员刑事责任的处理。⑲

四、审查起诉中的程序衔接

根据《监察法》规定,监察机关调查终结的案件,应当依法移送检察机关审查起诉。人民检察院应当根据刑事诉讼法的规定,对犯罪事实、证据、犯罪性质和罪名等进行审查,从而决定是否符合起诉条件,如果人民检察院经审查后认为不符合起诉条件的,有权根据情况决定是否应当将案件退回监察机关补充调查,或者作出不起诉的决定。⑳

(一)监察机关的移送起诉

根据《监察法》第 45 条第 2 款之规定,对涉嫌职务犯罪的,监察机关经调查认为犯罪事实清楚,证据确实、充分的,制作起诉意见书,连同案卷材料、证据一

---

⑲ 参见郑曦:《监察委员会技术侦查权研究》,载《学习与探索》2018 年第 1 期。

⑳ 参见朱福惠:《论检察机关对监察机关职务犯罪调查的制约》,载《法学评论》2018 年第 3 期。

并移送人民检察院依法审查、提起公诉。

其一，监察机关在调查后认为被调查人涉嫌职务犯罪的，应当依法制作文书，并与相应材料、证据等一并移送人民检察院，移送工作主要涉及案件材料的移送、被调查人强制措施的转换和涉案款物的移送等三个方面的内容。根据监察机关内部的职能划分，案件材料的移送主要由案件审理部门负责，被调查人的移送主要由审查调查部门负责，涉案款物的移送主要由案件监督管理部门负责。而检察机关对移送案件的接收工作应统一由检察机关案件监督管理部门负责，材料收齐后再行分流指具体承办部门。在实践中，不少地方的检察机关已经探索建立了统一的职务犯罪检察部的做法，如北京市各级检察机关就统一设立职务犯罪检察部，专门负责与监察机关的衔接工作以及立案审查工作，以促进工作衔接规范有序。㉑

其二，在案件材料移送过程中还需要结合监察工作实际，制定符合实践需求的程序规则。具体而言，当前监察机关在办理违纪违法案件过程中，往往采取了“一竿子插到底”的方式，即违纪调查和违法犯罪调查的同步展开的做法，这就意味着调查结束之后监察机关会分别形成执纪审查、职务违法犯罪调查两份报告，这两份报告会同时交给审理部门进行审核并作出相应的党纪处分和政务处分。㉒ 所以，在案件移送起诉时，需要提交给检察机关只是职务违法调查这一份报告，违纪报告无须随案移送。但在实践中为了避免程序回流和重复调查的问题，监察机关在移送材料时有必要将职务违法犯罪调查报告进一步整理为“两卷”，即文书程序卷和证据卷。检察机关若发现案件事实不够清晰、无法组成完整证据链的，可退回监察机关补充调查，而监察机关也只需要对证据卷进行修改与核查，这样既能够确保检察机关对监察委员会的制衡，又能督促监察委员会做好前期调查工作，实现监察程序和司法程序的有效衔接。㉓

（二）检察机关的审查起诉

对于监察机关移送的职务犯罪案件，检察机关应当对移送案件的事实和证

㉑ 参见吴建雄：《国家监察体制改革背景下职务犯罪检察职能定位与机构设置》，载《国家行政学院学报》2018 年第 1 期。

㉒ 参见李兵、赵艳群：《北京探索执纪执法“一程序两报告”》，载《中国纪检监察报》2018 年 3 月 25 日，第 3 版。

㉓ 参见刘艳红：《监察委员会调查权运作的双重困境及其法治路径》，载《法学论坛》2017 年第 11 期。

据进行审查,并作出是否起诉的决定。在案件移送审查起诉的过程中,监察机关与检察机关应当就以下几个问题做好工作衔接:

其一,退回补充调查问题。根据《监察法》第47条之规定,对于监察机关移送的案件,人民检察院经审查,认为需要补充核实的,应当退回监察机关补充调查。对此,2018年《刑事诉讼法(修正草案)》有衔接性规定:"人民检察院对于监察机关移送起诉的案件,依照本法和监察法的有关规定进行审查。人民检察院经审查,认为需要补充核实的,应当退回监察机关补充调查。"㉔这就意味着:(1)人民检察院对于监察机关移送起诉的案件实行审查的法律依据不仅仅是《刑事诉讼法》,还包括《监察法》;(2)人民检察院对于监察机关移送起诉案件的审查方式必须是"实质审查",而非"形式审查";(3)"退查"是检察机关对监察机关职务犯罪调查职权及其活动的监督机制,监察机关应当根据"退查"意见,对相关事实进行补充核实;(4)为确保"退查"决定的权威和效力,《监察法》第47条明确规定:"对于补充调查的案件,应当在一个月内补充调查完毕。补充调查以二次为限";(5)为准确查明案件事实、完善补强证据、保障公诉案件质量,加强对监察机关职务犯罪调查活动的法律监督,《监察法》第47条和2018年《刑事诉讼法(修正草案)》均规定检察机关"必要时可以自行进行侦查"。据此,在检察机关与监察机关对案件的事实和证据认识存在较大分歧,不宜退回补充侦查或者案件当事人提出非法证据排除,监察机关办案人员可能有违法调查行为,关键证据需要检察机关调查核实等情形时,便可启动自行侦查程序。

其二,是否作出起诉决定问题。(1)根据《监察法》第47条之规定,对于监察机关移送的案件"人民检察院经审查,认为犯罪事实已经查清,证据确实、充分,依法应当追究刑事责任的,应当作出起诉决定"。这就意味着,检察机关对于监察机关移送的案件进行起诉审查时,应当适用《监察法》第47条之规定,在符合其所规定的"犯罪事实清楚""证据确实充分""依法(刑法)应当追究刑事责任"三个基本标准的情形下,应当作出起诉决定——此规定实际上是对检察机关公诉审查权的一种制约;(2)人民检察院对于有《刑事诉讼法》第15条规定

㉔ 中国人大网发布的《中华人民共和国刑事诉讼法(修正草案)》第12条第1款规定,"人民检察院对于监察机关移送起诉的案件,依照本法和监察法的有关规定进行审查。人民检察院经审查,认为需要补充核实的,应当退回监察机关补充调查,必要时可以自行补充侦查"。

的不起诉情形的，或者犯罪情节轻微不需要判处刑罚的，抑或退回补充调查二次后仍然认为事实不清、证据不足的，经上一级人民检察院批准，可依法作出不起诉决定。这就意味着，检察机关作出不起诉决定时，应当适用《刑事诉讼法》第15条之规定；(3)监察机关认为不起诉的决定有错误的，可以向上一级人民检察院提请复议。这就意味着《监察法》规定了监察机关对于检察机关的不起诉决定的制约机制。鉴于监察机关作出不起诉决定所适用的法律是《刑事诉讼法》第15条之规定，因此，监察机关应当根据该条规定提请复议，上一级人民检察院也应当根据该条规定对被申请监察机关做出的不起诉决定“是否错误”进行审查。至于监察机关申请复议之程序以及监察机关受理复议、审查复议申请之程序，应由最高国家监察机关和最高检察院联合出台相关解释予以明确。

其三，提请没收违法所得问题。根据《监察法》第48条之规定：“被调查人逃匿，在通缉一年后不能到案，或者死亡的，由监察机关提请人民检察院依照法定程序，向人民法院提出没收违法所得的申请。”这里涉及两个问题：一则监察机关在作出“没收违法所得”决定时，应当符合《监察法》第45条第4项规定之标准，即犯罪事实清楚，证据确实充分；并制作提请意见书，连同案卷材料、证据一并移送人民检察院；二则检察机关在收到监察机关“没收违法所得”之提请意见书后，应当根据《监察法》第45条和第47条之规定，对案卷材料和证据进行审查；并结合《刑事诉讼法》的相关规定作出是否向人民法院提出，监察机关有权向检察机关发出没收违法所得的意见书，提请其依法向有管辖权的法院提出没收违法所得之申请。

其四，审查时限和速裁程序适用问题。(1)根据2018年《刑事诉讼法(修正草案)》之规定，人民检察院对于监察机关移送起诉的案件，应当在一个月以内作出决定，重大、复杂的案件，可以延长半个月。这一规定明确了检察机关对于监察机关移送起诉案件一般应当在一个月之内作出起诉或者不起诉之决定，审查时限最长不得超过半个月。㉕ (2)根据《监察法》第31条之规定，涉嫌职务犯

㉕ 参见中国人大网发布的《中华人民共和国刑事诉讼法(修正草案)》第13条规定，“人民检察院对于监察机关、公安机关移送起诉的案件，应当在一个月以内作出决定，重大、复杂的案件，可以延长半个月；犯罪嫌疑人认罪认罚，符合速裁程序适用条件的，应当在十日以内作出决定，对可能判处的有期徒刑超过一年的，可以延长至十五日”。

罪的被调查人主动认罪认罚,并有自动投案、真诚悔罪悔过,或积极配合调查工作、如实供述监察机关还未掌握的违法犯罪行为,或积极退赃、减少损失,具有重大立功表现或者案件涉及国家重大利益等情形的,监察机关经领导人员集体研究,并报上一级监察机关批准,可以在移送人民检察院时提出从宽处罚的建议。检察机关对于监察机关提出的"从宽处罚建议",应当依法进行审查,如果符合《监察法》第31条之规定,根据2018年《刑事诉讼法(修正稿)》之规定,在提起公诉的时候,建议人民法院适用速裁程序。

五、案件审理中的程序衔接

在审判环节,由监察机关调查终结的职务犯罪案件和由公安机关侦查终结的一般刑事犯罪案件一样,均适用《刑事诉讼法》规定的程序进行裁判。但鉴于职务犯罪案件本身的特殊性以及《监察法》第48条、第31条、第44条等规定,有关职务犯罪的缺席审判、认罪认罚从宽处罚以及没收违法所得等程序,仍属于国家监察与刑事司法衔接的议题范围。

(一)缺席审判

在2012年《刑事诉讼法》修订以前,我国的刑事司法并无缺席审判制度的相关规定。其考虑有二:一是担心出现冤假错案;二是担心在被告人缺席的情形下刑事处罚或被虚置。㉖。有鉴于此,2012年《刑事诉讼法》(修正案)采取相对保守思路,仅在犯罪嫌疑人、被告人逃匿、死亡案件违法所得的没收案件中规定了狭隘意义上的缺席审判制度。㉗ 2018年《刑事诉讼法(修正草案)》则专门增设"缺席审判程序"一章,其中规定"对于贪污贿赂等犯罪案件,犯罪嫌疑人、被告人潜逃境外,监察机关移送起诉,人民检察院认为犯罪事实已经查清,证据确实、充分,依法应当追究刑事责任的,可以向人民法院提起公诉。人民法院进行

㉖ 参见邓思清:《刑事缺席审判制度研究》,载《法学研究》2017年第3期。

㉗ 参见钱文杰:《我国刑事司法中的缺席审判——基于刑事诉讼特别没收程序的观察与思考》,载《河北法学》2018年第4期。

审查后，对于起诉书中有明确的指控犯罪事实的，应当决定开庭审判。”[28]据此，一则监察机关调查终结并依法向检察机关移送起诉的职务犯罪案件，检察机关不得因犯罪嫌疑人或者被告人未被控制而拒绝提起公诉；二则对监察机关依法移送起诉的案件，检察机关依法审查并向法院提起公诉的，人民法院不得因犯罪嫌疑人或者被告人缺席而拒绝开庭审判。

（二）认罪认罚从宽建议的审查

监察机关对于主动认罪认罚并符合《监察法》第31条规定的被调查人员，可以在移送人民检察院时提出从宽处罚的建议。对于监察机关依法提出的“从宽处罚建议”，检察机关应当依法予以审查。根据2018年《刑事诉讼法（修正稿）》第170条之规定，人民检察院在审查案件时，应当告知犯罪嫌疑人的诉讼权利内容和法律后果，并将“从轻、减轻或者免除处罚等从宽处罚的建议”“认罪认罚后案件审理适用的程序”作为必须记录在案的基本内容。[29]“犯罪嫌疑人自愿认罪，同意量刑建议和程序适用的，应当在辩护人在场的情况下签署认罪认罚具结书”[30]，并在起诉书中写明，随案移送审判机关。[31]“对于认罪认罚案件，人民法院依法作出判决时，一般应当采纳人民检察院指控的罪名和量刑建议”[32]。

（三）监察机关提请检察机关向人民法院提出抗诉

对于审判机关作出的刑事判决，在国家监察体制改革以前，检察机关可以根据《刑事诉讼法》和《人民检察院刑事诉讼规则（试行）》的相关规定，依照法定程

---

[28] 中国人大网发布的《中华人民共和国刑事诉讼法（修正草案）》第24条，其将“缺席审判程序”在第五编的基础上增加一章，作为第三章，并设置了从第291到第297等7个条款。

[29] 参见中国人大网发布的《中华人民共和国刑事诉讼法（修正草案）》第14条规定，“人民检察院审查案件，应当讯问犯罪嫌疑人，告知其享有的诉讼权利和认罪认罚可能导致的法律后果，听取犯罪嫌疑人、辩护人、被害人及其诉讼代理人对下列事项的意见，并记录在案”。

[30] 中国人大网发布的《中华人民共和国刑事诉讼法（修正草案）》第15条规定，“犯罪嫌疑人自愿认罪，同意量刑建议和程序适用的，应当在辩护人在场的情况下签署认罪认罚具结书”。

[31] 参见中国人大网发布的《中华人民共和国刑事诉讼法（修正草案）》第16条规定，“人民检察院可以在起诉书中就主刑、附加刑、刑罚执行方式等提出量刑建议。犯罪嫌疑人认罪认罚的，应当在起诉书中写明，并随案移送认罪认罚具结书等材料”。

[32] 中国人大网发布的《中华人民共和国刑事诉讼法（修正草案）》第20条规定，“对于认罪认罚案件，人民法院依法作出判决时，一般应当采纳人民检察院指控的罪名和量刑建议”。

序提出抗诉,由上一级审判机关对原审案件进行全面审查。改革之后,监察机关接替检察机关,对职务犯罪案件依法进行调查,并与检察机关、审判机关在办理职务犯罪领域构成了新的刑事司法关系。据此,作为职务犯罪案件调查机关,监察机关如果认为审判机关作出的刑事判决存在错误,有权提请上级人民检察院按照审判监督程序向同级人民法院提出抗诉。接受抗诉的人民法院应当组成合议庭重新审理,对于原判决事实不清楚或者证据不足的,可以指令下级人民法院再审。审判机关对原审判决进行全面审查后,如果认为原判决存在错误的,应当依法予以改判;如果认为原判决正确的,应予以维持。

(四)违法所得处理与刑期折抵

根据《监察法》第 46 条之规定,监察机关经调查,对涉嫌犯罪取得的财物,应当随案移送人民检察院。检察机关依法审查后,在提起公诉时,应将涉嫌犯罪取得的财物随案移送人民法院,审判机关应当依法判决追缴或者没收违法所得。根据《监察法》第 48 条之规定,被调查人逃匿,在通缉一年后不能到案,或者死亡的,由监察机关提请人民检察院依照法定程序,向人民法院提出没收违法所得的申请,人民法院应当依法受理,并开庭审理。根据《监察法》第 44 条之规定,对于被采取留置措施的被告人,审判机关在判处管制、拘役或有期徒刑的刑罚时,应当将留置的期限折抵刑期,其中留置一日折抵管制二日,折抵拘役、有期徒刑一日,从而实现职务犯罪量刑的实体正义。

结　语

在其规范意义上,国家监察与刑事司法的衔接机制问题主要即体现为《监察法》与《刑事诉讼法》两法衔接的问题。目前,国家监察制度运行仍属于"试点"阶段,就两法衔接问题各地方实务部门都在做积极探索,但尚未形成统一模式。在此情况下,今年《刑事诉讼法》的修改,即在其中一端作出了有针对性的"对接"。但《监察法》这一端尚需更具可操作性的解释。故此,最高国家监察机关可以参仿司法解释制度,对《监察法》作出监察解释。如是,既可切实因应两法衔接之实践需要,亦可为《监察法》的准确统一适用提供权威准据。

法规审查制度运行的双重悖论

林　彦*

内容摘要：从运行实践观之，法规审查制度存在两大悖论。其一，审查请求权配置不平衡遭遇激励失灵的窘境。立法者所偏爱的重要机关并未行使审查请求权。与之相反，公民、其他组织等成为审查建议的主要提出主体。其二，申请资格门槛低与审查实体要求高之间存在张力。同时，成功的审查个案表明，该制度初步显现出由抽象审查向准附带性审查转化的迹象。为了破解悖论一，立法机关应当慎重评估赋权重要机关的必要性，以避免因长期虚置影响审查制度的权威。更有效的方案是将法律询问答复制度与常委会主动审查进行嫁接。解决悖论二的长远之计应当包括建立审查建议筛选机制等，但近期不宜建立过于严密的筛选机制，以免造成审查制度本身动力不足。

关键词：法规审查　双重悖论　运行实效　完善对策

一、问题的提出

近期，全国人大常委会首次听取审议了备案审查工作情况的报告。① 这也是自系统设立以来官方首次对该制度运行现状进行全面梳理，因此引起舆论和学界的广泛关注。全国人大常委会将该制度定位为“符合中国国情、具有中国

* 林彦，上海交通大学凯原法学院教授、凯原青年学者。发表于《中外法学》2018 年第 4 期。

① 参见沈春耀：《全国人民代表大会常务委员会法制工作委员会关于十二届全国人大以来暨 2017 年备案审查工作情况的报告》（2017 年 12 月 24 日在第十二届全国人民代表大会常务委员会第三十一次会议上），载中国人大网：http://www.npc.gov.cn/npc/xinwen/2017-12/27/content_2035723.htm，最后访问日期：2018 年 3 月 10 日。

特色的一项宪法性制度设计"②,同时也意识到其还存在诸多完善的空间。③

当前,健全宪法实施和监督制度已然成为全面推进依法治国战略的重要内容。十九大明确提出,"加强宪法实施和监督,推进合宪性审查工作,维护宪法权威。推进科学立法、民主立法、依法立法,以良法促进发展、保障善治"。④ 除了正在讨论中的宪法解释制度的程序构建之外,⑤如何进一步完善法规审查制度⑥也理应成为一个必要选项,"为推进合宪性审查工作奠定基础。"⑦。就后者而言,《立法法》修正案已在以下两个方面嵌入了制度补丁:其一是引入主动审查机制;其二则是建立更为有效的申请回馈机制。⑧ 这两个补丁是否足以进一步激活法规审查制度、为其武装上"牙齿",需要对充分盘点该制度前期实施效果的基础上做出客观的评判。

法规审查制度脱胎于法规备案制度。⑨《立法法》将其法定化的初衷是"为了维护法制的统一……解决实践中存在的法规、规章与法律相抵触,法规与规章之间互相矛盾的问题。"⑩具体而言,该制度包含以下几个要素:其一,有权启动该程序的主体广泛,不仅包括国务院等国家机关,而且也包括社会团体、企业事业组织和公民。⑪ 其二,审查对象有限,仅包括行政法规、地方性法规、自治条例

---

② 张德江:《在十二届全国人大常委会第三十一次会议上的讲话》(2017年12月27日),载中国人大网:http://www.npc.gov.cn/npc/xinwen/2018-01/03/content_2036246.htm。

③ 同注1。

④ 习近平:《决胜全面建成小康社会 夺取新时代中国特色社会主义伟大胜利》。

⑤ 参见秦前红:《〈宪法解释程序法〉的制定思路和若干问题研究》,载爱思想网:http://www.aisixiang.com/data/88608.html,最后访问日期:2015年6月5日。

⑥ 在学界和立法实务界,法规审查制度通常与法规备案制度相提并论,统称为"备案审查制度"。事实上,两者之间在制度功能上存在着明显的差异。根据权威的解释,"备案与审查都属于人大及其常委会监督权的范畴,备案属于知情权,是人大及其常委会了解报送机关有关立法情况的方式,它可以独立完成。审查属于审议权,它必须在行使知情权的基础上进行。备案与审查性质不同,是立法监督工作的两个环节、两种制度"。参见张春生主编:《〈中华人民共和国立法法〉释义》,法律出版社2000年版。

⑦ 同注1。

⑧ 参见《立法法》(2015年)第99条第3款、第101条。

⑨ 有关制度演变过程,参见钱宁峰:《规范性文件备案审查制度:历史、现实与趋势》,载《学海》2007年第3期;郑磊著:《宪法审查的启动要件》,法律出版社2009年版,第250~252页。

⑩ 全国人民代表大会常务委员会法制工作委员会主任顾昂然:《关于〈中华人民共和国立法法〉的说明》(2000年3月9日在第九届全国人民代表大会第三次会议上)。

⑪ 《立法法》(2015年)第99条。

和单行条例，不包括法律，也不包括司法解释⑫。其三，作为一种典型的抽象审查制度，其审查要求或建议的提出只要基于提出主体对法规违法性的主观判断（“认为”）即可，而不要求以某一具体争议的存在作为基础事实。其四，在处理方式上，采用制定机关自我纠错（修改）和全国人大常委会监督（撤销）相结合。

确立之初，学界曾对该制度寄予厚望。有学者认为，其“对我国宪法所确立和规定的违宪审查制度，有一定的完善和发展作用。”⑬也有的评论道，“这是我国民主立法制度化的实质进步，是完善现行违宪监督体制的重要举措”“它对维护宪法权威，推进我国政治体制改革、发展社会主义民主、实现法治立国具有里程碑性的历史意义”。⑭

然而，随着时间的推移，该制度所存在的问题也渐渐为理论界和实务界所认识和揭示。有人认为，该制度的主要问题包括未将法律纳入审查范围、缺乏对审查后具体处理措施的规定。⑮ 也有学者则详细罗列剖析了审查的启动阶段、立案阶段、审查阶段、修改或撤销阶段等各个环节所存在的程序及实体漏洞。⑯ 也有学者专门就公民、法人、其他组织审查申请程序展开研究，并指出其存在“缺乏刚性启动要件”“处理程序不够透明”“过滤程序太多”“缺乏建议人以及利益相关方参与的必要程序”等问题。⑰

全国人大常委会办公厅研究室四局局长宋锐认为，造成法规备案审查工作不力的原因主要包括以下两个方面：一是相关程序和工作机构尚不健全；二是观念和意识上的欠缺，包括社会的监督意识不强以及国家机关之间过于强调和谐

---

⑫ 全国人大常委会法工委将司法解释也纳入到备案审查的范围之内。此举并不符合《立法法》，值得商榷。参见注1。

⑬ 胡锦光：《立法法对我国违宪审查制度的发展及不足》，载《河南省政法管理干部学院学报》2000年第5期。

⑭ 徐向华、林彦：《我国〈立法法〉的成功与不足》，载《法学》2000年第6期。

⑮ 参见胡锦光：《立法法对我国违宪审查制度的发展及不足》，载《河南政法干部管理学院学报》2000年第5期。

⑯ 参见俞江：《试论我国违宪审查程序及其障碍》，载《华中科技大学学报》（社会科学版）2003年第4期。

⑰ 参见焦洪昌、张鹏：《试论我国违宪违法审查建议处理程序及其完善》，载《河南工业大学学报》（社会科学版）2013年第4期。

而导致的监督废弛。[18] 有学者表达了如下类似的忧虑："缺乏运行制度的基本物质载体——强有力的审查机构及充足的职业化人员配备；缺乏从制度过渡到现实的阶梯——程序保障；缺少启动与运行制度的发动机——民众的参与；缺乏与制度配套的责任制度。"[19]

面对上述批评和建议，全国人大常委会至少从 2004 年开始已经着手制度完善的作业，包括成立法规审查备案室；2015 年对《立法法》进行修改，尤其是增加回应机制以及将主动审查法定化；以及常态化地将该制度实施情况向常委会报告。

进一步推进宪法实施并使其成为制度红利已成为社会共识。我们更应当冷静而审慎地进行制度设计，尤其要注重对既有制度开展稳健的改革。作为目前最为稳定、最核心的既存制度环节，法规审查制度的优化升级便成为题中之义。笔者认为，该制度的完善必须基于对制度本身的全面评价和反思之上，而实现这一目的的最稳妥方式是通过对制度实践的分析反观立法设计的合理性。本文通过对若干有影响力审查个案的研究认为，现行法规审查制度存在双重悖论，即申请主体权利配置错位，以及申请受理资格条件明松实紧。

二、悖论一：审查请求权差序格局与激励失灵

（一）具体表现

法规审查制度的第一个悖论便是审查提出主体权利的错位配置。

首先，《立法法》所倚重的重要国家机关并未积极行使法规审查请求权。《立法法》实施十八年来，从来没有一个机关公开地根据《立法法》第 90 条第 1 款提出法规审查请求。2004 年，全国人大常委会办公厅研究室四局局长宋锐同志曾透露："2003 年，常委会收到公民或法人提出的法规审查建议 10 件。自立法法颁布以来，我们已陆续收到公民、法人、'其他国家机关'提出的审查建议共 23 件（其中 2002 年收到 10 件，2003 年收到 10 件，2004 年收到 3 件）。"[20]显然，

---

⑱ 参见宋锐：《关于全国人大常委会法规备案审查工作的几个问题》，载《中国人大》2004 年第 3 期。

⑲ 宋鹏举、俞俊峰：《论法规规章备案审查制度的完善》，载《人民论坛》2011 年第 17 期。

⑳ 宋锐：《关于全国人大常委会法规备案审查工作的几个问题》，载《中国人大》2004 年第 3 期。

仅有公民、法人、“其他国家机关”提出申请，意味着作为《立法法》第 90 条第 1 款申请主体的重要国家机关在此期间却并未提出审查建议。全国人大常委会法工委法规备案审查室副主任田燕苗 2013 年在内部交流会议提及历年来审查申请数量时也并未提到任何重要国家机关申请的具体数字和个案。㉑ 其他学者也已证实这一判断。㉒ 全国人大常委会法工委负责人也透露，十二届全国人大期间“没有收到过有关国家机关提出的审查要求。”㉓重要国家机关的集体沉默也许是制度设计者始料未及的。

其次，与上述现象形成巨大反差的是，重要国家机关以外的主体，特别是公民却成为了最活跃的审查请求提出者，尽管申请总量也并不高。除宋锐同志提及的 2004 年前收到的 23 份请求之外，田燕苗同志也透露，“从 2004 年 5 月全国人大常委会法工委法规备案审查室成立以来，共收到公民、组织提出的审查建议千件左右，最近五年来，共收到各类审查建议 336 件”。㉔ 国务院法制办副主任袁曙宏同样提到，“2004 年 5 月至 2011 年 11 月全国人大常委会法工委共收到各方面提出的书面审查建议 1004 件”。㉕ 全国人大常委会于 2010 年披露，2009 年其“受理公民、组织提出审查建议 86 件。”㉖此外，根据最新的统计数据，“十二届全国人大以来，法制工作委员会共收到公民、组织提出的各类审查建议 1527 件，其中 2013 年 62 件，2014 年 43 件，2015 年 246 件，2016 年 92 件，2017 年 1084 件”。㉗ 在 1527 件中，有 1116 件是针对司法解释的。但是，由于司法解释并非法规审查制度的规范对象，这些针对司法解释提出的审查申请严格意义上并不属于法规审查的范畴。因此，十二届全国人大期间法规审查申请数量应为 411

㉑ 参见《上海市人大常委会规范性文件备案审查工作会议召开》，载全国人大网：http://www.npc.gov.cn/npc/xinwen/dfrd/sh/2013-12/16/content_1817088.htm。

㉒ 参见陈道英：《全国人大常委会法规备案审查制度研究》，载《政治与法律》2012 年第 7 期。

㉓ 沈春耀：《全国人民代表大会常务委员会法制工作委员会关于十二届全国人大以来暨 2017 年备案审查工作情况的报告》(2017 年 12 月 24 日在第十二届全国人民代表大会常务委员会第三十一次会议上)，载全国人大网：http://www.npc.gov.cn/npc/xinwen/2017-12/27/content_2035723.htm。

㉔ 《上海市人大常委会规范性文件备案审查工作会议召开》，http://www.npc.gov.cn/npc/xinwen/dfrd/sh/2013-12/16/content_1817088.htm。

㉕ 袁曙宏：《加入世贸组织十年我国法治建设回顾与前瞻》，载《中国党政干部论坛》2012 年第 4 期。

㉖ 《全国人民代表大会常务委员会工作报告》(2009 年)。

㉗ 沈春耀：《全国人民代表大会常务委员会法制工作委员会关于十二届全国人大以来暨 2017 年备案审查工作情况的报告》(2017 年 12 月 24 日在第十二届全国人民代表大会常务委员会第三十一次会议上)，http://www.npc.gov.cn/npc/xinwen/2017-12/27/content_2035723.htm。

件。综上初略统计可知，非重要国家机关提出的申请总量已经超过 1500 件。

此外，《立法法》实施以来，律师、法学教授等不断提出各种审查请求，客观上提高了公众对于法规审查制度的认知。除了产生广泛影响的针对《城市流浪乞讨人员收容遣送办法》《城市房屋拆迁管理条例》、劳动教养制度等审查申请之外，有学者曾提出对二元户口体制及城乡二元制度进行违宪审查的建议；㉘有公民及律师对《婚姻登记条例》及《黑龙江省母婴保健条例》是否违反《母婴保健法》提出审查请求；㉙河南 4 名律师曾要求审查《河南省农作物种子管理条例》是否违反《种子法》㉚；当然还包括近期所集中披露的包括各地审计条例违反《审计法》、杭州地方性法规违反《行政强制法》等更为鲜活的个案㉛……尽管面临程序上的不便和限制，一些公民还是尝试通过提出审查建议实现权利救济、制度变革的目的。

申请主体参与意愿的冷暖错位与制度设计的初衷南辕北辙。从制度表述来看，原《立法法》第 90 条㉜对审查请求主体所赋予的权利的配置是不平衡的。一方面，审查申请制度更青睐国务院、中央军委、最高人民法院、最高人民检察院以及省级人大常委会这些国家机关㉝，为它们提供程序上的便利。这些机关所提出的审查请求可以直接“由常务委员会工作机构分送有关的专门委员会进行审查、提出意见”。㉞ 另一方面，其他国家机关㉟、社会团体、企业事业组织以及公民提出的书面审查申请则要通过更为严格的程序控制。具体而言，这些审查建议，必须“由常务委员会工作机构进行研究，必要时，送有关的专门委员会进行审查、提出意见。”㊱第二类审查建议不仅必须先接受常务委员会工作机构的审查，

㉘ 参见李慎波：《能否将违宪审查进行到底》，载《法制早报》2004 年 11 月 18 日。

㉙ 参见廖卫华：《两公民致信全国人大要求审查黑龙江强制婚检》，载《新京报》2005 年 8 月 3 日。

㉚ 参见谢远东：《四律师上书人大 请审河南省农作物种子管理条例》，载《法制日报》2003 年 11 月 20 日，载 https://news.qq.com/a/20031120/000132.htm，最后访问日期：2017 年 12 月 6 日。

㉛ 同注 1。

㉜ 除了增加第三款“有关的专门委员会和常务委员会工作机构可以对报送备案的规范性文件进行主动审查”之外，该条内容在此次《立法法》修改中保持不变。参见《立法法》(2015 年)第 99 条。

㉝ 为叙述方面，下文统称为“重要国家机关”。

㉞ 《立法法》(2015 年)第 99 条第 1 款。

㉟ 根据文意理解，此处的“其他国家机关”应指除第 99 条第 1 款明确的国家机关以外的其他国家机关，如国务院所属的部门、市县级的国家机关等。

㊱ 《立法法》(2015 年)第 99 条第 2 款。

而且是否送请专门委员会审查并不确定。这是泾渭分明的两条路径。"'要求权'和'建议权'是两个不同的概念。提出审查要求是一种正式的审查启动程序,一旦有权机关提出了审查要求,就要进入正式审查程序。而提出审查建议,能否进行正式审查程序,还要经常委会工作机构进行研究,看是否必要。"㊲

对于这样的制度安排,全国人大常委会法工委工作人员做了如下解释:

"这样规定主要有两个考虑:1. 如果是在法律执行过程中,其他机关、组织和公民个人发现法规、规章同法律相抵触时,应当逐级向有权提出审查要求的机关提出,由这些机关依法向全国人大常委会提出。2. 如果不是在法律执行过程中发现法规、规章同法律相抵触,而是在其他方面,如在学习、宣传法律的过程中发现的问题,提出的数量往往很大,如果都要审查,既没有必要也没有可能。因此,立法法规定,由常委会工作机构进行研究,必要时才送有关专门委员会审查。"㊳

由此可见,程序设置存在差异的初衷主要是为了控制申请流量,而控制流量的原因则是审查能力的不足。海量的审查申请显然是审查机关所无法处理的,因此,通过设置审查前置程序的确有助于缓解和降低审查机关的工作负荷。

当然,这种设置可能还有其他并未言表的考虑。这可以从其他类似的程序设置安排中窥见端倪。例如,在全国人大的立法程序中,不同提案主体所需经历的程序关卡并不相同。全国人大主席团被赋予的程序优待最高,代表团或者代表最低,全国人大常委会、国务院、中央军委、最高人民法院、最高人民检察院、全国人大各专门委员会等机构则居中。㊴ 类似的设置也存在于全国人大常委会的立法程序中。㊵ 根据提案主体的政治地位及"重要性"程度,不同主体的提案程序也依次形成了一种由内向外程序关卡越来越细密严格的"差序格局"。据全国人大常委会法工委工作人员解释,这样做的目的是"为了保证提请议会审议的法律案的质量。"㊶在衡量法律案质量时,所涉议题是否成熟、是否需要进一步研究又成为主要的衡量标准。㊷

㊲ 张春生主编:《〈中华人民共和国立法法〉释义》,法律出版社 2000 年版,第 257 页。

㊳ 同前注。

㊴ 参见《立法法》(2015 年)第 14 条、第 15 条。

㊵ 参见《立法法》(2015 年)第 26 条、第 27 条。

㊶ 张春生主编:《〈中华人民共和国立法法〉释义》,法律出版社 2000 年版,第 102 页。

㊷ 同前注。

就法规审查而言,审查请求的质量可能又与所涉议题的复杂性(尤其涉及审查机关与其他机关之间的关系、社会压力等)、代表性(问题是否具有普遍性、影响的范围如何)等实体及程序因素以外的其他问题。这些问题的存在在客观上使得前置程序的设置成为一种必需,特别是对于国家机构以外的申请主体而言。当然,由于立法者未明确披露这一层面的意图,这仅仅是一种给予制度分析的合理推测。

申请程序的难易之别也在一定程度上表明立法者的制度偏好。具体而言,立法者更倾向于发挥重要国家机关的作用,因此才赋予它们更为便利的程序通道参与立法秩序的维护。相反,由于对潜在的申请数量及质量的忧虑,立法者为重要国家机关以外的申请主体提出了更为严格的程序要求。

不同主体申请所呈现的冷热反差表明,当初立法者期望主要依靠重要国家机关参与监督、维护立法秩序统一的初衷并未得到实现。

(二)制度成因

重要国家机关为何并未像立法者期望的那样踊跃地参与法规审查呢?面对如此重要的权力,这些机关为什么怠于行使呢?笔者认为,这主要是由立法设计缺陷所导致的。总的来说,重要国家机关不积极提出审查申请主要是由于申请程序本身不符合我国国家机关间关系处理的制度逻辑。

我们有必要再仔细推敲规则的内容。《立法法》第90条第1款规定:"国务院、中央军事委员会、最高人民法院、最高人民检察院和各省、自治区、直辖市的人民代表大会常务委员会认为行政法规、地方性法规、自治条例和单行条例同宪法或者法律相抵触的,可以向全国人民代表大会常务委员会书面提出进行审查的要求,……"

在实践中,上述规则的将面临以下三个方面的问题:

其一,某些主体提出审查请求意味着其自身的立法质量存在问题。按照上述规定,国务院如认为行政法规违反上位法可以提出审查请求。但是,国务院本身就是行政法规的制定主体。如其发现行政法规存在合法性、合宪性问题,其要么本不应该制定此类行政法规,因为其立法的前提条件是"根据宪法和法律"[43];

---

[43] 《宪法》第89条第1项、《立法法》第56条。

要么必须在发现问题后自行废止该行政法规。况且,审查阶段首先是依赖制定机关的修改。㊹ 因此,有自我纠错机会的法规制定机关没必要再提请全国人大常委会为其纠错。存在类似情况的还有省级人大常委会针对地方性法规违反上位法提出的请求。正如有学者指出,"制定主体或者批准主体若提请全国人大常委会审查行政法规或者地方性法规,或者表明提请者的立法违法或者违宪,或者表明地方性法规的审查、批准和备案者未尽职尽责。提请审查便是自我否定,是滥用职权或者渎职的表面证据,这极大地弱化了这些主体提请审查的动力"。㊺

其二,对其他系统国家机关所制定的法规提出审查请求,也在一定程度上受到违慎用监督权的观念的制约。根据《立法法》规定,重要国家机关事实上拥有一定的立法监督权,至少是立法监督的参与权。但它们是否能够毫无包袱、毫无顾虑地行使这项权利则需要考虑微妙的法外因素。对于由其他国家机关制定的法规,是否应当提起审查请求尤其值得慎重考虑。中央军委、最高人民法院、最高人民检察院发现行政法规违反上位法,是否也要提请常委会审查?答案很可能是否定的。在强调执政党统一领导、分工不分家等政治现实的前提下,对其他系统国家机关开展监督的动力不可避免地受到约束。不揭人短、慎用监督成为于人于己都有好处的双赢选择。即便是地位相对超然的全国人大常委会也始终强调要处理好监督与支持的辩证关系。那么,国务院发现地方性法规违反法律,是否会向全国人大常委会提出审查申请?尽管国务院比省级及较大市人大地位高,但由于后者的主要监督机关是全国人大常委会,国务院也没必要给常委会"添乱"。最后,省级人大常委会在发现行政法规违反上位法之后,是否会提出类似的审查请求呢?这看起来更加不可能。越级纠错更显名不正、言不顺!

其三,重要国家机关提出审查不仅意味着全国人大常委会立法监督不力,而且也影响全国人大常委会开展监督工作的主动性。《立法法》规定,行政法规、地方性法规、自治条例、单行条例均应当在公布后的三十日内由制定机关或其上一级立法机关报全国人大常委会备案。㊻ 全国人大常委会本就承担监督这些规

㊹ 参见《立法法》(2015 年)第 100 条第 2 款。

㊺ 叶海波:《最高人民法院"启动"违宪审查的宪法空间》,载《江苏行政学院学报》2015 年第 2 期。

㊻ 参见《立法法》(2015 年)第 98 条。

范的法定职责，其理应积极履行这一职责，而无需其他主体为其提供监督线索，否则将意味着常委会怠于履行监督职责。尤其值得一提的是，近年来常委会已在被动审查之余逐渐加强了主动审查工作。㊼ 在此背景下，如果常委会仍然无法及时有效地发现法规违反上位法的情形，则进一步表明其监督工作开展不力。因此，重要国家机关保持沉默也是合情合理的。

上述三个问题之所以制约着审查请求的提出，其背后更为根本的制度原因是审查机制本身。以暴露问题和准对抗式为表征的审查请求提出模式尽管可以在公民申请的场合得以存在并顺利运行，但在国家机关间运行则难以奏效。在维护团结、求同存异、强调合作的宏观氛围下，重要国家机关无法克服心理障碍而主动地参与法规审查活动。正如有学者指出的，“被动审查制度存在的最主要问题，即有权的国家机关由于与自身存在密切的利害关系而怠于行使这一权力，而非有权主体却只能提出法规审查的建议——这一建议对全国人大常委会没有任何拘束力”。㊽

其实，如果提供一个相对宽松的环境，这样的监督是可以实现的。事实上，无论在《立法法》制定之前，还是其实施之后，均存在类似的、更为柔性的监督方式。

全国人大常委会法工委工作人员曾提到，“在以往的工作中，对于宪法、法律、行政法规在本行政区域内贯彻时遇到的具体问题，它们经常向全国人大常委会的工作机构提出，要求予以解答，同时它们又是向全国人大常委会报送法规备案的单位，因此立法法赋予它们提出审查要求的权力”。㊾

《立法法》实施之后，中央及地方重要国家机关依然经常通过询问的方式要求全国人大常委会法工委包括上下位法关系在内的问题予以解答。据笔者统计，从 2000 年 7 月 1 日《立法法》颁布实施至 2005 年 12 月 31 日，全国人大常委会法工委共做出 164 份询问答复。㊿

㊼ 参见宋锐：《关于全国人大常委会法规备案审查工作的几个问题》，载《中国人大》2004 年第 3 期。

㊽ 陈道英《全国人大常委会法规备案审查制度研究》，载《政治与法律》2012 年第 7 期。

㊾ 张春生主编：《〈中华人民共和国立法法〉释义》，法律出版社 2000 年版，第 257 页。

㊿ 参见全国人大常委会法制工作委员会编：《法律询问答复》（2000～2005 年），中国民主法制出版社 2006 年版。

为什么曾经“经常”要求法工委解答问题的机关突然变得瞻前顾后、畏手畏脚呢？其主要的原因在于，询问答复采取的是工作沟通的方式，形式较为宽松；而法规审查却或多或少人为地将申请主体、立法主体对立起来，且又常常置审查主体于尴尬的被动境地。对于这些重要机关而言，申请权名为受益，实为负担。总之，由重要国家机关申请的制度，“不接地气”是其部分失灵的制度根源。

三、悖论二：申请资格门槛低、审查实体要求高

（一）具体表现

就非重要国家机关的申请而言，尽管其比重要国家机关的申请要经历更多的程序关卡，但《立法法》对于申请者资格、申请提出的条件并未做实质性的要求。作为一种主观权利，只要公民、法人等“认为行政法规、地方性法规、自治条例和单行条例同宪法或者法律相抵触”，就可以向全国人大常委会提出审查的建议。[51] 提出主体是否为法规的适用对象？其相关权利是否受到争议法规的限制和影响？其是否需要一个具体的案件作为提出审查的前置程序要求？何时可以提出审查建议？是否需要在建议书之外提供相关的证据？所有这些可能限制申请者资格的条件均未明确加以规定。换言之，这是一个具有高度开放性的申请程序，所有针对法规与上位法之间冲突关系的审查建议在理论上都可以被提出并获得受理。因此，在程序的入口上，申请主体并不面临任何筛选和淘汰的机制。也可以说，这是一个近乎来者不拒的系统。对此，立法者透露了以下初衷：

“社会团体、企业事业组织和公民是宪法和法律以及行政法规最广泛的运用者，他们往往能够在具体运用法律的过程中较先发现问题，立法法规定他们具有提出审查建议的权利，一方面是考虑到既要保证他们参与对国家的管理，保证他们行使批评建议权；又要避免层层上报、层层批准、减少公文的运转程序，提高对法规的审查效率；另一方面，既拓宽了全国人大常委会的监督渠道，又要切实可行，保证全国人大常委会监督工作的正常运转。”[52]

---

[51] 参见《立法法》（2015 年）第 99 条第 2 款。

[52] 张春生主编：《〈中华人民共和国立法法〉释义》，法律出版社 2000 年版，第 258 页。

然而,与上述开放态度形成强烈对比的是,在历年提出的超过 1500 份的审查建议中,仅有 3 份建议最终导致相关行政法规被废止。[53] 2003 年,孙志刚案发生后,北大法学院三博士提出审查建议,最终导致《城市流浪乞讨人员收容遣送办法》被废止。[54] 2009 年底,在唐福珍等一系列公民抗争拆迁事件之后,沈岿教授等向全国人大常委会提出审查《城市房屋拆迁管理条例》的建议。[55] 2011 年,国务院常务会议通过《国有土地上房屋征收与补偿条例》,同时废止《城市房屋拆迁管理条例》。2012 年,在重庆市第三中级人民法院就任建宇案宣判前夕,三位律师向法规审查备案室提交了对劳动教养制度相关法规进行审查的建议。[56] 一年后,十二届全国人大常委会第六次会议通过了《关于废止有关劳动教养法律规定的决定》。[57] 尽管有些学者更希望法规审查的整个程序链条一体地运转起来,包括更希望看到直接由全国人大常委会行使撤销权,[58]但由制定机关直接废止系争法规本身也是审查程序的重要组成部分,甚至可以说是立法者最乐见的审查工作模式。毫无疑问,上述三个个案不妨被归入成功个案的范畴。除此

---

[53] 近期,全国人大法工委也披露,有数百部地方性法规、司法解释在其所开展的专项审查中被清理和废止。但这并非通过法定的法规审查程序完成。同时,法工委还披露,杭州市在法律规定之外增设“扣留非机动车并托运回原籍”的行政强制的地方性法规在法工委沟通之后被修改,7 个地方也在沟通之后修改了涉嫌违反《审计法》的审计条例。(参见注 1)这些个案的确也在很大程度上反应审查制度的运行实效。但是,与行政法规相比,地方性法规的影响面毕竟有限。因此,针对行政法规所开展的审查更能全面地反应法规审查制度的实效。同时需要强调的是,据法工委上述报告,十二届全国人大期间,针对行政法规提出的审查建议仅有 24 件,占总量的 2%,同时未披露相关的处理情况。这与同一份报告中所披露的针对地方性法规、司法解释开展的审查形成强烈的反差。

[54] 参见《温家宝主持召开国务院常务会议 废止收容遣送办法》,载新华社网:http://www.people.com.cn/GB/shizheng/1024/1922233.html,最近访问日期:2017 年 12 月 9 日。

[55] 参见张海燕:《北大五学者就拆迁条例向全国人大建议书全文公布》,载人民网:http://news.ifeng.com/mainland/200912/1210_17_1469753.shtml,最近访问日期:2017 年 12 月 9 日。

[56] 参见李勇钢:《专访律师浦志强:为什么呼吁废除劳教制度》,载《华商报》2012 年 11 月 23 日第 A1 版。

[57] 温如军:《劳教制度今日废止 现劳教人员剩余期限不再执行》,载《法制晚报》2013 年 12 月 28 日,载新浪网:http://news.sina.com.cn/c/2013-12-28/142529106629.shtml,最近访问日期:2017 年 12 月 9 日。

[58] 许志永博士在收容遣送制度被废止后曾表示:“我们的目标不仅仅限于废除收容遣送制度。我们期望全国人大常委会能够启动审查程序,要求有关部门修改或废止这样一个违背宪法和法律的行政法规。同时,我们还期望,全国人大常委会能够通过对该行政法规的审查建立一套审查程序,逐个审查那些违背宪法和法律的却至今仍然有效的行政法规、地方性法规,促进国家法制统一。”“也有深深的失落,我们期望的违宪审查程序可能就此搁浅。”参见许志永:《孙志刚之死——公民建议》,载 http://www.cqumzh.cn/uchome/space.php? uid=101799&do=blog&id=295574。

之外，绝大多数的审查建议均未能获得回应，“石沉大海”[59]成为最普遍的结局。

几乎千里挑一的审查率表明，面对因入口开放而产生的海量申请，审查机关事实上必须进行再筛选，以便挑选出其有能力审查并与制定机关协商解决方案的审查建议，同时淘汰掉那些暂无法开展审查、无法在共识形成的基础上酝酿解决方案的建议。正如法规备案审查室工作人员所言，他们“不是不想去反馈。如果这项工作做不好，我们也就成了信访单位了”。[60]

从上述三个成功的案例可以看出，一份来自公民的请求能否被接纳，能否最终导致审查对象被废止，实际上是由其个案背后所暗含的一些实体性要素所决定的。三个个案反映了一些共同或类似的实质性要求。

首先，系争法规所限制的权利是公民最重要的人身权或财产权，且所影响的人群甚广。收容遣送制度所限制的是广大农民工的迁徙自由和人身自由。拆迁，特别是强制拆迁对原房屋所有权人的财产权构成极大的限制和损害。在城市化过程中，旧城区及城郊的房主常常成为非法强拆的受害者。劳动教养作为一种比某些刑罚还严厉的限制人身自由措施，其可能适用的某些情形（如寻衅滋事等）足以使人人自危。相对而言，就平等权等其他权利受侵害提出的审查建议未能收到相同的制度变革功效，很大程度上是由于这些权利在当代中国的重要性还无法同人身权、财产权相提并论。对于全国人大常委会和国务院而言，面对林林总总的权利诉求和审查建议，择要筛选是不可避免的。此时，实体权利的重要性便成为一把不可或缺的标尺。

其次，申请的提出往往是由地方政府滥用权力导致的命案、激烈抗争行为、诉讼案件所连带引发的。孙志刚并非收容遣送制度的适用对象，却在收容站被看管人员殴打致死；成都公民唐福珍、江西宜黄钟如琴等 3 人不惜以自焚的方式向非法强拆说不；任建宇、唐慧等通过诉讼的方式合法抗争，同样产生了广泛的影响。具体案件的情节及其影响对建议被采纳可能性的影响是不言而喻的。在孙志刚案发生前夕，全国政协委员黄景钧曾在两会上建议通过立法规范收容遣

---

[59] 语自对《国内航空运输旅客身体损害赔偿暂行规定》提出审查建议的赵霄洛律师。参见黎伟华：《公民个人启动违宪审查机制——谁会是第一个“幸运儿”》，载《民主与法制杂志》2006 年 4 月 10 日。

[60] 《五教授上书建议废止拆迁条例　国务院启动调研》，载《南方都市报》2009 年 12 月 9 日。

送制度,[61]但并未引起全国人大常委会和国务院的足够重视。

最后,面对海量的审查建议,全国人大常委会、国务院何以有意愿积极回应呢?孙志刚案发生时值SARS事件对中央及地方政府的因应措施构成严峻挑战,并一度以更换北京市市长和卫生部长的方式回应社会的忧虑和质疑。[62] 劳动教养制度审查建议提出之时,整个社会对包括"打黑"政策在内的"重庆模式"以及维稳型治理模式进行广泛而深入的反思。

当然,由于并非法定要件,以上条件仅仅是审查建议被采纳的必要,而非充分条件。具备其中某一、二个条件并不意味着建议被采纳的可能性将会显著提高;具备所有四个条件也并不能确保建议一定被采用。针对劳动教养制度,胡星斗教授曾于2003年[63]、贺卫方与茅于轼等学者曾于2007年[64]分别提出类似的审查建议,但均未对该制度的存废产生实质性影响。胡星斗教授于2003年6月提出建议,其时机与孙志刚案相似。同时,当年7月,葫芦岛劳教人员张斌被殴打致死,也曾引起媒体的关注(当然,关注程度无法与孙志刚案相提并论)。尽管该案与孙志刚案在诸多方面具有相似性,胡教授的建议并未产生2012年底三律师建议所产生的影响。这也说明,由于相关规则的缺失和惯例积累不足,审查建议的处理过程具有高度不确定性。从建议的提出到建议被采纳,中间存在许多规范未涉及的环节,这些环节对案件的走向和建议的命运也都将产生切实的影响。

三个案件同时表明,实践中的法规审查制度已经出现了至少两个方面的实质性制度变迁。首先,抽象性审查出现了向准附带性审查转变的迹象。尽管《立法法》规定的是抽象性审查,不需要申请者有一个具体的案件或纠纷作为基

[61] 参见《政协委员建言:收容遣送不能成为对付民工的手段》,载人民网:http://www.people.com.cn/GB/shizheng/19/20030305/936948.html。

[62] 尽管《城市流浪乞讨人员收容遣送办法》是由国务院废止的,尽管全国人大常委会并未如人们所预期的那样将上述行政法规予以撤销,但后者实际上推动了问题的解决。2003年6月4日,时任全国人大常委会委员长吴邦国在转送国务院总理温家宝的材料上做了题为"切实纠正城市收容遣送工作中的问题"的如下批语,"建议国务院有关部门研究(人大法工委可派人参加),切实纠正现城市收容遣送工作中的问题。"两周之后,该行政法规被废止。参见吴邦国著:《吴邦国论人大工作》(上),人民出版社2017年版,第72页。

[63] 参见胡星斗:《对劳动教养的有关规定进行违宪违法审查的建议书》,载爱思想网:http://www.aisixiang.com/data/2776.html。

[64] 参见《69名学者上书废止劳教》,《新快报》2007年12月6日,第A25版。

础条件，但是，三个成功的案例实际上都是由个案而提出的审查建议。当然，和通常的附带性审查不同的是，三个案例中的审查建议提出主体都不是案件的当事人。其次，法律问题政治解决的倾向也很明显。法规审查制度是确保上下位法的协调、维护法律秩序的统一的一项立法监督制度。《立法法》也已为该制度的运行提出了基本的框架。但是，法规审查的实际启动和顺利运行却需要诸多法外因素的配合，特别是需要在一定程度上依赖政治系统为其提供某种润滑剂和解决问题的恰当时机。

（二）制度成因

第二个悖论又该如何解释呢？为什么要设置宽进严出的建议遴选机制呢？法律问题政治解决背后的考量因素有哪些呢？笔者认为，以下因素值得关注。

首先，从制度操作的层面考虑，任何一项纠纷解决制度都需要通过一定的方式甄别和遴选符合其解决能力的请求。在诉讼制度中，原告资格、诉讼时效、法院受案范围等都是行之有效的筛选机制。从宪法监督层面观察，许多国家的审查机构也通过多种途径遴选其有能力解决的问题。由于《立法法》并未设立类似的筛选标准，全国人大常委会必须在实践中逐渐确定一些标准。否则，如果来者不拒，法规审查工作根本无法顺利得以开展。

其次，立法上长期形成的分工合作关系也不允许全国人大常委会过于经常使系争法规被废止或撤销。在现有的立法体制下，全国人大及其常委会需要依赖并发挥国务院及地方人大的作用，以填补其立法工作的空白。“最高立法机关对国务院的依赖依然是一个不争的事实。”“全国人大及其常委会的会议制度、人员配备、立法程序等根本无法满足社会不断增长的制度需求。因此，必须借助于立法程序相对简单、工作效率较高的国务院及时补位，发挥制度供给的职能。”[65]

706 部行政法规、8600 多部地方性法规与 240 部法律共同构成了社会主义

---

[65] 林彦：《法律保留制度的现状——基于询问答复的考察》，载《宪法研究》（第 10 卷），四川大学出版社 2009 年版。

法律体系。[66] 如果这些行政法规频繁地受到合宪性、合法性的质疑的话，那么国务院的立法的积极性会大打折扣，而这将会影响法律的产出量，因为在我们国家超过百分之五十的法律案是由国务院系统提出的，而不是人大内部提出的。同样，对于地方性法规，全国人大常委会也不会轻易地要求废止或撤销。

法规审查备案室工作人员曾经叹过苦经："难度在于法规备案审查多涉及国务院行政法规、地方立法和规章等很多已经成型、生效的规定，怎么去操作，是个问题。"[67]

有地方人大工作同志曾经表达了类似的顾虑："规章、规范性文件制定机关对相关领域情况更为熟悉，对如何有效规范有更切身的认识和体会，在规章、规范性文件制定过程中倾注了大量心血和汗水。因此，在加大备案审查工作力度的同时，要注意方式方法，积极主动与制定机关沟通交流，了解情况，反馈意见，达成共识，尊重制定机关劳动，提高审查监督实效。"[68]

最后，全国人大常委会自身立法同样存在问题和瑕疵，因此过于频繁地开展立法监督显得底气不足。法律并非免检产品，也同样存在违反宪法的情况。如果全国人大常委会过于积极地针对国务院及地方人大开展立法监督权，而又无视自身立法质量问题，最终立法监督行为的正当性将会受到质疑。

因此，"从1982年宪法赋予全国人大常委会规范性文件审查的权力以来，无论是主动审查为主时期还是被动审查为主的时期，全国人大常委会还没有正式撤销过一件违宪或者违法的法规。"[69]尽管全国人大常委会早在1998年就宣布要建立违宪审查制度，[70]相关的制度建设任务还处于未完待续的状态。

同样，全国人大常委会法工委曾经在回应询问时答复，对于报备案的、存在违反省级地方性法规的较大的市的地方性法规，不宜采取撤销的方式，而宜通过

---

[66] 参见中华人民共和国国务院新闻办公室：《中国特色社会主义法律体系》2011年10月，人民出版社2011年版。

[67] 《五教授上书建议废止拆迁条例 国务院启动调研》，载《南方都市报》2009年12月9日。

[68] 马涛：《关于进一步做好备案审查工作的思考》，载中国人大网：http://www.npc.gov.cn/npc/xinwen/rdlt/rdjs/2012-11/13/content_1742870.htm。（作者为四川省人大常委会法制工作委员会工作人员）

[69] 宋锐：《关于全国人大常委会法规备案审查工作的几个问题》，载《中国人大》2004年第3期。

[70] 参见《全国人民代表大会常务委员会工作报告》（1998年）。

沟通要求制定机关自行修改。[71]

为了避免“造成很大的影响”，降低监督的频次、改变监督的方式便显得尤为重要。

四、完善建议

悖论一的存在表明，“差序格局”式的赋权惯性在监督语境下出现失灵现象，根本无法调动重要机关参与法规审查的积极性。对于这些机关而言，赋权规范的形式意义大于实质意义。由于该项权利至今始终处于冷冻状态，且在可预期的未来也很难有激活的可能性，其规范功能无法得到发挥。因此，该规范继续存在的意义值得进一步推敲，否则权利的长期虚置不可避免的将影响法规审查制度的整体权威。全国人大常委会法工委似乎已经意识到这一问题，通过加强对备案的法规开展主动审查以及开展专项审查弥补重要机关参与不足的缺陷，并取得一定的成效。[72]

激励失灵现象的存在是否意味着重要机关完全不应参与法规审查实践呢？笔者并不赞同。事实上，重要机关在发现和甄别规范冲突上具有独特的制度价值。一方面，无论在立法还是法律实施过程中，这些机关都经常面对各种情形的规范冲突。法律询问答复的广泛运用就是一个明证。另一方面，相对于以维护自身权利为主要诉求的个人及其他组织，重要机关则更负有维护法制统一的义务，因此其必须在各种履职活动中切实维护上位法的权威。在通常情况下，重要机关对于规范冲突的敏感性超过个人及其他组织，因为有不少机关本身就负有立法备案的义务和立法监督的职责。例如，国务院既要将其制定的行政法规向全国人大常委会备案，又有权改变或者撤销不适当的部门规章和地方政府规章。[73] 在强调“依法立法”[74]的时代，这种敏感性只会加强而很难削弱。激励失灵的原因并不在于重要机关缺乏发现规范冲突的能力，而是由于现有的制度环

[71] 参见全国人大常委会法制工作委员会编：《法律询问答复》，中国民主法制出版社2006年，第168~169页。

[72] 同注①。

[73] 参见《立法法》第97条第3项、第98第1项。

[74] 《决胜全面建成小康社会　夺取新时代中国特色社会主义伟大胜利——在中国共产党第十九次全国代表大会上的报告》(2017年10月18日)。

境使其无法将所发现的问题转化为审查建议。

因此,克服悖论一应当立足于在发挥重要机关甄别规范冲突功能的基础上促成冲突的解决。笔者认为,更有效的方案是将法律询问答复制度与常委会主动审查进行嫁接。具体而言,重要机关可以通过询问答复程序向全国人大常委会法工委反映其所发现的规范冲突问题,法工委再将这些问题提请委员长会议讨论后提交常委会会议决定。以工作沟通为主要方式的法律询问答复制度不仅有助于及时发现规范冲突,而且其非冲突、非对抗的特点完全契合了以寻求共识与合作为依归的机关间横向关系原则。同时,这一程序变更也部分解决了询问答复所面临的合法性问题,㉟因为最终就法规的合法性做出答复和决定的机关不再是法工委,而是常委会。

悖论二的存在是制度实践的必然,而非完全由立法瑕疵所致。任何一项救济制度都需要支付成本,不可能做到来者不拒,对请求做必要的筛选即便不是立法的要求,也最终由处理机关的工作负荷等客观因素而促成。因此,已有学者提出要建立筛选机制的建议,[76]法工委也有类似的制度规划。[77] 这些建议尽管符合制度发展的一般规律且被诸多比较法先例所证成,但如何在我国因地因时制宜地加以实践则需要斟酌。

根据法工委提供的最新数据,十二届全国人大期间,公民及其他组织针对行政法规、地方性法规提出的属于全国人大常委会备案审查范围的审查建议共计90件,年均18件。[78] 与最高人民法院同期受理(82383件)和审结(79692件)案件数[79]相比,上述数据几乎可以忽略不计。由此可见,现阶段公民等其他主体对法规审查制度的认知和运用能力均有待培育和提升。因此,笔者尽管在原则上认同上述完善方案,但主张现阶段筛选机制不能过于严密,更不能一蹴而就,防止过度压抑公民参与审查的积极性。同理,尽管已经出现了抽象性审查向准附

---

[75] 参见褚宸舸:《论答复法律询问的效力——兼论全国人大常委会法工委的机构属性》,载《政治与法律》2014年第4期;林彦:《法律询问答复制度的去留》,载《华东政法大学学报》2015年第1期。

[76] 参见林来梵:《合宪性审查的宪法政策论思考》,载《法律科学》2018年第2期;王锴、王蔚:《"潘洪斌等公民就有关规范性文件提请全国人大常委会审查"事件评议》,载中国宪治网:http://www.calaw.cn/article/default.asp? id=12518,最后访问日期:2018年4月18日。

[77] 参见注①。

[78] 同注①。

[79] 参见《最高人民法院工作报告》(2018年)。

带性审查转变的迹象,但目前不宜完全将其改造成以个案为前提的准附带性、甚至附带性审查制度。此外,在现阶段,学者、尤其是法学学者的参与对法规审查实践的积极贡献是不容忽视的,尽管他们通常并非具体争议的直接当事人或利害关系人。[80] 除了针对各地审计条例审查实践之外,在多数成功的审查个案中,法学学者几乎都是申请的提出者或指导者。倘若现阶段即要求申请者具备具体的"诉的利益",法规审查制度的成熟将失去一部分最有力的参与者和推动者。

总之,在审查申请数量尚未对审查能力造成过度负担的情况下,暂时维持目前较为宽松的申请资格和条件不仅有利于确保社会对法规审查的参与,而且也有助于维持和提升该制度自身的权威。与此同时,为了进一步提高公众的认知度,常委会应当继续提升审查程序和结果的公开程度,定期向公众公布审查个案的情况并且继续发布法规审查情况的年度报告。

五、结语

法规审查制度是极具本土化色彩的制度设计。但是,其对宏观制度生态及其原则的过度迁就造成了赋权激励失灵和重要机关参与不足。这在一定程度上也反映了立法者对另一些制度生态照顾不足。解决这一悖论的出路依然应当立基于本土,通过淡化程序的冲突性激励重要机关的参与。申请资格门槛低与审查实体要求高之间的张力并非制度设计所产生的瑕疵,而是制度运行的必然。在调和张力时,我们并不能一味地强调对比较法资源的借鉴,尽管其长远的制度目标是合理且可期的。相反,在改革时机和路径选择上应当照顾到法规审查制度目前的成熟度,在确保该制度活力的前提下循序渐进地引入各种筛选机制,以避免"因小失大"。法工委近期倡议,"深入探讨备案审查这一符合中国国情、具有中国特色的宪法监督制度的功能、地位和作用,逐步构建起备案审查制度理论框架和话语体系,为更好开展备案审查工作提供指导,为推进合宪性审查工作奠定基础。"[81]本文聊作为引玉之砖。

---

[80] 当然也有例外。提出审查《杭州市道路交通安全管理条例》的申请人潘洪斌毕业于温州大学瓯江学院法学系。参见邵晨婵、杜晓哲:《温大瓯江学院毕业生因一辆电动车　亮相央视专题片》,载凤凰网浙江:http://zj.ifeng.com/a/20170824/5938828_0.shtml,最后访问日期:2018 年 4 月 18 日。

[81] 同注①。

第三编　科学立法与民主立法

互联网、大数据、人工智能与科学立法

江必新　郑礼华*

互联网、大数据、人工智能已经成为时代潮流，互联网技术和信息化手段成为新时代改革创新不可或缺的重要方法。党的十九大报告提出“全面增强执政本领”，其中重要本领之一就是要“增强改革创新本领，保持锐意进取的精神风貌，善于结合实际创造性推动工作，善于运用互联网技术和信息化手段开展工作”。将党的十九大报告提出的这一重要思想和方法论，与党的十九大报告提出的“深化依法治国实践”“推进科学立法、民主立法、依法立法，以良法促进发展、保障善治”联系起来考察，互联网、大数据、人工智能背景下立法正面临着历史性的重大变革。深化依法治国实践，需要推动互联网、大数据、人工智能和全面依法治国的深度融合，运用互联网技术和信息化手段来推动科学立法。

一、互联网、大数据、人工智能背景下的立法变革

（一）大数据时代———立法要靠数据说话，更需要数据思维、相关性思维

人类社会已经进入互联网时代，正快步迈入大数据时代。大数据是指以容量大、类型多、存取速度快、应用价值高为主要特征的数据集合，是对数量巨大、来源分散、格式多样的数据进行采集、存储和关联分析，发现新知识、创造新价值、提升新能力的新一代信息技术和服务业态。大数据是互联网的一颗璀璨珍珠。量化一切，是大数据的核心。在大数据时代，“直觉的判断被迫让位于精准

---

* 江必新，中南大学教授、博士生导师兼中国法学会副会长；郑礼华，湖南省政府法制研究中心主任，中南大学法学院博士研究生。

的数据分析",①我们用数据说话、用数据管理、用数据决策、用数据创新。"在大数据时代,公共决策最重要的依据将是系统的数据,而不是个人经验和长官意志。过去深入群众、实地考察的工作方法虽然仍然有效,但对决策而言,系统采集的数据、科学分析的结果更为重要。"②

在大数据时代,立法工作者要具备数据思维,力求用真实的大数据说话。这既是时代对立法者的恩赐,更是时代对立法者的要求。因为当一切都可以量化的时候,对立法者而言,没有数据不仅将失去发言权,还将丧失合法性。大数据时代的立法者要靠真实的数据,说明立法的必要性、合理性和合法性。我国有值得骄傲的数学传统,但是缺乏全面综合的数据收集,而且数据失真的情况十分严重。③ 习近平总书记指出,要运用大数据提升国家治理现代化水平。④ 法治是国家治理的基本方式,良法是善治的基础和前提。过去的立法主要建立在调查研究、对各方观点评析、对必要性和可行性的分析和说理上,少数立法项目进行了统计分析,也是大而化之,比较笼统。立法者普遍缺乏专业的统计知识,也缺乏应有的数据思维。

大数据时代为立法准备了前所未有的完整而不是抽样的数据,但是这一数据还需要进行计算和挖掘。不是通过因果关系而是相关关系。"建立在相关关系分析法基础上的预测是大数据的核心。"⑤我们不再像过去那样找出事情背后的原因之后提出应对方法,而是需要直接寻找数据间的关联,并根据这种关联来直接解决问题。大数据时代带给我们的观念上的转变,要求立法者不仅需要具有数据思维,还需要实现从传统的因果规律思维实现向盖然性的数据规律(相关关系的规律)的观念上的飞跃。⑥

---

① [英]维克托·迈尔-舍恩伯格、肯尼斯·库克耶:《大数据时代——生活、工作与思维的大变革》,盛杨燕、周涛译,浙江人民出版社2013年版,第21页。

② 涂子沛:《数据之巅——大数据革命、历史、现实与未来》,中信出版社2014年版,第252页。

③ 参见张亮、周宏春:《多措并举解决环境数据失真问题》,载http://politics.people.com.cn/n/2015/0819/c70731-27482497.html,最后访问日期:2018年8月28日。

④ 参见新华社:《习近平:实施国家大数据战略加快建设数字中国》,载http://news.xinhuanet.com/2017-12/09/c_1122084706.htm,最后访问日期:2018年1月20日。

⑤ [英]维克托·迈尔-舍恩伯格、肯尼斯·库克耶:《大数据时代——生活、工作与思维的大变革》,盛杨燕、周涛译,浙江人民出版社2013年版,第75页。

⑥ 参见吴一龙:《因果关系在大数据时代的转变》,载《法律和社会科学》2016年第15卷第1辑。

(二)连接一切———立法可以广泛征求民意,更需要高度关注网络舆情

作为技术手段的互联网,以连接一切为目标,连接人、连接物,互联网使世界变“平”。它是一个空前便捷的交流平台,不受时间、地点、环境、行业等各种外界因素的影响。立法者足不出户,就可以就某一立法项目听取网民的意见和建议,甚至进行互动。

它不仅是立法者对网民的单向咨询,更是互动的。网络的开放性意味着任何人都可以在网络上就某一立法事项提出意见和建议。网民也随时可以就某一立法事项展开广泛而深入的讨论。这种舆论的发酵,往往成为法律改革的强大动力。近十年来,一些重大立法的修改,正是一些重大事件在网络引发舆情而启动的。2003 年,年轻打工者孙志刚在广州一个收容人员救治站被殴打致死,这一新闻被一些门户网站转载,成为许多论坛与聊天室的热点,网民就“是否该废除收容遣送制度和暂住证制度”展开热烈讨论,并提出建议。部分由于网络传播的作用,孙志刚事件产生了巨大反响,受到有关部门重视,最终促成在中国实施 20 多年的《城市流浪乞讨人员收容遣送办法》的废除和《城市生活无着的流浪乞讨人员救助管理办法》的出台。从 2003 年至今,网络搜索结果 77.9 万条的佘祥林冤案,推动了中国死刑案件的审判程序改革;网络搜索结果 1020 万条的三鹿奶粉事件,加快了《食品安全法》出台的步伐;网络搜索结果 140 万条的“开胸验肺”事件,成为卫生部新版《尘肺病诊断标准》的发布与实施的重要动力之一。2009 年 5 月发生在浙江杭州的一起致人死亡的交通肇事案,因警方称肇事车辆速度仅为“每小时 70 码左右”而引起网络舆论关注。2011 年 2 月全国人大常委会通过的《刑法修正案(八)》中正式规定“危险驾驶罪”这个罪名。⑦ 2016 年 5 月发生的雷洋事件,也直接影响了《公安机关现场执法视音频记录工作规定》的出台。

不过这个连接一切的网络,热度并不稳定。与群众利益关系密切的立法项目,社会关注度会高。如在《刑法修正案(九)》立法过程中,草案两次在网上向

⑦ 参见季明、詹奕嘉、郭奔胜:《中国运用互联网面向民众推动“开门立法”》,载 http://news.cntv.cn/20110311/104611.shtml,最后访问日期:2018 年 1 月 20 日。

社会公开征求意见,第一次收到 5 万多条意见,第二次收到 11 万多条意见。⑧与个人利益关系不直接的,可能就鲜有问津。

(三)去中心化———破除部门利益法制化的重要机遇,也是寻找立法共识的重大难题

去中心化是互联网 Web2.0 的一个显著特征。⑨ 中心化的典型例子是门户网站,去中心化的典型例子是社交媒体。互联网 Web2.0 是一个平台,人人都可以"讲话",每个人都可以选择听或者讲。

去中心化最显著的特征是人人都有话语权。这种"网络空间是一种更为互动和参与的传播系统,在这里,处于优势地位者不能强行让讨论就此结束。"⑩"不强大的群体可能借此提升反抗能力,他们的呼声曾在报纸与电视中缺席。普通公民和政治上被边缘化的人们,再也不用完全依赖传统上占主导地位的传播媒介来构建身份或表达政治不满。"⑪强大的部门利益将接受公众的质疑与拷问,即使是封闭的立法者,也必须调整自己高高在上的立场,小心翼翼考量其中较为重要的呼声和要求。总之,去中心化有利于"扩展政府政策制定的参与范围,从权力中心的少数人扩大到外围许多想参与的人中间"。⑫

去中心化赋予了每个人充分彰显自我的机会,同时也存在诸多的弊端,其中之一就是难以达到统一的意志。每一个人都坚持认为自己是正确的,对不符合自己利益的予以拒绝。2018 年 1 月,长沙警察打狗事件引发的网络风波就是最好的例证。正如评论者评论的那样,"在媒体技术爆炸的时代,除了每个人自己坚持的'真理'外,不会再有真理了"。⑬ 这种人人自以为是且互不相让的状况,

---

⑧ 参见李云鹏:《盘点 2015 年全国人大常委会立法工作:民有所呼法有所应》,载 http://www.china.com.cn/lianghui/news/2016-03/03/content_37926366.htm,最后访问日期:2018 年 1 月 20 日。

⑨ Web1.0 时,用户是聆听者;Web2.0 时,用户是交流者。

⑩ [英]安德鲁·醒德威克:《互联网政治学:国家、公民与新传播技术》,任孟山译,华夏出版社 2010 年版,第 8 页。

⑪ [英]安德鲁·醒德威克:《互联网政治学:国家、公民与新传播技术》,任孟山译,华夏出版社 2010 年版,第 7 页。

⑫ [英]安德鲁·醒德威克:《互联网政治学:国家、公民与新传播技术》,任孟山译,华夏出版社 2010 年版,第 29 页。

⑬ [美]安德鲁·基恩:《网民的狂欢——关于互联网弊端的反思》,丁德良译,南海出版公司 2010 年版,第 16 页。

为立法寻找诉求的平衡点带来了诸多难题。

(四)跨界融合———立法要么主动创新,要么被动改革

跨界、融合、创新是“互联网+”所到之处的共同结果。“互联网+零售”“互联网+金融”以破坏性、颠覆性的创新给传统的产业带来了很大的压力。要么主动去创新,要么被动被革命,是所有行业在互联网面前的共同宿命。

如何处理法律的稳定性与变动性、现实性与前瞻性、原则性和可操作性,是立法中很难把握的一个问题。尤其是法律的滞后性,被人们认为是无法改变的一个事实。这种观念,在大数据时代将被颠覆。因为通过大数据,可以随时发现制度存在的问题。大数据“能够获得人与人、全世界之间、全宇宙之间发生的一切变化,并把它呈现出来”“数据化让制度随时可以测算自己的生命”。⑭

立法者为了避免被颠覆性地改革,需要主动改革予以适应。一是要积极主动适应“互联网+”给各部门法带来的变革和革新。二是立法者本身要转变立法的方法论,与时俱进地运用新的技术手段、统计手段,像完善产品一样,对粗放型的法律体系进行提质改造、转型升级,使其与新时代的政治、经济、文化、社会和生态相适应。

(五)计算一切———立法可能部分地为人工智能所替代,人工智能成为立法者的重要工具或者伙伴

人工智能本质上是人类的自我超越,是人制造的机器对人类发起的挑战,既可能只是人类部分功能的外部拓展,也可能是生命的进化。不管怎样,在人工智能时代,正如Google现任CEO P ichai所言,“计算将无处不在”⑮。机器将可以像人类一样思考,甚至在很多方面超越人类个体,对此Google的阿尔法围棋(AlphaGo)在2017年已经作出了注解。从发现问题,到提出解决方案,再到预测下一步将发生的结果,都将可能通过人工智能来实现。无论人工智能是否真的可以完全取代人,至少部分工作上必将取代人。

---

⑭ 马化腾等:《互联网+:国家战略行动路线图》,中信出版社2015年版,第24~25页。

⑮ 互联网热点分析:《马云、马化腾、李彦宏乌镇激辩人工智能:AI是否要立法? AI能否取代人呢?》,载https://www.sohu.com/a/208396987_116603,最后访问日期:2018年1月20日。

立法是一项发现问题,制定规则解决问题,实现有效治理的工作。立法需要发现真问题,需要在矛盾上砍一刀,这些都是立法者们面临的难题。在人工智能时代,或许这一刀就要由人工智能作出。立法也可以被计算,部分立法决策也可以由人工智能计算作出,至少可以由人工智能提出。人工智能也许仍是立法者的工具,甚至变为立法者的伙伴。2014 年 9 月起,天津市人大常委会法制工作委员会开始使用北大法宝智能立法支持平台(以下简称智能立法平台),尝试借助人工智能帮助备案审查、人大立法等工作。这套智能立法平台包括提供立法项目管理、草案意见征集、法规文件公开、法规文件报备、法规文件审查、法规文件清理、立法资料管理、立法(后)评估、立法大数据分析等九个系统功能。3 年多来的实践表明,人工智能的引入使得备案审查的准确性得到明显提高。2016 年起,天津市人大常委会开始应用人工智能系统,对自身往年所有的规范性文件进行审查,在机器的辅助下自我清理。⑯

二、通过互联网、大数据、人工智能使立法更加科学

互联网、大数据、人工智能背景下,立法面临着变革,这些变革反过来也要求立法与互联网、大数据、人工智能深度融合,通过运用互联网技术和信息化手段来推动科学立法。

(一)树立数据思维,充分运用大数据推进精细化立法,增强法律法规的及时性、系统性、针对性、有效性

在我国,党领导立法、保证执法、支持司法、带头守法。党在推动科学立法方面具有至关重要的作用。在立法领域确立数据思维,是互联网和大数据时代的必然要求,是运用马克思主义的立场、观点和方法的重要体现。在立法领域确立数据思维,体现的是以人民为中心的基本立场,体现的是与时俱进的工作思路和方法。这首先需要理论工作者加强这方面的理论研究,进行更加充分的论证,并通过努力,在党内形成共识。将数据思维转化为党领导立法的一种起统帅作用

---

⑯ 参见高绍林:《人工智能如何辅助地方立法》,载 http://opinion.caixin.com/2018-01-05/101194091.html,最后访问日期:2018 年 1 月 20 日。

的思维，作为党领导立法的方法论，并通过党的路线、方针、政策、决议确定下来。

将以数据来推动立法决策作为一项基本立法制度确立下来。将大数据的统计方法和质量管理理论结合起来作为推进精细化立法的重要方法，运用到提高立法质量上来。将戴明理论、石川馨全面质量管理理论中的一些核心思想，如质量第一、面向消费者、下一道工序是顾客、用数据和事实说话、要尊重人等内容，引入到立法中来，作为立法工作必须遵守的原则和精神。

加大对立法者数据思维的培养。以数据思维来推进精细化立法尽可能把各方面的权力与责任、权利与义务在条文中写清楚，最大限度缩小自由裁量空间，增强立法的操作性和可执行性，降低守法成本和执法成本。

以数据思维来推进精细化立法，还需要良好的外部环境。目前，我国已经将“大数据”作为国家战略，正在建设开放政府，不断加大政府数据公开力度，培养和引进数据人才。通过采购等形式，鼓励市场主体进行数据整理和收集挖掘，等等。

（二）充分发挥“众智”作用，有效防止和剔除部门利益与地方保护主义法律化

部门利益和地方保护主义的法律化是当前立法中的一个难点问题。《中共中央关于全面推进依法治国若干重大问题的决定》明确提出“从体制机制和工作程序上有效防止部门利益和地方保护主义法律化”，要求“对部门间争议较大的重要立法事项，由决策机关引入第三方评估，充分听取各方意见，协调决定，不能久拖不决”。这一难题可望通过互联网“众智”的手段加以解决。

众包、众智、众创，让大众解决大众的问题，是互联网带来的一个新的变化。维基百科、YouTube网、MySpace网、百度百科、优酷网等，本质上就是发动“众智”发展起来的。发动全社会的力量来参与立法，在互联网时代是一件可以想象并应该尝试的事情。如果将法律看作是一个源代码，在互联网时代，只要立法者愿意，可以让所有人参与到修改和完善这个源代码的过程中来。实际上，网上征求立法意见本质上也属于这一内容，只不过还只是浅层次的“众智”。我们完全可以通过众包、众智、众创集整个世界的智慧和力量来完善整个法律体系。这不是否定立法者的专业水平，而是为立法者提供更加强大的外脑，是通过自我创

新来实现整个国家的法律变革。

实事求是地看，立法部门、作为第三方的法律专家也不足以抗衡法律体系中的部门利益和地方保护主义，这一力量过于强大，但是凝聚起来的整个社会的力量可以与之抗衡。

以“众智”来剔除现行法律体系中的部门利益与地方保护主义，可以采取百度百科、维基百科的模式，以“众智”的方式展开一场浩大的法律更新工程。这项庞大的法律更新工程包括如下内容：审查每一部法律中的部门利益和地方保护主义问题。法律的“众智”审查成熟一项，收获一项。不仅仅是法律，各类规章、规范性文件都可以采取这种方式来予以完善。人民是历史的创造者，人民是自己立场的直接发言人。让人民自己参与到完善法律法规的修改完善工作中来，是一件伟大的事情，是立法部门足以对抗庞大的部门利益和地方保护主义的一个可选择路径，也将是中国在“互联网+法治”上对世界文明的一项重要贡献，是提供法治改革的一套中国方案。立法部门在采收网络成果的基础上，再加上专业的工作，通过正式的程序完成修法工作。这项工程如果完全交给立法部门，工程太浩大，几乎无法完成。如果立法部门再转交给起草的政府部门来进行审查，那无异于缘木求鱼。但是“众智”只是基础，仍然需要发挥立法部门的专业作用。因为业余者有其长处，也有明显的短处。网络世界也会为利益所绑架，被水军所充斥。

在剔除现行法律体系中的部门利益与地方保护主义的同时，对新的立法以“众智”来防止部门利益与地方保护主义法律化。以“众智”来防止部门利益与地方保护主义法律化，要注意调动人民群众的积极性、主动性和创造性。

（三）深入进行数据挖掘，让制度反映客观规律

在大数据时代，“收集信息固然至关重要，但还远远不够，因为大部分的数据价值在于它的使用，而不是占有本身”。⑰“容量只是表象，价值才是本质，而且大容量并不一定代表大价值，大数据的真正意义还在于大价值，价值主要是通

⑰ ［英］维克托·迈尔-舍恩伯格、肯尼斯·库克耶：《大数据时代——生活、工作与思维的大变革》，盛杨燕、周涛译，浙江人民出版社2013年版，第156页。

过数据的整合、分析和开放而获得的”。⑱ 如今,大数据发展势头迅猛,但专业技术人才还比较匮乏,在立法部门更是如此。如果没有专业的队伍,再强调数据思维、以数据立法,都是纸上谈兵。当前,我们应探索在立法部门里建立一支专门的软件工程师队伍,为立法者提供大数据技术和支撑,或者将其进行外包。目前市场上能提供这样服务的机构还十分少见,且存在相关数据政府部门并未公开的情况。

(四)敞开怀抱拥抱互联网,让立法充分反映人民意愿、增进人民福祉

以互联网推动开门立法,是各级立法部门已经在进行的事情。现在的问题是这项工作还处于比较浅的层次,有的还停留在形式主义的阶段。从形式主义走向实质主义是以互联网推动开门立法的核心内容。如何从形式主义走向实质主义:一要建立立法机关及时向社会公布立法计划、立法草案、立法目的的机制,通过网络平台向政府部门、民主党派、团体组织、社会公众广泛征集立法项目意见和建议;二要广泛宣传发动,以人民群众的视角审视公众参与立法的可能性与可行性,提供政府信息、立法资料检索等方面的支持,避免社会公众对开门立法“无从说起”;三要建立完善对涉及重大事项、社会公益的法律进行公开讨论、立法听证的制度。要明确立法机关收集、处理、反馈和公布公众意见的程序,建立对公众意见、建议采纳情况说明反馈的限期回应制度,并完善相关责任追究机制,切实提升立法的效率与质量。

“开门立法”是民主立法、科学立法,也是一项复杂的“技术活”,要让公众从旁观者变成参与者,各种利益、诉求得以充分博弈。无论是制定立法计划,还是向社会征求立法意见建议,以及公开讨论、立法听证等,都要明确相应程序、建立反馈制度,通过拓宽公民有序参与的民主立法,将立法工作变成协调各方权益、促进协商民主、汇聚社会共识的机制和平台。这项工作提出来容易,但在立法实践中是非常浩大的,尤其是当公众参与热情高,出现海量的数据需要处理的时候,可以引入人工智能来予以辅助。

---

⑱ 涂子沛:《数据之巅——大数据革命、历史、现实与未来》,中信出版社 2014 年版,第 258 页。

(五)以创新思维推进跨界融合,提高立法效率

2009年6月27日,十一届全国人大常委会第九次会议表决通过了关于废止部分法律的决定,决定废止《公安派出所组织条例》等8部法律。此次会议还审议了《关于修改部分法律的决定草案》,拟修改法律59件141条。这是全国人大常委会首次采用"包裹立法"形式,"一揽子"废止和修改67件法律的一次大动作。[19]

在互联网时代可以将跨界融合的优势运用在打包立法上,从而提高立法效率。通过大数据的优势,挖掘出法律与法律之间、法律与规章和规范性文件之间的系统关系,不仅仅是修改一部一部的法律,而是对法律制度实行一条龙式的修改和完善,将系统思维体现在法律的制定和修改上。

在立法资源的整合上,也可以实现数据库关联。如湖南省要制定小食品小摊贩小作坊条例,通过数据库就可以自动关联上位法、其他省市的立法资源并进行对比。这样,也能节省很多的时间成本。目前,全国人大的数据库已经具有这样的一些较为初级的关联功能,可以继续建设发展使其更加完备和强大。

(六)应用人工智能,推进科学立法

近年来,司法智能在我国发展迅速,最高人民法院连续多年将"加快建设智慧法院"作为总的工作要求写入工作报告。2016年6月,全国第一家智慧法院实践基地在上海海事法院正式挂牌成立。建设中的智慧法院已遍及全国。[20]"智慧法院建设"为"智慧立法建设"树立了一个很好的标杆。党和国家机构改革后,大量的法律、法规和规章需要制定或修改。笔者认为,中央全面依法治国委员会组建后,可以将"智慧立法建设"作为全面领导和推动依法治国的一项重要内容,全国人大、司法部也可以将"智慧立法建设"提上议事日程,并进行规划和试点。用温和理性的人机"合作"观,而不是非此即彼的人机"替代"观,来面对人工智能。重点可以通过人工智能采集社会热点、收集和筛选立法意见、将相

---

⑲ 参见席峰宇:《节约立法成本提高立法效率》,载 http://news.xinhuanet.com/politics/2014-09/09/c_126967096.htm,最后访问日期:2018年1月5日。

⑳ 参见饶高琦:《人工智能+法律:加出来效率,减不掉人性》,载《科技日报》2018年1月5日,第7版。

关领域的知识、规律对接到立法领域中等。通过人工智能与立法的深度“合作”，来破解立法领域中的重难点问题，提高立法的科学性和效率。这也将成为我国法治现代化的一个重要抓手，成为新时代中国特色社会主义法治建设的新作为，为国家治理体系和治理能力的现代化作出新贡献。

试论立法前评估的权责配置目标、原则与内容

——兼评《第三方评估工作规范》

石东坡　周温涛*

摘　要：立法前评估有利于增强法律规范设计的科学性、合理性和操作性，实现精细化立法。不同于立法审议、立法论证、立法听证、立法协商、立法后评估等制度，立法前评估是社会公众以分散的个体或专门的机构基于其选择权、判断权、监督权而对法案所进行的评价。新时代的立法在物质精神需求上更高、利益界分和资源配置上更难、规范设计和舆情风险等相较以往更为复杂，立法前评估的应用更加突出。而立法前评估的权利义务设置以及科学方法、程序的规定也更有挑战。《第三方评估工作规范》虽然对立法前评估的主体、权利义务以及程序等进行了初步规定，但应更强调权责配置的审慎性、专业性、合法性、民主性，更强调立法权利的基础性，立法权力的职责性及立法前评估的全程性。推动立法前评估从立法工作方法提升为立法程序法制，并以此保障和促进立法过程的科学化、民主化、法治化。

关键词：立法前评估　《第三方评估工作规范》　权利义务配置　立法程序法

立法前评估是立法程序启动前对立法预期效果的评估，有利于减少立法试错成本，进而实现科学立法、民主立法。我国对立法前评估已经进行了初步探索，在立法实践中不乏立法前评估的规范要素，如十八届四中全会提出"对争议

---

* 石东坡（1972—　），男，河北无极人，法学博士、教授、浙江工业大学文化与法制研究中心主任暨"文化法治创新团队"首席专家、学术期刊社社长；周温涛（1995—　），男，浙江温州人，同济大学法学院硕士研究生，浙江工业大学文化与法制研究中心研究人员。

较大的重要立法事项,由决策机关引入第三方评估”,2015 年《立法法》修正案引入了“立法前评估”,①十九届中央深改领导小组第一次会议审议通过《关于争议较大的重要立法事项引入第三方评估的工作规范》(以下简称《规范》)等。事实上,四川、青岛、浙江、安徽等地均进行了地方层面的探索,部分地方立法机关出台了立法前评估制度的相关规则,如《浙江省政府立法项目前评估规则》《贵州省政府立法第三方起草和评估办法》等。但必须清醒地看到,我国立法前评估在实践中尚处于起步阶段。

不仅在既定的良善制度机制之下,立法前评估对立法决策必须体现出应有的参考意义,而且更要求在转型改革法治化时期,面对更为严峻的挑战,在亟待完善的制度机制的前提下,立法前评估尤其应当精准化、规范化,切实提高立法质量。由此,更加需要立法前评估的角色定位能够符合一般意义的立法制度内嵌性的逻辑要求;更加需要其权责配置能够既符合强化立法权利刚性、凝聚立法共识的特定性,又蕴含民主立法、科学立法思维在立法前评估的制度机制和角色选择上的深刻和完备的要求。由是观之,才能够在迈入法治的进程中,既弥补制度机制的疏漏,又实现立法前评估主体权利义务配置的建构,因此引领和推动立法前评估制度带动立法科学化、民主化视域内的其他立法制度同道而行。

对立法前评估,或者说立法前期过程中对立法内容、立法的必要性、可行性等所进行的评估,学界有一定的关注和探讨,尤其是对立法前评估的含义、功能、评估主体构成、成果的转化与运用等,在结合与借鉴地方实践经验的基础上进行了侧重的探讨,提出了立法前评估制度全面化、规范化、有效化的相关见解②。同时我们也应当认识到,总体上对立法前评估的研究尚处于初步阶段。首先,对立法前评估的政策性推广较多,科学界定相对匮乏;其次,对于立法前评估主要

① 《立法法》第 39 条规定,对于法案中主要制度规范的可行性、出台时机、社会效果等内容在提出审议报告前可以进行评估。但笔者看来,这一规定并非真正意义上的“立法前评估”,而是“立法中评估”,立法前评估应当在启动立法程序前进行。

② 相关文献可参见席涛:《立法评估:评估什么和如何评估(上)——以中国立法评估为例》,载《政法论坛》2012 年第 5 期。周怡萍:《立法前评估制度研究——以地方立法为视角》,载《人大研究》2014 年第 8 期。何盼盼:《立法前评估机制研究》,载《人大研究》2016 年第 7 期。王春业、邓盈:《重要立法事项引入第三方评估机制研究》,载《中南大学学报》(社会科学版)2017 年第 6 期。陈伟斌:《地方立法评估的立法模式与制度构建》,载《法学杂志》2016 年第 6 期。郑泰安、郑文睿:《第三方评估立法的有效性研究——以党的依法治国决定为主线的考察》,载《社会科学研究》2015 年第 6 期。

是从工作机制的角度，过多侧重技术方法层面，强调立法权力机关的主导性，对立法前评估所固有的程序意义的挖掘不足。那么，立法前评估的特质和内容是什么？立法前评估制度中主体的权利义务关系和内容是什么？要以怎样的权利逻辑和责任机制开展立法前评估，保障评估的准确性、规范性和有效性得以稳健提升？立法前评估如何能够作为已有的《立法法》基础上的具体的立法程序法律规范制度？则是需要进一步解释的。鉴于学界相关内容的分析研究有待丰富与深化，本文拟就此结合新近《规范》等有关制度文件进行论述，以就教方家。

一、立法前评估的实践考察

近年来，地方积极探索开展立法前评估的实践并取得一定实效。这些实践探索的最终目标则是建立完善的立法前评估制度，实现立法科学化、民主化、法治化。

（一）立法前评估的地方实践

青岛市人大常委会积极探索提高立法质量的工作体系，健全和完善了重要法规制度的评估机制，形成了立法“青岛模式”。通过委托第三方评估的方式，由立法机关主导、行政部门参与，同时引入立法专家、社会公众，辅之以立法价值追求为指引的评估指标，实现立法前评估对立法的促进作用。通过立法前评估，青岛市积极回应社会关切，将真正亟须解决的问题列入立法规划中，从而实现立法由“粗放型”向“精细化”转变。

广东省人大常委会通过立法的形式提出立法项目必须经过立项论证③才能纳入立法规划。为满足立法前评估的需求，广东省人大常委会与高校展开合作，成立多个地方立法研究评估与咨询服务基地，首次提出由独立第三方进行立法前评估的模式。通过第三方基地收集立法讯息，提出立法意见与建议，在制度设计上达成一致意见，进而保障立法的科学性、民主性和有效性。

---

③ 广东省通过《广东省人民代表大会常务委员会立法论证工作规定》《广东省人民代表大会常务委员会立法评估工作规定（试行）》等规范性文件，提出“立项论证”概念。虽然文字表述为“立项论证”，但本质上与立法前评估趋同，可以视为立法前评估的一种初步探索和实践。参见柳建启：《论地方立法前评估的必要性——以广州市学生校外托管立法为例》，载《政法学刊》2015年第2期。

浙江省政府将立法前评估的结果视为项目能否纳入立法计划的重要依据，要求起草单位在报送立法项目时要同时提交立法前评估报告。根据需要，起草单位可以邀请高等院校、科研机构等单位参与或委托其开展评估。同时确立省法制办的指导服务地位，要求其加强与起草单位的沟通联系，做好立法前评估的指导服务工作，从而科学地确定立法项目，提高立法质量。

贵州省政府为防止部门利益法制化倾向，提出在指定地方性法规草案和指定政府规章的活动中由第三方评估机构开展立法前评估。对于第三方评估机构的条件、享有的权利和承担的义务以及评估的程序等内容均予以明确，使立法前评估由被动式、突击式转向主动化、常态化，进而完善政府立法体制机制，推动法治政府建设。见表1。

表1　青岛、广东、浙江、贵州四地立法前评估的实践比较④

项目	青岛	广东	浙江	贵州
评估要求	明确立法项目的主要制度和主体框架	提高立法质量，客观、公正、透明、实效	求真务实，提高起草质量和审核工作效率	客观、公正、透明、全面、实效
评估对象	已经初步立项的立法项目	新制定、全面修订及重大制度修改的法案	向省政府申报和报送立法计划一类项目	对申报要求列入立法计划的立法项目
评估方式	使用系统评价、比较分析、成本效益等方法进行评估	通过座谈、论证等各种方式听取各方意见	定性分析与定量分析相结合，调查研究、采集统计数据	以各种方式听取意见或委托专项评估
评估主体	立法机关主导、行政主管部门参与，委托第三方评估，引入专家学者、社会公众	省人大常委会法制工作机构组织，根据需要委托地方立法评估与咨询服务基地或其他科研机构、中介组织、行业协会开展	起草单位负责，根据需要可邀请有关高等院校、科研机构参与或委托其开展	政府法制部门和有关部门组织实施，第三方主体开展评估（如教学科研单位、行业协会、法律服务机构、社会中介机构等）

④　根据地方立法前评估实践及相关文件整理。

续表

项目	青岛	广东	浙江	贵州
评估内容	立法条件、立法时机、拟规定的主要制度或措施的合理性、可行性等	1. 法案出台时机、实施条件及相关配套措施； 2. 对地区改革发展可能产生的影响； 3. 可能影响实施的重大因素和问题	1. 立法所要规范的工作的基本情况、基层实际； 2. 立法的必要性、可行性及拟采取措施的合法性、合理性	立法项目出台的必要性、可行性，对地区改革发展稳定可能产生的影响

（二）立法前评估的文本规范

立法前评估的规范化和制度化得到有益探索，相应的制度文本不断出台并在实践中得以完善。从文本来看，我国现行制度可以分为两个层面：

一是《规范》。全国人大常委会对立法前评估的评估主体、对象、指标体系、程序制度、评估报告运用等作出科学、合理的设定，从而达到提高立法质量的目标。虽然对于立法前评估主体间的权责配置没有明确的、清单式的条款规定，但所涉及的相关思想、原则和价值取向，正是立法前评估权责配置的理论基础和法律依据。例如，《规范》中对立法机关与评估机构间委托关系的设定，使委托法律关系中主体双方的权责配置在立法前评估中得以自然嫁接。

二是地方立法。地方人大常委会根据先试先行的探索，在《规范》出台前补足立法空白或在《规范》出台后根据实际需求进行细化。此类规范是地方立法前评估实践的直接依据，具有较强的约束力，而且更容易厘定地方实践中权责配置的目标。以广东省的规范为例，其在制定相关工作规定时就明确引入地方立法研究评估与咨询服务基地，采取委托型评估，从而使具有典型地方特色的评估机制得以有效运行。

遗憾的是，无论是《规范》还是地方层面的制度文本，都是从工作机制而不是程序法律规范的角度对待立法前评估，对其内涵、权责配置并未予以明确界定。因而，在《规范》的基础上，应当补足立法前评估作为具体的立法程序法的权责设计，更加强调立法权利的主导性和对立法权力的制约性。

二、立法前评估制度权责配置的目标与原则

立法前评估制度是指立法机关或社会公众以分散的个体或专门的机构在立法程序启动前,基于其选择权、判断权、监督权,按照一定的原则和程序,根据所需对立法项目的必要性、可行性、合法性以及立法草案的内容、预期影响、社会效益等所进行的评价,是对立法审议、立法决策在实体上如何论证的具体考量,是促进和实现科学立法、民主立法的立法程序规范。

如英国法学家霍菲尔德所言:"权利、义务的范畴足以用来分析即使是最复杂的法律利益问题。"现代法治是权利与义务的平衡之治,科学、理性的权责配置能最大限度地发挥制度的应有价值。立法前评估制度的权责配置则是指立法前评估中的权利义务关系。其中,"权"包括立法权力和立法权利;"责"应作广义理解,包括义务和责任(对于公权力主体而言,"义务"又包含其职责)。立法前评估制度经由《规范》提出,但就其工作机制和环节而言,尚未被权利义务化。那么,应当如何看待立法前评估的权利义务化?则应当从目标和原则确立的层面进行更具基础价值的设计和探讨。

(一)立法前评估权责配置的目标

立法前评估权责配置最终要达到怎样的目标?在设计权责配置时应当考虑哪些现实因素?怎样才能经过具体的权责配置体现出制度的精神与价值?由此,对于立法前评估的权责配置不能只是作出浅显的权利义务分配,而更应当是以实践为基础,从根本上挖掘制度的精神与价值。

立法前评估并非实权机制,其实现目的的手段在于调研、评估与预测,并最终以评估报告的形式呈现。这样的机制不同于其他立法制度,有着自身的逻辑性和一贯性。立法前评估是由立法机关组织,集立法专家、公众参与、独立第三方引入、立法共识形成为一体的评价制度,能够将正向思维与逆向思维有机结合,既考虑执法部门的需求,又充分体现各方意见⑤,从而提高立法的科学性、民

⑤ 张德江在第十二届全国人民代表大会常务委员会第二次会议上的讲话中指出,在做好立法论证、立法调研、公开征求意见等各项工作的基础上,再增加一个评估环节,请立法工作部门以外的人对法律条文的科学性、法律出台的时机、立法的社会影响等进行评估。

主性和有效性。由是,立法前评估的权责配置并非对抗式的,而更多的体现为促进式,更多的强调评估机构参与的全程性和评估成果的可利用性,强调立法机关的职责性以及参与主体的参与性、监督性。

立法前评估的制度设计在于深入推进立法科学化、民主化、法治化,发挥社会力量在立法中的积极作用,及时妥善解决争议较大的重要立法事项。因而,立法前评估权责配置的目标追求也应当循此模式,对立法前评估相关主体的权利义务内容予以确认。实现科学立法、民主立法、依法立法,首先应当把握立法的规律并形成制度,增强预见性,使立法推进主动化,适度超前化,因而立法前评估中的权利义务必须与目标相协调。质言之,立法前评估的权责配置在总体上要实现立法权利与立法权力的对立统一,要明确立法参与的民主权利、立法科学化的评价权利、开放式立法的监督权利。基于此,我们在进行立法前评估的权责配置时,应当以实现制度目的为指引,并结合立法实践作出甄别,从而发挥立法前评估制度特定的、有效的规范作用,将立法前评估制度确定下来,并融入到整个立法程序法律规范制度中去。

(二)立法前评估权责配置的原则

立法前评估的权责配置应聚焦立法实践,从相关主体出发,更加凸显权利义务对于实现制度目标的内在效用。因而,应当更加强调和发挥审慎性、专业性、合法性和民主性原则在立法前评估权责配置中的功能。

1. 审慎性原则

审慎性原则,是立法前评估权责合理配置的深层次表达。立法前评估是实现立法科学化、民主化的重要制度,但并不意味着所有立法都以立法前评估为必需。课以立法前评估应以实现制度目的为限,即应当明确立法前评估运用的必要性、针对性、适用性,不能无的放矢。《规范》将第三方评估的引入限定在对草案的调整范围、制度的必要性和可行性、权利义务关系的重大调整、法律概念的含义等有较大争议的的立法事项,充分体现了立法前评估的审慎性。

就委托型立法前评估而言,审慎性还体现为评估机构的选定及评估进程的跟踪。《规范》明确采用定向委托、招标等公开、透明的方式开展第三方评估,并赋予委托方一定的监督、管理项目的跟踪权,是立法前评估权责配置合理性的进一步诠释。由此,立法前评估才由应然的、抽象的、泛化的实存制度转化为实然的、具体的、特定的法定制度,成为立法实践中的有机构成,才能避免立法前评估制度被搁置或滥用,从而降低立法试错成本,实现立法科学化、合理化。

2. 专业性原则

立法前评估权责配置的专业性是科学立法的具体承载。立法前评估的专业性使其区别于立法征求意见、立法协商等立法制度。《规范》中关于受托第三方所应具备的专业知识、经验和技能的规定固然是专业性的申明,但却是不完整、不周全的。立法前评估权责配置的专业性,不仅要求立法前评估主体具有专业资质,而且要求主体间权利(力)的行使与义务(责任)的承担均具有科学性。

具体而言:立法机关作为最终决策者,必须强调其行使职权的积极性和主动性。一方面明确立法机关运用评估报告进行立法审议,凝聚立法共识并最终形成立法决策的职权;另一方面如果立法机关怠于行使职权应当承担相应的责任。评估机构作为制度的核心要素,必须实现权责一致性以保证评估结果的有效性。譬如按期提交评估报告并作必要的说明、真诚且努力地开展评估等等,而不包含其他额外责任。参与主体是强化公众参与立法的话语权,落实宪法所规定的公众参与权的必需。立法前评估的权责配置必须保障参与主体民主地位的实现,因而必须赋予其充分的权利。

3. 合法性原则

立法前评估权责配置的合法性原则意味着:一方面,立法前评估权利义务的内容及边界设定应当置于合法性的框架之下进行审视,要求合乎法律规范。立法前评估主体作为权利义务的统一体,应当自觉地将法律价值、规范理念融入到职权行为中,尤其是立法前评估过程之中。就实践而言,立法前评估的权利义务配置至少应当符合《规范》,甚至是各类工作规定。另一方面,对于违反法律规范的立法前评估行为应当承担相应的法律后果,即启动责任追究程序。比如,《甘肃祁连山国家级自然保护区管理条例》在立法层面为破坏生态行为“放水”的举动直接或间接地对生态环境造成了严重破坏,应当通过立法违法问责机制,追究相关主体的责任。

由此反观,立法前评估作为立法程序的前置程序,对于可能的违法立法前评估,责任追究机制的建立健全是否更为迫切?由此方可确保立法前评估在立法流程中的有机镶嵌。然而遗憾的是,《规范》中对于问责机制的构建是残缺的,地方规范文件中亦是如此。因而,立法前评估的权责配置应当通过重塑权力与权利关系限缩违法立法前评估发生的可能性,应当在《规范》中明确违法情形与问责机制。

4. 民主性原则

立法前评估权责配置的审慎性原则和专业性原则体现了立法的合理性、科学性,合法性原则则凸显了立法的受拘束性、法治性——而这都是针对立法前评估中某一特定主体本身而言的。就立法有效性而言,应当考虑引入民主性原则。一方面,立法前评估是社会公众基于其选择权、判断权、监督权而为之的评价行为,是评价主体享有、行使立法权利(力)的具体体现。评价主体通过立法前评估实现了立法的民主参与,将立法中可能存在的利益冲突、社会影响通过合理的表达渠道提前地、有序地释放,从而保障立法的有效性。

另一方面,就主体间的关系,民主性原则体现为三方主体的相互监督,强调制约性。立法机关作为当然的立法决策者,立法活动包括立法前评估、立法参与都应当由其主导,受其监督和指导,但这并不意味着立法机关对立法前评估有着直接的命令指挥权。评估机构经由立法机关委托开展工作,应当秉承对立法机关负责为原则,并在评估过程中保持独立、专业的地位,但同时也应当对立法主体和参与主体的权利义务行使予以监督。参与主体作为立法民主的见证者,则天然地享有监督权。由此逐渐形成三方抗衡的局面,保障立法前评估权利义务的有效配置。

三、立法前评估制度权责配置的类型与内容

立法前评估是"立法权利"的行使还是"立法权力"的分享?如果是在行使"立法权利",其刚性和强度是否太弱?应当如何强化?如果是在分享"立法权力",其背后的法理依据又是什么?立法前评估应当如何实现"权利——权力结构"的转换与生成?如何在权利与权力的博弈过程中寻求二者的最佳配置?立法前评估制度为相关主体设定了怎样的权利义务内容和责任机制?假定立法前评估所得结论与某一方行政执法主体所主张的法律规范中权利义务的设定大相径庭又应当如何处理?由此,应当通过立法前评估类型、主体间的权责关系等内容的界定以求得理论设计引导,进而建构制度框架,凸显制度价值,实现立法前评估权力与权利的均衡配置。

(一)立法前评估的类型划分

就立法前评估的实践而言,目前主要存在两种类型:自我评估、第三方评估和社会专业评估。三种类型的立法前评估在主体构成上有着明显的差异,并由此导致评估主体不同的权利义务结构和权责配置,《规范》就是针对第三方评估而言的。

1. 自我评估

自我评估是指由立法机关内部机构或立法起草单位进行的评估,其评估主体全部由立法机关或起草单位的内部成员构成。我国目前以这种类型为主⑥。以《浙江省电子商务条例》为例,浙江省法制办与商务厅通过座谈会形式对该条例进行立法前评估,就立法项目的定位、必要性、可行性及拟解决的问题交换意见、论证、研究。⑦ 法制办和电商处作为该条例的起草部门,同时也是立法前评估的主体。

自我评估的优势在于:评估主体由于其内部性,对法律规范草案的设计、内容有着更为翔实、精确的理解和认识,从而使评估结论更加真实、有效;其次,对于评估过程中所发现的问题,内部评估主体能够及时在草案中予以修正、补足。遗憾的是,评估主体的内部性与评估结论的客观公正性存在难以解决的冲突。单一的评估主体容易导致立法前评估的垄断化、形式化,从而难以保证立法的科学性和有效性。在自我评估类型中,评估主体集权力与权利、义务与责任于一体。

2. 第三方评估

第三方评估是指由独立的、无利益关联的、客观中立的第三方进行的评估,包含但不限于高等院校、科研机构、立法智库和一些具备条件的社会专业机构等。⑧

---

⑥ 我国的立法前评估实践中,立法起草单位在报送法律规范草案前要进行立法前评估,并报送评估报告,因为以立法起草单位直接进行立法前评估的情形最为常见。参见何盼盼:《立法前评估机制研究》,载《人大研究》2016 年第 7 期。

⑦ 参见立法三处:《〈浙江省电子商务条例〉立法前评估座谈会近日召开》,载 http://www.zjfzb.gov.cn/n134/n135/c119157/content.html,2018 年 5 月 2 日。参见电商处:《〈浙江省电子商务条例〉立法前评估会议召开》,载 http://tech.hexun.com/2014-08-18/167636798.html,最后访问日期:2018 年 5 月 2 日。

⑧ 关于评估机构的范围及构成条件,有学者认为应当以独立、权威、专业等要素进行考察,构建多元化局面,可参见《规范》第八条之规定;以及邢鸿飞、李羿人:《论我国立法中第三方评估主体的资质》,载《江苏警官学院学报》2015 年第 6 期;陈伟斌:《地方立法评估的立法模式与制度构建》,载《法学杂志》2016 年第 6 期;何盼盼:《立法前评估机制研究》,载《人大研究》2016 年第 7 期;王春业、邓盈:《重要立法事项引入第三方评估机制研究》,载《中南大学学报》(社会科学版)2017 年第 6 期。

美国的监管分析制度、欧盟的规制影响评估均属此种类型。⑨ 第三方评估是立法前评估主体多元化的体现，跳离了立法机关的传统视角，是对评估结论科学性、民主性及有效性的有益促进。

第三方评估呈现为三主体结构——立法机关、立法前评估机构及参与主体。《规范》虽然主要是从引入第三方评估的条件、程序、第三方机构的条件等角度进行规定，但从条文中仍能看出立法前评估的三主体结构及三者间的区别。在这个结构之中，立法机关与立法前评估机构之间成立委托关系⑩。评估机构根据具体委托事项，分别进行论证、调研、评估，并最终提交立法前评估报告，对预期效果进行说明以供决策参考。立法机关应作广义上的理解，包含人大常委会法制工作委员会、法律委员会等下设机构。参与主体指参与立法评估过程的其他主体，如立法专家、公众等，享有立法权利。立法前评估的规范设计应进一步聚焦第三方评估，夯实其权责配置、体制机制，进而牵引和推动科学立法、民主立法、有效立法的实践探索。

（二）立法前评估权责配置的内容

立法前评估是基于提高立法质量而设定的，是实现立法从"粗放型"向"精细化"转变的工具⑪——由此，立法前评估是"立法权力"的分享。但实践考察发

---

⑨ 美国将监管分析制度归于为行政机构和监管机构用于评估和预算规章和政策可能性结果提供一种规范方法的工具，其评估主体——管理与预算办公室（Office of Management and Budget）和信息与监管事务办公室（Office of Information and Regulatory Affair）——设在白宫总统办公室之下，从而使得美国的立法前评估具备重要规章正当性的审查者和不同机构间工作的协调者的双重身份。欧盟的规制影响评估仅限于分析拟定法案在实施后所可能产生的社会影响，而不对拟定的政策议案进行分析，并设立了专门的影响评估委员会，广泛吸纳欧盟议会、欧盟委员会、部长理事会的参与，各机构间相互协调、监督、制衡。美国监管分析制度相关文件可参见奥巴马第 13563 号行政命令，即"改善监管与审核"（Improving Regulatory Planning and Review），克林顿第 12866 号行政命令，即"监管计划与审核"（Regulatory Planning and Review），管理和预算办公室、信息和监管事务办公室，A—4 号通知"监管分析"[OMB and OIRA, Circular A—4: Regulatory Analysis（2003）]。欧盟规制影响评估可参见《影响评估指引 SEC（2009）92》[Impact Assessment Guidelines, SEC（2009）92.]。参见席涛：《立法评估：评估什么与如何评估——金融危机后美国和欧盟立法前评估改革探讨》，载《比较法研究》2012 年第 4 期

⑩ 评估机构与立法机关之间关于报酬支付等事宜可以适用民事法律关系中的委托关系处理，这一点与《规范》中的有关条款相互印证。但笔者认为，就评估成果的运用、评估过程中立法机关所应履行的职责和承担的义务，不应仅局限于委托方的应有之责，而应当范围更广，责任更重。

⑪ 站在基本的工具主义立法观的角度上，立法前评估作为社会变革的工具在某种程度上促进了立法。但仅仅将其作为一种社会工程工具的观点是错误的，其批判功能与技术功能同等重要。如果合理运用，立法前评估不仅仅只是一个技术性工具。参见 Luzius Mader: Evaluating the Effects: "A Contribution to the Quality of Legislation", *Statute Law Review*, Volume 22, Number 2, pp. 119-131, 2001。

现,立法前评估结果对于立法决策只是参考性而非决定性作用,是社会公众立法参与、立法监督权利的体现。故而,应当承认立法前评估是兼具两者内涵的“权利权力统一体”⑫。立法权力应当受到立法权利的广泛监督,以权利制约权力;立法权利则应有立法权力相应的承认和赋予,以权力保障权利。一方面,基于限权(力)的需要,应当明确权力主体的义务和责任以制约权力的恣意扩大,规范权力的运行;另一方面,应当进一步明确权利属性,拓宽立法参与的方式和路径,保障评估主体的表达、调查等权利及其他主体的参与、监督权利,扩大权利行使的广度,进而强化制度刚性。

地方实践中,立法前评估的权责配置(见表2)比较粗疏,仅是对立法机关和评估机构最为基本的权利义务予以宣示性的规定,而未涉及责任的设定,也未关注到立法前评估参与主体的权责配置。《规范》在地方实践的基础上对主体间的权利义务配置进行完善。但遗憾的是,《规范》仍然是停留在立法机关与第三方评估主体之上,而未扩展至参与主体,且没有明确的责任条款。

表2　青岛、广东、浙江、贵州四地立法前评估主体权责配置现状⑬

主体	地区	权利(力)	义务(职责)	责任
立法机关	青岛	1. 监督、指导权 2. 评估指标设定权 3. 评估验收权	1. 协助义务 2. 经费保障义务	无
	广东	1. 选择权(人员、形式) 2. 评估事项委托权 3. 组织、指导权	1. 报告印发职责 2. 协助义务	
	浙江	1. 评估事项委托权 2. 指导权	1. 服务、提供便利义务 2. 材料补充通知义务	
	贵州	1. 评估机构选择权 2. 评估事项委托权 3. 协调、督促指导权 4. 评估报告验收权	1. 提供必要便利 2. 经费保障义务 3. 报告印发职责	

⑫　童之伟教授认为这个概念是在深入认识权利和权力及其相互关系的实质内容后必然会得出的结论,并名之以法上之权,简称“法权”。参见童之伟:《再论法理学的更新》,载《法学研究》1999年第2期。

⑬　资料来源:依据相关规范性文件归纳整理。

续表

主体	地区	权利(力)	义务(职责)	责任
评估机构	青岛	1. 评估事项调查权 2. 汇报说明权	1. 保密义务 2. 配合义务	无
	广东	1. 法案评价权 2. 评估事项调查权	1. 全面、合理评估义务 2. 主体适格义务	
	浙江	1. 参与、表达权 2. 评估事项调查权	1. 合理、全面评估义务 2. 评估材料附录义务 3. 说明解释义务	
评估机构	贵州	1. 法案评价权 2. 评估事项调查权 3. 获得经费权	1. 保密义务 2. 适格义务 3. 诚信履约义务 4. 评估材料附录义务	无
参与主体	青岛	无	无	无
	广东			
	浙江			
	贵州			

考虑到立法前评估的特定主体结构，在《规范》的基础上，提出主体间权责配置的应然模式(见表3)。将参与主体纳入立法前评估的权责配置中，充实立法前评估主体的权利(力)、义务(职责)，并建立健全相应的责任机制。

表3　立法前评估主体权责清单(应然)

主体	权利(力)	义务(职责)	责任
立法机关	1. 评估机构选择权 2. 评估事项委托权 3. 变更、解除权 4. 监督、指导、验收权 5. 经费管理权 6. 立法决策权	1. 报酬给付义务 2. 全面履约义务 3. 立法信息公开职责 4. 评估资料归档职责 5. 评估工作保障职责 6. 拓宽参与渠道职责	1. 怠于履职责任 2. 成果应用责任
评估机构	1. 申请参与权 2. 申请回避权 3. 获得经费、报酬权 4. 评估事项调查权 5. 汇报说明权 6. 损害赔偿救济权	1. 诚信履约义务 2. 适格义务 3. 保密义务 4. 配合义务 5. 遵循法定程序义务 6. 评估材料附录义务	1. 成果评价责任 2. 违法评估责任

续表

主体	权利(力)	义务(职责)	责任
参与主体	1. 立法信息知情权 2. 申请信息公开权 3. 意见建议表达权 4. 立法监督权 5. 评价权	1. 遵循法定程序义务 2. 配合义务	违法参与责任

1. 立法机关的权责配置

立法机关的权责配置主要体现为职责的行使。立法前评估制度为立法机关设定了怎样的职责？立法机关是否应当将评估报告全文公布？是否应当将评估材料作为立法附属材料全部归档？立法机关的职责不仅是与评估机构的权利相对，更是与人民所享有的权利相对，是凝聚立法共识、科学立法的必然要求。

(1)立法机关的职权

在立法机关和评估机构的相对关系中，立法机关显然处于主导地位。因此，立法前评估制度也必须强调其行使职权的积极主动性。立法机关在准备立法或制订立法计划时，可以对某一事项是否需要立法、怎样立法、何时立法、预期效果如何等问题组织立法前评估，从而更好地作出决策，实现立法精细化、科学化。而立法前评估作为某种意义上的立法工具，是否选择使用则恰恰体现为立法机关的职权性。《规范》赋予立法机关开展立法前评估的委托权和评估机构的选择权，并要求采用定向委托、招标等方式以防止选择权滥用——而这又体现出《规范》的审慎性和科学性。

在立法前评估的进程中，立法机关基于监督权、验收权，对于评估成果验收不合格的可以要求评估机构补充评估或重新评估，二次验收仍不合格的可以终止委托。对于违规违约的行为，立法机关可以要求评估机构改正或者行使变更、解除权取消委托。此外，立法机关还享有经费管理权，负责评估经费的管理与拨付。进而在立法审议时，立法机关得以运用评估报告作为参考依据，寻求立法共识，并最终作出立法决策。

(2)立法机关的职责

立法机关的职责一方面是指为了立法所需而应为之义务，这种意义上的职责强调的是立法机关与人民意志和利益的一致性,解释了立法机关的功能定位;另一方面则体现为怠于履职所应担之责,是不利后果的承担。

《规范》仅规定评估报告可以作为参阅资料印发会议参考。至于是否将评估报告全文公布或隐去部分内容后公布,则应视具体情况而定。但可以明确的一点是:倘若有公布报告的必要,也应由立法机关为之。在立法前评估的关系结构中,只有立法机关和评估机构知晓报告内容,《规范》严禁评估机构未经委托方同意对外披露评估情况或公开、对外引用评估报告,那么公布的义务自然地落在立法机关身上。对于评估材料,立法机关天然具有归档义务,应当客观、如实地整理整个立法过程中的一系列原始资料,包括各类会议资料。立法机关同时承担立法解释的职能,当法律实施出现争议时,评估材料清楚地记载了立法的原意、对相关问题的思考等内容,可以作为语义解释、系统解释等法律解释的来源,从而产生立法上的拘束力。假定某市物业条例中规定每家设定特别消防支出用于豪宅消防安全,条例实施后出现了权责界分争议,此时便可借助评估材料以达到解释目的。就评估机构而言,立法机关应当肩负全面履约、报酬给付、保障立法前评估工作顺利进行的义务。而这也是立法机关选择权、委托权的必然承担。

需要指出的是,《规范》并未规定立法机关怠于履职应当承担的责任,未来立法前评估制度的发展中应当完善相应的内容,建立评估成果应用问责机制,追究立法机关不作为或乱作为的法律责任,将立法前评估制度落到实处。

2. 立法前评估机构的权责配置

立法前评估机构的权责界分模糊导致当前立法前评估的作用并不明显。立法实践试图通过重构评估主体、规范主体资质以提高立法前评估的有效性,但此举治标不治本,反倒使其陷入僵局。立法前评估的建构应当首先厘清评估机构的权利内容和法律义务,从而使之成为制度有效性的根本遵循。

(1)评估机构的权利内容及保障机制

《规范》中尚未明确规定评估机构的权利内容,但从其条款中我们至少可以引申出以下几项权利:①申请参与、回避权。对于立法机关拟开展立法前评估的事项,符合条件的评估机构应当有申请参与评估的权利,是否选定则由立法机关决定。对于受托的事项,评估机构在评估过程中发现与自身存在利益关系的,则应当赋予申请回避权。②获得经费、报酬权。《规范》中明确规定在委托协议中可以根据评估任务的工作量、难易程度等情况确定合理的经费,并按照国家有关预算管理规定列支。③评估事项调查权。评估机构根据评估工作需要可以作必要的调查,如实地调研、问卷调查、访谈等,广泛收集评估材料。在获取充分资料的基础上,寻求达成相对共识,并最终形成评估报告。④汇报说明权。对于评估结果,评估机构在法案提请审议时有汇报、说明评估情况的权利,从而强化评估结果的有效性和可参考性。对于评估机构的权利保障机制,《规范》也未有提及。立法前评估制度强调通过评估机构将争议事项达成相对共识,或对立法效果作出预判。对于委托合同所列条款所发生的争议,应当自然地适用《合同法》的相关规定。而对于合同之外的权利,则考虑申诉制度的引入,由上级立法机关确保权利的救济。

(2)评估机构的义务

在建构立法前评估制度时,强调评估机构权利的同时也必须明确其法律义务。《规范》要求评估机构开展评估工作时应当客观、独立、公正,不能弄虚作假、抄袭剽窃,不能转委托——诚然,这是评估机构最低限度的义务——除此之外,还应当承担:①保密义务。对于在评估工作中知悉的国家秘密、商业秘密和个人隐私应当予以保密,未经允许不得擅自披露。②配合义务。评估机构应当配合立法机关和参与主体的监督权,对于评估过程中出现的问题要及时作出回应,以保证评估的有效进行。③遵循法定程序义务。评估机构开展立法前评估应当符合《规范》中的程序规定,保证评估工作的规范化运行。

(3)评估机构的责任机制

由于评估机构的构成较为复杂,其责任机制尚在构建之中。但可以肯定的是,多元化的责任机制可以促进立法前评估的有效运作,进而实现立法科学化。鉴于此,应将评估机构的责任机制在《规范》中予以明确。首先,应当推动建立评估报告的评价机制。考虑设计科学、理性的评价指标,对评估报告中结论性意见、建议及采纳比例进行测算,并最终与评估机构的报酬、评级直接挂钩。《淮南市文明行为促进条例》的立法前评估就是由于没有科学的评价机制,导致出现报告内容比较单薄、评估建议相对泛化、指导性不强的问题,从而间接影响了立法质量。⑭

⑭ 参见淮南市人大常委会法制工作委员会:《重要立法事项引入第三方评估的实践和思考》,载 http://www.npc.gov.cn/npc/lfzt/rlyw/2017-09/13/content_2028844.htm,最后访问日期:2018 年 3 月 23 日。

其次,健全违法评估的责任追究机制,加强立法机关对于项目开展情况的跟踪,对于评估过程中评估机构所存在的违规违约行为及时予以惩治,如采用通报、禁入等措施,甚至追究相关责任人员的法律责任。

3. 立法前评估参与主体的权责配置

虽然《规范》中对于参与主体未有明确的权利义务规定,但应当承认,公众参与作为社会公众选择权、判断权、评价权的表达,是科学、民主立法的应然。由此,应当着眼立法前评估参与主体的权责内容,进一步规范立法前评估的路径构建。

在立法前评估中,不同的主体如利害关系人、社会组织、专业人士等的立法参与各有特质,但其权利类型应当具有同一性。首先,立法信息公开是评价公众参与成效的一个关键要素,直接影响最终的立法质量。由此,参与主体应当享有立法信息知情权,全面、充分地了解立法前评估项目的进展、内容等信息。这就要求立法机关或评估机构在评估过程中应当及时、具体地公开相关信息;对于应当公开而尚未公开的评估材料,参与主体享有申请信息公开的权利,从而保障其权利的行使。其次,对于立法前评估的内容与进程,参与主体享有依法表达意见建议的权利。立法表达是民主立法的本质和必然选择,评估机构和立法机关应当充分考虑社会公众参与立法前评估的意愿和需求,并能够为其提供表达上的便利,进而提升立法前评估的实效性。最后,必须保障参与主体立法监督权的行使。立法监督权是参与主体对于立法问题的判断、揭示和建议性表达。杭州市民潘洪斌就《杭州市道路交通安全管理条例》致信全国人大常委会提出审查建议,全国人大常委会法工委最终对相关问题进行监督纠正⑮。假使这一条例在制定之初开展立法前评估,便不会有前述情况发生。由是观之,参与主体的立法监督权对于提高立法前评估的质量具有必要性和重要性,应当得以进一步地规范和保障。

相对应地,在申请信息公开、立法表达方式、立法监督程序等方面应当规定参与主体的义务,但考虑到参与主体的特殊性地位,这些义务只是基本性的,是基于更加有序地行使权利而设定的。第一,参与主体应当依照特定、合法的形式

⑮ 参见杨维汉、陈菲:《一辆电动自行车牵动全国人大常委会》,载 http://www.xinhuanet.com/2017-02/26/c_1120531540.htm,最后访问日期:2018年3月25日。

和程序申请评估信息的公开或对立法前评估程序予以监督;第二,参与主体应当向评估机构或立法机关如实反映情况或提出针对性的意见建议,不能使用不当的方式干扰立法前评估工作的进行。如果参与主体违反义务造成严重后果,则考虑问责机制的引入,而这有待进一步的研究。

结语:立法前评估制度的法治化

我国立法前评估的发展尚处于探索构建之中,具体的制度框架还远未成型。正如本文所指出的,规范化的路径建构固然重要,但并非朝夕所成。新时代的立法要求“让每一步法律都成为精品”,立法的精细化被赋予更高的要求。内涵的厘定是立法前评估制度的生存之基,合理的权责配置关系着立法精细化、科学化、民主化目标的实现。在转型发展、走向法治的进程中,必须将立法前评估制度纳入法治轨道之中,深植于立法需求之中,融入到科学、民主、有效的立法体制、立法过程之中,在《规范》的基础之上完善立法机关、评估机构和立法前评估参与主体的权责配置,实现制度内的协同推进与制度间的良性互动,进而成为提升立法质量、增强法律可执行性和有效性的源头活水。

在立法法的总体制度形态上,我们期待未来立法前评估不仅是保障立法科学化、民主化、法治化的重要制度,而且在其制度化与法治化的跃升上,至少实现两点:第一,立法权力与立法权利的对立统一。依据不同类型对立法前评估中立法机关的职权、职责,立法评估机构“权力化”的评估、表达、调查等立法权利及相应的义务,参与主体的参与、评价、监督权利予以规范配置,保障立法前评估对立法实践的科学、有效引导。第二,在法制层面,以《规范》推进立法程序的发展,进而在已有的立法法的基础之上形成宪法对立法权的配置,推动具体的、基于立法实践的、具有中国特色的立法程序法律制度生成,立法前评估制度则作为立法行为程序法的重要制度构成。惟其如此,相应地,才能撬动和推动在立法法基础之上的立法行为法、立法程序法、立法过程法的精细化,以满足和适应整个立法精细化的需求。

新时代科学立法视阈的政府角色调适问题探析

丘川颖* 李文珊**

摘　要:科学立法具有深刻的内涵和重大价值,但在地方立法实践中面临诸多问题,其中地方立法机关与政府的立法角色调适问题尤为突出。分析原因后提出的对策包括:一是启动法律解释机制,厘清地方立法机关与政府之间的立法权限,以助于调适地方政府的立法角色;二是地方立法机关应主动加强控制科学立法每一阶段的程序环节,以助于调适政府的立法角色;三是大力推进依法行政,并依法规范政府的立法角色,防止政府地方立法权泛化。

关键词:新时代　科学立法　政府立法　角色调适　问题探析

引　言

从法律价值的角度考量,立法就是一国统治阶级的法律价值观通过制定、修改、废除法律规范而转化为国家意志,并最终把一国统治阶级的价值诉求转变为具体法律条文的法律运行过程。由于国家法律价值是一整套分层次复合的价值体系,立法机关必须结合人民的利益诉求和国家的立法体制做出甄选,只有那些能体现国家、民族长期稳定保持的法律价值观才可能转化为法律规范。① 在一国成文法律体系里,宪法处于最高位阶自然凝聚了最高的国家法律价值,并且往

---

* 丘川颖,男,惠州学院地方立法研究院,广东省社会科学研究基地法治建设与公共决策研究中心博士、讲师,研究方向为宪法解释、地方立法理论。

** 李文珊,男,惠州学院地方立法研究院、广东省社会科学研究基地法治建设与公共决策研究中心博士、教授,研究方向为地方立法。

① 参见徐秀义、韩大元主编:《现代宪法学基本原理》,中国人民公安大学出版社2001年版,第210~213页。

往以明文方式予以确认，比如中国《宪法》就宣示了我国的最高法律价值"……一切权力属于人民"以及"中华人民共和国实行依法治国……"为了把最高法律价值转化为具象的法律规范，我国《宪法》与《立法法》联合构建了纵向的中央与地方"一元、两级、多层次"的立法体系。通过立法体系，不同位阶的法律、行政法规、地方性法规、规章等规范文件形式把国家法律价值转换为法律条款（立法行为），然后依照法律条款进行执法、司法与守法从而形成相应的法律后果，最后立法者在评估法律事实、后果基础上，反刍、调整国家法律价值以利于下一次的立法活动。以上一系列循环反复的周期就是法治的运行过程，其中立法是依法治国的基础和前提，国家决策层除了在《宪法》规定"依法治国"方略并在法律实施中予以体现，还通过党中央的政策、纲领性文件强调"……科学立法、民主立法、依法立法，以良法促进发展、保障善治……"把立法摆在中国法治建设的首要位置。可见，立法是建设法治中国的必经预备阶段，推进和完善立法有利于构建科学民主、契合国情的法律体系，立法就是运用立法技术、标准界定中央和地方立法机关的权限，把国家法律价值转化为立法实践的过程。

然而，根据《宪法》《立法法》《地方各级人民代表大会和地方各级人民政府组织法》等法律规定，中央一级立法机关享有明确的、优越于地方立法机关的立法权限和整体规划部署立法的适格地位，也更容易实现科学、民主、依法合理配置立法权限的目标；相比之下，地方立法机关的立法权从属于中央立法机关，除了根据《宪法》笼统推导出"不相抵触原则"（详见《宪法》第 100 条）之外，再无进一步可操作的细化规定，这显然不利于实施《宪法》确定的依法治国方略，也不利于国家决策层通过完善立法体系实现良法善治的顶层设计。因为实际上地方立法机关的立法与公民社会生活更接近，诸多实际生活的法律问题亟需地方立法机关在"不相抵触原则"指引下，灵活发挥地方主动性、积极性并利用地方综合资源制定出操作性和实施效果更好的地方性法规。也就是说，在新时代的法治建设时期，地方的科学立法比起民主立法与依法立法，更加需要重点关注和解决。据此，本文在阐明地方科学立法的内涵及其对完善立法体制的重大价值之后，分析地方科学立法实践面临的政府立法角色调适问题，并围绕问题提出三点开解对策，尝试为提升地方立法研究水准与指导地方科学立法实务提供有益借鉴。

一、新时代地方科学立法的内涵与价值

新时代对地方立法尤其是科学立法提出了更高的要求，科学立法对于维护统一开放、层级有序的新时代中国特色社会主义法治体系具有基础作用，但是仅靠中央立法机关的科学立法只能打造立法大框架，在具体而微的领域并不能恰当的适应我国历来就长存的民族差异、文化差异和地区差异的国情。因此，为了追求科学立法的实效，我们应当在地方科学立法问题上倾注力量，下文先阐述地方科学立法的内涵及其重大价值。

（一）地方科学立法的内涵

从指导中国认识世界、改造世界的马克思主义哲学原理出发，认识一种事物就是通过考察该事物的静止与运动全程去把握它的客观规律。那么，我们对地方科学立法的认识也可以从它运动的领域来考察——地方科学立法在学科分类上可归入法律领域，即属于政治上层建筑的范畴，自然就受制于社会主义市场经济的经济基础并应当适应、服务于社会主义生产力发展要求；我们可以运用法律科学原理（包括法律语言、形式逻辑、程序设计）和法律规范解释、立法定性、定量分析等技术，从地方科学立法运动、发展的过程（制定地方性法规、规章）去把握、研究它的客观规律。可以认为，地方科学立法在目标导向上就是要求地方立法机关制定的法律应准确反映和体现其所调整社会关系的客观规律……核心在于立法要尊重和体现规律。② 经过梳理，笔者认为，地方科学立法的内涵至少应当包含以下三方面内容：

第一，从经济基础决定上层建筑原理出发，地方科学立法必须因应以公有制为基础的社会主义市场经济生产关系的要求。跟随新时代全面推进改革的节奏，国家供给侧改革宏观掌控下的多元经济模式面临更加深刻复杂的生产力和生产关系格局调整，尤其是充分发挥灵活性与创造力的地方（包括各省、直辖市、自治区及设区的市、较大的市等）经济模式的改革，遭遇到诸多新鲜具体的

---

② 参见张德江：《提高立法质量　落实立法规划——在全国人大常委会立法工作会议上的讲话》，载《中国人大》2013 年第 21 期。

法律问题和地方立法"瓶颈",这都强烈呼吁地方立法机关应当用地方立法形式把越发展越复杂的市场经济关系、经济活动准则确定下来。③ 因此,地方科学立法必须顺应新时代全面深化改革对地方立法机关提出科学立法的迫切要求,通过地方立法机关在"不相抵触"原则指引下,统筹设计地方性法规调整具体法律实务的模式,发挥地方的积极主动性,综合运用立法技术和手段解决新型经济、高科技、社会生活、环保、招商引资等领域的法律问题。

第二,从法律工具理性来看,地方科学立法应当体现出包括法律规范解释和立法体例、立法语言以及严谨的法律规则逻辑在内的立法技术手段的综合运用。④ 地方科学立法在法律工具理性视角,就是把地方立法行为看作纯粹的社会理性行为,排除了抽象的价值判断而使用法律解释规则,通过把可以精确控制的立法技术运用到地方性法规,实现地方立法预设的目的。比如,地方性法规一般由立法体例、立法语言和形式逻辑三要素组成,三要素的合理、严密搭配体现了地方科学立法在立法技术方面的要求。具体来讲,立法体例主要是地方性法规本体在形式与内容结构方面的总体安排,其中形式结构讲究法案名称要精练,法案的总则、分则、附则以及每一章节条款的摆设均要妥帖;而法律规则的内容结构,即假定、行为模式和制裁应在形式上逻辑严密,在权力与责任设置上应当权责清晰,在权利与义务分配上应当比例协调。

第三,从法的实质有效性来考察,地方科学立法的内涵还包含地方立法机关制定的地方性法规在社会生活中得到遵守、执行、适用并产生预期的实效。地方性法规在不违反"不相抵触"原则前提下即可有所作为,实际上给地方立法预留了宽松的创造空间,只要地方性法规符合法的有效性的形式要件(体例、语言、逻辑等),法律案都可以通过颁行。但这类只满足法的形式要件的地方性法规是难以取得实质效果的,因此地方科学立法应当体现法的实质有效性的特质,以达到该区域公民接受、承认并遵守、执行地方性法规的实施效果。那么针对这一点,地方科学立法就应当在以下三方面做努力:(1)地方立法应当客观反映本地区社会实际状况和本区域公民真实的立法诉求;(2)地方立法应符合该区域不

③ 参见刘松山:《当代中国处理立法与改革关系的策略》,载《法学》2014 年第 1 期。

④ 参见张根大:《论法律效力》,载《法学研究》1998 年第 2 期。

同层次公民的人性需求，体现法律对人的生存、发展与人的前途、命运的真切关怀，这也是法的实质有效的生命线。⑤（3）地方立法应当配套严密的法规议案选项、立项、起草、征询意见、专家论证、审议表决程序，以程序确保科学立法的实效。

（二）地方科学立法的重大价值

地方科学立法是新时代中国特色社会主义法治建设的一项系统工程，对构建、完善我国立法体制以及实现全面依法治国具有重大价值。

第一，地方科学立法在法律价值维度的价值。地方科学立法在宪法框架内既确保法制统一又发挥了地方立法机关的积极性、创造性，是适应我国民族文化多元、地区经济、社会差异较大的实际情况的，体现了尊重与反映地方立法事务的本质和规律，⑥注重实事求是和克服主客观条件限制，结合地方立法的普遍规律与现实条件的特殊性，⑦确保地方科学立法落到实处。此外，地方科学立法弘扬了现代法治“良法善治”的精神，以科学立法的原理和技术塑造了既尊重宪法法制统一秩序又包容地方立法多元与开放的立法体系，彰显了以人为本，规范公权力运行的依法治国理念。⑧

第二，地方科学立法在法律功能维度的价值。法律作为一种调整社会秩序的规则还具有预测、评价、奖惩功能，地方科学立法的成果（地方性法规）为了达到上述法律功能，必然在立法体例、语言和规则逻辑与立法程序方面倾注科研力量，以确保地方立法项目、草案能实现地方立法机关精准、合目的性地掌控立法活动全程。这就有利于地方立法者在立法前依照量化数据做好立法规划、立法预测，在立法过程中标准化、有步骤地调节每一立法环节，在立法活动之后运用定性定量的评估技术做好立法反馈，最终提高地方立法机关的立法绩效。⑨

第三，地方科学立法在法律实效维度的价值。地方科学立法在法律实效导

---

⑤ 参见谢晖：《论法律效力》，载《江苏社会科学》2003年第5期。

⑥ 参见周旺生主编：《立法学》，法律出版社2000年版，第139页。

⑦ 参见冯契主编：《哲学大辞典（修订本）》，上海辞书出版社2001年版，第487页。

⑧ 参见陈振明主编：《政治的经济学分析——新政治经济学导论》，中国人民大学出版社2003年版，第103～104页。

⑨ 参见毕可志：《论地方立法体系的科学构建》，载《当代法学》2004年第2期。

向上是要追问已经制定颁布的地方性法规，在多广范围、多大程度上获得遵守、执行和适用的。除了应当具备的立法形式要件，地方科学立法在实质有效性方面应当包括三点表现：(1)确保宪法统领下的中央与地方立法体系和谐运行，协调界分不同位阶的法律、地方性法规和规章之间的立法权限，避免立法体系内出现抵触与冲突；(2)在宪法“不相抵触”原则规制下，地方立法机关可以顺应地方社会生活的实时变化而启动地方性法规的“立、改、废”程序，推动地方立法紧跟新时代的形势，实现以经济合算的立法成本投入获取最大化的综合社会效益；(3)地方立法在循环重复的立法活动中，会遭遇诸多立法难题并且也会不断针对问题运用科学立法手段予以解决，这有利于地方立法体系逐渐自发生长、完善，形成统一、科学、有效的地方立法机制。

总之，地方科学立法对于新时代中国特色社会主义法治建设具有重大价值，我们应当积极推进地方科学立法，针对地方科学立法实践尚存问题寻找开解良方。

二、政府在地方科学立法中的角色调适问题及原因

《立法法》第6条确立了科学立法原则，强调立法应尊重法律规则的本体和客体的客观规律，运用科学的有针对性和可执行性的立法技术，实现和保障科学、民主、依法立法；此外，《立法法》还增加了“发挥立法的引领和推动作用”的内容，突出了地方人大及其常委会的立法主导地位，以配套实现新时代中国特色社会主义法治国家的科学立法价值。除了以法律予以体现，党的十八大、十八届四中全会也连续以公报形式确立“科学立法”为我国立法体制发展的一个价值目标；还有政府制定的《国民经济和社会发展第十三个五年规划纲要》也强调，全面推进法治中国建设就应当深入推进科学立法、民主立法，加强人大对立法工作的组织协调，健全立法起草、论证、协调、审议机制，健全立法机关主导、社会各方有序参与立法的途径和方式。尽管从法律到党和政府的纲领文件都已经确立“科学立法”的原则和内涵，并且依据人民主权原则(《宪法》第2条)赋予全国人大及其常委会代表人民行使国家权力的正当性，在宪法也已确立了人大及其常委会主导地方立法的法律地位，但在地方科学立法中依然存在诸多实际问题亟须解决，比如，地方政府在立法体制中实际占据较大权重，甚至有些地方还出现

政府引导立法而地方人大及其常委会只是附属表决政府立法案的现象,这实质上属于地方立法机关与政府的立法角色调适问题,必须引起重视并研究解决,否则会影响地方科学立法的顺利推进。

地方科学立法出现政府立法角色调适的问题,笔者认为有以下三点原因:

第一,有的地方政府在处理立法目的与立法手段关系问题,偏离了政府应当扮演的立法角色。众所周知,地方政府立法可以从宪法与法律中找到依据,比如,《宪法》第 89 条第 1 项规定了政府(国务院)可以"……制定行政法规……"的上位法依据,还有《立法法》第 65 条、第 80 条、第 82 条分别列举了中央与地方政府制定行政规章、部门规章的具体事项,此外,《地方各级人民代表大会和地方各级人民政府组织法》第 60 条也规定了地方政府制定规章的内容。应该说,政府获得立法授权是为了辅助其更好的依法行政,做好一国行政事务管理,但在地方政府立法实践中,政府的立法活动只要不违反《宪法》"不相抵触"原则即为有效的合法性依据,就为政府引领地方立法创造了各种可能性。实践中,不少地方政府为了实现中央顶层设计的各项考核指标,往往利用地方立法的手段扫除法律障碍,通过行政管理职能渗透、控制地方立法的全程,甚至突破法律强制性规定的约束,只是为了地方政府完成中央设定的各项目标创造便利条件,这就难免会出现政府立法角色错乱的问题。

第二,我国法律解释机制尚未常态化,加上我国地方立法的法律条款偏向原则性,留下了地方立法机关与政府之间的立法角色容易混淆的法律空间。我国宪法虽然规定了法律解释制度,但是由于各种原因至今尚未常态化启动、运行法律解释机制,这对于明确地方人大及其常委会与政府之间的立法角色非常不利。比如,设区的市的人大及其常委会与同级政府之间的角色问题(立法权限划分问题),在《立法法》第 72 条、第 73 条关于设区的市的人大及其常委会制定地方性法规的内容,与《立法法》第 82 条关于设区的市的人民政府制定规章的内容,没有明确的界分标准,迄今也没有权威法律解释,这对厘定地方人大及其常委会与政府之间的立法角色有较大影响。此外,《立法法》第 72 条第 2 款关于设区的市的人大及其常委会可以对"城乡建设与管理、环境保护、历史文化保护等方面的事项"制定地方性法规的规定,与《立法法》第 82 条第 3 款关于设区的市、自治州的人民政府限于"城乡建设与管理、环境保护、历史文化保护等方面的事项”制定地方政府规章的规定，几乎没有区别也没有进一步的法律解释；更进一步，《立法法》第 82 条第 3 款除了规定设区的市、自治州的人民政府可以在城乡建设与管理、环境保护、历史文化保护等方面的事项，制定地方政府规章之外，还做了兜底规定，即已经制定的地方政府规章，涉及上述事项范围以外的，继续有效。可见，地方政府在立法权限方面，拥有相对于地方人大及其常委会更加宽松的立法自由空间，这也是地方人大及其常委会与政府之间的立法角色容易出现混淆的重要原因。

第三，地方政府依法享有广泛的行政职权，客观上有利于它在立法操作中引领地方立法。《宪法》《地方各级人民代表大会和地方各级人民政府组织法》赋予中央与地方政府广泛的职权，这是适应政府作为一国事务管理者而精心构建的制度安排，在客观上有助于政府通过行政职权行为掌控国家经济、政治与社会文化生活的每一个环节，这也有利于政府影响甚至引领立法活动（尽管宪法体制已经把立法、行政与司法权分开设置）。此外，我国可以直接司法适用的基本法律（全国人大制定）和其他法律（全国人大常委会制定），在立法上都表现出比较明显的原则性和概括性而缺乏可操作性，因此，下位的法律（地方性法规和规章）就缺乏上位法的刚性约束，也容易出现率性立法的情况。比如，规章（地方政府制定）就是为了方便地方政府管理相对人，实现政府的行政职能而制定的，它的实用性、可操作性优势表现得很突出，因此，它也特别受地方政府青睐而被频繁适用来实现政府管理目标。更进一步分析，地方政府不仅享有宪法、法律规定的职权，还拥有制定政策、作出行政决定、发布行政命令以及采取行政措施的自由裁量权，这些都有助于塑造强势的中央集权政府的形象，也包括在地方立法活动中占据重要的引领者地位。相比之下，地方人大及其常委会虽是立法机关，但它作为议事机构更多时间是花在地方法规议案的调研、起草、组织审议、表决等等环节，并不需要直接面对民众也不深入参与该区域民众的工作、生活，地方人大及其常委会的工作方式以开会审阅法规议案为主，并且每一年地方人大会期是固定的，它审议表决的地方法规议案数量有限并且其中很多议案都是来自地方政府，所以，地方人大及其常委会的工作很容易被理解为在地方政府引领下的立法监督工作，也就难免会出现人大与政府立法角色混淆的问题。

笔者认为，尽管地方政府的立法具有合法性依据，并且属于我国立法体系的一个重要组成部分，也的确在地方科学立法实践中发挥了重要作用。但是，我国宪法确认的人民主权和法治原则是国家立法体制的基石，中央与地方立法机关通过立法行为把全体人民的意志以法律形式表现出来，也可以说，在我国宪制下立法机关行使立法权，既是全体人民意志的联合，也是公民权利产生、实现的公权力基础。[⑩] 从实证来看，无论中国还是世界其他民主国家都是由民意代表机关（注：各国称呼各异，议会、国会、代表大会等）专享立法权，体现了"立法权属于人民而且只能属于人民……"的宪法原则。[⑪] 因此，人大及其常委会负责引领科学立法既是我国的宪法原则，也是维护我国法制统一的制度基础，还是贯彻落实新时代中国特色社会主义法治建设的必由之路。我们应当针对地方立法机关与政府之间的角色调适问题，在我国宪法体制内寻求解决问题的良方。

三、地方政府立法角色调适问题的对策

基于科学立法的共识——推进科学立法就应当确立国家立法机关的引领者地位，摆正地方政府的执行者地位，在厘清横向地方立法权限的基础上调适地方政府的立法角色问题。笔者认为，开解地方政府的立法角色问题可以从以下三点着手：

首先，启动法律解释机制，厘清地方立法机关与政府之间的立法权限，以助于调适地方政府的立法角色。

科学立法实践遇到的地方立法机关与政府的立法角色调适问题，很大程度上是由于我国法律解释机制一直没能启动，因此，前文提到的《宪法》《立法法》《地方各级人民代表大会和地方各级人民政府组织法》等有关地方立法机关与政府立法权限条款所存在的模糊不清的问题，也就无法解决。而地方政府在推进行政管理过程，必须先要破解立法实践问题才能实现其行政目标，因而一旦法律条款出现龃龉或模棱两可，地方政府往往倾向于利用行政职权掌控地方立法，这样既能保证行政效率又可以确保其行政管理目标的尽快实现。

由此可见，开解地方立法机关与政府的立法角色调适问题，应当依据《宪

⑩ 参见［德］康德：《法律哲学》，载《西方法律思想史资料选编》（中译本），张学仁等编译，北京大学出版社1983年版，第419页。

⑪ 参见［法］卢梭：《社会契约论》，何兆武译，商务印书馆1980年版，第35页。

法》第 67 条和《立法法》第 45 条、第 95 条启动法律解释并形成长效机制。如果能启动法律解释机制,遇到法律条款之间出现争议亟须厘清具体含义的时候,或者法律在施行过程需要界分立法机关与政府立法权限的情形,法律解释机制就可以遵循既定的解释程序,由专门的解释机关去界定、把握法律规范与一直变化的法律实践的合法尺度,以提升法律规范在宪法框架内的稳定性和适应性。[12]此外,法律解释自带三大功能:(1)法律解释能协调法律文本僵硬的规定与规则施行所带来的龃龉,维护法律规则的稳定性、权威性,法律解释是法律规范适应社会的一种方法,也是确保法律实施之手段和措施;[13](2)法律解释可以有效协调平衡立法机关与政府在地方立法权限的分歧与冲突,从而有助于厘清立法权限,确立立法机关引领科学立法实践;(3)法律解释在法定释法机关依照程序界定立法机关与政府立法权限的过程,就体现了立法机关引领地方科学立法的正当性地位,并且既能有效确立立法机关引领科学立法的法律效力,又实现了立法的安定性状态。[14] 这三项法律解释功能,既可以消解立法机关与政府在地方立法权限的冲突,又有助于调适地方政府的立法角色。

笔者认为启动法律解释的措施可以有三个要点:(1)全国人大常委会下辖的宪法和法律解释委员会,专职负责行使《宪法》第 67 条赋予全国人大常委会"解释宪法……"之职权,发挥全国人大常委会正当的法律解释威力,在法源上疏解科学立法中的地方立法机关与政府角色调适问题;(2)法律解释机制的启动主体可以设定为中央及地方立法机关,依据《立法法》第 46 条之规定,既可以由立法机关主动针对法律、行政法规、地方性法规与规章之间的权限争议提出释法议案,也可以被动的接受政府职能部门在行使行政职权过程提出的释法诉求,当然这需要先自下而上地汇总到本区域人大常委会,然后把释法提案逐级呈报全国人大常委会;(3)法律解释的具体表现形式应当作广义理解,除了正式释法提案,还包括人大常委会的种类繁多的决定、决议,以及人大法工委做出的专门答复,甚至根据《宪法》第 71 条而成立特定问题调查委员会的结论报告都应纳

---

⑫ 参见韩大元:《"十六大"后须强化宪法解释制度的功能》,载《法学》2003 年第 1 期。

⑬ 参见许崇德主编:《宪法》(第五版),中国人民大学出版社 1998 年版,第 35 页。

⑭ 参见王利明:《论法律解释之必要性》,载《中国法律评论》2014 年第 2 期。

入法律解释渊源。[15] 这样的优势在于,可以把人大常委会的相关职能部门融入释法体制,形成综合法律解释体系,合力开解科学立法实践中出现的地方立法机关与政府立法角色调适问题。

其次,地方立法机关应主动加强控制科学立法每一阶段的程序环节,以助于调适政府的立法角色。

依据《宪法》的授权,中央及地方立法机关主动加强控制科学立法全程的统筹安排与顶层设计,对于调适政府的立法角色有很大帮助,具体措施分解为五项:

(1)立法规划与年度立法计划阶段。地方立法机关应当主动结合立法工作实情提出地方立法规划的主导意见,建立健全地方人大代表主动提出立法议案和书面意见能及时、顺利衔接地方立法规划、立法计划的机制。此外,地方立法机关还应当依照《立法法》第52条组织本机关专职人员和相关领域的专家、教学科研单位,参与编制立法规划与立法计划,一方面向公众征求意见,另一方面由立法机关委托的专家组、科研机构进行立法前评估,再经过地方立法机关民主集中表决确定每一年度立法项目并向社会公布。同时,地方人大常委会负责督促年度立法规划与立法计划的落实。

(2)地方性法规草案起草、立法调研阶段。地方立法机关依照《立法法》第53条、第77条之规定,统筹组织地方性法规草案的起草工作小组或者委托有关的立法专家、教学科研单位机构负责法案的起草工作,把握地方性法规草案的立法导向。在统筹组织法规议案起草过程应高度重视立法调研,地方立法机关应吸纳更多不同阶层的地方人大代表参与立法调研活动,增加地方人大代表表达立法意见的机会。

(3)地方性法规论证、审议阶段。经过地方立法机关民主程序立项的法规议案随即进入论证、审议阶段,在此阶段地方立法机关的专门委员会及工作机构应当统筹组织围绕法规议案的座谈会、专家论证会、相关阶层民意代表的听证会。之后,地方立法机关的法律委员会依据《立法法》之规定,经过民主程序筛选法规议案送交审议。

---

[15] 参见王叔文:《论宪法实施的保障》,载《中国法学》1992年第6期。

(4)地方性法规修改、完善、表决阶段。地方性法规议案经过地方立法机关审议后,地方人大常委会或者人大会议主席团针对法规议案提出各种修改、完善意见,然后,地方立法机关专职部门负责把法规议案分送相关政府部门、专家小组、科研院校等进行法规议案修缮工作。最后,地方立法机关统筹汇总形成法规议案表决稿,依照《立法法》《地方各级人民代表大会和地方各级人民政府组织法》的程序提请地方人民代表大会表决通过。

(5)地方性法规立法后监督、评估阶段。地方立法机关应当在地方性法规公布之后,依据《立法法》第97、98条之规定切实履行立法监督和备案审查的职责,对本级地方政府以及下一级人大及其常委会的规范性文件应当主动审查其是否超越法定权限,如果出现与法律、法规规定相抵触的情形,地方立法机关有权予以撤销。此外,地方立法机关对公布之后的地方性法规、规章还应当统筹、立项、组织立法后评估,以此巩固立法机关在科学立法的引领者地位,换一个角度来讲,就是依宪、依法调适地方立法机关与政府的立法角色。

最后,大力推进依法行政,并依法规范政府的立法角色,防止政府地方立法权泛化。

新时代的纲领性文件——党的十九大报告强调,新时代要全面推进依法治国,其中依法行政就是依法治国方略的重要内容。依法行政是指行政机关应当依法依程序行使行政职权,当然也包括依法依程序运行其地方立法权,恰当扮演好政府的立法角色。地方政府在扮演立法角色时,既要遵守宪法与立法法所分配的地方立法职责,又要在地方立法机关主导下,主动利用宪法与法律赋予其的合法性地位,并发挥政府行政权力的优益性和执行性,只要规范好地方政府的立法行为,完全可以取得极高的立法效益。因此,我们应当充分发挥地方政府及其职能部门参与立法的积极性和主动性,并依法规范政府扮演的立法角色,具体可从以下两方面贯彻落实:

(1)遵照《宪法》《立法法》原意,确立地方立法机关与政府在科学立法的引领者与执行者的角色地位。依据《宪法》第5条和《立法法》第7、72条之规定,地方立法机关制定地方性法规只要不忤逆"不抵触"原则,即可根据本行政区域具体实情而享有一个相对宽松的地方立法空间,实施自主立法。比较之下,地方政府在制定政府规章之时,依据《立法法》第82条之规定必须满足上位法(法律、行政法规以及本省、自治区、直辖市的地方性法规)的刚性要求,其制定规章的立法权限也受严格限制且不能做扩充立法解释。由此可见,《立法法》针对地方性法规与规章的迥异的宽严态度,直接体现了法律的应然判断——地方立法机关与政府在立法中应当分别扮演引领者与执行者的角色。此外,《宪法》已明确分配了三种国家公权力(立法、行政、司法)的归属,这在最高国家意志层面,就确立了地方立法机关与政府在立法中应当分别扮演引领者与执行者的角色地位。因此,新时代中国特色社会主义法治体系的构建,依然是在立法机关负责立法而政府负责执行法律的宪法体制内稳步推进。

(2)厘清地方政府的立法权限,依法规范地方政府的职权,防止地方政府的立法权泛化。全面依法治国方略就包含了厘清地方政府的立法权限,依法规制其行政职权的内容,其中,厘清地方政府的立法权限集中表现为,对地方性法规与规章关涉地方性事务的立法权限做明确切割。比如,《立法法》第 82 条所规定的"本行政区域之具体行政管理事项"与《立法法》第 73 条规定的"地方性事务"存在模糊之处,应当厘清以有助于法律实施。笔者认为,"地方性事务"范围更宽泛包含地方"具体行政管理事项",从地方立法操作的角度分析,一般更加琐碎的"具体行政管理事项"的立法应当交给地方政府来负责,而除了"具体行政管理事项"之外的影响本行政区域的全局性的"地方性事务"则应当由地方立法机关来专门立法。这样的界分有助于明确地方性法规与规章的立法权限,也分配了地方立法机关与政府的立法角色,在合理配置、优化立法资源的基础上使得两者扮演好立法角色。

此外,通过立法项目审查机制来控制地方政府的立法权泛化,以调适地方政府的立法角色问题。地方政府依法享有财政权、人事权以及诸多行政管理权,在科学立法实践中的确处于很有分量地位,这极有可能出现地方政府的立法权泛化,以及政府立法角色错位的问题。应对的措施除了上述要点之外,还可以援引《宪法》赋予立法机关立法权的条款以及《立法法》之规定,依法依程序审查、监督、决定地方政府的立法项目,以规制地方政府的立法行为,以法律规范、调适地方立法机关与政府的立法角色问题。

总之,开解地方立法机关与政府的立法角色问题,就要厘清两者的立法权限,依法规范地方政府的职权,防止地方政府的立法角色错位。

结 语

地方科学立法是新时代中国特色社会主义法治建设的一项复杂系统工程，没有既成的经验可借鉴。从地方科学立法的深刻内涵和重大价值来看，地方立法机关与政府的立法角色调适问题关涉新时代全面推进依法治国方略，应当重点研究解决。本文在我国宪法体制内，运用法律解释技术及规范释义研究方法，针对科学立法实践中存在的政府立法角色调适问题，尝试提出开解对策，目的在于为我国地方科学立法研究提供一种思考路径，不当之处敬请学界批评斧正。

第四编　法律体系的完善

《中华人民共和国史志法》立法思考

冀祥德　宋丽亚*

摘　要:“欲知大道,必先为史。”①“灭人之国,必先去其史。”②史志是我国优秀文化传统的重要组成部分,是世界历史文化长河中具有鲜明中国特色的文明传承方式。在全面推进依法治国的大背景下,从国家与民族利益出发,站在实现中华民族伟大复兴中国梦、维护国家安全、推进社会主义文化强国建设的高度,史志法立法势在必行。中国特色社会主义进入新时代,对史志事业发展提出了新要求,史志工作必须摒弃“一本书主义”,实现从一项工作向一项事业的转型升级,史志法立法迫在眉睫。从史志事业法治化的历程来看,史志法立法有着牢固的政治基础、理论基础和实践基础。

关键词:史志法立法　必要性　紧迫性　可行性

赓续不断编修史志是我国优秀的文化传统。在两千多年的递嬗传承中,史志事业不断铸就辉煌,逐渐形成了“国有史,郡有志,家有谱”的宏大格局,形成了博大精深、独具特色、灿烂辉煌的史志文化。2017 年 11 月,习近平总书记向来华访问的美国总统特朗普介绍了中国悠久的历史文化,指出世界上“文化没有断过流、始终传承下来的只有中国”。在习近平总书记强调的悠悠文脉传承

---

* 冀祥德,男,山东省青州市人,中国地方志指导小组秘书长,中国地方志指导小组办公室党组书记、主任,中国社会科学院法学研究所研究员、博士生导师,主要研究方向为刑事法学、司法制度学、法律教育学,近年从事方志学研究;宋丽亚,女,山西省晋城市人,历史学博士,中国地方志指导小组办公室助理研究员,主要研究方向为史学理论。

① (清)龚自珍:《尊史》,载《龚自珍全集》(上册),中华书局 1961 年版,第 81 页。

② (清)龚自珍:《古史钩沉论二》,载《龚自珍全集》(上册),中华书局 1961 年版,第 22 页。

中,海量的史志文献居功至伟,故古今有“治天下者以史为鉴,治郡国者以志为鉴”之论。历史和现实的经验表明,史志事业关乎历史延续、文化传承,关乎当前建设、未来发展,是中国特色社会主义建设中的一项重要事业。为了切实落实党中央“依法管理文化事业”和“要重视哲学社会科学领域立法工作”要求,切实保障史志事业科学有序发展,制定《中华人民共和国史志法》(以下简称《史志法》),不仅必要、紧迫,而且切实可行。

一、史志立法必要性

党的十八大以来,史志工作已被明确纳入国民经济和社会发展规划。推动史志事业在法治轨道上健康发展,对更高质量推进“五位一体”总体布局和“四个全面”战略布局有着重要的意义和价值,尤其在建设社会主义法治国家,文化立法步伐明显加快的大背景下,更凸显了史志立法的必要性。

一是实现中华民族伟大复兴中国梦的需要。2014年习近平总书记在视察北京时指出,要高度重视修史修志,让文物说话把历史智慧告诉人们,激发我们的民族自豪感和自信心,坚定全体人民振兴中华、实现中国梦的信心和决心。史志纵贯古今、横陈百科,汇集了各地区自然、人文、社会、经济的历史和现状的全面、系统、客观的资料,显示了一地历史发展轨迹和事业盛衰起伏的全过程,可谓是“他凡郡之所有,事无巨细,莫不皆然”③,有助于为各级党政部门制订规划、旅游开发、环境治理、人口控制、历史文化遗产发掘保护、科学决策等提供历史和现实依据。同时,史志文化承载着中华文化的“根”与“魂”,蕴含着深厚历史积淀、宝贵精神品格、浓重家国情怀、崇高价值追求,有助于激发每一个中国人的民族自尊心、自信心、自豪感,激发每一个中国人的政治认同、民族认同、道路认同、理论认同、制度认同、文化认同,坚定每一个中国人的道路自信、理论自信、制度自信、文化自信,投身中华民族伟大复兴征程,为实现中华民族伟大复兴提供智力支撑和精神动力。例如,实施乡村振兴战略,是党的十九大作出的重大决策部署,是决胜全面建成小康社会、全面建设社会主义现代化国家的重大历史任务。而服务乡村振兴战略,繁荣兴盛农村文化,焕发乡风文明新气象,史志工作有着

③ (明)黄仲昭:《邵武府志序》,载《未轩文集》卷二,《影印文渊阁四库全书》本。

得天独厚的优势。加强乡镇村史志工作，对于抢救历史，记住乡愁，传承乡村文明，弘扬传统文化，凝聚人心，服务乡村，具有非常重要的意义。综上，要把根留住，将魂传承，充分发挥史志在实现中华民族伟大复兴中国梦的作用，就必须加强史志工作规范管理，就必须立法予以保障。

二是宣誓我国领土主权的需要。中华民族地域辽阔，历史悠久，各地域形成了独具特色的地域文化传统，每个地区都有其特点，有自然环境、风俗习惯、开发时间、文化教育、经济发展、社会面貌等诸多不同。而史志编修就是分门别类、全面系统记载，且反映这些不同。可以说，史志编修，无论记事、记人、记物，都离不开一方之地，都有明确的地域范围。④ 史书古志中，记载了中国人民发现、开发利用、管辖我国领土的资料，是宣誓主权的重要法政。如东汉时杨孚的《异物志》、南宋的《琼管志》、明代的《琼州府志》、清末的《新译中国江海险要图志》、民国的《南海诸岛位置图》等，就是对南海自然环境、历史沿革、开发利用、管辖等详细记载，这是宣誓南海诸岛自古以来就是中国领土的有力论证。《全国地方志事业发展规划纲要（2015—2020年）》要求，2020年实现“省、市、县三级地方志书全部出版”和“省、市、县三级综合年鉴编纂出版全覆盖”。西藏、新疆县县都要有志，用史志特有的方式，证明西藏、新疆等自古以来就是中国的领土。综上，用无可辩驳的事实来宣誓我国领土主权，就必须进一步做好边疆、南海诸岛史志编修、开发利用等工作，就必须加强史志工作规范管理，就必须立法予以保障。

三是维护国家文化安全的需要。当前，随着中国特色社会主义建设的不断深入和改革开放的逐步深化，我国既处于快速发展的战略机遇期，也处于社会矛盾突发期。境内外敌对势力相互勾结，除了唱衰中国、抹黑中国、搞恐怖主义和破坏活动外，还特别注重文化渗透和对精神领域的控制，他们鼓吹历史虚无主义、文化虚无主义，试图歪曲历史，否定改革开放前30年和改革开放后30年的历史，妄想动摇中国人民共同的思想基础，从而颠覆中国共产党的领导，国家文化安全受到很大冲击。“志属信史。”⑤“其间一事一物，皆酌考众书，厘正讹谬，

④ 参见丁剑：《再论志书的地方性》，载《黑龙江史志》1987年第1期。

⑤ （清）章学诚：《修志十议呈天门胡明府》，载章学诚著、仓修良编注：《文史通义新编新注》，浙江古籍出版社2005年版，第858页。

然后落笔"⑥。史志用资料说话，以史实服人，是对历史虚无主义和文化虚无主义的有力反击，是维护国家安全的重要力量。同时，史志作为党情、国情、社情、地情的重要载体，是国际社会了解中国、认识中国的重要窗口，有助于向世界介绍我国各地自然、社会情况和改革开放所取得的巨大成就，有助于国外各界人士了解我们党和国家的各项方针、政策，有助于在不同文化的碰撞、冲突、交流中，主动发声，争夺话语权。只有通过立法予以保障，规范史志工作，充分发挥其作用，历史虚无主义、文化虚无主义才难有立足之地，中华文化的话语权才会不断被增强。

四是建设社会主义文化强国的需要。史志文化保存了中华民族的精神追求和文明进步，传承了中华民族的历史记忆和文化基因，是中华民族传统文化的重要组成部分。正如《中国科技史》的作者、英国著名科技史专家李约瑟博士在对中外文献作了比较研究后说，古代的希腊乃至近代英国，都没有留下与中国地方志相似的文献，要了解中国文化，就必须了解中国的地方志。所以，史志事业在社会主义文化强国建设中有着举足轻重的作用。历久弥新的史志编修强调的是血缘亲情、人伦关系、忠诚爱国、人际和谐、道德修身，奉行"人皆可以为尧舜"的道德理想，承载着中国传统的修身、齐家、治国、平天下的精神追求，饱含着为社会主义建设开拓创新、无私奉献的价值取向，为涵养社会主义核心价值观提供了重要的思想道德资源，也为中华文化在世界文化激荡中站稳脚跟奠定坚实根基。⑦ 史志文化在夯实国家文化软实力，传播当代中国价值观念，坚守中华文化立场，展示中华文化独特魅力，为世界文化注入新的理念、新的血液上也有天然优势。作为公共文化服务体系中的重要组成部分，史志工作有责任为社会提供公共文化产品，培育、扶持和监管相关史志文化市场，但目前相关管理仍处于真空状态，亟须立法予以规范。

五是推进文化立法、贯彻社会主义核心价值观、实现史志工作有法可依的需要。全面推进依法治国是一个系统工程，是国家治理领域一场广泛而深刻的革

---

⑥ （北宋）赵抃：《成都古今集记序》，载曾枣庄、刘琳主编：《全宋文》第21册，巴蜀书社1992年版，第248页。

⑦ 参见张安东、吕君丽：《中国方志文化论要》，载《巢湖学院学报》2009年第2期。

命，需要各个领域、各项工作都进入法治化轨道。当前，文化领域立法是大势所趋，⑧史志工作作为文化建设的重要组成部分，同样要加快立法进程，实现法治化。其一，地方史目前没有法律规范，无法可依，存在法律监管空白。如某些个人编写的有关边疆、民族地区的通史涉及藏独、疆独问题等，一些人编写的有关英烈的野史，因为没有行政主管部门管理，没有法律予以规制，导致产生严重后果。为此，中宣部办公厅、新闻出版广电总局办公厅联合发文，明确要求"将地方史编写纳入地方志工作范畴，统一规范管理"。⑨ 其二，地方志工作组织协调难度大。《地方志工作条例》⑩（以下简称《条例》）作为行政法规，对新编地方志事业发展发挥了重要作用，但其规范的主体是省、市、县三级政府机构修志行为，无法规范企事业单位等有关部门、系统的修志工作，无法涵盖国志、专志、乡镇志等志书编纂，无法规范社会修志行为，致使工作难推进，质量得不到保障。如截至 2015 年，河北省编纂的志书有五分之四未经地方志工作机构审查验收，权利与义务不明确，法律责任缺失。其三，管理主体不统一。当前，地方史管理机构严重缺失，地方志管理主体不统一，工作机构不健全、不统一、不稳定现象十分突出。如各地各级地方志机构有的归属政府，有的归属党委，有的归属地方社科院；有的与档案部门合并，有的与党史研究机构合并；有的是事业编制，有的是国家公务员系列。而且各地各级地方志机构在规格、编制上各不相同，差别很大。同为省级机构，有的是厅级，有的是副厅级，有的是处级。市、县级地方志机构的级别建制更加混乱。以致于一些省市和市县机构的级别"上下一般粗"，极不便于上级对下级实施有效管理，也不便于协调省、市、县有关部门完成修志任务。综上，原有主要规范政府机关修志行为的立法已无法解决这些问题，迫切需要通

---

⑧ 党的十八大以来，党中央、全国人大高度重视文化立法工作。十八大和十八届四中全会，对于文化立法都提出了明确的要求。全国人大根据中央部署，组织力量加快了文化立法的进程，从立法的规划到立法力量的调配，都提上了重要的议事日程。转引自张贺：《文化立法：5 年人大立法工作一大亮点——访全国人大教科文卫委员会主任委员柳斌杰》，载《人民日报》2018 年 3 月 1 日，第 19 版。

⑨ 中共中央宣传部办公厅、国家新闻出版广电总局办公厅：《关于进一步做好地方史编写出版工作的通知》（新广出办发〔2015〕45 号），2015 年 5 月 18 日。

⑩ 2006 年 5 月 18 日，国务院正式颁布了《地方志工作条例》（中华人民共和国国务院令第 467 号），这是我国第一部有关地方志工作的行政法规。其公布施行结束了地方志工作无法可依的历史，标志着地方志工作从此进入有法可依的法制化新阶段和大规模、正规化修志的新时期，对于建立修志工作长效机制，保障我国地方志工作持续健康稳定发展，具有重要的现实意义和深远的历史意义。

过规范更多主体、更大范围的史志立法予以规范调整解决。

六是解决《条例》不适应新时代史志事业科学发展的需要。改革开放后，特别是党的十八大以来，史志工作迅猛发展，领域不断扩大，内涵不断丰富，但也面临着新形势、新任务、新问题。其一，史志工作内涵不断拓展。随着时代发展，史志工作早已突破“一本书主义”，不断扩大、增强了参与公共文化服务建设的深度和力度。方志馆的兴建，“互联网+史志”的快速推进不断扩展史志开发利用途径等，形成了以修史修志、地情研究为主，各项工作协调发展的事业新格局。仅靠行政手段来组织地方志工作，在相当多的领域和行业已不适用，主要规范省、市、县三级地方综合性行政区域志和年鉴编修的《条例》，已无法满足事业拓展、内涵不断深化等需要。其二，史志工作主体权利与义务不明确，法律责任不清晰。史志编修社会化趋势日益明显，史志成果的社会影响力越来越大。但是目前，地方史没有相关法律约束，编写、开发利用的随意性很大；地方志虽有《条例》约束，但也存在或者法律责任不清晰，或者无法约束相关行为等问题。综上，需要通过史志立法保障史志事业健康、有序、持续发展。

七是回应社会各界共同呼声的需要。随着时代发展，社会需求不断增大、事业格局不断拓展，社会各界强烈呼吁，希望根据变化了的情况，加大史志工作规范管理力度，解决实践中不断涌现的新情况、新问题。其一，各级人大代表、政协委员提出有关议案、提案，建议史志立法，以加强组织推进，规范史志工作管理。其二，史志工作者纷纷呼吁加快史志工作立法进程，解决史志工作中碰到的困难和问题。如2016年在纪念《条例》颁布实施10周年座谈会上，参会代表纷纷呼吁修订完善《条例》；会后，各级地方志工作机构及地方志工作者、有关专家学者纷纷致电来函，继续进行呼吁。其中，北京、山东、湖南、湖北、广东等地方志工作机构不约而同提出，希望提高法律效力位阶，启动史志立法，以保障工作依法推进。

二、史志立法紧迫性

新时代史志工作面临新问题、新困难、新挑战。当前是全面建成小康社会的决胜期，是史志事业转型升级的关键期，迫切要求尽快总结经验教训形成理论体系，制定符合史志发展实际的法律，从而切实解决相关问题，以全面推进史志事业健康永续发展。具体而言，史志法立法的紧迫性主要体现在以下方面：

一是国志编纂无法可依。一统志的编修始于元代，编成《大元大一统志》1300卷（已佚，仅存残本）；明代编有《大明一统志》90卷；清代三修一统志，最后编成的《嘉庆重修一统志》共560卷。一统志作为全国总志，不仅是研究当时建置沿革、山川形势、政治、经济、文化等的重要文献，也对后世地方志的编纂产生了重大影响。中国历史上一统志的编纂，均由国家层面牵头，颁布诏令，建立全国性的编纂体制机制。史志载盛世，盛世修史志。编纂国志是继承中华民族优秀文化传统、探索治国理政规律、强化统一国家概念、全面传播宣传中华文明、彰显新中国社会主义建设辉煌成就的需要。2020年全面建成小康社会，启动《中华人民共和国国志》（以下简称《国志》）编纂恰当其时。但是，《国志》工程浩大，涉及中央部门及社会各界众多，组织协调难度极大，亟需制定一部《史志法》予以保障。

二是三轮修志亟须规范。社会主义时期两轮大规模修志过程中，因无法律制约，史志工作“说起来重要，做起来次要，忙起来不要”的现象仍比较突出。一些地区、部门、行业史志工作的开展，完全决定于领导者个人对史志工作认识水平的高低，缺乏刚性的规范和约束，致使工作中随意性很大，机构、人员的稳定性受到严重影响，工作经费也难以保证。所以还存在有关单位拒绝或拖延完成规划内修志任务的现象。存在有关单位领导不顾客观规律，急躁冒进、粗制滥造，导致工作进度、质量水平参差不齐，部分成果还存在记述错误甚至有意歪曲事实等问题。随着机构改革的深化，撤并机构的资料保存、收集存在困难，严重影响了修志进度和质量。按照目前规划，全国第三轮修志将在2021年，统一启动，统一断限，统一完成，修志的范围更广、涉及的部门更多、难度更大，亟待通过立法予以解决。

三是史志编修主体多元化。随着我国改革开放和社会主义现代化建设的不断深入、经济社会的快速发展，人们对编修史志的诉求不断增大增强，史志编修社会化趋势明显，编写主体日益多元，编写行为日益普遍。据不完全统计，仅2017年由各厂矿企业、机关、学校、公司、场队、院所等修的行业志、部门志、专业志约600部；由各乡镇村、街道社区修的志书约520部，还有各类山水名胜古迹志、地情书等约 700 部。[11] 主体多元,政出多门,编写目的复杂化,缺乏规范、有效管理,缺乏必要的法规约束,这类书籍无须上报审查,因而缺乏必要的科学性、严肃性、权威性,难以与"官修"志书相区别,带来许多不良后果。如北京市的《北京潮人人物志》《北京豪宅年鉴》之类的史志作品层出不穷,有的甚至擅自编纂部门志、区县志、村镇志,而政治关、史实关、资料关、文字关等却无人把关,由此引发的社会问题、市场管理问题等非常严重。因此,为了避免志书的人为泛滥,亟待通过立法予以解决。

四是乡镇村史志编需要保障。一方面,随着城市化进程的加快,传统村落日渐式微,大量村庄消失。古老村落的青山绿水、小河大树、逸事掌故、乡风乡俗等若不及时记录,将逐渐从人们的记忆中逝去。《国家"十三五"时期文化发展改革规划纲要》强调"开展旧志整理和部分有条件的镇志、村志编纂",《乡村振兴战略规划(2018—2022 年)》则明确"鼓励乡村史志修编"。国家重要规划性文件再三提出乡镇村史志编纂工作。可见,加快乡镇村史志的编修,意义重大,需要立法予以保障。另一方面,乡镇村史志编修方兴未艾。据不完全统计,仅 2017 年由各乡镇村、街道社区修的志书约 520 部,但村镇志编修管理却无法可依,无规可循,亟须纳入史志法调整范畴。

三、史志立法可行性

从新中国成立至今,地方志法治化经历了从依令修志到依法修志、再到依法治志三个阶段,积累了大量的经验,为史志立法准备了充分条件,奠定了坚实的政治基础、理论基础和实践基础。

一是政治基础。习近平新时代中国特色社会主义思想是史志工作最坚实的政治基础。史志工作承担着"为党立言、为国存史、为民修志"的神圣使命,是意识形态领域重要组成部分。党的十八大以来,党和国家领导人多次强调要高度重视修史修志工作,党的十八大以来,习近平总书记就传承弘扬中华优秀传统文

---

[11] 数据来源于中国地方志指导小组《2016 年度全国地方志系统行业志、乡镇村志、街道社区志、山水志、地情书、教材、历代方志整理等累计出版情况统计表》《2017 年度全国地方志系统行业志、乡镇村志、街道社区志、山水志、地情书、教材、历代方志整理等累计出版情况统计表》。

化发表了一系列重要讲话，对史志工作的重要性进行了深刻阐述。⑫ 李克强总理对地方志工作作了重要批示。其中，“修志问道，以启未来”“为当代提供资政辅治之参考，为后世留下堪存堪鉴之记述”，明确了新时期地方志事业的定位；“直笔著信史，彰善引风气”，明确了当代地方志工作者的定位；同时要求各级政府都要关心和支持地方志事业发展。国务院原副总理刘延东两次接见全国地方志会议代表并发表重要讲话、两次作出重要批示。⑬ 在党中央国务院的高度重视下，2015 年 8 月国务院办公厅印发《规划纲要》，对全国地方志事业发展作出了科学的顶层设计。2016 年 3 月“加强修史修志”写入国家“十三五”规划；2017 年 1 月中办、国办印发《关于实施中华优秀传统文化传承发展工程的意见》，地方志工作被纳入中华优秀传统文化传承发展工程；2017 年 5 月《国家“十三五”时期文化发展改革规划纲要》出台，地方志工作被纳入社会主义文化强国建设任务之中；2018 年 9 月中共中央、国务院印发了《乡村振兴战略规划（2018—2022 年）》，明确将地方志工作被纳入乡村振兴战略。中央领导同志如此密集地就史志工作作出重要批示、发表重要讲话，党和国家将史志工作纳入国家文化发展规划，充分体现了中国特色社会主义建设事业进入新时代党和国家对史志事业的高度重视，对方志文化功能价值的高度肯定。这些重要指示、重要批示、重要讲话、重要规定，对于明确史志工作在经济社会发展大局中的定位，进行史志立法有着重要指导意义，为史志事业法治化建设提供了基本遵循。

二是理论基础。史志理论研究成果丰硕，研究机构、高校、地方志系统等通过举办学术年会、理论研讨会，开展学术交流活动，都对史志立法开展了深入研究，取得了大量成果，为史志立法奠定了坚实的理论基础。如 2017 年 2 月，筹备

---

⑫ 习近平总书记 2014 年 2 月 25 日视察首都博物馆时，强调要“高度重视修史修志”，将史志编修工作提升至关乎实现中华民族伟大复兴的高度；2015 年 7 月 30 日在中央政治局第 25 次集体学习时强调，“协调各地党史、军史、档案、政协文史资料、地方志、社科院、高校等部门和机构的力量，扶持民间研究，从军事、政治、经济、文化、社会、外交、国际等领域对抗战进行系统研究”，要求地方志工作机构要在抗战研究上发挥应有作用。

⑬ 刘延东副总理 2014 年 4 月与第五次全国地方志工作会议部分代表座谈并发表重要讲话，就贯彻落实习近平总书记重要讲话、李克强总理重要批示精神，进一步做好地方志工作提出明确要求（参见《中国地方志》2014 年第 5 期）；11 月，就中国地方志指导小组上报的《当前全国地方志工作和事业发展情况报告》作出重要批示，要求抓住地方志事业发展的好形势，切实采取有效措施，推动地方志事业迈上新台阶；2015 年 1 月又就编制《规划纲要》作出重要批示；2015 年 12 月在接见全国地方志系统先进模范代表时发表重要讲话，对地方志工作和地方志工作者提出了新的要求（参见《中国地方志》2016 年第 1 期）。

“依法治国与依法治志论坛”，就“地方志立法研究”在全国范围内征文，为史志立法做好理论、舆论准备；2018年5月，在北京组织了依法治国与依法治志论坛，围绕“全面推进依法治志，加快《史志法》立法”两大主题，北京大学、中国人民大学、中国政法大学、中国社会科学院等知名院校、科研机构近20多名法学家与方志学家共同探讨史志科学立法；6月，在湖南长沙召开《史志法》立法研讨会，中国政法大学、湘潭大学、中南大学、中国社会科学院等知名院校、科研机构近10名法学家与方志学家再一次探讨史志立法，并就《史志法》（征求意见稿）提出修改意见，确保科学立法、民主立法。目前，无论是在地方史志理论界，还是各级地方志工作机构，都没有出现反对史志立法的观点。

三是实践基础。其一，党和政府制定的一系列有关的方针为史志立法提供了正确的指导思想。《中共中央关于全面深化改革若干重大问题的决定》《中共中央关于全面推进依法治国若干重大问题的决定》《法治政府建设实施纲要（2015—2020年）》等关于全面推进依法治国的大政方针，为史志立法提供了重要的政策依据。2015年8月，《全国地方志事业发展规划纲要（2015—2020年）》的出台明确了地方志“十业并举”的事业格局，为启动史志立法奠定了坚实基础。同时，近三年的贯彻落实也为启动史志立法营造了有利的社会环境。《中华人民共和国国民经济和社会发展第十三个五年规划纲要》，将史志工作全面纳入国民经济和社会发展规划，纳入党中央、国务院部署的工作任务；《关于实施中华优秀传统文化传承发展工程的意见》《国家“十三五”时期文化发展改革规划纲要》等一系列中央重要文件明确要求加强修史修志工作，为史志立法提供了政策依据。

其二，地方志较完善，地方法规体系为史志立法提供基础支撑。2006年《条例》颁布实施以来，全国已有30个省（区、市）由省（区、市）人大或政府出台了地方志工作条例、规定、实施办法等。其中，山东省还在全国率先实现市、县地方志规章规范性文件全覆盖，全省17个市、137个县（市、区）全部颁布了地方志规章或规范性文件。解放军将《军事志工作条例》列入中央军委立法计划，武警部队出台《中国人民武装警察部队史志工作规定》。目前，地方志已经有了较为完善的法规体系，取得了一定经验。同时，已有一些省（区、市）开始对本地区的史志地方性法规进行修订，或者提高位阶。这些法律、法规和规章的制定及修订，为史志立法创造了良好的条件,并提供相关法理与规范建设的实证基础。

其三,多年地方志工作实践积累的丰富经验为史志立法提供了必要的基础条件。在长期的地方志工作实践中,形成了"党委领导,政府主持,负责地方志工作的机构组织实施,社会各界广泛参与"的地方志工作机制,以及"一纳入,八到位"(将地方志工作纳入各地国民经济和社会发展规划和地方各级政府工作任务,做到认识到位、领导到位、机构到位、编制到位、经费到位、设施到位、规划到位、工作到位)的目标要求,为《史志法》的制定提供了良好的现实基础。

四、关于《史志法》的基本框架及主要内容

《史志法》的基本框架问题,即是《史志法》立法建议稿的体系结构问题。我们建议在借鉴《档案法》等文化立法经验基础上,结合史志工作实际,以及各地地方志法规的制定执行情况,起草《史志法》(立法建议稿),其体系与内容具体由 11 章构成,具体包括:第一章总则;第二章组织与保障;第三章志书编纂与管理;第四章年鉴编纂与管理;第五章地方史编纂与管理;第六章方志馆建设与管理;第七章资料收(征)集与管理;第八章史志开发利用与管理;第九章表彰与奖励;第十章法律责任;第十一章附则。法人、其他组织、公民可依据《史志法》开展我国境内史志的编纂、研究、管理、利用等活动,助力中华民族伟大复兴,反对历史虚无主义,维护国家文化安全,服务社会主义文化强国建设。

第一章总则部分,其主要内容有立法目的、适用范围、指导思想及基本原则。

第二章组织保障部分,其主要内容是分别明确各级人民政府、各级史志行政管理部门的职责,史志工作者的职业操守、素质要求以及著作权属。

第三章志书编纂与管理部分,其主要内容有志书编纂的管理主体、管理职责、民族政策、编纂周期、审查验收。

第四章年鉴编纂与管理部分,其主要内容有年鉴编纂的管理主体、管理职责、民族政策、编纂周期、审查验收。

第五章地方史编纂与管理部分,其主要内容有地方史编纂的管理主体、管理职责、民族政策、编纂周期、审查验收。

第六章方志馆建设与管理部分,其主要内容有方志馆建设和管理的主体、数字化要求、原则功能、社会服务要求、捐赠要求。

第七章资料收(征)集与管理部分,其主要内容有资料收(征)集的管理主体、资料保存。

第八章史志开发利用管理部分,其主要内容有史志开发利用规划的管理主体、社会责任以及以影像等形式开展的开发利用活动的管理。

第九章表彰与奖励部分,其主要内容有对单位个人的表彰以及对史志成果的表彰规定。

第十章法律责任部分,其主要内容有对法人、其他组织、公民十一种违法行为的法律责任,对史志行政管理部门及其工作人员不履行法律职责的法律责任。

第十一章实施办法制定以及关于本法施行时间的说明。

五、结语

党的十八大以来,习近平总书记多次强调中华传统文化的历史影响和重要意义,并赋予其新的时代内涵。史志作为中华民族特有的文化基因,中华传统文化重要组成部分,也迎来了千载难逢的发展机遇。保障史志文化的创造性转化,创新性发展,实现史志文化的价值,史志立法并贯彻实施意义重大。正如习近平总书记强调:"我们要加强重要领域立法,确保国家发展、重大改革于法有据,把发展改革决策同立法决策更好结合起来""凡属重大改革都要于法有据。在整个改革过程中,都要高度重视运用法治思维和法治方式,发挥法治的引领和推动作用,加强对相关立法工作的协调,确保在法治轨道上推进改革。"史志事业发展中的困难和顽疾,就是要通过立法加以规制。史志事业的健康有序发展,就需要构筑史志基本法律制度体系框架,将史志工作纳入法治的轨道中运行;就需要用法治思维、法治方式来认识和解决史志工作遇到的问题,加大监管力度,发动社会共同参与和监督,以充分保障人民群众对史志文化成果、史志公共文化服务设施的需求,构建多层次、立体化地方志公共文化服务网络,形成人民群众满意的史志事业发展体系,实现史志文化功能价值,助力社会主义文化强国建设,助推中华民族伟大复兴的中国梦的实现。

《中华人民共和国行政处罚法》立法及司法应用状况大数据分析报告

曹　琴[*]　郭　叶[**]

摘　要：《中华人民共和国行政处罚法》1996年发布实施，并于2009年和2017年两次修正。2018年《十三届全国人大常委会立法规划》将行政处罚法列入修改计划，拟在任期内提请审议。为分析行政处罚法实施以来在立法及司法领域应用现状，本文利用大数据分析方法对1996年以来该法在法律、法规、规章以及案例中的应用状况进行了实证分析，展示应用成果的同时，提出行政处罚手段单一等问题，为行政处罚法的深入研究和修改提供参考。

关键词：行政处罚法　立法应用　司法应用　行政处罚种类　大数据分析

1996年3月17日《中华人民共和国行政处罚法》（以下简称《行政处罚法》）发布，并于当年10月1日起施行，此后分别于2009年和2017年进行了修正，至今已实施二十二年。2018年9月行政处罚法被列入《十三届全国人大常委会立法规划》一类项目，本届任期内将修改并提请审议。为给研究行政处罚法提供参考，本文以“北大法宝”法律法规库、司法案例库中与行政处罚法相关的数据作为分析样本，介绍行政处罚法在立法实践、审判实践的应用，梳理法定的行政处罚种类在法律、法规、规章中的应用情况和规律。

一、《行政处罚法》发布和修正情况

1996年3月17日《行政处罚法》由第八届全国人民代表大会第四次会议通

---

* 曹琴，北京大学法制信息中心研究员，“北大法宝”立法运营总监。

** 郭叶，北京大学法制信息中心副主任，北大法律信息网副总编。

过，以主席令63号公布，自当年10月1日起施行，内容涵盖8章64条。该法是第一部规范行政机关共同行为的法律，它对法律、法规、规章设定权的配置以及行政程序、行政执法主体的许多规定，都具有开创性，对行政立法和行政执法产生了深远影响，对依法行政和依法治国发挥了重要作用，具有里程碑意义。[①]

2009年由于《治安管理处罚条例》名称修改和《刑法》中刑事责任规定文字修改，对《行政处罚法》进行了第一次修正。8月27日第十一届全国人民代表大会常务委员会第十次会议通过《全国人民代表大会常务委员会关于修改部分法律的决定》，以主席令18号公布，对《行政处罚法》第42条和第61条作出文字修正。

2017年对《行政处罚法》作出第二次修正，修正内容为在38条增加一款，对初次从事行政处罚决定审核人员资格作出规定，于2018年1月1日起施行。本次修正以2017年9月1日第十二届全国人民代表大会常务委员会第二十九次会议通过的《全国人民代表大会常务委员会关于修改〈中华人民共和国法官法〉等八部法律的决定》作出，以主席令76号公布。

二、《行政处罚法》在立法实践中的应用

自1996年《行政处罚法》发布至今二十二年，2009年及2017年历经两次修正。在法律文件中直接应用《行政处罚法》、2009年修正版、2017年修正版的中央及地方法规为8347篇，其中中央法规1006篇，地方法规7341篇。[②] 其中以1996年修正版被应用数量最多，达4420篇，占比53%。2009年和2017年《行政处罚法》被应用数量分别为3706篇和221篇，占比分别为44.4%和2.6%。

以《行政处罚法》在立法实践中的应用数据为研究对象，本文分别从效力级别、发布部门、地域分布、时效性、条文应用五个维度进行分析。

（一）效力级别

1.中央法规

“北大法宝”中央库效力级别设置了9个大类20个小类，应用行政处罚法的

---

① 感谢“北大法宝”立法运营团队研究人员武崇松对本文数据统计作出的贡献。参见乔晓阳：《如何把握〈行政处罚法〉有关规定与地方立法权限的关系》，载《地方立法研究》2017年第6期。

② 本文统计的数据来源为“北大法宝”数据库，数量截至2018年10月6日。

效力级别涉及法律、行政法规、司法解释、部门规章、党内法规、团体规定、行业规定7个大类16个小类。中央法规应用行政处罚法一共1006篇,其中部门规范性文件最多,数量为432篇,占比42.9%。其次是部门规章,数量为233篇,占比23.1%。再次是部门工作文件,数量为231篇,占比23%。除此之外的其他效力级别法规数量较少,法律、行政法规、司法解释三个重要效力级别的法规数量分别为1篇、9篇、1篇,三个之和为11篇,总占比1%;工作文件、司法解释性质文件、行业规定等效力级别的法规数量之和一共98篇,总占比10%。

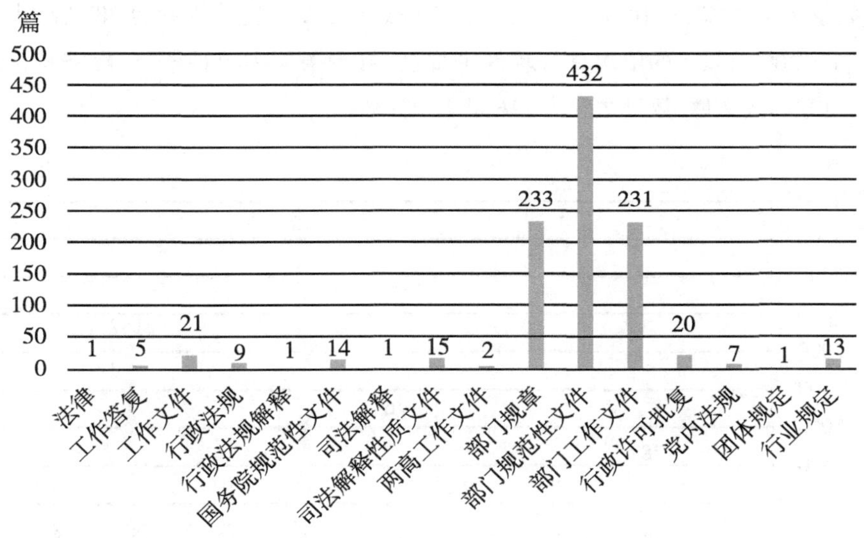

图1　中央法规效力级别应用情况

法律、行政法规、司法解释虽然数量少占比低,但其效力级别高因而对行政处罚法的应用意义重大。应用行政处罚法的法律有1篇,即《治安管理处罚法》,其第3条规定,治安管理处罚的程序,适用本法的规定;本法没有规定的,适用《中华人民共和国行政处罚法》的有关规定。应用行政处罚法的司法解释有1篇,即《最高人民法院关于审理票据纠纷案件若干问题的决定》,其第64条规定,票据当事人因对金融行政管理部门的具体行政行为不服提起诉讼的,适用《中华人民共和国行政处罚法》、票据法以及《票据管理实施办法》等有关票据管理的规定。应用行政处罚法的行政法规有9篇,如《价格违法行为行政处罚规定》《行政执法机关移送涉嫌犯罪案件的规定》《罚款决定与罚款收缴分离实施办法》等。

2. 地方法规

"北大法宝"地方库效力级别设置了 4 个大类 9 个小类，应用行政处罚法的效力级别涉及地方性法规、地方政府规章、地方规范性文件、地方司法文件 4 个大类 9 个小类。地方法规应用行政处罚法一共 7341 篇，超过 200 篇的依次是地方规范性文件、地方工作文件、地方政府规章、省级地方性法规、设区的市地方性法规。地方规范性文件数量为 3400 篇，占比 46.3%。地方工作文件数量为 2147 篇，占比 29.2%。地方政府规章数量为 895 篇，占比 12.2%。省级地方性法规应用数量为 496 篇，占比 6.8%。设区的市地方性法规应用数量为 287 篇，占比 3.9%。200 篇以下的依次是行政许可批复、自治条例和单行条例、经济特区法规、地方司法文件，数量之和为 116，占比 1.6%。

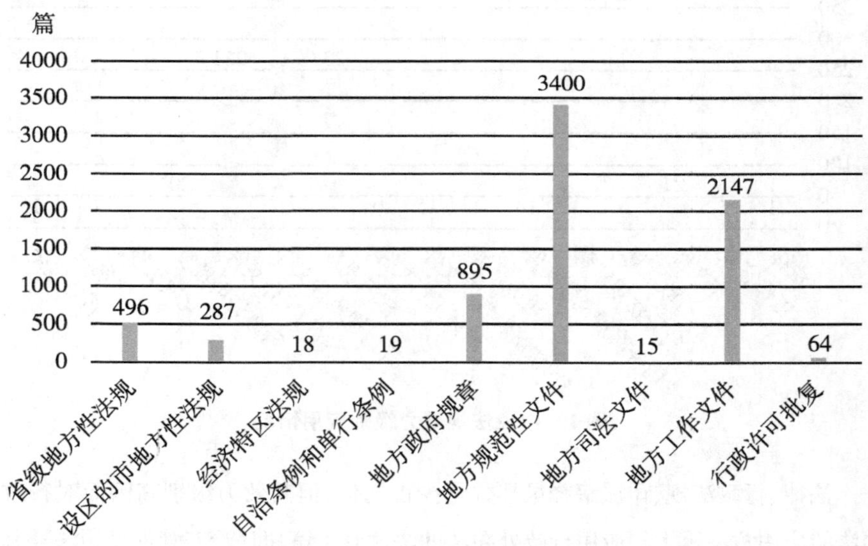

图 2　地方法规效力级别应用情况

省级地方性法规、单行条例、经济特区法规、设区的市地方性法规、地方政府规章对行政处罚法在地方立法的应用意义重大。最早应用行政处罚法的省级地方性法规是 1996 年 4 月发布的《四川省职业介绍管理条例》，其第 31 条规定，依据本条例实施的行政处罚按《中华人民共和国行政处罚法》的规定执行。最早应用的单行条例是 1996 年 4 月发布的《海北藏族自治州畜禽防疫管理条例》，其第 22 条规定，违反本条例规定，有下列行为之一的，由县级以上畜禽卫生监督机构依照《中华人民共和国行政处罚法》规定的程序，视其情节轻重，给予处罚。最早应用的经济特区法规是 1997 年 8 月修改的《海南经济特区水条例(1997 修改)》，其第 58 条规定，水行政主管部门可以将本条例规定的属于其权限内的罚款行政处罚委托符合《中华人民共和国行政处罚法》第 19 条规定的条件的水资源管理机构实施。最早应用的设区的市地方性法规是《哈尔滨市地名管理条例》，第 29 条规定执法部门作出相应行政处罚决定之前，应当按照《中华人民共和国行政处罚法》和国家、省有关听证程序的规定，告知当事人有要求举行听证的权利；当事人要求听证的，执法部门应当按照规定程序组织听证。最早应用的地方政府规章是 1996 年 11 月发布的《黑龙江省电力设施保护办法》，其第 36 条规定，实施行政处罚时，应当按照《中华人民共和国行政处罚法》的规定执行。

（二）发布部门

应用行政处罚法的中央法规发布部门涉及全国人民代表大会、全国人大常委会、国务院、最高人民法院、国务院各机构、中国共产党、中央其他机构。国务院各机构发布数量最多，有 798 篇，占比 77.9%，其中国家工商行政管理总局(已撤销)发布数量最多，数量为 59 篇；财政部其次，54 篇。见图 3。

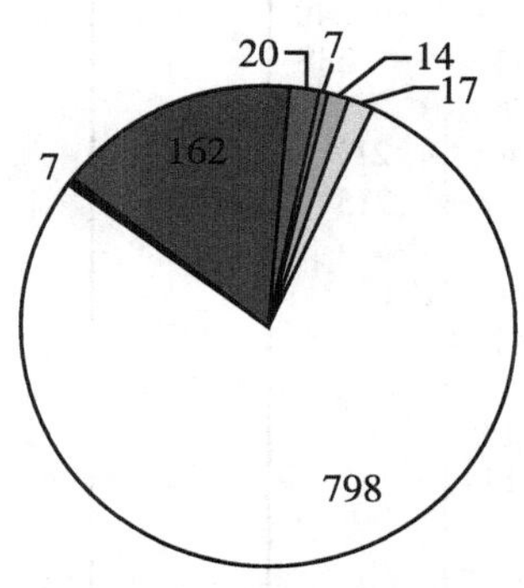

图 3　中央发布部门应用情况

（三）地域分布

从地域分布看，31个省、自治区、直辖市均已应用行政处罚法。应用数量为100篇以上的有28个省份，以中东部为主。前四位分别是广东、辽宁、山东、江苏。应用最多的广东省共计654篇，占比8.9%；其次辽宁省共计430篇，占比5.8%；再次山东省共计418篇，占比5.7%；第四位江苏省414篇，占比5.6%。应用数量为100篇以下的三个省份均为西部地区，分别是西藏、青海、云南，数量分别为26篇、87篇、92篇。行政处罚法在各省份应用状况差别与该地域立法数量直接相关。见图4。

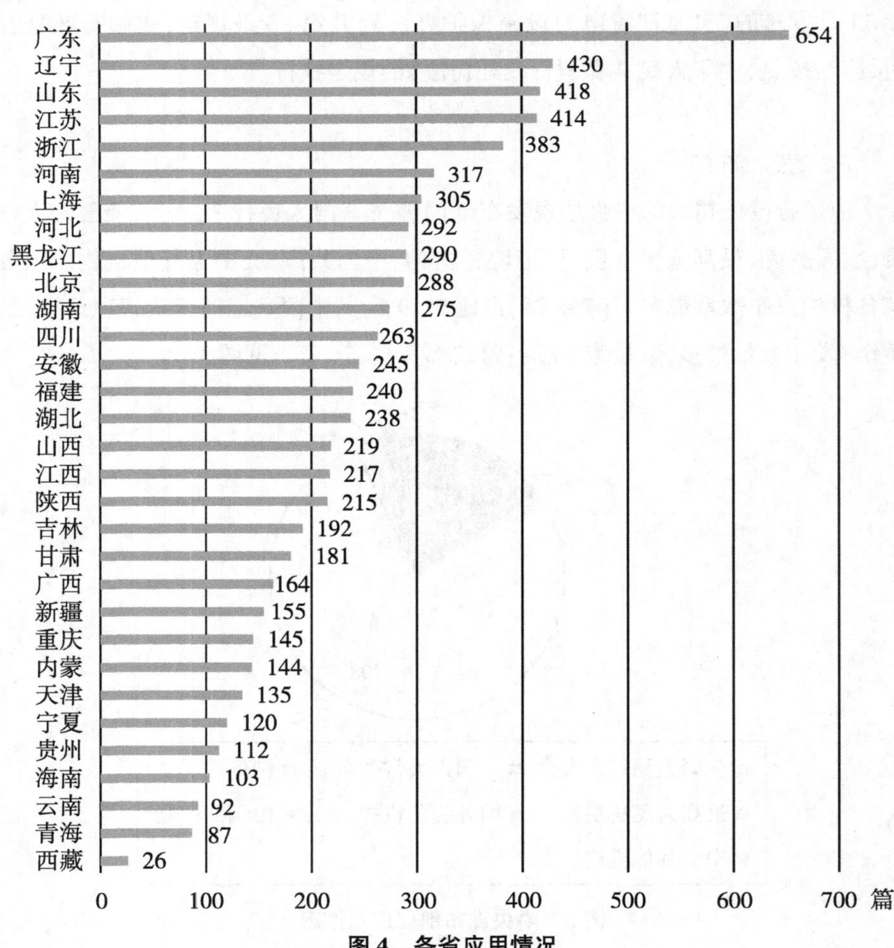

图4　各省应用情况

(四)时效性

"北大法宝"数据库时效性分为现行有效、失效、已被修改、尚未生效、部分失效5种。应用行政处罚法中央及地方法规各个效力级别数量依次是现行有效6868篇占比82.3%、失效1037篇占比12.4%、已被修改383篇占比4.6%、部分失效56篇占比0.7%,还有2篇法规截至10月6日尚未生效,分别是《医疗器械不良事件检测和再评价管理办法》和《西安市控制吸烟管理办法》。见图5。

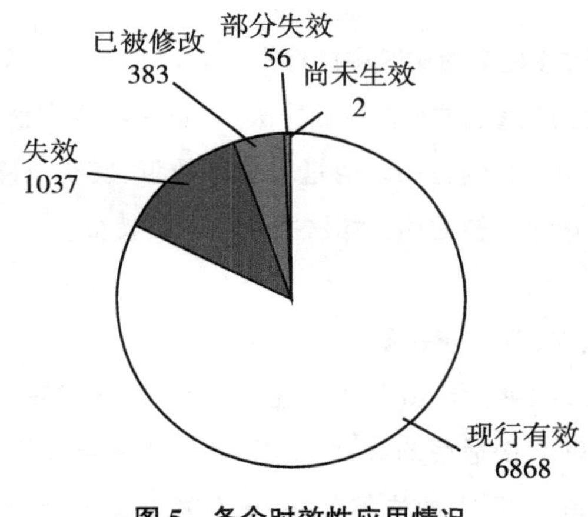

图5　各个时效性应用情况

(五)条文应用

行政处罚法共64条,除第35条以外,其他条文均被不同程度的应用。

应用数量前五位的依次是第51条、第42条、第19条、第37条和第27条。被应用最多的条文是第51条,被应用159次,该条是对当事人逾期不履行行政处罚决定,行政机关所依法采取的措施的规定。被应用数量居第二位的是第42条,一共被应用154次,该条是对听证的范围和程序的规定,首次将听证制度引入我国,在行政处罚领域正式确立了听证制度;第42条的应用情况表明听证制度已被广泛运用。第三位是第19条,一共被应用143次,该条是对行政处罚实施机关受委托组织的资格条件的规定;该条应用情况表明受委托组织作为行政处罚主体已在发挥较大作用,其受委托资格也被严格限定于法定范围之内。第四位是第 37 条,被应用 106 次,该条是对调查程序中的执法手段及相关人员的义务的规定。第五位是第 27 条,被应用 102 次,该条是对从轻、减轻或者不予行政处罚的规定。

第 35 条从未被应用,本条是对当事人对当场作出的行政处罚决定不服,有权申请复议或者提起诉讼的规定。

2017 年新增的第 38 条第 3 款暂时还未被应用,该款是对行政机关中初次从事行政处罚决定审核人员的资格规定。

三、《行政处罚法》在审判实践中的适用

1996 年及之后两次修正的《行政处罚法》在审判实践中被广泛适用,二十二年来已被 6 万余例司法案例适用。通过对整体数量、发布及修正之后被适用数量的分析、对比,发现该法被适用至司法案例的一些特征。

(一)适用数量大、覆盖条数多

《行政处罚法》自 1996 年 10 月 1 日施行至今,已被 60592 例司法案例适用。该法共 64 条,被司法案例适用的共计 63 条,有 1 条未被适用。被适用法条中,案例适用数量达 1000 例以上的法条有 19 条,依次是第 51 条、第 31 条、第 28 条、第 42 条、第 32 条、第 23 条、第 29 条、第 20 条、第 27 条、第 38 条、第 41 条、第 30 条、第 40 条、第 16 条、第 8 条、第 24 条、第 3 条、第 39 条、第 37 条。见图 6。

被适用最多的第 51 条,共 13007 例,该条是对逾期不履行行政处罚决定的规定。被适用居第二位的是第 31 条,共 5223 例,该条是对告知程序的规定。被适用居第三位的是第 28 条,共 3821 例,该条是对行政处罚与刑罚合并适用的规定。被适用居第四位的是第 42 条,共 3417 例,该条是对听证的范围和程序的规定。见图 7。

未被适用的法条有 1 条,即第 63 条,该条是对制定罚款决定与罚款收缴分离实施办法的规定。

第51条 159
第42条 154
第19条 143
第37条 106
第27条 102
第31条 87
第32条 79
第38条 70
第33条 51
第23条 50
第18条 49
第13条 47
第64条 44
第16条 44
第29条 33
第20条 33
第52条 29
第39条 29
第47条 28
第48条 24
第25条 20
第53条 18
第26条 18
第6条 17
第62条 16
第34条 15
第58条 14
第55条 14
第8条 13
第56条 12
第24条 12
第15条 12
第5条 12
第4条 12
第61条 11
第46条 11
第40条 11
第11条 11
第60条 10
第59条 10
第57条 10
第36条 9
第54条 8
第30条 8
第17条 8
第41条 7
第12条 6
第3条 6
第50条 5
第45条 5
第22条 5
第14条 5
第49条 4
第43条 3
第44条 2
第21条 2
第7条 2
第63条 1
第28条 1
第10条 1
第9条 1
第2条 1
第1条 1
第35条 0
0
20
40
60
80
100
120
140
160
180
例

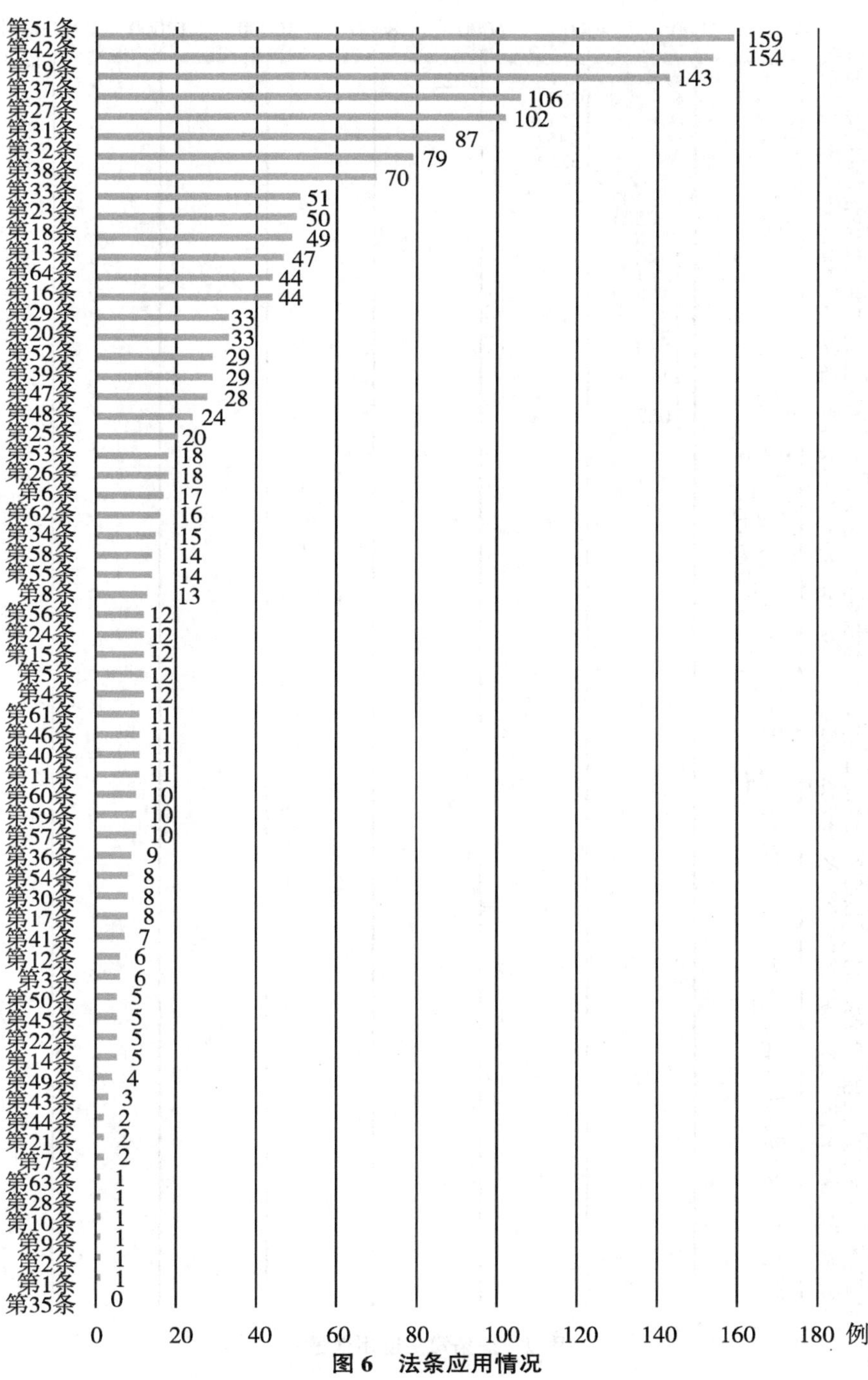

图 6　法条应用情况

0
2000
4000
6000
8000
10000
12000
14000
例
第51条 13007
第31条 5223
第28条 3821
第42条 3417
第32条 3351
第23条 3251
第29条 2752
第20条 2407
第27条 2521
第38条 2090
第41条 1686
第30条 1662
第40条 1309
第16条 1315
第8条 1316
第24条 1137
第3条 1144
第39条 1108
第37条 1062
第4条 927
第36条 648
第46条 457
第15条 467
第45条 365
第19条 356
第33条 322
第43条 299
第6条 287
第7条 258
第5条 235
第18条 184
第54条 194
第34条 165
第17条 162
第2条 141
第9条 132
第11条 124
第22条 103
第13条 93
第44条 89
第58条 75
第52条 83
第53条 78
第55条 81
第60条 72
第10条 70
第12条 74
第21条 63
第14条 48
第59条 37
第49条 40
第47条 42
第26条 32
第48条 30
第57条 29
第25条 26
第62条 24
第50条 26
第35条 20
第1条 18
第64条 15
第56条 14
第61条 8
第63条 0

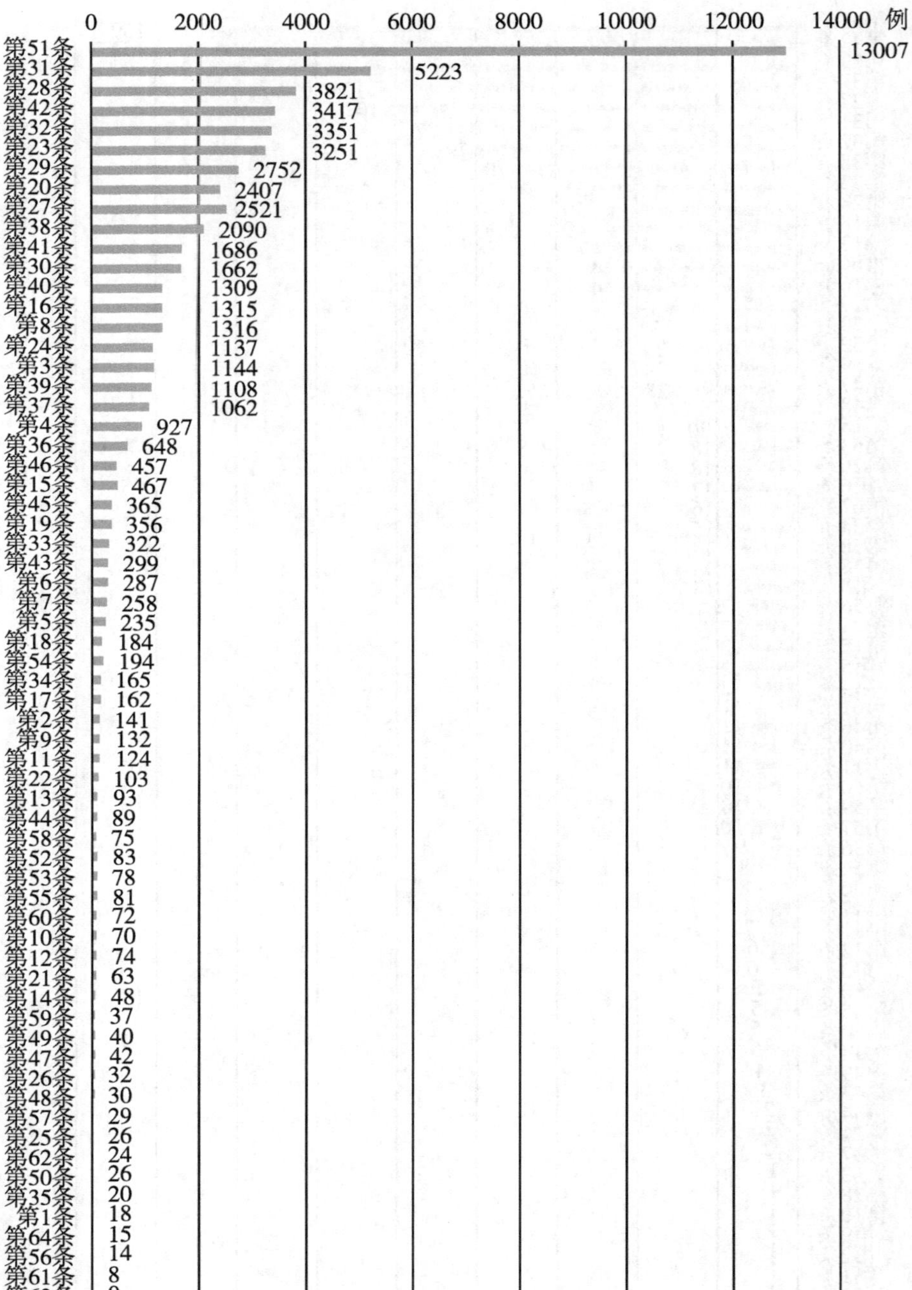

图 7　法条司法适用数量

（二）2009 年修正版被适用数量最多

《行政处罚法》1996 年发布之后，分别于 2009 年和 2017 年进行了修正，发布及修正之后均有适用，被适用总数量为 60592 例，其中 2009 年修正版被适用最多，有 53781 例，占比 89%。2017 年修正版因发布时间短，被适用数量相对较少，有 5334 例，占比 9%。1996 年修正版则因为早年间司法案例文书信息公开程度低，因而能够统计到的数量较少，为 1477 例，占比 2%。见图 8。

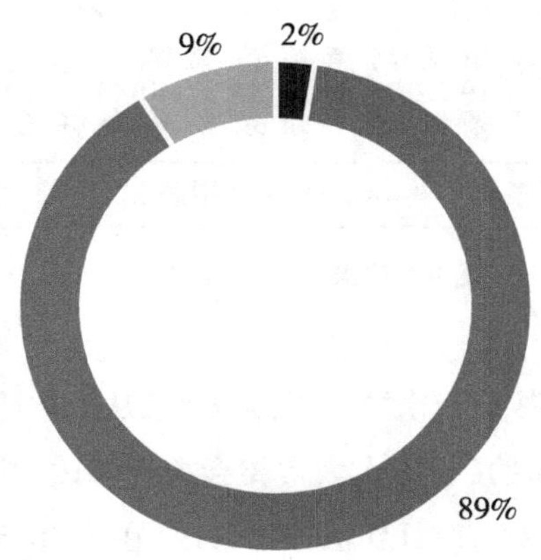

图 8　行政处罚法司法适用数量

（三）被适用的法条以程序性规则为主

《行政处罚法》、2009 年修正版、2017 年修正版各个条文被适用情况各异，但经过比较发现其整体趋势一致，图 9 为三部条文被适用状况的数据统计。分析发现，第 51 条、第 31 条、第 28 条、第 42 条被适用较多。从前文论述发现，这四条均为程序性规定。第 61 条、第 56 条、第 64 条等被适用较少。从数据情况可以看到不同年份发布及修正的行政处罚法被司法案例适用规律相同，均以程序性规定为主。

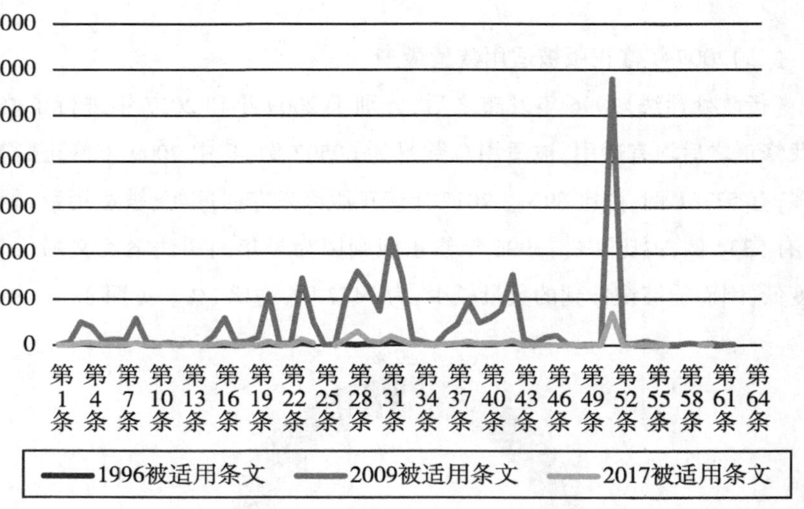

图9　法条司法适用情况

(四)新增第38条第3款尚未被适用,第63条从未被适用

2017年9月1日发布的《全国人大常委会关于修改〈中华人民共和国法官法〉等八部法律的决定》,对行政处罚法作出修改,在第38条中增加一款作为第3款,该款是对行政机关中初次从事行政处罚决定审核的人员资格的规定。截至10月6日,新增的第38条第3款还未被司法案例适用。

第63条是对制定罚款决定与罚款收缴分离实施办法的原则性规定,具体实施办法授权国务院制定。该条截至数据统计时从未被适用。

四、行政处罚种类的应用情况

《行政处罚法》第8条规定行政处罚的种类:警告;罚款;没收违法所得、没收非法财物;责令停产停业;暂扣或者吊销许可证、暂扣或者吊销执照;行政拘留;法律、行政法规规定的其他行政处罚。下文以《行政处罚法》规定的6种行政处罚种类为分析对象,以"北大法宝"法律法规库数据为分析样本,梳理6种法定行政处罚种类在法律、法规、规章中的应用情况,试图寻找其中特征为研究行政处罚种类提供参考。

（一）行政处罚种类应用整体概况

1. 涉及数据总量为 85992 篇，53%为地方性法规

行政处罚种类应用涉及的法律、法规、规章总量为 85992 篇，其中数量最多的为地方性法规，45939 篇占比 53%；其次是地方政府规章 28270 篇占比 33%；再次是部门规章、行政法规和法律，数量分别是 7453 篇、2753 篇、1577 篇，占比分别是 9%、3%、2%。该数量及占比情况与各个效力级别发文数量直接相关。地方性法规占比高与其规定事项具体、操作性强有关。如《山东省消防条例》中针对违法行为涉及到的行政处罚有警告、罚款、没收、停产、吊销许可证五种。见图 10。

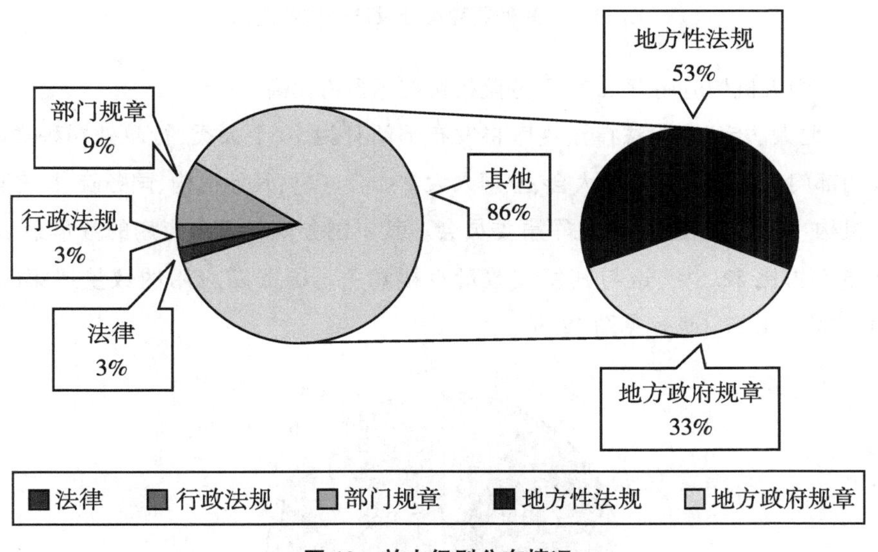

图 10　效力级别分布情况

2. 罚款应用频率高，没收、警告紧随其后

6 种法定行政处罚种类中，应用频率最高的是罚款，其他依次为没收、警告、停产停业、暂扣/吊销、行政拘留。数据表明，罚款是行政机关应用最频繁的行政处罚手段，涉及的法律、法规、规章为 35600 篇，占比 41.4%；没收居第二位，数量为 18441 篇，占比 21.4%；警告居第三位，数量为 15734 篇，占比 18.3%。其次为停产停业、暂扣吊销、行政拘留。见图 11。

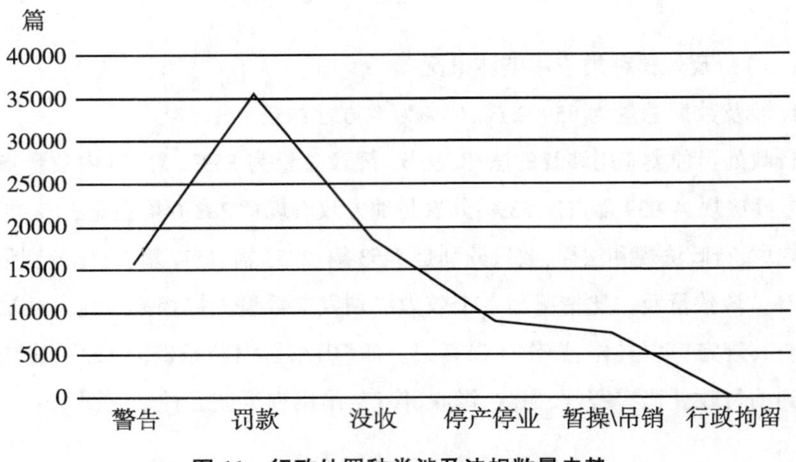

图 11　行政处罚种类涉及法规数量走势

3. 中央机构应用万余篇，国务院机构应用多占比高

“北大法宝”中央法律法规库将发布部门分为 10 个大类，行政处罚种类涉及的部门有全国人民代表大会、全国人大常委会、中央其他机构、国务院、国务院各机构、中央其他机构、中央军事委员会。其中国务院各机构应用的数量最多，8625 篇占比 62.8%，这与其发文数量直接相关。国务院应用的数量居第二，2453 篇占比 17.6%。见图 12。

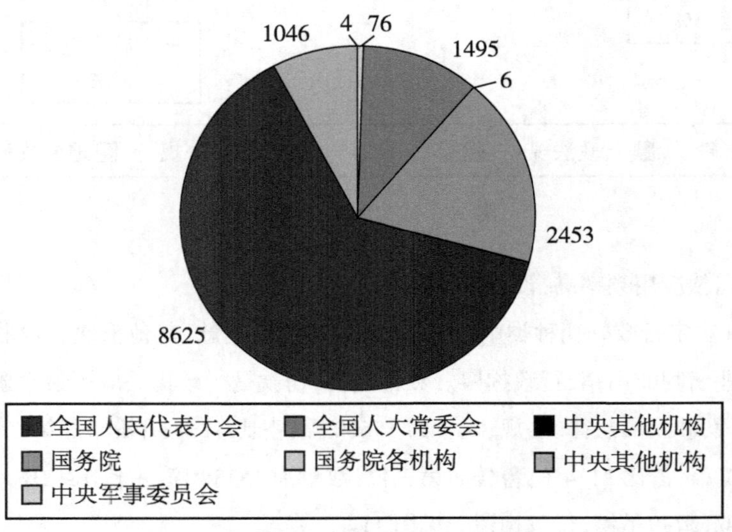

图 12　中央各部门应用数量情况

4. 行政处罚涉及100多个行业，建设业数量居首

设置了行政处罚的法律、法规、规章涉及100多个领域，其中以建设业数量最多，有5962篇，占比7.7%。交通运输业数量位居第二位，有5598篇，占比7.2%。其次分别是公安、环境保护、卫生，数量和占比分别为5404篇占比6.9%、4642篇占比6%、3700篇占比4.7%。见图13。

数量较少的分布在仓储、婚姻、公证、票据等领域，数量均为100篇以下。

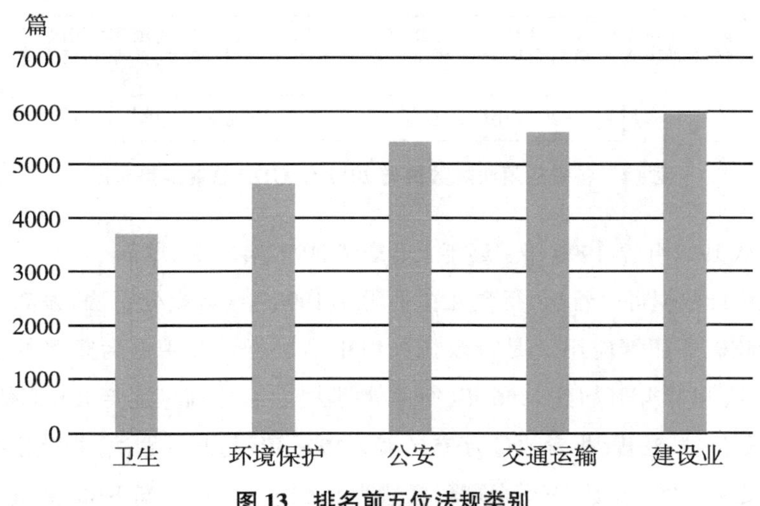

图13　排名前五位法规类别

(二)行政处罚种类应用特点

1. 行政处罚种类应用法规数量与各省经济发达程度成正比

经过统计，各省涉及行政处罚种类法规数量从600余篇到5000余篇数量不等。为研究行政处罚与经济发展的关系，本文以2017年各省GDP总量为例进行比对分析。从图14可以看出，GDP总量排名靠前的广东、江苏、山东、浙江等省，其行政处罚种类涉及法规数量也多；而西部的西藏、新疆、青海等省份，其行政处罚种类设置也少。主要原因在于经济发达导致的社会各方面问题增多，需要调整的社会关系更趋复杂，从而立法数量及行政处罚种类增多。因而形成行政处罚种类应用法规数量与各省经济发达程度成正比的规律。见图14。

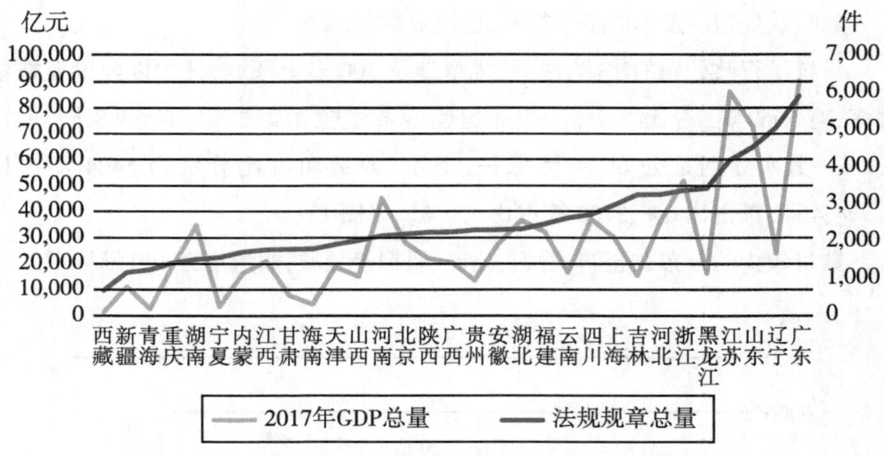

图14　各省应用法规数量与2017年GDP总量走势对比

2. 从1977年至1996年呈逐年上升态势,1997年达到顶峰

从统计数据可以看出,行政处罚手段在1996年《行政处罚法》发布之前就已被行政机关频繁应用,“是行政机关纠正违法行为使用最为频繁的制裁手段”③。从1977年开始到1996年《行政处罚法》出台之前呈逐年上升态势,1996年涉及的法律、法规、规章数量为3556篇。1996年《行政处罚法》规范了行政处罚种类之后,1997年数据达到顶峰,数量为8362篇,此后逐渐下降,数量有一定波动但整体趋于平稳。该数据表明《行政处罚法》对行政处罚种类作出统一规定之后,从立法层面的规范和制约作用明显,对于纠正当时“乱处罚”和“滥处罚”起到了很大作用。见图15。

3. 法律、法规应用没收多于警告,规章应用警告多于没收

从上文的统计发现,数量位居前三位的行政处罚种类分别为警告、没收、罚款。经过进一步分析发现,数量与效力级别的关系有一定规律。罚款无论从总量还是从各效力级别看均位于第一。在法律和法规(含行政法规和地方性法规)中没收的数量位于第二,警告位于第三。在规章(含部门规章和地方政府规章)中警告的数量位于第二,没收位于第三。如地方性法规中,警告和没收数量

③　参见乔晓阳:《如何把握〈行政处罚法〉有关规定与地方立法权限的关系》,载《地方立法研究》2017年第6期。

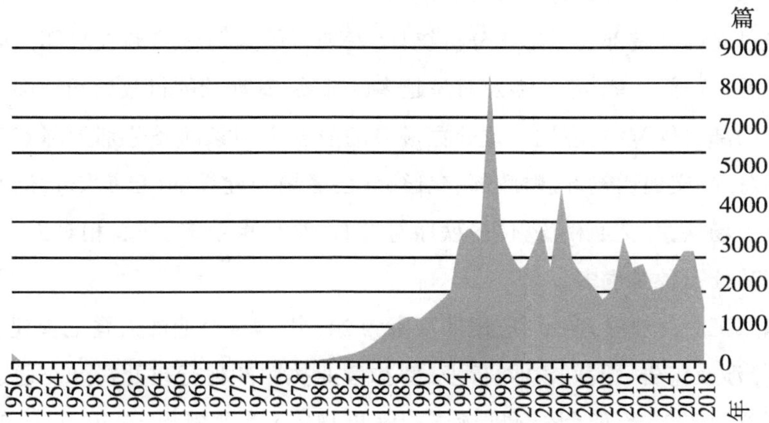

图 15　各年份数量情况

分别为 6808 例和 11086 例，占比分别为 14.8%和 24.1%；部门规章中，警告和没收数量分别为 2349 例和 1197 例，占比分别为 31.5%和 16.1%。见图 16。

如《天津市河道管理条例》法律责任部分针对违法行为规定 6 处警告，《江西省电信条例》规定 5 处警告，《航空安全员合格审定规则》针对违法行为规定 8 处警告，《存托凭证发行与交意管理办法》规定 4 处警告以纠正违法行为。

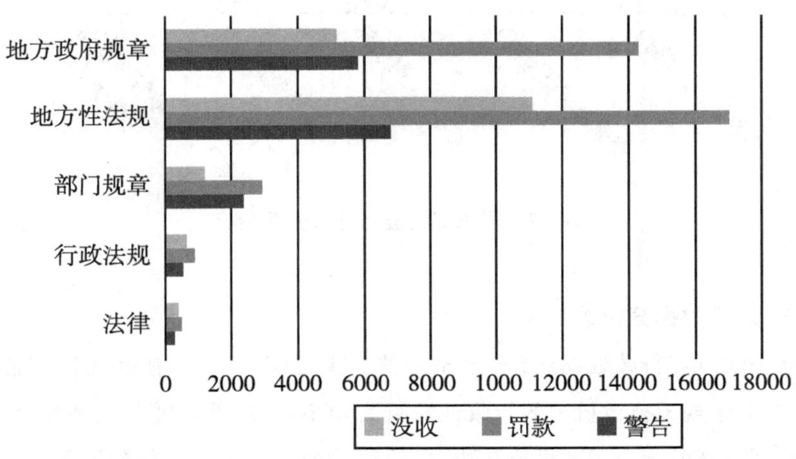

图 16　警告、罚款、没收在各效力级别中的应用情况

4. 部门职能与行政处罚数量呈正相关

经过对国务院部委的细化分析统计，发现行政处罚应用频次与部门职能有直接关系。部门职能越广、涉及对象越多的部委，其涉及的行政处罚越多。如本次统计的部门规章中，应用行政处罚最多的前五个国家部委分别为国家工商行政管理总局、交通运输部、财政部、交通部（已撤销）、建设部（已撤销），这几个部委涉及市场秩序、交通秩序、住房秩序等监管，管理事项多、涉及相对人广，其应用的行政处罚种类也多。

国家工商行政管理总局应用的规章为242篇，如《企业法人登记管理条例实施细则》涉及警告、罚款、没收、停业、暂扣营业执照5种行政处罚。交通运输部涉及规章为234篇，如《运输机场适用许可规定》涉及警告、罚款、没收违法所得、吊销许可证4种行政处罚。见图17。

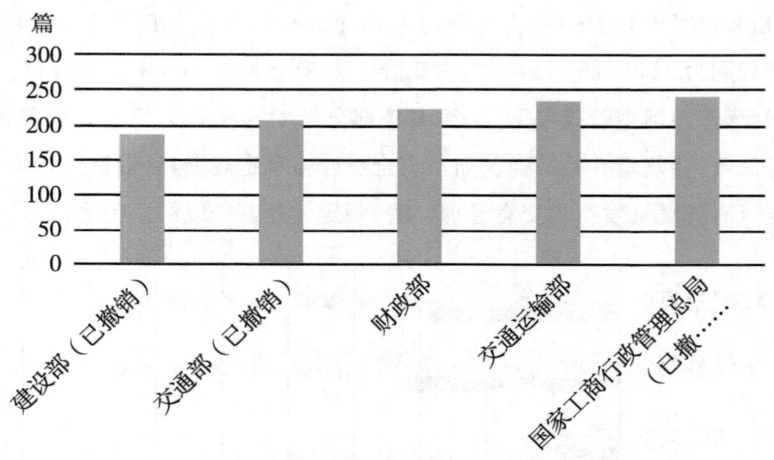

图17　国家部委应用行政处罚情况

五、基于数据分析的结论

从1996年《行政处罚法》出台至今的二十二年，已在立法和司法层面被广泛应用，对于规范行政机关的行政处罚行为功不可没，然而随着经济社会发展，不断涌现出新的社会问题亟待解决，这给行政处罚法提出了新的课题。本文试图通过上述数据分析得出以下几点结论。

（一）《行政处罚法》在立法层面规范了行政处罚行为

1996 年出台《行政处罚法》之后被广泛应用，应用该法的中央及地方法规为 8347 篇，其中中央法规 1006 篇，地方法规 7341 篇。行政处罚种类也被法律、法规、规章大量应用，涉及数据总量为 85992 篇。从行政处罚的设定主体、执行主体、种类、程序上都进行了原则性的规范。统计数据表明 1997 年之后各级别法律、法规、规章的行政处罚种类数量下降且趋于平稳。行政处罚法在立法实践中被频繁应用，在立法层面对行政机关的行政处罚行为进行了规范，遏制了之前出现的处罚不规范的问题，起到了其应有作用。

（二）《行政处罚法》的行政程序规则成熟

《行政处罚法》的司法应用很广泛，被应用数量居于前的第 51 条、第 31 条、第 28 条、第 42 条都是程序性规定。尤其是第 42 条创立的听证制度，开创了中国立法先河，并被此后的立法不断继承发展。司法案例对《行政处罚法》的程序性规定的应用，一方面在应用中肯定行政处罚法的作用，另一方面也表明该法的行政程序规则已臻成熟。

（三）行政处罚种类以罚款为主较为单一

罚款在行政处罚种类中占比很重，法律、法规、规章涉及的法规均将罚款列为主要行政处罚的主要手段，甚至将其列为唯一手段。这一现象在级别越低的法规中表现越明显。对违法行为的处理，既要罚也要纠，罚款是对既有违法造成损害的弥补和处罚，而立法要解决的更重要的问题是防患于未然以及违法行为发生后及时纠正禁止违法行为，避免扩大损害。罚款手段应该科学配置其他行政处罚种类，将违法者的法律责任设置做到更加科学、合理，真正解决问题，实现立法初衷。

（四）地方立法设置行政处罚种类缺少灵活空间

《行政处罚法》第 11 条第 2 款规定，法律、行政法规对违法行为已经作出行政处罚规定，地方性法规需要作出具体规定的，必须在法律、行政法规规定的给予行政处罚的行为、种类和幅度的范围内规定。从地方立法的情况看,绝大部分的地方性法规均遵循法律、行政法规的规定。然而由于法律、行政法规的滞后性以及地方立法需要解决的问题的多样性和特色性,上位法规定的行政处罚种类无法满足地方立法需求,地方立法灵活性无法体现。地方立法如果因为需要突破上位法行政处罚种类规定,则有与上位法抵触风险。这是目前地方立法面临的难题,也是《行政处罚法》第11条需要研究的问题。

《行政处罚法》是第一部规范行政机关共同行为的法律,它对法律、法规、规章设定权的配置以及行政程序、行政执法主体的许多规定,都是第一次,具有开创性,对后来的行政立法和行政执法产生了深远影响。④ 在《行政处罚法》拟修改之际,利用大数据以实证分析方法论证其在立法及司法领域的应用状况,以期提供参考,更臻完善。

---

④ 参见乔晓阳:《如何把握〈行政处罚法〉有关规定与地方立法权限的关系》,载《地方立法研究》2017年第6期。

我国基层法官选拔制度的立法改革思考

张德森　胡舒铭*

当前我国基层法官选拔的总体趋势是逐渐开始去行政化、走向职业化，相关法律法规的颁布和修订也标志着我国基层法官选拔制度正趋于理性。但现今《人民法院组织法》《法官法》等法律法规对于法官选拔资格的规定仍存在一些不足，员额制改革中也存在一些明显的问题，这些均应引起高度重视，并尽快予以改革和完善。我们在分析问题的基础上，试图提出几点立法改革建议。

一、《法院组织法》《法官法》关于法官选拔的制度沿革

改革开放以来，我国逐步恢复社会主义法制，法官选拔制度也得到了发展。党的十三大和十四大召开后，最高人民法院和地方法院都在改革法官选拔制度，如实行公开招考、择优录取，实行审判人员上下交流、逐级选拔，成立法官培训中心等。这些都为《法官法》的制定奠定了基础，法官制度的改革进入逐步向法制化发展的新时期。① 1983 年修订的《法院组织法》第一次把法官任职资格问题摆在首要位置，对相关人员的法律知识和专业能力提出新要求，选任法官必须要经过考试，基层法官也是如此。1995 年《法官法》对法官进行了较为全面的规定，其中的法官选拔制度也取得了极大的进步。2001 年重新修订的《法官法》，把法官的学历要求提升为本科，继《法官法》出台以后，《国家司法考试实施办法》也颁布施行，明确规定法官任选需参加全国统一司法考试。在司法改革背景之下，2002 年颁布了针对高素质司法人才建设的《关于加强法官队伍职业化

---

* 张德森，中南财经政法大学法学院教授、博士生导师；胡舒铭，湖北省江汉区法院法官。

① 参见周道鸾主编：《法官法讲义》，人民法院出版社 1995 年版，第 1 页。

建设的若干意见》,提出了法官的任用准入制度。2006年最高人民法院修订了《法官培训条例》。新中国成立以来,基层法官选拔制度经历了不少曲折,但总体趋势是进步的,这些法律法规的颁布和修订标志着我国基层法官选拔制度的日益完善。

从理论上讲,法院组织的相关问题需由宪法进行专门规定,但各国一般仅在宪法中做纲领性规定,再以单行法(法院组织法)形式对法院的组织和权限予以规定,从而维护基本法的简洁性。② 法官是法院组织的一部分,因此法院组织法对此也有总括性的规定,后面出台的法官法更是直接规定了法官选拔的条件和程序。法院组织法和法官法具有上承下接的关系,作为高位阶的法律,二者对法官选拔问题都进行了明确规定,因此探讨基层法官选拔制度,最重要的就是分析这两部法律的相关内容。由这两部法律还衍生出其他与法官选拔制度有关的法规和规章,能辅助我们更好地理解我国基层法官选拔制度的现状。

《法院组织法》对基层法官选拔最为直接的规定体现在第10条第2款、第33条、第34条和第36条,其中第10条第2款、第34条和第36条共同规定了基层法官的选拔方式,体现了我国基层法官选拔制度的类型——任命制和选举制的结合,第34条规定了法官的年龄门槛、限制性规定以及专业要求,有选举权和被选举权的年满23岁的公民享有选拔为法官的资格,一旦政治权利被剥夺就丧失该资格,同时还有一个必备条件是具有法律专业知识。

法官法针对法官选拔制度的规定相较于法院组织法而言更加详细和系统,《法官法》将基层法官选拔制度类型统一规定在第11条中,前面分析基层法官选拔制度时已经提及,不再赘述。《法官法》第9条第1款明确了法官选拔的条件:有中国国籍,年满23岁,拥护我国宪法,良好的政治、业务素质和品行,身体健康,学历和经验要求。其中,基层法官对于学历和经验的要求相对较低,即高校法本毕业或高校非法本学历并具有法律知识和2年的法律工作经验。第9条后两款对于学历和经验要求进行了放宽,法官法施行前不满足学历和经验要求的审判人员,应当接受培训;适用学历条件确有困难的地方,一定期限内可放宽为高校法律专业专科毕业。《法官法》第10条是法官选拔的禁止性条款,即因

② 参见吕丁旺:《法院组织法论》(修订六版),台北一品文化出版社2008年版,第3页。

犯罪受过刑事处罚或者开除过公职的不得担任法官。第12条规定初任法官要进行考试、考核，按照德才兼备的标准，从通过国家统一法律职业资格考试取得法律职业资格并且具备法官条件的人员中择优选录。

2017年9月1日第十二届全国人大常委会第二十九次会议表决通过了修改《法官法》等八部法律的决定，其中《法官法》仅对第12条和第51条进行了修改，将国家统一司法考试改为国家统一法律职业资格考试。此次修法明确了实施国家统一法律职业资格考试前取得的国家统一司法考试合格证书与国家法律职业资格证书具有同等效力，完成了二者之间的衔接。司法考试的报名学历条件依据法官法中任职法官的学历条件而确定，这次修法没有做改变，但授权国务院司法行政部门商最高人民法院组织实施法律职业资格考试制度。决定发布之后，司法行政部门将依据决定和改革的相关意见，商最高人民法院和国务院有关部门，共同研究制定国家统一法律职业资格考试的具体实施办法。此外第26条还规定对法官应当有计划地进行理论培训和业务培训。这是目前法官制度的最新变革。

二、当前我国基层法官选拔制度存在的主要问题

（一）《人民法院组织法》《法官法》等规定存在的不足

1. 职前培训制度宽松

《法官法》简单规定了应当对法官进行培训，在《法官培训条例》中，进一步细分了培训，与选拔阶段有关的是预备法官培训和任职培训，前者培训主要内容是岗位规范、职业道德和审判实务，时间不少于1年，后者主要目的是提高岗位管理和业务能力，不少于一个半月。这实际上就是一种职前培训，相较而言，该培训期限并不长。

我国台湾地区法官职前实务培训是：首先到法务主管部门下属的“司法官学院”进行一年半至两年的职前学习与训练；培训考查及格者，根据学员个人志愿等因素，分派到法院成为候补法官；五年候补期满，合格者成为试署法官；1年至2年的试署期满，合格者转任实任法官。③ 可见台湾地区整个培训学习、实务训练到最

③ 参见林超特：《法官的选拔任用与专业化培养》，载《法制与社会》2016年12月上旬。

终成为正式法官需要近10年的时间,而且每一个阶段进行了细分,不可谓不严格。

当然我国大陆地区法院面临案多人少的情况,尤其是身处一线的基层法院,从实际角度来看,短时间内无法为基层法官候选人提供如此长期的职前培训。但是不少于1年这个底线性规定依然显得太过宽松,而且培训的内容泛泛而谈,没有具体的实施步骤,很可能导致基层实施的松懈与随意。

2. 年龄条件偏低

从现行法的规定可以看出,年满23周岁即享有选拔成为基层法官的资格。从一般情况来看,《义务教育法》规定小学入学年龄为6周岁,那么一位大学刚毕业的法学专业的学生差不多就处于22岁的年龄,就算他大学期间通过了法律职业资格考试,也得在毕业后从事2年的法律工作,此时就到了24岁,这个时候才具备选拔成基层法官的基本条件。如果顺利的话,之后还得进行不少于1年的预备法官培训,通过后最起码就25岁了。2011年6月最高人民法院公布的一项数据显示,全国地方法院40岁以下法官人数已达5万余人,占地方法院法官总数的近1/3,④可见法官年轻化已经成为了一种趋势。青年法官有扎实的法律理论知识功底,但缺乏群众工作能力,很大部分原因就是年龄偏小,社会阅历不足。尤其在基层法院这种矛盾更加明显,基层法院办案压力大,年轻的法官缺乏耐心和经验,过于死板,套用法律知识进行判决,较少关注调解方式来处理纠纷。尤其是面对民庭各类复杂交错的案件,青年法官更觉得棘手。有些外地青年法官由于刚去基层法院工作,还存在不懂当地方言的情况,⑤当事人如果受文化教育水平低的,法官连基本的语言沟通有时候都存在问题。由此可见,以23岁作为选拔基层法官门槛,年龄实在偏低,成长不够,很难成功胜任基层法院的工作,不符合我国的现实情况。

3. 职业道德和品行要求抽象

从现行法规定可以看出要选拔出品行端正、经验丰富、专业水平较高的优秀法律人才成为基层法官。法官应当具备仁义道德之心。但是法律并未提出针对良好的品行如何进行考察,法律工作经验可以通过工作时间来明确,专业能力可

---

④ 参见苏力:《没有谁会等待你成长》,载《做人与处世》2009年第10期。

⑤ 参见王凤涛:《年轻化与法官能力——法院对工作能力的需求与青年法官的回应》,载《河南工程学院学报》(社会科学版)2013年第2期。

以从是否通过司法考试得以体现，只有职业道德在选拔阶段并未具体化。我国对法官的职业道德和品行要求十分抽象，缺乏具体的选拔措施。最高院发布的《法官职业道德基本准则》也未规定准则如何实施。这一条件难以操作，仅在培训考核时对法官进行无形的约束，没能在遴选阶段就对候选法官进行甄别，缺乏针对法官素质品行的具体的选拔方法。法官法的这一规定可以说是流于形式。

4. 心理健康测试制度缺失

从法条来看，我国基层法官选拔没有要求心理素质，但这一点实际上非常重要。很多国家对法官要求较高，强调法官尤其是刑事法官的心理素质，通过进行心理测验考察他们的性格、能力以及工作动机等心理品质；还注重心理学知识在法官选拔中的作用，对志愿当刑事法官的人进行身心检查，通过后心理专家与其单独面谈，考验其应变能力，⑥看是否符合法官职业的要求。法官职业心理选拔，是根据法官职业活动的特点，借助心理学的测验或非测验技术，对应职人员在符合法官其他条件的基础上进行的预测和评定。⑦ 也即考察个人心理素质、性格特征是否与法官职业结构特点相吻合。对法官进行职业心理选拔，有助于表明法官职业的特定心理需要，显示个体职业倾向，明确人职匹配度，选拔出最适应法官职业的人才。事实证明，不是每个人都契合法官的职业要求，也不是人人都能胜任法官一职，尤其是基层法官，现如今面临的案件纷繁复杂，对于个人素质要求更高。法官法应当与时俱进，针对心理选拔进行相关规定。就如吴宗宪教授所希望的一样，“未来的法官选拔和司法考试中，不仅有法律方面的内容，也应该有相关的能力测验和对合理知识结构的考察……只有这样，才能选拔出真正符合司法实践和社会生活需要的合格法官”⑧。

（二）当前员额制法官遴选过程存在的问题

《法官法》第50条⑨规定了法官员额的问题，自2014年最高人民法院颁布

⑥ 参见陈增宝：《法官心理与司法技巧》，中国法制出版社2013年版，第252页。

⑦ 同上。

⑧ 参见［美］Lawrence S. Wrightsman：《司法心理学》，吴宗宪、林遐等译，中国轻工业出版社2004年版，第181页。

⑨ 《法官法》第50条：最高人民法院根据审判工作需要，会同有关部门制定各级人民法院的法官在人员编制内员额比例的办法。

第四个五年改革纲要后,全国各地基层法院开始使用法官选拔员额制,以各基层法院现有法官人数为基础,根据一定的标准控制法官人数。员额制无疑是司法改革中的一大举措,但是,全国各地基层法院具体情况不同,基层法官员额制的实施具有现实复杂性。

1. 员额分配不一

由于每个地区的经济发展水平和人口数量不同,各个城市的试点基层法院的员额制实行情况必然存在差异。例如深圳,深圳市委常委会2014年审议通过《深圳市法院工作人员分类管理和法官职业化改革方案》覆盖深圳6个基层法院,明确中院法官员额不超过单位政法专项编制的60%,区院法官员额不超过65%。[⑩] 上海市初步比例控制在33%以内,但基层法院的法官员额可略微高于33%。海南省中高院的法官员额比例为38%,基层法院的法官员额比例为40%。[⑪] 由此可见,几乎所有地方的法院员额配置都会向基层法院倾斜一点,基层法院作为一线法院,法官员额配置占比略多于中高级法院具有合理性。2016年我国基层法院审执结案件1688.5万件,占全国法院办案量的85.3%,[⑫]数据充分表明基层法官的任务之重、压力之大,案多人少矛盾突出。以广东省为例,深圳市作为沿海发达城市,其宝安区的案件就非常多,会更加需要增加法官的数量;但是广东边远山区的小县城,那些基层法院的案件量就非常稀少,整个基层法院的法官人数也不多,对于法官的需求就没有那么大。所以法官员额比例存在地区差异也实属正常。

2. 配套机制缺失

法官员额制无疑能够精简基层法官,保证质量,但是也会带来一系列的问题。法官人数精简后无疑工作量会加剧,如何保证法官一直精力充沛并且工作高效;没有入额的基层法官应当如何安置;当基层法院法官员额已满,如何进行淘汰保证基层法官队伍的优秀性;基层法官入额变得严格苛刻,是否会打击部分

---

⑩ 参见宗志强:《如何构建和完善员额制改革下的法官选拔和退出机制》,载《山东审判》2015年第1期。

⑪ 参见林丽彬:《中国法官遴选制度的改革与完善》,南昌大学2016年硕士学位论文。

⑫ 参见孟亚旭:《近九成法院完成员额法官遴选 十九大前基本完成司法改革》,载http://www.chinanews.com/gn/2017/02-17/8152041.shtml,最后访问日期:2017年10月24日。

人的积极性,又该如何有效提升基层法官职业的吸引力等,对于这些随之而来的问题目前没有明确的规定。

通过正在进行的司法改革,想要缓解"案多人少"的现实情况,短时间肯定是无法完成的。因为人少,法官须承担部分本应由司法辅助人员来完成的工作,⑬这会增加基层法官的负担,而且法官的专业能力无法得到充分体现。基础性工作是在浪费基层法官的时间以及精力,这种烦琐事务完全可以由审判辅助人员、法官助理以及书记员来完成,但是目前没有完善的制度与法官制度进行有效衔接。而且,有些基层法院法官员额已满,这种情况下,许多优秀的新人一直进不去,一直等待无望可能放弃。对未入额的法官又缺乏有效的分流措施,导致其丧失工作积极性,可能也会离开,这样就导致基层法院人才流失。法官员额制只考虑收录基层法官进来,没有规定淘汰机制,那么员额内的基层法官也许因为有了保障就产生懈怠心理,无法达到员额制精简人员、提高效率的初衷。基层法官本来工资相对就不高,如果薪资待遇不有所提升,在工作如此辛苦的情况下,很多人可能就选择去做律师或者其他法律事务,新人可能望而生畏,都不会选择报考法院岗位。所以总体看来,员额制的全面推行还存在一些问题,相关配套制度的缺失应当引起重视。

3. 选拔途径局限

按照法官法规定,基层法院的副院长、庭长、副庭长、审判官都由院长提请同级人大常委会任命,助理审判员更是由本院院长直接任命。现实中,基层法院的助理审判员多是本院在职人员,如基层法院的书记员或者法警,都有可能被任命成法官。实际上许多审判员确是从当基层法院书记员开始,再成为助理审判员,逐步上升。我国基层法官的选拔一直局限在法院内部系统,缺乏科学合理性,应当突破这种单一选拔途径。

一直以来,律师做法官的制度和实践有限,法官和法学专家之间的人员交流也不足。法律职业共同体是法治建设的中坚力量,法官、法学家、律师作为法律职业共同体的重要成员,应当加强相互有序流动,畅通职业交流渠道,优化人力资源配置,促进中国法治进步。2016 年 6 月中共中央办公厅印发了《从律师和

---

⑬ 参见林超特:《法官的选拔任用与专业化培养》,载《法制与社会》2016 年 12 月上旬。

法学专家中公开选拔立法工作者、法官、检察官办法》,其中规定根据工作实际预留适当数量的岗位用于从律师、法学专家中公开选拔法官,并要求具备 5 年以上的从业经验,可以说从制度上打破了这种局限性。广东省人大常委会和设区的市人大常委会已经吸收了一批优秀律师和法学专家进入立法队伍,⑭可以看到,目前还是在省市级先行实施,并没有提及基层法院的情况,而且只是针对立法队伍进行了扩充,对于法官选拔也没有相关消息。可见在基层法院尤其是不发达地区的基层法院,从律师和法学家中公开选拔法官的现实可操作性并不强。以湖北黄冈市为例,黄冈市中级法院以及黄州区基层法院目前均没有律师法学专家直接选拔成为法官的情况,可见在三线城市根本没有落实下来。湖北省高院原来有教授当选为副院长的情况。但现实中经常存在的问题是教授仅仅挂名法院的领导职务,实际上根本没有充分参与到案件审判活动中来,形同虚设。当前基层法官队伍面临对内压减员额压力大、对外吸引力不足的情况,应当从律师和法学家中吸收更多的优秀法律人才投身基层法官职业。

(三)法官遴选委员会存在的制度局限

伴随着法官员额制的落实,全国各省(市、自治区)法官遴选委员会也在逐步成立。法官遴选委员会的选拔决定了基层法官的质量,这关系到基层法院系统的运行效果,也意味着司法改革具体举措是否正确,其重要性不言而喻。目前都是设立省一级法官检察官遴选委员会,也就是法官和检察官都由该遴选委员会遴选,基层法官也由本省法官检察官遴选委员会统一组织选拔,由于地方掌握着自主权,导致现实中各地法官遴选委员会的实施情况有所差异。

1. 权力基础模糊

司法是守护社会公平正义的最后一道防线,法官作为司法决策者,是实现公平正义的核心因素。法官遴选委员会是法官选拔程序的源头,是法官选拔的把关者,只有法官遴选委员会自身建构合法合理,才能保证法官选拔工作公正科学。目前,各个省份几乎都公布了法官检察官遴选委员会的相关情况,从网上能

---

⑭ 参见《广东省人大常委会公开选拔专家律师进立法队伍》,载民主法制网:http://www.mzfz.gov.cn/mzfzrd/710/2016080459194.html,最后访问日期:2017 年 10 月 24 日。

够看到新闻报道,但是这些公示都没有明确法官遴选委员会的权力来源是什么,一般都是直接表明已经成立法官遴选委员会并列出委员名单。法官遴选委员会为何有权选拔出作为国家司法权力执掌者的法官？委员会的组成通过是否需要获得人民的许可？对此,各省份都没有给出充分的解释说明,目前法官遴选委员会的权力基础具有模糊性。

司法权虽然是由法官行使,但是,法官只是代表国家行使,而国家又是代替人民行使司法权力,由此可知,司法权实质上属于人民。因此,要保证法官体现人民性,首先要保证法官遴选委员会的来源具有人民性,这是法官遴选程序正当的基础条件。根据我国人民法院组织法和法官法的相关规定可知,法官需要得到人大的任命,因为人民代表大会是人民行使国家权力的机关。那么要实现司法权的人民性,作为选拔司法官的法官遴选委员会,就必须得到人民的授权。

2. 信息不够透明

各省对法官遴选委员会的委员信息公开程度也不尽相同,如天津、江苏等省市公布了委员姓名、性别、年龄、学历以及职务,陕西以及湖南省等只公布委员姓名以及职务;四川、吉林以及云南、山东省等只简单公布委员姓名;还有的省份在网络上根本无法了解到委员信息。整体来看,大多数省份公布的委员身份信息还是不够充分透明,对委员的工作单位、研究方向、专业能力我们一无所知,给法官遴选委员会委员身份蒙上一张"神秘"的面纱。

许多省市只是用新闻报道简短地表明本省已组成司法官遴选委员会,但是没有告知委员选择标准以及方式。大众仅仅看到最基本的遴选委员会总人数等消息,不能具体得知这些委员如何挑选出来。虽然一些省份公布了委员身份信息,但是也没有解释选择根据,只是笼统地将最终结果"通知"社会。社会公众成为被动的信息接受方,作为利益相关者的公众,其基本的知情权没有得到保障。委员选择如此不透明会让公众质疑程序的正当性,进一步怀疑选任出的委员的专业能力和个人素质,信息不公开极易导致暗箱操作行为,由此选拔的基层法官很可能靠裙带关系产生,严重影响了法官选拔机制的公正性。

许多省份对委员基本身份信息以及委员选择标准都避而不言,更无须说监督委员选择流程。公布委员信息的省份中,仅河南、江西、江苏、陕西以及海南等个别省份公示了反馈电话,其他省份都没有留下监督电话或者其他监督方式。

阳光是天然的防腐剂,整个委员监督程序如此务虚,缺乏有效的沟通渠道,群众无从反馈,这种公示毫无意义,信息透明度亟待增强。

3. 委员组成多样

各地法官遴选委员会的委员组成也不一样,大致来看可以概括成三种模式:第一种综合式,由人大、政协代表、法官、检察官、律师、法学家、政法委、组织人等部门领导或者负责人组成。以天津市为例,遴选委员会的 15 位委员中,4 位来自高校,1 位来自政法委,1 位来自组织部,1 位来自公务员局,2 位来自人大,1 位来自政协(有律师身份),1 位来自律所,2 位来自法院(高院 1 人,区法院 1 人),2 位来自市检察院,⑮法检两院代表都是领导或者主任级别,占比 26.7%左右。由此可以看到,综合式的优势在于人选多元化,具有广泛的社会参与度和较高的社会代表性,充分考量到了多方利益群体。当然这一模式也存在问题,在委员会总人数有限的条件下,法检系统人员的比例偏低,会弱化专业审查力度,而且法检系统多是领导或者负责人担任委员,没有普通司法官的参与,事实上普通基层法官处理具体工作经验最为丰富,更加清楚基层法院需要何种人才,因此应适当扩大司法官的比例。第二种专业式,以江苏省等为代表,没有政法委和组织部的参与,仅由人大、政协代表、法官、检察官、律师、法学家组成,这样虽然很好地弥补了综合式职业性不足的缺点,但忽视了政治审查,从当今我国政治以及司法体制来看,法官还没有完全脱离公务员序列,这种模式太过超前。第三种折中式,由政法委、组织部、省高院、省检察院、司法厅等部门领导宏观指导遴选工作,人大、政协代表、律师、司法官、法学家等具体来负责。如四川省遴选委员会设专门委员 7 人实行职务性安排,专家委员 50 人来自人大、政协、高校、律所等,每次从专家委员库中随机抽取产生。折中式一方面顾及了我国政治体制,另一方面突出了司法官专业性,相较之下最为可取。⑯

各地委员人数也存在差别,上海、天津、宁夏、吉林、云南等省市委员总人数在 15 人至 19 人这一区间,福建、广西、山东、海南等省份委员总人数在 20 人至

⑮ 《天津法官检察官遴选委员会委员名单》,载新华网:http://www.tj.xinhuanet.com/renshi/20160602/3182317_c.html,最后访问日期:2017 年 7 月 27 日。

⑯ 参见谈词镇、何丽敏:《司法官遴选委员会再完善实证研究——以 30 省(市、自治区)司法官遴选委员会为蓝本》,载《黑龙江省政法管理干部学院学报》2017 年第 1 期。

40人这一区间,四川、河南、陕西、江苏、湖北等省份总人数在50人以上。每个地区经济发展水平、地域面积、人口数量、案件数量、民族分布都有差别,相应的基层法官需求不同,造成法官遴选委员会委员总人数各异也实属正常,但是,各省市的委员总数差异没有体现出规律性。例如上海市与毗邻的江苏省,两地经济发展水平差不多,上海市委员人数仅为15人,江苏省却达到了110人,差距如此之大。人口仅有600多万的宁夏自治区和人口2400多万的上海市,委员人数都是15人,⑰实在令人费解。

三、香港和域外基层法官选拔制度的特点与经验分析

(一)暂委法官灵活化

香港也存在司法人手不足,案件轮候时间较长的情况,在公开招聘补足职位空缺前,司法机构通常会在一定范围内选取短期司法工作人员聘用为暂委法官,缓解司法人手紧张的困境,衡平案件轮候时间甚至缩短该期间。由于立案登记制的实施,我国基层法院的案件数量只会不断增多,况且现在员额制正在各地不断推行,在给定的基层法官员额指标下,法官编制有限,暂委法官这种灵活化的形式能很好的满足基层法院,尤其是发达地区案件极多的基层法院的需求。具体视地方司法实践的情况而定,暂委法官具有短期性、临时性,同时不占编制,能很好地配合法官员额制的实施。如果员额过少的基层法院,可以聘任暂委法官审理一类案件,也可以聘任暂委法官短期担任部分法官职务,最后可以根据工作效果决定暂委法官是去还是留。

暂委法官具有专业性,他不同于人民陪审员以及书记员等,陪审员虽然可以参与审判,但无法同法官一样亲自调查取证、组织诉讼活动,陪审员作为外行人,始终只是扮演着一个参与者的角色,而且从现实来看,很少有陪审员最终与法官意见不一致且被采纳的情况。书记员主要负责的是庭审记录这种文字性工作以及案卷整理的烦琐任务,对于审判核心任务只是发挥一个记载者的作用,将法律知识运用到实际不是其工作主要内容。相较而言,暂委法官来自有工作经验的

⑰ 同⑯。

其他法官和法律执业者,职业的暂委法官更能满足审判的需要,凭借专业优势他们可以独立审理简单案件以及行使部分法官职权。实施法官员额制就是为了推进审判队伍的专业化,暂委法官能够保证法院系统的职业性。而且暂委法官是检验优秀人才的一个手段,它能促进司法经验的总结,吸纳法律人士成为基层法官。较之直接选拔基层法官,暂委法官制度具有很好的缓冲性和过渡性,给受委任方一个机会表现自己,也给委任方一个机会擢选人才,扩展司法职业流通渠道,全方位选拔基层法官。

(二)实务培训体系化

从大陆法系国家的基层法官选拔制度中,可以看到对于职前培训的严格要求。如德国的见习法官要进行2年的实习培训,分别在民事法院、检察官办公室、律师事务所、行政机关和选定的实习工作地点等地进行实务培训,每个阶段都有特定的时间要求。日本也得在司法研修所进行2年的实务培训,其中16个月在法院、检察厅和律师事务所实习。由此可见,大陆法系国家对于基层法官职前培训的系统性和针对性,重点还是在于实务工作能力的培养。

美国奉行实用主义,将法律教育定位为职业教育,将法律职业视为一门实用技能,开设法学院不是为了诞生学术专家,而是为了输出法律实务操作者。较之英美法系国家而言,大陆法系国家的法学教育则更注重对法律原则、原理以及概念的学习指导,其法律教育不是为解决问题提供技术支持,法学生学习的主要任务就是理解成文法的具体条款内容。大陆法系国家的地方初任法官主要从大学毕业生中挑选出来,因此学生在毕业之后一定要参加实务机关组织的职前培训,习得专门的法官实务技能,否则无法熟练地将知识运用到现实案件的审理之中。传统的大陆法系国家注重法官对于整个审判阶段的把控、主导能力,所以以德国为代表的这些国家在进行法官职前培训时,十分注意训练学员对于审判过程的全面掌握,不仅教授知识,还会传授经验,避免与社会现实脱节,这是没有实务经验的初任地方法官亟须的能力锻炼。通过体系化的职前实务培训,分阶段分地点的学习,直接接触到各个法律部门,重点性地培养判决文书写作能力以及庭审活动组织能力,从而迅速提高法官候选人的综合素质。对于基层法官选拔而言,职前培训可谓是非常重要的一个环节。

（三）选拔渠道多元化

英美法系国家都有从优秀律师中选拔法官的传统，如美国就是采用律师资格考试，没有专门的法官资格考试。美国律师协会要求法官候选人具备12年到15年扎实的法律实践经验，良好的法律工作经验和律师职业背景是美国遴选初审法官的重要条件之一。作为判例法国家，美国的法学教授从法院判决中思考法律的实然模样，判例覆盖社会生活各个方面，这就需要多角度分析法律问题，律师在长期接触案件过程中无疑就具备了这种能力。我国也可以借鉴这点，接纳优秀律师成为基层法官来源之一。

法国法学博士同时持有其博士专业学位以外学科的高等文凭，就可直接录用为法官。[18] 这一情形较为特殊，但能反映大陆法系重视法学教育的传统。古罗马时期，法官早已开始听取法学家的意见，罗马法复兴后，法学家和大学教授注释和讲解罗马法传统理论，促进法律研究以及创制，因而法学家的社会地位很高。法官乐于接受法学家的法律思想，并运用于实际，由于大陆法系的法官没有法律解释权和造法权，他们判案必须严格适用法律条款，因此要熟知法律文本内容。专业知识丰富的法学教授，只要进行充分的实务培训，也可以成为基层法官来源之一。

日本将法官选拔范围还扩大到检察官、司法实务工作者，德国社会法院、财税法院、行政法院有来自州或联邦的司法部、劳工部的官员。[19] 检察官对于刑事案件十分熟悉，司法实务工作者精通某一方向的事务，专门法官也需要特定的行政工作经验，对于处理各类案件的基层法官而言，这些都是有益的补充。当然，我国初步放宽基层法官选拔途径时，最值得借鉴的还是律师和法学家，当实施效果显著的时候，可以视情况再逐步拓展到检察官以及司法实务工作者等。

---

⑱ 参见张璐：《现代法官选任资格比较研究——以美德法日为例》，载《法制与社会》2014年1月下旬。

⑲ 同上。

四、完善我国基层法官选拔制度的若干建议

(一)修改《人民法院组织法》《法官法》中法官选拔资格

1.加强职前培训力度

我国《法官培训条例》中规定了预备法官培训和任职培训,笼统提及前者主要培训岗位规范、职业道德和审判实务,最低时间要求是1年,后者主要目的是提高岗位管理和业务能力,最低时间要求一个半月。至少1年的预备法官培训期,相较于其他国家的标准而言,实在是太过宽松。

我国人口众多,案件数量相应也很多,基层法官的工作任务其实很繁重,那么对于综合能力的要求就更高一些。高级法官更多的对于案件审理是法律审,基层法官对于案件主要是进行事实审,因此必须对现实具备非常清晰的认识与了解,所以实务训练对于基层法官而言十分重要。应当适当延长基层法官候选人的职前培训期间,现阶段规定不少于2年时间的预备法官培训较为适宜,明确在不同的地方进行实习培训。如在律所培训6个月,在检察院培训6个月,在基层法院培训1年,由于最终需要培养的是一名基层法官,因此在法院的时间应当相对长一点。培训内容也要有侧重,如果是选拔民事法官,那么培训期间在律所应当主要跟处理民事案件的律师学习,在基层法院就选择民事庭进行培训。就现实情况而言,可能更多的还是课堂知识传授式的模式以及单一的实践培训,如黄州区法院初任法官,首先参加省院统一组织的培训,20天左右,之后回院理论结合实际培训一年。理论培训主要是由优秀法官以及法院领导给法官候选人讲课,这种方式能够传授经验,但课堂灌输形成的印象不够深刻,学习者无法自己亲身体会实际工作的进行。虽然同时也有实务培训,但多局限在本院,没有分阶段分地点的学习,1年之内需要理论结合实际进行学习,时间太过仓促。职前培训的重点内容更应当提高实务处理能力,我国法学院的教育主要是针对理论知识的学习,这点跟大陆法系国家较为相似,因此在职前培训阶段要强调实务学习。现阶段全国基层法院的法官资源普遍较为紧张,如果培训时间延长至3年到4年,会导致基层法官群体的力量补充不足,无法满足我国案多人少的现实需求。况且培训期间过长可能会消磨掉法官候选人的热情,目前我国基层法官的

配套保障制度还没有相应的全面完善起来，成为一名基层法官如果没有足够吸引人的优势，许多人可能坚持不下去，甚至一开始就不会选择这条道路，这样反而会加重基层法官的负担。

把充分的职前培训纳入基层法官选任环节，可以从源头处保证基层法官的专业性。长期的职前培训，实际上相当于在法官的选拔任用阶段就将专业化培养融入其中。[20] 在基层法官初选阶段先做好职前培训，尤其要加强实务培训力度，能够有利于今后审判工作的顺利进行。当然也要结合实际情况，不能盲目地延长期限，现阶段而言，不少于2年比较合理。

2. 提高年龄门槛条件

前文已谈到，以6岁入小学为基准，22岁大学毕业，必须从事2年法律工作，再加上不少于2年的预备法官培训，那么年龄底线应当是26岁。因此法院组织法中，可以选举或者任命为法官的公民改为年满二十六岁为宜，同时法官法也应当提高法官选拔的年龄条件至26周岁，这样才能保证法律体系以及法律条款的一致性。

以23岁作为年龄的最低要求实在太过宽松，也不符合现实情况，虽然我国法官队伍存在日趋年轻化的现象，但是20多岁就担任法官的实属罕见。以黄冈市黄州区法院为例，年龄最小的法官也到了39岁。青年法官在具体处理案件过程中，存在结案效率偏低、调撤能力不足等问题。[21] 虽然可能存在一些智商很高不到22岁就完成学业的学生，但是他们的心智依然不够成熟，缺乏丰富的社会阅历，这就需要时间沉淀和经验积累，不断提高审判工作能力以及纷争化解能力。假设一个极端情况，18岁成年大学毕业，那么有了26岁的法官选拔底线要求，就能保证至少4年到5年的相关工作经验和3年到4年的预备法官培训。这还是没有考虑选择继续读法学专业硕士乃至博士研究生的情况，如果再读几年书，加上工作和培训要求，绝对超过了23岁，相较而言，26周岁还比较符合一般情况下的门槛条件。

如果一下子将法官年龄条件拔高到30多岁，虽然这个年纪阶段与现实中普

---

⑳ 参见林超特：《法官的选拔任用与专业化培养》，载《法制与社会》2016年12月上旬。

㉑ 参见吴荣鹏、张静、杨青青：《增强青年法官司法能力　建设年轻化专业化队伍——重庆市巫山县法院关于青年法官司法能力的调研报告》，载《人民法院报》2015年4月2日，第8版。

遍的法官年龄一致,但是却不适用于压力较大的基层法院。我国基层法院本身就面临案多人少的现实困境,再这样严格限制年龄,会导致基层法院的法官愈加匮乏。如武汉市洪山区法院,近几年的案件积压率已经在武汉市处于垫底的情况,洪山区一位基层法官一年的结案率约在250件左右,已经十分忙碌。如果再提高年龄要求,注入法院系统的新鲜血液更加稀少,人手不够,案件积压情况可能会更加严重。因此门槛不能一下子太过严苛,一棒子打死所有人,毕竟存在有一些优秀的法学专业毕业生,毕业后直接考入基层法院系统,通过至少2年的法律工作,会了解并接触到法官的日常事务,尤其是审判员对于纠纷的处理,再加上2年以上更加专业的预备法官培训,基本满足了一名基层助理审判员的要求。以最基础的22岁大学毕业年纪来算,到28、29岁,也有了6、7年的相关法律工作经验和法官培训经历,如果这个时候非得限定到30岁以上,面对如此漫长的期限,很多年轻人可能就不愿意将青春耗费在等待中,熬不下去的就放弃成为基层法官,离开基层法院从事其他法律职位。本来基层法官工作量就大,相对而言吸引力会比较小,这样一来更加会导致基层法院法律人才的流失。

3. 建立职业道德和品行考察制度

对于职业道德和品行的考察,完全可以纳入到法官遴选委员会组织的考试以及面试中,考题设计2~3道开放式题目,考察对于法律价值等实质内容的理解,没有固定答案,通过文字表述看候选人对于职业道德的理解是否深刻,个人世界观、人生观和价值观是否积极向上。面试能更加直观地了解到面试者的职业道德和品行是否符合基层法官的要求,可以说是静态考试的动态延伸。面试可以采用情景模拟对话的形式,面试官根据候选者的个人表现进行灵活打分。法官的职业道德和个人品行受长期的生活环境和受教育程度影响,真正要对其道德素养和个人品质进行深入全面考察,应当在其日常工作中进行评估,这是在正式成为法官之后应当进行的,可以由最高法根据法官职业道德基本准则制定一套基本的标准细则,建立匿名式法官互评制度,道德品行赏罚制度等,由于本文重在探讨基层法官选拔制度的相关问题,对此不再做深入探讨。

4. 补充心理素质测评的制度

法官法应当规定在法官选拔阶段对人员的心理素质进行测评,确保个体适应法官职业。法官职业心理选拔应当从生理心理学、社会心理学以及个人性格等方面进行测定,反馈出个人的智力水平、性格气质、反应速度、抗压能力、人际沟通、挫折反应、社会态度㉒等是否符合法官职业基本要求。

测评可以分为心理测验和面试两个环节,心理测验实质上是行为样组的客观地和标准化的测量,㉓通过心理测验了解个人的认知能力、人格素质和群体社会心理。具体可以分为3个部分:(1)智力测验,又称为普通能力测验,主要对人的记忆力、观察力、注意力以及思维能力进行考察;(2)人格测验,主要对人的性格、价值观、态度、情绪稳定性等进行考察;(3)社会交往能力测验,主要对人的沟通、交往、协调能力进行考察。成为一名基层法官,应当具备健全的智力水平、较强的观察记忆能力、稳重谨慎的性格、坚定的法律信仰、理性克制的态度、良好的沟通协调能力等等,通过进行心理测验可以大致考察个人是否符合法官的基本素养。心理测验可以做成限时在线测评的形式,根据这三块内容设置不同的题型,智力测验可以是有唯一固定答案的题目,这部分最好每道题都限时作答,避免上网搜索答案的情况;人格测试可以是开放式的题目,根据题目表述与个人匹配的不同程度进行自由选择,比如完全符合、比较符合、一般、比较不符合、完全不符合这种形式;社会交往能力测验可以是情景式的题目,然后给出几种做法,选择自己最倾向的解决方式。有的题目可以前后设置成类似的,看测试者的答案是否前后一致,为人是否诚实。最后根据三方面的测验评估出一个分数,看是否及格。

如果心理测验通过后,就进入到面试环节,面试能更加直观地了解到面试者是否适合选拔为基层法官,可以说是静态心理测试的动态延伸。面试可以采用无领导小组讨论或者情景模拟的形式,这样能充分感知到个人的逻辑能力、沟通能力、反应能力、问题意识和处理能力,这些能力也是担任基层法官所必备的。面试前,根据基层法官职位需要对人的素质各方面进行问题设计,可以预先分析问题的可能回答,对不同的答案确定评分标准,有助于主试人来评价。面试时,面试官根据测评要素对个人表现进行打分,成绩从高往低排,择优录取。这种面试主要考察个人基本心理素质,跟专业知识关联性不大,因此面试官人选可以采

㉒ 参见俞文钊等编著:《职业心理学》(第2版),东北财经大学出版社2007年版,第166~167页。

㉓ 同上书,第181页。

用临时外聘的方式,确保面试的公正性。

(二)健全司法改革下的法官选任机制

1. 改进法官员额制

从域外经验看,考虑到法官员额的变化频率较快,主流做法是在特别法中规定,[24]美国确定法官员额采用工作量测算法,通过信息技术手段以法官工作量计算"案件权值"(Case Weight)方法,统计出所需法官员额。[25] 这种方法比较科学,但实际操作复杂,需要观测者长期记录法官办案流程并综合测算,时间和人力成本耗费过大,不适合现阶段的中国借鉴。德国、英国、日本主要以辖区人口与案件数量为标准来确定法官员额,这种方式更贴近中国现实。我国员额制的改革尚未成熟,而且地区差异过大,对于具体比例、遴选方式以及比例分配等问题仍然有争议,仅适宜将法官实行员额制管理作为原则在立法中予以规定,[26]具体实施要灵活机动,且深入落实到全国各基层法院。

(1)尊重地区差异

员额制的设计就是研究如何保证所有法官都在审判岗位上,其全部时间和精力都用在案件审理中。[27] 对于员额分配问题,现阶段不应当统一规定。如果将法官员额比例僵化设置,容易造成忙者更忙、闲者更闲,职务设置不科学的员额浪费或不足的状态。[28] 基层法官员额如果过多,法官碌碌无为,会造成法官人才资源的严重浪费;基层法官员额如果太少,法官精力有限,会降低审判的效率和质量,有损司法公信力。员额分配设计解决的是发达地区法院案多人少的问题,尤其是年均受案过万的基层法院,而对于年受案仅几千乃至几百件的法院无异于拔苗助长,人为制造"人案失衡"矛盾,因此员额的比例分配一定要因地制宜。如果员额全国统一规定,会导致发达地区"抽走"落后地区的员额和法院未来的发展空间,因为欠发达地区法院几乎只有院长庭长才可以做法官,无法吸引

㉔ 如日本《裁判所职员定员法》、韩国《各级法院法官定员法》、我国台湾地区在"法院组织法"后以附表形式规定了各级法院法官员额,效果也是类似。

㉕ 参见陈陟云、孙文波:《法官员额问题研究》,中国民主法制版社 2016 年版,第 41 页。

㉖ 参见方斯远:《论〈人民法院组织法〉的修订原则、重点与限度》,载《中国应用法学》2017 年第 1 期。

㉗ 参见王明新:《关于完善中国法官选拔制度的理性思考》,载《人民司法》2005 年 5 月。

㉘ 参见何帆:《做好法官员额制的"加减法"》,载《人民法院报》2014 年 7 月 17 日。

年轻人报考;而且当发达地区的法院员额剩余扩大遴选时,欠发达地区的年轻人走的更多,导致各地法院发展不平衡性进一步拉大。所以应当充分尊重基层法官员额制的地区差异性,结合地方法院人员省级统管,积极推进法官员额地方统筹规划,使法官员额分配向基层倾斜,确定员额比例不能"一刀切",充分考虑现实状况以及未来发展,不得一概而论。因此法官法对于员额制的原则化规定具有合理性,让各个地区根据经济发展、人口数量、案件数量进行合理的自我设计。通过员额制严格遴选优秀人员担任基层法官,回归法官办案本位,充实一线审判力量,提高法官审判水平。既要保证法官员额满足现有审判权正常运行的需求或司法现状,又要符合法官专业化、职业化和正规化的发展目标。㉙

(2)建立和完善与法官员额制相配套的制度

法官员额制已经覆盖到了全国绝大多数基层法院,现在需要的是针对各地基层法官员额制运行情况进行评估和反思。目前在网络上搜索到关于各地法官员额制实施情况的报道都很笼统和空泛,几乎都是报喜不报忧,重点突出落实之快,缺乏对各地方案的深入考察、比较以及评估。所以需要深入思考,如何建立完善相关配套制度,促进基层法院员额制稳定运行。如完善法官助理、书记员管理制度,处理好法官助理培养机制与基层法官养成机制的衔接问题,打消暂未入额的助理审判员后顾之忧。针对发达地区案件多的基层法院,可以实行暂委法官制度,多渠道择优聘用暂委法官。原则上暂委法官与员额法官同权同责,但是他在性质上不等同于正式法官,只辅助基层法官审判相对简单且无利害冲突的案件,因此事务安排方面要考虑多重因素。依据案件性质可以设置交通法院还有家庭法院等,通过简易程序专门处理一类案件,部分案件由暂委法官主持,能减少法官工作量。以案件分类纠纷解决机制充分整合资源,简化诉讼程序,逐步消除案件积压现象。完善入额法官考评机制以及退出机制,法官入额不意味着功成身退,如果办案考核不达标、能力素质不胜任的基层法官就要退出员额。法官考评机制是对员额法官的固化管理,监督法官审判工作。在法官助理以及暂委法官的共同协助下,基层法官的审判工作压力应当缓解了不少,非审判性工作也由审判辅助人员来完成,此时应当逐步重视法官办理案件的质量问题,防止基

㉙ 《最高人民法院关于全面深化人民法院改革的意见》(法发〔2015〕3号),2015年2月26日发布。

层法官产生消极懒散的态度,保证员额制下精英法官的纯洁性。法官法规定的法官考评委员会,主任由院长担任,这样难以保证公正性,考评机制还需逐步完善。落实司法责任制,防止员额制和责任制“两张皮”。推动各地落实基层员额法官工资福利待遇以及晋升机制,调动基层法官的工作积极性。区域经济落后地区对于本地基层法院的人力财力投入都不够,无法吸引优秀人才进入法院系统,法官员额很可能还会空缺,因此要加强职业保障,增加法官职业的竞争力。同时提供全面的物质设备,法官庭审有时候要借助一些设备,如投影仪之类有助于直观浏览复杂案件的证据,良好的基础设施条件有助于提高法官审判效率。

(3)扩大选拔途径

法条规定担任法官的条件是“从事法律工作满二年”,这个“法律工作”其实内容很广泛,从理论上看,律师、法学教授、检察官等都具备这一要求,但是现实中多是考进法院系统再逐步选拔为法官。《从律师和法学专家中公开选拔立法工作者、法官、检察官办法》实际践行度不够,尤其是三线及以下的城市,就算有实施也是做表面工作,忙于应付,现实操作性很差。因此要突破基层法官选拔途径的单一性和局限性,普及推广范围,将更多的律师、法学家纳入法官员额。

长期的律师工作让律师们对实践中法律运作状况有了最直接的体验与最真切的认知,如果有了律师身份,那么基层法官上任伊始就能具备一定的司法诉讼工作经验以及比较丰富的社会阅历,理解群众的生活疾苦以及对法律的真正需求。而且很多律师由于经手大量案件,长期与基层法官打交道,不断揣摩判决文书观点,对法官的工作事务以及法律思维较之其他人最为清楚。律师能从保障权利的角度运用法律知识,有助于矫正法律适用工具主义思想,实现法律的公正性,提高司法工作水平,因此对于资深的律师完全可以入额为基层法官。我国声望较高的法学教授已经成为立法的重要参与者,但是在司法这一块,却鲜有法学教授担任基层法官。这种现象产生的根本原因在于固有的思维定式,就是认为法学家根本不懂得实务操作,都是纸上谈兵,更别说从事基层法官这种贴近民生、问题复杂的职业。这一观念是一种偏见与误解,能够称为法学家的都是获得法学界一致认可、富有权威的法学老师,他们的法学理论知识功底十分深厚,如果选拔成基层法官,就无须耗费时间再进行理论培训,只要进行充分的法官实务培训,就有机会运用自己丰富的法学知识来解决现实问题。法律具有滞后性,让法学家担任基层法官,他们能够更加敏锐地发现法律规定与现实之间存在的差异性,提出相关建议,有助于法律修订从而真正保障人民权益,适应社会发展。因此基层法官入额时应当为优秀的法学家预留适当的名额。

2. 法官遴选委员会法定化

各省组成法官检察官遴选委员会时,一般也通过了法官、检察官遴选(惩戒)委员会章程,可是章程只是内部行为规范,没有法律效力,而且章程内容大都比较简单。法官检察官遴选委员会在各地已开展得如火如荼,《人民法院组织法》《法官法》作为国家法律,应当对法官遴选委员会进行原则性规定,以法律的形式明确司法改革下法官遴选委员会的正当性以及可行性,实践中继续探索规范法官遴选委员会的运行,待时机成熟后逐步将法律规定具体化。

(1)明确权力来源

成立法官遴选委员会,要考虑到委员会发挥的作用,选拔程序不能沦为形式主义,丧失其应有的职能。法官遴选委员会就是为了选拔出优秀的法官,代替人民行使司法权力,那么应当充分体现出法官遴选委员会的人民性。我国人口众多,通过直接选举的方式虽然最能反映民意,但是不具备现实可操作性,地方人民代表大会作为人民行使国家权力的机关,应当担负起这一职责。法官遴选委员会委员的选拔程序需要经过人大授权,具体操作可以如下进行:每个省市召开人大会议时,增加一项内容,就是审查法官遴选委员会委员资格,省级法院提出委员人选报人大会议审查通过,通过之后委员身份才被正式确定下来,接着进行遴选工作的组织。通过这种方式明确法官遴选委员会的权力来源于人民,成立的法官遴选委员会具有了合法性与正当性,才能确保其选拔出的法官合法性与合理性。

(2)信息统一公开

身处在大数据时代,信息挖掘已经越来越深入,信息共享也越来越广泛。数据已经渗透到当今每一个行业和业务职能领域,法律行业也不例外,随着裁判文书的公开,中国司法大数据服务网的成立,可以看到司法信息也在逐步走向透明化。对于各省法官遴选委员会委员信息公开形式不一、内容参差不齐的现状,建议在最高人民法院网站增设法官遴选公开这一内容,通过国家权威的司法平台统一公开各省法官遴选情况，首先在遴选之前，发布成立司法官遴选委员会公告，明确委员的选拔标准，可以个人自荐、单位或者社会推荐，扩大社会参与面。选拔出来委员后，继续公布委员的基本信息、委员选拔程序、监督反馈方式等等内容，对于委员基本身份信息这一块，应当公布其姓名、性别、民族、年龄、研究方向（成果）、工作单位、奖惩情况等具体信息和提案内容，方便公众全面了解，及时监督。司法官遴选委员会委员作为基层法官的审查者，倘若自身能力不足，品德低下，很可能暗地进行利益交换，成为祸害法官选拔的罪恶之源，导致无法挑出真正的人才担任基层法官，让司法改革前功尽弃。因此，选择委员的要求、流程、监督等方方面面都应当经得起严格审查，通过司法平台将信息统一公开，接受群众的长期检验，才能保证委员的合格性。

（3）规范委员组成

欧洲司法委员会联盟 2012 年发布的关于法官选任的研究报告旨在为全欧洲建立一套关于法官选任的通用标准。其中工作机制标准第五条是：法官选任机构的成员中应当有较大比例的法律职业人士或专家，如经验丰富的法官、学者、律师、检察官等，还可以有部分在社会上具有较高威望的非法律专业人士。㉚根据 2016 年《最高人民法院　最高人民检察院关于建立法官、检察官惩戒制度的意见（试行）》中规定，惩戒委员会委员中法官、检察官代表应不低于全体委员的 50%。这一比例具有合理性，委员组成既有尊重价值多元，又体现了专业权威。当然，意见并未明确代表是否必须为领导或者部门负责人，从各地实践来看，很少有普通法官检察官当选委员，因此在法官以及检察官代表中，要注意提高普通法官以及检察官的比例，突出专业能力审查，避免法官遴选委员会成为成为两院领导的“一言堂”。前文谈到的折中式最符合我国实际，由政法委、组织部、高院、省检察院等部门领导负责宏观指导选拔事务，人大、政协代表，法官、检察官、律师以及法学专家等负责具体选拔工作。

国外的司法官遴选委员会通常为常设机构，委员相对固定，一般任期为 2~4 年，可连任一次。㉛ 目前我国各省市也是实行任期制，每届任期 3 年，连续任职

㉚ 参见林娜：《欧洲各国法官选任机制的基本标准》，载《域外法制》2014 年 9 月。

㉛ 参见何帆：《法官遴选委员会的五个关键词》，载《人民法院报》2014 年 6 月 27 日。

原则上不超过两届。对于任期时间3年是否合适,还有待时间考证。由于委员会定期更换,如果人数太多,会导致委员换届工作十分复杂;但是委员人数过少无法充分体现公正性与社会代表性。应当结合各省市经济状况、人口数量、案件数量、司法官人数以及能力等因素全方位考量,这需要专业人员用一定时间进行多方调研、分析以及评估,总结规律,根据规律计算出各省市最合理的法官人数。

总之,在当前司法改革的大背景下,从法官选拔制度的源头上进行合理改革与规制,既有利于司法制度的完善,也有利于我国司法公正的实现。

第五编　改革问题与新兴问题的立法探索

我国大数据法律定位的学说论争、司法立场与立法规制

张玉洁　胡振吉*

内容提要：随着网络科技的飞速发展，大数据的法律定位成为世界各国普遍面临的法治难题，其背后隐藏的是数据财产权与人格权的激烈冲突，数据资产化背景下的数据权益分配以及法律保护机制的竞合问题。通过对我国"脉脉非法抓取使用新浪微博用户信息案"等大数据案例的实证分析，发现"大数据"在运作机制、权益分配以及责任追究等方面极大地冲击了现行"数据"法律法规，并着重强调大数据的大量、低价值密度和不特定人群等特征。鉴于此，我国立法机关应当肯定大数据的强财产权属性和弱人格权属性，确立严格等级、流动等级和竞争等级的三等级保护规范，并针对大数据的独特性来建立"侵犯数据资产罪"等法律责任体系。

关键词：网络平台　个人信息　不正当竞争　大数据

引　言

随着网络虚拟空间的深度开发，物理空间内的人际关系正在通过"网络空间"进行重构。人们借由虚拟身份享受着互联网带来的交往便利与自由，同时也依托于各种网络平台实现了人际关系的扩张与整合——例如脸书(Facebook)、

---

* 张玉洁(1986－　)，广州大学公法研究中心特聘研究员，硕士生导师、法学博士。通信地址：广东省广州市番禺区大学城外环西路230号广州大学行政东楼前座647室，邮编：510006。胡振吉，上海财经大学法学院法律经济学专业博士研究生。本文系广州大学新进"优秀青年博士"培养计划项目(项目号：YB201702)的阶段性成果。本文已发表至《政治与法律》2018年第10期。

微信、微博、QQ 等人际交往平台所实现的熟人之间、陌生人之间的交流互通——然而,网络空间发展过程中的大数据权益归属与大数据安全保护严重困扰着各国的法律实践,并在一定程度上影响了正常的网络秩序。近期发生的"剑桥分析"(Cambridge Analytica)公司肆意抓取"脸书"(Facebook)公司的用户信息事件,便成为当下大数据法治难题的导火索。该事件表面上看似属于脸书公司泄露用户个人信息的行为,而在更深层次上反映为大数据的法律权益分配与保护问题。例如,网络平台能否获取他人已公开的个人网络信息?所经由网络平台"脸书"整合后的大数据究竟具有何种法律属性?① 大数据权益应当归属于公民个人还是网络平台?现行法律体系又应当如何给予大数据有效保护?或许脸书事件对我国网络用户的影响较小,但脉脉非法抓取使用新浪微博用户信息案、百度起诉奇虎 360 违反"Robots 协议"爬取数据纠纷案、大众点评网诉爱帮网不正当竞争纠纷案、实时公交查询软件"酷米客"诉"车来了"盗取后台数据纠纷案等案件的频频曝光,则将大数据保护彻底引入到中国公众的视野中,并引发了我国社会公众对网络平台的信任危机。

"危机引发恐慌,也促使人们思考。"②缘何数据保护与大数据保护在法律层面"分道扬镳",经由网络平台整合后的大数据(包含信息和技术)是否改变了大数据权利的权益构成,我国又应当采取何种法律保护措施?这些问题急需我国法学界与实务界做出解答。吊诡的是,近年来我国发生的多起网络平台大数据纠纷,正试图从一个有别于人格权保护的全新视角——开放与竞争下的大数据财产权保护——革新大数据法律保护模式。鉴于此,本文讨论的"大数据法律定位",仅指网络经济视阈下大数据存储、开放、流动、交易以及侵权等行为的基本法律框架。政府控制的大数据法律定位问题,不在本文的研讨之列。本文将通过理论论争梳理与大数据案件的实证研究,来观察网络时代大数据的法律定位变化。在某种程度上,这一研究范式弥补了网络时代人格权保护模式的狭隘性,并通过司法实践推动大数据保护的法治化进程。

---

① 英法德等国将"个人信息"同"数据"混同使用,并以"数据"概念代之。参见齐爱民:《拯救信息社会中的人格:个人信息保护法总论》,北京大学出版社 2009 年版,第 77 页。

② 桑本谦:《利他主义救助的法律干预》,载《中国社会科学》2012 年第 10 期。

一、大数据法律定位的理论论争

一直以来,数据安全与个人信息保护都是我国网络安全法律领域的研究重点,特别是在大数据得到开发与应用之后,国内学术界对数据安全法律问题的著述尤多。但大数据不同于数据,前者是指“容量大小超出一般数据软件所能采集、存储和分析的数据集”,③具有大量、多样、快速、价值密度低、复杂度的特征;④而后者——数据——则是指在互联网及其计算机载体上以二进制为基础,通过0和1的组合方式加以表现的信息形式。⑤ 鉴于大数据与数据的显著区别,占据“大量”要素但缺乏“技术分析”要素的侵犯他人信息数据案件,不在本文探讨范围之内。为了更为清晰地展现我国大数据研究的基本情况,笔者以“中国知网”数据库为检索源,采用精确度递增的方式,对“大数据”“大数据保护”“网络平台”3个关键词进行交叉检索,并在排除非法学数据的基础上,分别获得“1552”“386”“17”个有效检索结果。从检索结果的具体构成来看,我国法学界对大数据法律问题的研究起始于2013年,并呈现出数量递增、领域渐宽的趋势。目前来看,关于大数据的理论争点主要凝聚于以下方面:

一是大数据的法律属性论争。作为数据集和信息分析技术的结合体,大数据本身既包含了互联网空间中的初始信息,也包含着信息分析技术加工后的商业附加值。也就是说,大数据不再是个人意志的网络表达集合,而是裹挟着人格属性、财产属性的混合体。这也导致法学界对大数据的法律属性形成四种学说:人格权说、汇编作品说、财产权说和综合权利说。人格权说认为,大数据既属于网络信息的媒介,同时也兼具信息本体功能。因此,对于涉及公民个人信息(如网络购物记录、搜索记录等)的大数据而言,它具有较强的人格权属性。⑥ 但也有学者从大数据的数据集合功能出发,认为大数据是不特定网络人群所留存的网络信息(如网络平台留言、购物评价等),因此,大数据中所涉及的个体人格权

③ [美]麦肯锡公司:《大数据:下一个创新、竞争和生产力的前沿》,安晖等译,载《赛迪译丛》2012年第25期。

④ 参见刘鹏等:《大数据——正在发生的深刻变革》,载《中兴通讯技术》2013年第4期。

⑤ 参见程啸:《论大数据时代的个人数据权利》,载《中国社会科学》2018年第3期。

⑥ 参见杨永凯:《互联网大数据的法律治理研究——以大数据的财产属性为中心》,载《石河子大学报》(哲学社会科学版)2018年第2期。

属性较弱,而汇编作品属性更为强烈。⑦ 然而,互联网的飞速发展,使大数据附带一定的交易价值。⑧ 因此,有学者提出,大数据体现出一定的信息财产权属性,“大数据是具有‘非物质性、可复制性和不可绝对交割性’等信息财产权客体基本特征的信息集合,是信息财产法保护的对象,是信息财产权的客体。”⑨但当大数据本身涉及公民个人信息时,其来源与载体往往引发数据人格权与数据财产权的冲突,由此导致大数据的法律属性徘徊于人格权财产化与财产权人格化的中间地带。⑩ 综合上述大数据法律属性的理论论争可以发现,四种学说均注意到个人信息与大数据法律属性的紧密关系,却未停留在相同的权利诉求上。可见,理论的阐释仍有待接受实践的检验。

二是大数据的权益分配论争。受“大数据法律属性”界定难题的影响,作为网络参与人的公民、作为网络运营商的网络平台正在合力塑造着大数据的内在结构。这也导致法学界形成了三种不同的大数据权益分配理论:个人权益论、平台权益论以及综合权益论。个人权益论者从数据来源的视角进行判断,将大数据视为社会公众网络行为的集合,因此其权益分配应当独属于数据的产出者——公民个人或公民集合。与之相对的网络平台,仅仅是公民个人数据的载体与管理者,而非所有权人。因此,在大数据权益分配上,公民个人成为唯一的适格主体。⑪ 而平台权益论者从大数据的价值构成上加以审视,主张网络平台才是大数据权益的主要贡献者。在他们看来,大数据产出的权益肇始于公民个人数据,其价值核定基准却是数据叠加状态下网络平台的统计分析。而且,人们很难从不特定大数据中分离出具体的个人数据,大数据的外部性影响也改变了个人数据的实际作用方式。为此,大数据的权益分配应当归属于大数据的实际

---

⑦ 参见涂燕辉:《大数据的法律确权研究》,载《佛山科学技术学院学报》(社会科学版)2016年第5期。

⑧ 参见李爱君:《数据权利属性与法律特征》,载《东方法学》2018年第3期。

⑨ 王玉林、高富平:《大数据的财产属性研究》,载《图书与情报》2016年第1期。

⑩ 参见姜福晓:《对人格权财产化和财产权人格化统一解释的初步思考》,载《理论月刊》2013年第9期。

⑪ 刘德良认为,个人信息数据的权益应当依据公民的基本主张来分析:涉及人格尊严的给予人格权保护,涉及主体财产权益的应给予财产权保护。双重保护无碍于人格权保护,并给予个人更多选择自由。参见刘德良:《个人信息的财产权保护》,载《法学研究》2007年第3期。

控制者——网络平台。⑫ 但综合权益论者认为,网络数据产出者与网络平台共同构成大数据权益的所有人。这些学者认为,“在大数据应用的环境下,由于数据流通链条复杂以及因此带来的数据内容和数据载体二元结构更加凸显的影响……从大数据交易实践出发,数据财产权的权利主体应包括数据财产创造者、数据财产控制者和数据财产使用者。”⑬而就其权益归属而言则仅包括数据财产创造者、数据财产控制者,即公民个人和网络平台。由此可见,大数据权益分配上的不统一,实际上构成了大数据法律保护的最大难题。无论我国采用何种权益分配方式,都将直接改变国家立法的方向。

三是大数据的法律保护机制论争。大数据的法律保护之所以成为法学界竞相关注的话题,主要原因在于我国目前尚未出台专门性的法律法规,以保障大数据的合法使用。有学者认为,我国《网络安全法》是围绕“数据”本体展开的制度保障与责任追究,其内容仅规定了公民数据安全权益与网络服务提供者的安全维护义务,却未针对大数据的“应用”“预测”“分析”等功能做出明文规定。⑭ 同时,《刑法》也未对大数据的法律保护预留足够的空间。以《刑法修正案(九)》中的“侵犯公民信息罪”为例。该罪名旨在惩处企业法人(或公民)非法提供或获取公民个人(不包括企业)信息的行为。尽管其中所涉公民个人信息数量较大,但远未达到大数据所要求之“不可计量”的程度。而且,邵保明等侵犯公民个人信息案、周滨城等侵犯公民个人信息案的裁判结果也证明,侵犯公民个人信息案中的信息数量与大数据之间并无必然性联系。⑮ 可见,《网络安全法》与《刑法》对公民个人信息的保障机制,并不适用于大数据的法律保障与救济。这也在侧面说明了我国大数据保障机制的脆弱与缺位。而吴伟光认为,我国《刑法》并未做好虚拟财产型犯罪的定罪量刑准备,⑯而《网络安全法》等法律又未设定明确

---

⑫ 参见王玉林、高富平:《大数据的财产属性研究》,载《图书与情报》2016 年第 1 期。

⑬ 高完成:《数据财产创造者、数据财产控制者》,载《重庆邮电大学学报》(社会科学版)2018 年第 1 期。

⑭ 参见曹兴:《〈网络安全法〉监管下的网络安全管理合规及法律对策研究》,载《法制博览》2018 年第 6 期。

⑮ 参见张玉洁:《论“非法获取公民个人信息罪”的司法认定——基于 190 个案例样本的分析》,载《华东政法大学学报》2014 年第 6 期。

⑯ 参见吴伟光:《构建网络经济中的民事新权利:代码空间权》,载《政治与法律》2018 年第 4 期。

的大数据权利。因此,很多网络经济案件只能依赖《反不正当竞争法》来处理。⑰法学界对大数据法律保护机制的理论论争,实际上是在反思新时代大数据保护法治化的缺位。

以上三个方面的理论论争表明,我国大数据法律问题之争尚未形成一致的观点。为了进一步探明大数据的法律属性,理清网络平台视域下大数据的法律定位,笔者将运用实证分析方法对我国已发生的大数据司法案件加以总结、归纳,以期回应前述理论论争并指导我国的司法实践和立法发展。

二、大数据法律定位的司法检视

受制于大数据专门性立法空白的影响,现行法律体系无法直接回应大数据法律保护的要求。但这并不影响我们从司法层面获得大数据法律保护的侧面认知。自2013年以来,我国已经发生了多起大数据权属纠纷,例如:"脉脉非法抓取使用新浪微博用户信息案"⑱"百度起诉奇虎360违反'Robots协议'爬取数据纠纷案"⑲"大众点评网诉爱帮网不正当竞争纠纷案"⑳以及"实时公交查询软件'酷米客'诉'车来了'盗取后台数据纠纷案"等㉑。上述案件无论是在大数据的权属认定、大数据的权益分配,还是在最终的裁判结果上,均对前述理论论争给予了强有力地回应。而且,围绕上述4个案件开展的实证分析,将为我们展现司法机关对待大数据法律问题的具体态度。受制于大数据案例样本的稀少,本研究所得出的分析结果未必全面,但基本上能够反映出我国大数据纠纷的司法倾向,进而指导立法实践的发展,弥补理论研究的缺失。

(一)"大数据"法律属性的司法认定

大数据在"数量"和"作用方式"上改变了传统电子数据的存在样态。这也导致多数的大数据纠纷,首先凸显为一种数据资源的竞争,其次才考虑到公民个

---

⑰ 参见张钦坤:《中国互联网不正当竞争案件发展实证分析》,载《电子知识产权》2014年第10期。

⑱ 北京知识产权法院(2016)京73民终588号。

⑲ 最高人民法院(2014)民三终字第11号。

⑳ 北京市第一中级人民法院(2011)一中民终字第7512号。

㉑ 广东省深圳市中级人民法院(2017)粤03民初822号。

人信息的权属问题。为了更为直观地反映“大数据”的作用机理与司法认定,笔者以上述4个案例为分析对象,对不同案件中“大数据”法律属性的司法认定加以对比分析(见表1)。

表1 “大数据”的作用机理与司法认定

案件	审理法院	案由	大数据的运作机制	司法认定
脉脉非法抓取使用新浪微博用户信息案	北京知识产权法学院	不正当竞争纠纷	通过网络平台合作协议与用户授权的方式,实现数据的转移	大数据属于网络平台的竞争优势;网络平台应当妥善保护他人数据
百度起诉奇虎360违反“Robots协议”爬取数据纠纷案	最高人民法院	不正当竞争纠纷	行业惯例保护大数据的专有性,却无法解决暗中获取大数据结果的行为	大数据保护依赖于法律和行业惯例。后者可以视为某种强制性规范
大众点评网诉爱帮网不正当竞争纠纷案	北京市第一中级人民法院	不正当竞争纠纷	大数据的形成应当付出了相应的经营成本,而以技术手段复制他人数据的行为构成不正当竞争	大数据排斥“搭便车”行为,因此技术优势应当得到适度限制
实时公交查询软件“酷米客”诉“车来了”盗取后台数据纠纷案	深圳市南山区人民法院	非法获取计算机信息系统数据案	经由原始数据积累而形成的大数据,被他人以非法手段入侵其后台来抓取数据	非法侵入计算机系统,获取他人数据,情节严重

分析结果显示,无论是基于数据数量、数据来源还是数据功能来考察大数据的运作机制,司法实践均能给予有力的案例支撑。但吊诡的是,我国司法机关对于网络平台之间的大数据纠纷,不仅未加考虑公民个人信息保护的重要性,同时也摒弃了人格权保护的一贯策略,转而向经济法(主要是《反不正当竞争法》)和刑法寻求法律保护。这说明,大数据来源和功能上的特征,导致人格权在大数据纠纷中的作用急剧下降,并最终为其他法律特征(如“不正当竞争”)所替代。印证这一观点的理由有两方面:(1)人格权法律保护的启动依赖于他人人身属性

信息的精确查明。而在大数据影响下，整体数据的个体信息被技术和数据量所整合。(2)实践经验证明，大数据的作用场域总是同市场经济相关联的。即便大数据纠纷无法彻底否定个体信息的人身权意义，但在市场经济条件下，大数据的财产权属性才是决定纠纷的直接起因。因此，大数据纠纷的司法裁判，可以抽离出裁判标准 I：在大数据纠纷中，大数据的财产权属性会极大削弱个体信息的人格权属性。

在裁判标准 I 的影响下，上述 4 个大数据纠纷可以清晰地划分为两种类型："数据型纠纷"和"工具型纠纷"。所谓"数据型纠纷"，是指以数据源为基础，经由算法、分析软件等方式改良或分离出派生数据的纠纷。其核心目的就是"挖掘出庞大数据库独有的价值"。㉒ "脉脉非法抓取使用新浪微博用户信息案"即属于此种类型。在该案件中，"脉脉"软件通过网络平台合作协议与用户授权的方式，完成新浪微博用户数据的转移，进而凭借大数据分析与算法建立起"用户职业关系"的网络平台。这种类型的案件对数据源的依赖性远高于大数据技术本身。由此可以对裁判标准 I 进行以下补充：用户授权构成大数据纠纷中人格权保护的阻却事由(命名为"裁判标准 IA")。而"工具型纠纷"多仰仗于大数据分析、程序算法上的技术优势，利用技术性优势非法获取他人受保护之数据。㉓在这类纠纷中，数据的"资源性"价值不再成为案件的主要影响因素，而对案件产生实质影响的是以技术性优势(如数据的整合、分析和开放)获得市场竞争优势的不当行为。㉔ 从"百度起诉奇虎 360 违反'Robots 协议'爬取数据纠纷案"来看，非法获取大数据的结果并没有改变大数据的原初表现方式，但获取数据的技术性手段违反了法律或行业惯例，甚至因为技术优势造就了商业竞争力的较大提升。由此观之，大数据纠纷的"数量"因素不再是司法裁判的重心所在，而通过大数据技术来非法获得不正当竞争优势，才是司法机关审理大数据案件时的裁判要点。由此可以得出裁判标准 IB：在相互竞争的市场领域，大数据的财产

㉒ [英]维克多·迈尔-舍恩伯格、肯尼斯·库克耶：《大数据时代：生活、工作与思维的大变革》，盛杨燕、周涛译，浙江人民出版社 2013 年版，第 102 页。

㉓ 梅夏英认为，工具性纠纷是指将网络作为不法工具所引发的纠纷。参见梅夏英：《数据的法律属性及其民法定位》，载《中国社会科学》2012 年第 10 期。本文对"工具性纠纷"的述说，是在梅夏英理论的基础上，对具体网络工具(大数据技术)做出的专门性界定。

㉔ 参见涂子沛：《数据之巅》，中信出版社 2014 年版，第 258 页。

权属性可以阻却不正当技术性优势的二次开发。

(二)大数据权益分配的司法认定

大数据的产生,很大程度上来自于社会公众的网络参与。为此,大数据本身的财产权益以及大数据背后所带来的潜在经济利益,究竟应当属于社会公众?还是应当属于网络平台?亦或分属于两者?法学界与立法机关尚未给予明确的解答。但是,我国司法机关迫于裁判义务的要求,在大数据纠纷案件中已经展现出一定的规范主义倾向(见表2)。

表2 大数据纠纷案件中权益分配构成

案件	案由	案件的争议点	权益分配的影响因素	司法认定
脉脉非法抓取使用新浪微博用户信息案	不正当竞争纠纷	用户数据能否构成竞争优势	用户授权 平台合作协议	用户数据信息既是网络平台的竞争优势,又是网络平台的社会责任
百度起诉奇虎360违反"Robots协议"爬取数据纠纷案	不正当竞争纠纷	爬取用户留存的公共信息是否构成侵权	行业惯例 技术优势 行业优势	网络平台有权限制同行业者从己方平台抓取用户的公开数据
大众点评网诉爱帮网不正当竞争纠纷案	不正当竞争纠纷	大众点评网是否为适格的起诉主体	用户授权 数据搜集、分析	网络平台可以主张保护用户的合法权益,且不要求完整、排他性的掌握数据

从表2可以发现,大数据引发的不正当竞争纠纷往往牵扯到两种权益类型:公民的个体数据权益和网络平台的大数据权益。其中,公民数据权益指向公民使用网络平台过程中产生的数据价值;而网络平台大数据权益则是对数据的合法保存以及竞争性使用而形成的大数据收益。但上述3个案例的裁判结果仅局限于网络平台之间的商业纠纷,而未出现公民维护个人数据权益的现象发生。深思其中的法律逻辑,可以发现有两种因素影响了大数据的权益分配:

一是网络服务协议。人们无法从自身数据中获得利益期许,却对他人数据信息颇感兴趣。当数据本身开始在商业领域内部进行流动时,人们因阻止个人数据泄露而愿意支付的注意成本或保护措施,在一定程度上就可以视为个人数据的基本价值。㉕ 而且,根据数据类型在商业领域的需求度,部分数据的信息价值将转换为财产性价值,如手机号码、搜索记录、购物记录等。"一旦承认了用户具有数据财产权,那么就会迫使数据使用者主动与数据主体进行商议,如此改变了用户在数据市场被忽视的境地,使得用户获得了一定的议价能力。"㉖除非用户出于使用网络服务的便利考虑,主动放弃此种数据的专有权——其内容包括身份信息的专有权和财产性权益的专有权——而实践恰恰证明,"网络服务协议"在公民与网络平台之间建立了一个数据使用合同,使得公民以数据专有权换取网络服务。如《脉脉服务协议》关于"第三方平台记录信息"的规定。该协议规定:"用户通过新浪微博账号、QQ 账号等第三方平台账号注册、登录、使用脉脉服务的,将被视为用户完全了解、同意并接受淘友公司已包括但不限于收集、统计、分析等方式使用其在新浪微博、QQ 等第三方平台上填写、登记、公布、记录的全部信息。用户一旦使用第三方平台账号注册、登录、使用脉脉服务,淘友公司对该等第三方平台记录的信息的任何使用,均将被视为已经获得了用户本人的完全同意并接受。"由此可以获得裁判标准Ⅱ:网络服务协议实质性地造就了"公民数据权益"和"网络平台数据权益"的大数据二元权益配置模式。

二是大数据的成本分担。大数据的产生是由数量较少(甚至单一)的网络平台和数量无可计量的公民共同参与形成的。由于数据提供者(公民个人)的超大数量稀释了单个公民信息的价值,由此导致大数据权益分配常常忽略单个公民的数据贡献力。而且,人们阻止数据泄露的努力远远落后于数据购销市场的诱惑力。为此,较之于公民付出的适度注意义务,网络平台会花费更高的管理成本来实现公民信息的严格保护。基于上述数据价值的核算方式,阻止数据泄露的管理成本应当平摊到每一项数据的价值中。这样,社会公众基于单一信息所主张的财产权益,将在网络平台更高的保护成本中处于劣势,甚至远低于公民

㉕ 有学者提出,数据的价值来源于人们对数据的控制与保护。See Anita L. Allen. "Privacy-As-Data Control:Conceptual,Practical,and Moral Limits of the Paradigm". *32 connecticut Law Riview*, 2000, pp. 865-879.

㉖ 龙卫球:《数据新型财产权构建及其体系研究》,载《政法论坛》2017 年第 4 期。

个人起诉所花费的时间成本。更重要的是,大数据权益纠纷往往涉及的是不特定用户的网络数据,恰是因此,大数据权益的配比往往聚焦于网络平台之间的整体性大数据竞争,无法引入公民个人作为利益第三人。由此可以对裁判标准Ⅱ加以修正:在大数据纠纷中,"公民数据权益"无法从"网络平台大数据权益"中获得有效补偿(命名为"裁判规则Ⅱ")。

综上所述,基于"网络服务协议"与"大数据成本分担"的考量,网络平台往往就大数据的合法控制归结为一种"竞争优势"。龙卫球认为,企业竞争能力是企业成功经营的重要条件,虽然无法体现为有形财产,却构成一种排他性特殊利益架构。[27] 因此,当其他网络平台侵犯企业大数据时,该侵权行为当然构成不正当竞争。或许网络平台无法据此否认社会公众的"公民数据权益",但至少能够凭借司法体系来保障自身的竞争优势。由此可以得出裁判规则Ⅲ:在大数据纠纷中,公民数据权益只是隐性影响因素,而网络平台大数据优势的维持才是法律保护的对象。

(三)大数据法律责任的司法认定

我国现行法律体系对于公民、网络平台、政府数据的保护机制,主要散见于《侵权责任法》《网络安全法》《反不正当竞争法》《刑法》以及其他数据信息保护法律法规中。由此也导致我国司法机关在审理大数据法律纠纷时常常需要斟酌案件的不同性质,以做出相应的法律保护或救济措施。为此,笔者分别选取具有代表性的民事数据纠纷、经济类数据纠纷、刑事类数据案件,以观测司法机关对不同类型的数据法律纠纷的具体裁判倾向(见表3)。

表3　大数据纠纷中的责任差异与司法认定

案件	案由	数据的数量	数据类型	司法认定
深圳市腾讯计算机系统有限公司与王屎花、韩永军等名誉权纠纷	名誉权纠纷	小量数据	身份信息	不构成犯罪,但因侵犯他人名誉权,应当消除不良影响,赔偿精神损害抚慰金

[27] 参见龙卫球:《再论企业数据保护的财产权化路径》,载《东方法学》2018年第3期。

续表

案件	案由	数据的数量	数据类型	司法认定
脉脉非法抓取使用新浪微博用户信息纠纷	不正当竞争纠纷	大数据	用户个人信息	不侵犯个人信息,但构成不正当竞争,应当消除影响,赔偿经济损失
张某某侵犯公民个人信息案	侵犯公民信息案	较大数量数据	公民个人信息	侵犯公民信息罪
实时公交查询软件"酷米客"诉"车来了"盗取后台数据纠纷案	非法获取计算机信息系统数据案	大数据	计算机信息数据	非法获取计算机信息系统数据罪

表3以四种不同类型的数据纠纷阐明了我国司法机关对待数据纠纷的不同态度。在不区分数据性质的前提下,数据纠纷可以分化出三层法律保护模式:人格权的法律保护、经济权益的法律保护以及数据信息的刑法保护。其中,按照数据性质的不同,《刑法》内部又分化出公民信息安全的刑法保障以及计算机系统安全的刑法保障。上述司法实践表明,根据数据数量的不同,数据纠纷会导向不同的法律保护机制。例如,侵犯少量个人信息数据只会由公民个人启动法律救济机制(如深圳市腾讯计算机系统有限公司与王屎花、韩永军等名誉权纠纷),但倘若他人或公司以非法手段侵犯大量公民个人信息——尽管数量很大,但仍然能够以常规计量方式来计算数据数量——则由检察院提起刑事诉讼(如张某某侵犯公民个人信息案)。而一旦侵犯他人(或企业)合法数据的行为超过常规计量方式的测度范围(大数据),那么,基于诉讼成本和利益相关度的考量,公民个人会主动退出司法诉讼领域,改由网络平台启动不正当竞争的法律保护机制(脉脉非法抓取使用新浪微博用户信息纠纷)或刑法救济机制("酷米客"诉"车来了"盗取后台数据纠纷案)。由此得出裁判标准Ⅳ:受到大数据整体性应用的影响,网络平台的经济法保护、刑法保护模式比社会公众的自我保护模式更

有效率。

令人惊讶的是,在大数据纠纷中,公民个人的权利救济机制将隐匿不见,企业之间的利益竞争乃至依托公权力的救济机制将成为主流。从前述案例可以发现,在排除社会公众的自我保护之后,网络平台的经济法保护模式、刑法保护模式的分野在很大程度上受制于大数据的具体来源。例如:在“脉脉非法抓取使用新浪微博用户信息案”中,北京淘友天下技术有限公司利用协同过滤算法大量抓取新浪微博用户信息,但新浪微博并不享有数据的所有权。故此只能采用“不正当竞争”之名起诉北京淘友天下技术有限公司。而在“实时公交查询软件“酷米客”诉“车来了”盗取后台数据纠纷案中,原告深圳市谷米科技有限公司通过安装 GPS 的方式获得公交车的一手出行数据,并享有该数据的所有权。因此,深圳市谷米科技有限公司可以采用“非法获取计算机信息系统数据罪”来保护自身的数据所有权。由此可以得出裁判标准 V:网络平台的大数据保护力度受到数据量的深刻影响,而大数据的具体来源则会决定诉讼的具体方向。

三、法治视域下大数据的立法规范策略

从前述案例样本的实证分析可以发现,司法机关对大数据纠纷的裁判分别适用了《反不正当竞争法》和《刑法》。而且,每一个司法案件背后都裹挟着纷繁复杂的大数据应用差异。虽然前述裁判标准无法直接作用于大数据立法,但在立法机关获得足够的数据与调研结果之前,上述裁判标准不失为一种谨慎、保守的规范策略。鉴于此,上述司法裁判标准将成为我国大数据立法的一项重要参考,从中提取的规范性要素(如权利属性、权益归属以及责任分配等)也将为大数据立法提供规范性支撑。

(一)“大数据”权利属性的立法规范

严格来讲,大数据的法律定位难题肇始于大数据与数据的分立。有学者认为,“大数据,是收集大型和复杂数据,以及有关数据分析的术语……这些数据量阻碍了传统分析方法的有效性。大数据不是专注个别数据之间的精确关系,

而是使用各种算法和技术,来推断整个数据的总趋势"。[28] 上述论断得到世界各国法律实践的认可。例如:在美国 hiQ Labs, Inc. v. LinkedIn Corporation 一案中,法院最终认定:LinkedIn 公司不得阻止 hiQ 公司进入、复制并使用其网站中已公开的用户信息,亦不得采取法律或技术措施进行阻碍,从而肯定了网络平台收集公民已公开数据的合法性;[29]奥地利《2018 年数据保护修正法案》(DSG 2018)将"企业数据"纳入"个人数据"的保护范围之中,进而破除了数据信息与人格权保护之间的封闭性关系,并将经营性数据纳入到法律保障中来;[30]欧洲议会《一般数据保护法案》(General Data Protection Regulation)第 6 条规定,数据控制者或第三方可以基于合法利益之诉求,使用自己掌握的公民信息,但应当妥善保护公民(尤其是未成年人)信息免受侵犯。[31] 从而在总体上实现公民数据权益与企业数据权益的平衡。这些立法例或司法案例或许不能完全适用于我国的法治实践,但至少为我国大数据的法律定位提供了某些标准。

结合裁判标准Ⅰ、Ⅱ可知,我国大数据的法律定位不仅来自公民个人信息的市场化运用,更多地承载着网络平台的经济性追求。为此,我国大数据的法律定位既拥有人格权保护的内涵,又实质性地嵌入了网络平台利益的财产权结构。由此可以发现,我国大数据的法律定位应当做出如下三层次的规范:(1)肯定网络平台大数据的强财产权属性和弱人格权属性。在财产权客体理论中,无论是有形财产还是无形财产,均是"独立于主体意志而实际存在的客观财产"。[32] 大数据作为网络平台的一种累积性、经营性成果,不但客观地展现着网络平台对大数据的利益诉求,而且愈加体现为企业无形财产的可视化增长。同时,裁判标准Ⅰ、ⅠA 已经证明,大数据具有强烈的财产权属性。在此意义上,大数据作为一种财产性权利的法律意义,完全优先于公民个人信息集合的人格权意义。(2)确

---

[28] 陈思进:《隐私 vs. 大数据分析之浅析》,载腾讯财经网:http://finance. qq. com/original/caijingzhiku/csj1. html,最后访问日期:2018 年 4 月 14 日。

[29] No. 3:17-cv-03301(N. D. Cal. 2017).

[30] 参见小琼蚂蚁:《奥地利出台《2018 年数据保护修正法案》(DSG2018)》,载百家号网:https://baijiahao. baidu. com/s? id=1597135249596347009&wfr=spider&for=pc,最后访问日期:2018 年 9 月 9 日。

[31] See European Parliament and Council of the European Union. General Data Protection Regulation(EU) 2016/679. available at https://gdpr-info. eu/art-6-gdpr/, last accessed 2018. 9. 9.

[32] 吴汉东:《财产权的类型化、体系化与法典化——以〈民法典(草案)〉为研究对象》,载《现代法学》2017 年第 3 期。

立基于数据或技术创新的网络服务规范。裁判标准IA、IB已经表明,“数据型纠纷”与“工具型纠纷”产生的核心问题分别在于公开数据的简单复制、分析,以及基于技术优势恶意获取数据。这就意味着,司法裁判否定的是网络平台对其他网络平台大数据的“不劳而获”——一种完全背离于服务创新的路径[33]——这是我国在建立创新型国家过程中严厉抵制的行为,而且该行为难以实质性地推动网络经济的整体发展。为此,我国大数据立法应当把“基于原始数据的网络服务创新”作为大数据应用规范化的基本框架,其中包括大数据的合理获取、算法技术创新、商业模式创新等规范措施。(3)明确大数据整体性应用的规范。大数据的运作机制完全不同于个体数据的“可识别性”运用,前者主要依据数据的数量优势分析出网络世界的整体状态,抑或经由原始数据分析而获得网络行为的变化规律。可以说,在大数据的法律定位上,基于大数据综合价值及创新性成果的整体性应用,应当成为大数据立法区别于《网络安全法》的重大制度创新。

(二)大数据权益归属的立法规范

作为一种兼具财产权属性与人格权属性的新兴科技产物,大数据不仅模糊了人格权和财产权的固有界限,甚至正在加剧人格权财产化、财产权人格化的过程。[34] 受此影响,大数据也在数据产出者与数据控制者之间形成了一种利益分化:对于数据产出者(网络用户)而言,大数据是经由人们无数网络活动所汇集而成的信息集合、动态轨迹以及初始数据。当这些数据集合承载着大量的个人信息时,人们一方面运用传统人格权来保障自身的合法权益,另一方面又在积极主张财产性权益,将个人网络数据视为某种可供交易的资产;而对于数据控制者(网络平台)来说,提供网络活动的虚拟场域以及高昂的信息存储成本,已经改变了数据本身的资产结构。洛克认为,如果一个人通过劳动的方式改变了原生

---

[33] 有学者通过案例分析发现,“在互联网的新型不正当竞争案件中,由于软件干扰形式各异……法院在分析过程中颇为强调对技术以及商业模式的分析和探讨,以避免造成对正当技术发展的误伤”。参见张钦坤:《反不正当竞争法一般条款适用的逻辑分析——以新型互联网不正当竞争案件为例》,载《知识产权》2015年第3期。

[34] 参见姜福晓:《人格权财产化和财产权人格化理论困境的剖析与破解》,载《法学家》2016年第2期。

事物的自然状态,那么该事物就属于他的财产。[35] 在此意义上,网络平台基于创造性劳动与成本支出的合理依据,能够与数据产出者共享大数据的财产性权益。在大数据资产化背景下,我国立法机关应当基于保护等级递减的方式,对大数据法律权益做出以下三等级保护规范:

(1)严格等级保护规范:网络用户基于个人信息保护,要求网络平台尽到大数据合理使用义务。个体层次的大数据合理使用权是依照现代所有权理论,将个体人格权保护转化为财产权保护的无奈选择。一如裁判规则Ⅱ所断言,网络用户无法从网络平台大数据中获得实质性补偿。但网络平台大数据合理使用的义务性规定,既在侧面保护了网络用户的数据权益,又能够更好地适应市场化网络数据的运作机制。然而,当上述网络用户的大数据权益分配形式真正遭遇大数据纠纷时,这种个体意义上的合理使用权主张又陷入到救济乏力和动力不足的难题中。因此,我国立法机关应当同时引入网络用户大数据权益分配形式的配套制度——大数据侵权公益诉讼机制——来改善网络用户个体性法律救济乏力的难题。

(2)数据流动等级保护规范:网络平台可以基于大数据的收集与经营而获得财产性收益。当个人信息的人格权保护、刑法保护仍然难以遏制大量的公民个人信息非法转让、交易或泄露等情况时,人格权财产化的趋势就已经无法阻止了。在网络时代,网络用户往往通过签订"网络服务协议"来享受网络平台的便利服务(裁判)。此时,个人信息的财产价值已经作为"服务对价"让渡于网络平台。[36] 因此,网络用户的人格权并非不受保护,只是《网络服务协议》实现了人格权的财产性转化(裁判标准IA)。既然数据可以成为一种稀缺的市场资源,而个人信息又能够衍生额外价值,那么以合法方式(如"用户授权")收集、分析网络大数据的网络平台,自然能够成为大数据财产权益的享有主体。基于此,网络平台可以从事大数据交易、互换行为。只不过在涉及个人信息时,网络平台大数据的交易、公开等处置行为应当优先遵守大数据的严格等级保护规范。

(3)竞争等级保护规范:公民、法人、社会组织可以合理使用网络公开数据,

---

[35] See John Lock. Two treatises of government. Book II, Ch. V, Cambridge: Cambridge University Press, 1988, pp. 287-288.

[36] 参见任丹丽:《从"丰菜之争"看个人信息上的权利构造》,载《政治与法律》2018年第6期。

但不得据此获得不正当竞争优势。从司法实践来看,大数据的应用首先体现为一种数据处理技术,其次才是关注个体数据本身的内容。因此,对于已经的公开的个人信息,大数据的应用只是加快数据的获取速度,而不影响数据的存在状态——我国的"脉脉非法抓取使用新浪微博用户信息纠纷"与美国 HiQ Labs, Inc. v. LinkedIn Corporation 案均支持了这一主张——因此,对于已公开的数据(包括个人数据)而言,所有社会主体均可以正当使用,数据产出者与数据控制者不得因大数据抓取技术的应用来追究他人的侵权责任。但是,根据裁判规则Ⅲ的内在逻辑,法律应当保障网络平台之间的数据独立性,进而保证大数据的财产性价值不因复制而贬值。因此,倘若公民、法人、社会组织同大数据控制方之间存在商业竞争关系,那么,无论前者通过何种途径获得该公开数据,都违反竞争等级保护规范,构成不正当竞争。

(三)大数据法律责任的立法规范

目前来看,大数据主要存在两种使用方式:其一,作为原始数据直接使用。它主要体现为数据量上的巨大。其二,作为一种数据分析技术加以使用。相较于数据的原本价值,该使用方式更注重数据二次加工后的分析结果。在前述司法案例中,大数据的侵犯行为以大数据具体使用方式为区分,形成两个复杂的"侵权类型"——侵犯数据所有权的行为和侵犯数据控制权的行为。前者往往是由数据所有权人基于人格权保护而提起的侵权之诉,因此该类诉讼致力于保护个人的人身权益;后者则是基于网络平台的数据积累成本,防止数据控制状态受到他人(或企业)非法侵扰。根据上述侵权类型上的差异,大数据法律责任的立法设定也不再限缩于人身权保障的范围之内,而是过渡到企业之间的不正当竞争法保护、国家网络秩序的刑法保障。这表明,立法机关对待大数据法律责任的态度除了尊重与保障公民权利之外,还隐藏着另一层深意,即鼓励社会以高效率的手段去解决数量多、危害小的侵权行为,甚至还鼓励诉讼双方自行和解(符合裁判规则Ⅲ的要求)。在此,大数据法律责任的立法设定应当呈现出一个社会危害性逐渐加重的责任序列:侵权责任—经济处罚—刑事责任。因此,在大数据法律责任机制的立法设定上,应当通观大数据的具体使用方式以及社会危害序列来加以判断。

再具体责任条款的设定上,立法者应当明晰违法行为究竟指向“大数据所有权”还是“大数据使用权”。裁判标准Ⅳ表明,法院往往通过分析数据权利的具体来源来确认纠纷双方的主体地位与法律责任,并不自觉地忽略大数据违法行为背后所带来的个体损失。加之《刑法》中“侵犯公民个人信息罪”“非法获取计算机信息系统数据罪”的引入,使我国在大数据违法责任追究上必须设定三重规范:(1)侵犯大数据中公民信息权益的行为,可以视行为严重程度来启动《侵权责任法》或《刑法》来追究法律责任。裁判规则Ⅱ和裁判规则Ⅱ表明,公民人格权及其财产权益很难在大数据纠纷中获得实质性利益,但这并不能磨灭大数据包含公民个人信息的事实。在不考虑公民私力救济的成本/收益比率的情况下,立法机关应当保留大数据侵权行为的公民私力追责机制。但是当大数据侵权行为所涉及的个人信息数量巨大,影响特别严重时,大数据侵权责任的追究应当同《刑法》第253条“侵犯公民个人信息罪”相对接。(2)侵犯数据使用(控制)权的行为则依据《反不正当竞争法》来加以处罚。这种责任旨在解决大数据的诉权分散问题,加强大数据市场秩序的保护效率。因此,在大数据不正当竞争行为的处罚上,立法机关应当对大数据不正当使用者的主体资格、不正当竞争行为、大数据权益损失情况以及不正当竞争行为实施主体的主观过错等方面加以规范,以明确大数据不正当竞争行为的法律责任。(3)增设“侵犯数据资产罪”。目前,我国对侵犯大数据的刑法责任追究主要依据“侵犯公民个人信息罪”和“非法获取计算机信息系统数据罪”。前者属于《刑法》第4章“侵犯公民人身权利、民主权利罪”的规范范围;后者属于《刑法》第6章“妨害社会管理秩序罪”的规范范围。但鉴于大数据的财产权属性,大数据更应当作为“数据资产”纳入到第5章“侵犯财产罪”的刑法保护范围之内。[37] 加之,涉及大数据的犯罪行为主要涉及网络使用记录、用户网络使用偏好等非计算机内部数据信息。因此,我国立法机关应当针对大数据犯罪行为特征来增设专门性罪名,即“侵犯数据资产罪”。

---

[37] 参见于志刚:《“大数据”时代计算机数据的财产化与刑法保护》,载《青海社会科学》2013年第3期。

结 语

有限的大数据案例只能为未来立法提供一种较为粗浅的结论:在大数据的法律保护上,财产权保护要优于人格权保护,而网络平台的反不正当竞争救济模式比社会公众的自我救济模式更有效率。而且,从大数据案例的整体发生路径来看,坚持以不正当竞争来规范大数据市场秩序也存在一定的局限性。例如,大数据的人格权保护尚未形成公益救济机制、大数据利益的损害对象与赔偿对象不一致、专门性罪名的缺位等。尽管司法实践证明,社会公众在大数据案件中的利益主体地位将退居于网络平台之后,但从规范主义的视角来看,过分强调大数据的财产权属性会无意识地遮蔽数据交易与人格权保护的冲突,并助长大数据的商业化滥用。[38] 这是科技飞速发展与法律滞后性的固有矛盾,但"在规则、原则和教义出现之前,人们只能根据问题本身的经验要素来寻求解决问题的方案"。[39] 因此,上述大数据法律定位、权益归属以及责任体制构建的立法设计,既是我国解决大数据纠纷的阶段性总结,又为未来大数据立法提供了备选方案。

㊳ See Jessica Litman. "Information Privacy/Information Property". *52 Stanford Law Review*, 2000, (5): pp. 1295-1301.

㊴ 桑本谦:《利他主义救助的法律干预》,载《中国社会科学》2012 年第 10 期。

健康医疗大数据的隐私特点与立法挑战

粟　丹*

摘　要：健康医疗大数据作为我国的基础性战略资源，既可以促进数据的互联共享，也可能对数据安全和隐私泄露造成更大的威胁。故需要我们从立法的角度研究健康医疗大数据的隐私保护。大数据时代的医疗隐私呈现出不同于传统患者隐私的特点，其隐私保护贯穿了数据全生命周期。我国立法机关应该转变立法范式，采取“纵向双管齐下+横向共建诚信”的立法方式，来促进健康医疗大数据的隐私保护。

关键词：健康　医疗　数据　隐私　信息

当前，医疗工作的数字化和信息化在医疗保健行业中发生了范式转变。以电子病历方式获得的临床数据量大大增加。同时，随着基因组学、影像组学以及可穿戴可植入设备的推广应用，更多的健康医疗数据被采集、存储和关联分析，使得世界各国的医疗行业快速进入“大数据”时代。现代医疗也由传统的治病救人变成了健康数据的处理。① 数据开放与隐私保护的平衡，自大数据概念被提出以来就相生相伴。如果说开放是要打破垄断，推动信息与数据的互联互通，实现数据资源共有共享，最大限度地拓展数字世界的“公共空间”，造福人类。② 那么保护则意味着在数字世界要为个人留下一方“私人领地”，最大限度保护数据安全和个人隐私。“公”与“私”在健康医疗大数据中表现得更为突出。在大

---

* 粟丹，女，浙江工业大学法学院副教授。

① 参见李未柠、王晶、互联网医疗中国会：《互联网+医疗：重构医疗生态》，中信出版社 2016 年版。

② 参见[美]史蒂夫·洛尔：《大数据主义》，胡小锐、朱胜超译，中信出版社 2015 年出版，第 5 页。

数据时代,大量医疗数据被源源不断地采集,个人数据被"脱敏"后用于精准的个性化医疗和健康管理。当人们的健康医疗信息在不同部门实现共享时,医疗隐私泄露的风险也大大增加了。③

鉴于健康医疗大数据中隐私保护的紧迫性和复杂性,本文试图从立法的角度对该问题展开讨论。本文提出:健康医疗大数据时代的隐私保护贯穿了数据全生命周期,立法机关应转变立法范式,采取"纵向双管齐下+横向共建诚信"的纵横交错的方式,来推进我国健康医疗大数据的隐私保护。之所以从立法学角度进入,是基于以下两方面的考虑:一就法学研究的外部视角而言,法学界的医疗隐私信息的研究是滞后和边缘化的;④二就法学研究的内部视角而言,长期以来,隐私问题被视为一个部门法问题,⑤鲜有立法学学者从立法理论和立法实践两方面来系统讨论健康医疗隐私保护中的立法权配置、立法内容衔接、立法模式选择及法律体系建构等重要问题。故此,本文将在介绍健康医疗大数据的来源与特点的基础上,归纳并分析健康医疗大数据的隐私特点,进而从立法学的角度系统讨论医疗隐私的概念、隐私权内容及立法模式等重要问题,并探索相应的解决方案,以期对我国未来的个人信息保护立法提供参考。

一、健康医疗大数据的来源与医疗特点

2018 年 9 月 13 日,国家卫健委印发的《国家健康医疗大数据标准、安全和服务管理办法(试行)》(以下简称《管理办法》),《管理办法》第 4 条首次对健康医疗大数据进行了明确定义,健康医疗大数据是指在人们疾病防治、健康管理等过程中产生的与健康医疗相关的数据。

---

③ 根据美国卫生部民权办公室的数据,单单在 2015 年第一季度全美就发生了 87 起数据泄露事件,受影响医疗机构达 500 多家,共计 9230 万个人信息泄露,同比上升了 3709%。2017 年 2 月,据英国《卫报》披露,英国国家保健医疗系统(NHS,National Health Service)丢失了高达 50 万份的医疗资料。媒体称,这是 NHS 建立 69 年以来出现的最大规模的医疗信息泄露事件。http://www.sohu.com/a/127667917_296660。

④ 较有代表性作品只有汤啸天、齐爱民两位学者。参见汤孝天:《个人健康信息和医疗隐私权保护》,载《中国法学前沿》2008 年第 3 期;齐爱民:《电子病历与患者个人医疗信息的法律保护》,载《社会科学家》2007 年第 5 期。

⑤ 我国隐私问题的研究主要集中在民法学、知识产权学,行政法学,部门法侧重于法律文本的设计,但是缺乏立法的整体性和系统性思考。

(一)来源

健康医疗大数据的来源是健康医疗大数据的重要内容来源,也是国家立法界分医疗信息隐私保护的重要依据。美国学者Terry教授认为医疗大数据主要来源于以下四大数据池:(1)药物和设备数据;(2)临床数据;(3)索赔和相关财务数据;(4)患者行为和情绪数据。⑥ 我国关于健康医疗大数据的来源还未形成通论,不同学者有不同观点。有学者认为健康医疗大数据包括以下六大类:(1)医院医疗大数据;(2)区域卫生服务平台医疗健康大数据;(3)疾病监测大数据;(4)自我量化大数据;(5)网络大数据;(6)生物大数据。⑦ 还有学者根据中央政府近几年发布的相关医疗政策,总结出我国健康医疗大数据包括以下七大类:(1)人口健康信息(居民电子健康档案、可穿戴设备、智能健康电子产品、健康医疗移动应用等产生的数据);(2)公共卫生大数据(环境卫生、饮用水、健康危害因素、口岸医学媒介生物和核生化等多方监测数据,传染病、职业病多源监测数据);(3)电子病历、电子处方数据;(4)临床医学数据;(5)生物医学大数据(基因组学、蛋白质组学等医学大数据);(6)药物研发数据(包括中医药大数据);(7)医疗保险数据。⑧

从以上分类可见,健康医疗大数据涵盖了人的全生命周期,既包括个人健康,又涉及医药服务、疾病防控、健康保障和食品安全、养生保健等多方面数据的汇聚和聚合。⑨《管理办法》第4条虽然揭示了健康医疗大数据的主要内容和本质,但表述还不够明确。⑩ 在未来的个人信息保护立法当中,我们应该明确与健康医疗数据相关的概念。如欧盟2018年5月25日刚刚施行的《通用数据保护条例》(GDPR)(以下简称《条例》)中就明确规定了"个人数据""基因数据""生

---

⑥ Nicolas P. Terry, *Protecting Patient Privacy in the Age of Big Data*, University of Missouri-Kansas City Law Review, Vol. 81, No. 2, 2012.

⑦ 参见俞国培、包小源、黄新霆等:《医疗健康大数据的种类、性质及有关问题》,载《医学信息学杂志》2014年第6期。

⑧ 参见郝雪阳:《健康医疗大数据政策解析:广东、北京、贵州跟进最积极,现有5大障碍待突破》,载动脉网:https://vcbeat.net/YjljYjNhMDM3OGU0YmU0MzNjYTMxNWQzMjY5NTM1NjY=。

⑨ 参见孟群:《促进健康医疗大数据应用保障"健康中国2030"建设》,载《中国卫生信息管理杂志》2016年第6期。

⑩ 如"等"和"相关"两个词的理解。

物学识别数据”和“健康相关的数据”这四个数据概念的具体含义。

（二）医疗特征

作为大数据的组成部分，健康医疗大数据同样具备大数据的四V特征，即数据量巨大（Volume）、数据类型多（Variety）、数据生成速度快（Velocity）和数据价值大（Value）的特点。除此之外，还具有其特有的医疗特征：

1. 数据的时序性。数据的时序性是指数据的时间性。医疗数据贯穿了人的全生命周期，包括一个人从出生、婴幼儿保健、疫苗注射、入学体检、工作体检、就诊、住院、饮食、运动、睡眠死亡等一系列生命过程所产生的多点数据。⑪ 许多临床数据也是时间序列的，如心电图数据是连续性的观察数据，很多慢性疾病也需通过追踪数据来分析成因。⑫

2. 数据的多态性。数据的多态性是指医疗数据的结构多样且表达格式多样。医疗数据的结构有结构化、非结构化或半结构化三种文本形式。其表达格式包括文本型（如人口特征、医嘱、药物使用、临床症状描述等数据）、数字型（检验科的生理数据、生化数据、生命体征数据等）和图像型（医院中的各种影像学检查如B超、CT、MRI、X光等图像资料）三种类型。⑬ 多态性成为医学数据区别于其他领域数据的最根本和最显著特性，这种特性也在一定程度上增加了数据分析的难度。⑭

3. 数据的不完整性。数据的不完整性主要是指数据的收集和使用脱节，数据挖掘价值不大。一般有四个标准来衡量数据是否完整：即有多少医疗事件会被记录；数据类型有多少；同一数据类型是否有完整的数据收集结果；是否有具体的数据值。⑮ 有学者通过统计调查后担忧地指出，医疗大数据普遍存在数据

---

⑪ 参见许培海、黄匡：《我国健康医疗大数据的现状、问题及对策》，载《中国数字医学》2017年第5期。

⑫ 同上。

⑬ 同上。

⑭ 参见颜延、秦兴彬、樊建平等：《医疗健康大数据研究综述》，载《科研信息化技术与应用》2014第6期。

⑮ 参见翁春华：《大量的医疗数据不正确、不完整并且不可用》，载https://www.leiphone.com/news/201706/lNteNCnuzltdE4c9.html。

质量不高、数据不完整、信息不具体、数据重复、数据分布不均与信息不集中等问题。⑯

4. 数据的冗余性。数据的冗余性是指同一个数据重复出现并存储在不同数据库当中。在健康医疗大数据中，会出现大量的冗余数据，如常见疾病的描述信息，与病理特征无关的检查信息。这些重复出现的数据，增加了数据的冗余性和重复性。数据的重复性严重影响了数据挖掘算法结果的解释。⑰

5. 数据的隐私性。随着个人数据在健康管理和新型医疗行业的广泛使用，生活质量得到提高的同时也增加了隐私侵犯的风险。数据监测下隐私无处躲藏，数据挖掘中隐私被二次利用，数据预测时隐私被预测，数据共享时隐私被威胁。⑱ 大数据时代的隐私已经呈现与不同于传统医患关系的隐私新特点。

二、健康医疗大数据的隐私新特点

在西方历史上，医生被认为是最接近于神的职业，这不仅是因为医生可以治病救人，更为重要的是病人基于对医生的信任而将他们最私密的身体和内心交付给医生。隐私保护的承诺构成信任关系的基础。到了20世界90年代，人类生活进入数字化生存时代。⑲ 信息技术与生物医学的融合，将人类带入一个“通过数字认识自己”的健康生活时代。⑳ “数据驱动生活”虽然可以使社会大众获益良多，但这种驱动是以数据的充分获取为前提的，且获取方式是隐秘的、实时的、全方位的、无处不在的。㉑ 数据分享的成就感与数据泄露的不安全感是同时并存的。因此，深入分析健康医疗大数据中的隐私特点并采取相应的法律行动成为我们当下的首要问题。

---

⑯ 美国哥伦比亚大学医学信息系的翁春华副教授通过对390万份电子病历调查后发现，真正符合数据完整性四个标准的病例只占了0.6%。参见翁春华：《大量的医疗数据不正确、不完整并且不可用》，载 https://www.leiphone.com/news/201706/lNteNCnuzltdE4c9.html。

⑰ 参见翁春华：《大量的医疗数据不正确、不完整并且不可用》，载 https://www.leiphone.com/news/201706/lNteNCnuzltdE4c9.html。

⑱ 参见王强芬：《大数据时代背景下医疗隐私保护的伦理困境及实现途径》，载《中国医学伦理学》2016年第4期。

⑲ 参见[美]尼古拉斯·尼葛洛庞帝：《数字化生存》，胡咏译，海南出版社1997年版。

⑳ Wolf G. *The Data-Driven Life*. The New York Times Magazine, 28 Apr 2010. http://www.nytimes.com/2010/05/02/magazine/02self-measurement-t.html.

㉑ 参见吴标兵：《信息哲学视阈下的物联网隐私本质及其困境》，载《理论月刊》2016年第2期。

(一)隐私的存在区域广泛

在传统医患关系中,病人提供生理数据,以获得个性化医疗;医生根据数据及临床经验,提供诊疗;医院为医生与病人之间搭建平台并对相关数据进行管理使用。[㉒] 隐私主要存在于病人、医生及医院之间,患者的知情同意与医生的保密义务即可保护隐私。在大数据时代,作为医疗信息的隐私贯穿了生物医学信息的全生命周期,这些医疗信息通常存在于数据收集区、主要使用区和二次使用区三个区域,不同区域的不同群体具有不同的隐私观念,相对应地也需要采取不同的隐私保护机制。[㉓]

(二)隐私的法律保护与技术保护并重

传统隐私是通过法律上界定医患双方权利义务,以侵权责任作为救济手段来保护患者隐私权。[㉔] 大数据时代的医疗隐私贯穿了数据收集区、主要使用区及二次使用区,必须依靠法律和技术两种手段来共同保护医疗隐私。在这三个区域中同时存在相互作用又彼此独立的法律和技术两个保护系统。[㉕] 在法律保护系统里,隐私保护是通过社会法律机制来定义和规制的;在技术保护系统中,隐私保护是通过信息技术中的技术操作来实现的,如数据扰乱技术、数据加密技术、数据匿名技术和访问控制技术等。[㉖]

(三)隐私的财产利益凸显

传统医疗隐私将个人隐私视为人格权的构成之一,其精神性人格权主要指向个人自觉和人格尊严。而到了数字化生存年代,每个人都被裹挟到数据经济

㉒ 参见韩亦舜:《医疗数据隐私思辨》,载数据观网:http://www. cbdio. com/BigData/2016-08/15/content_5185435. htm。

㉓ See Bradley A Malin, Khaled El Emam, and Christine M O'Keefe, *Biomedical data privacy: problems, perspectives, and recent advances*, J Am Med Inform Assoc. Jan-Feb. 2013, (1): 2-6.

㉔ 如我国《侵权责任法》第62条规定,"医疗机构及其医务人员应当对患者的隐私保密。泄露患者隐私或者未经患者同意公开其病历资料,造成患者损害的,应当承担侵权责任"。

㉕ See Bradley A Malin, Khaled El Emam, and Christine M O'Keefe, *Biomedical data privacy: problems, perspectives, and recent advances*, J Am Med Inform Assoc. Jan-Feb. 2013, (1): 2-6.

㉖ 参见洪建、李锐、徐王权:《医疗健康数据隐私保护技术综述》,载《中国数学医学》2015年第11期。

浪潮当中,都以某种方式参与了数字经济。与之相对应的个人医疗隐私成为一种商品、消费品,产生了价值可观的商业利益,个人隐私也由单纯的人格利益演变为人格与财产利益并存的局面。[27] 尤其是健康医疗大数据的二次使用,对个人和社会产生了巨大的商业价值和积极影响。有学者甚至指出,健康医疗大数据的最大潜力就在于它可以组合和集成去识别的健康信息,以实现数据的二次使用。[28] 因此,西方国家普遍建立健康信息数据库来推动数据的二次使用。如美国的国家健康信息网和英国的国家卫生服务体系等。

(四)隐私治理难度加大

传统医患关系中的隐私保护,主要是依靠患者的知情同意,这意味着,未经同意收集、使用甚至泄露患者个人信息的即构成违法行为,应当承担相应的法律责任。而数字时代的隐私是传统隐私与信息隐私的双重叠加,加上健康医疗大数据特有的多态性特征,从而加剧了隐私治理的难度。就个体而言,个人几乎失去了对自己信息的控制权,个人信息保护处于非个人决定性状态。[29] 对社会群体而言,数据的权利归属成为最大的难题。对政府而言,既要保障大数据的开放共享,又要保障数据安全和公民的隐私,寻求数据分享与限制之间的平衡成为政府隐私治理的最大难题。

三、健康医疗大数据对隐私保护立法提出的挑战

由上文分析可见,健康医疗大数据时代的信息安全与隐私保护已不再是一个单方面的法律问题或隐私权问题,而是一个更为复杂的社会生态学问题,与社会结构的方方面面,如技术标准规范、物联网治理、智慧城市建设、社会诚信重建等密切联系,法律与技术成为隐私保护的必要手段。就立法层面而言,其核心问题主要有以下三个方面:健康医疗大数据中的隐私是什么、立法可以保护什么及

㉗ 参见高志明:《个人信息人格利益与财产利益理论分析》,载《大连理工大学学报》(人文社科版)2018 年第 1 期。

㉘ See Isaac Cano, Akos Tenyi, Emili VelaFelip, Miralles, Perspectives on Big Data applications of health information, Current Opinion in Systems Biology, 2017(3), pp. 36-42.

㉙ 参见高富平:《个人信息保护:从个人控制到社会控制》,载《法学研究》2018 年第 3 期。

应该采取哪种保护模式这三个方面的问题。

(一)从隐私保护到隐私信息保护

1. 传统隐私概念及法律表达

就文化的角度而言,隐私认识是一个极端主观化的过程,受社会文化背景和个人生活经验的制约。故人们虽然可以轻松说出自己隐私受到侵犯的例子,却难以表达隐私的确切含义。因为隐私在用法和意义上是多变的,[30]很难为隐私下一个单一的定义,法律上的隐私概念也存在同样的难题。

1890 年,美国的沃伦与布兰迪斯就提出了"隐私权"概念,主张个人独处的权利不容侵害。但究竟何为独处?哪些方式属于侵犯?立法并没有说明。直到1960 年,Prosser 教授将隐私权侵害分为侵扰他人的独居、公开揭露他人私生活领域、公开置他人被公众误解、为了自己的利益盗用他人姓名或肖像四种情形,[31]才使隐私权概念得以进一步发展。不过这仍然属于独处权利的范畴,仅具有消极防御的性质。[32] 德国法上并没有直接的隐私概念,主要是通过人格、一般人格权与私领域保护等几个概念来实现隐私权的保护。[33] 虽然二者保护模式不同,但都属于隐私权保护的消极防御阶段。

2. 隐私概念的发展与数据(信息)保护的出现

20 世纪中后期,随着信息技术的发展,一般人格权在消极防御权能之外发展出了"个人信息自决权",使隐私保护具有了积极支配的性质。美国学者Westin 所提出的独处、亲密、匿名和缄默四项隐私内容,就具有个人自决的性质。[34] 20 世纪末,随着数字化生活的到来,欧洲通过数据立法来保护隐私。建立在宪法人性尊严基础上的个人数据保护理论,内涵着个人数据由个人自主控制

㉚ ATina L. Allen, Uneasy Access: Privacy for Women in a Free Socirty, Rowman & Littlefield Publishers, 1988, p. 12.

㉛ 参见〔美〕文森特·约翰逊:《美国侵权法》,赵秀文等译,中国人民大学出版社 2004 年版,第 310 页。

㉜ 参见郭明龙:《论患者隐私权保护———兼论侵害"告知后同意"之请求权基础》,载《法律科学》(西北政法大学学报)2013 年第 3 期。

㉝ 参见郭明龙:《论患者隐私权保护———兼论侵害"告知后同意"之请求权基础》,载《法律科学》(西北政法大学学报)2013 年第 3 期。

㉞ See Westin A. Privacy and freedom. New York: Atheneum Press, 1967.

的基本论调，赋予了个人数据主体众多项权利。㉟ 如1995年颁布的《数据保护指令》，就对个人医疗信息的收集和使用进行了严格监管，禁止成员国泄露有关种族血统、政治倾向、宗教或哲学信仰、工会会员资格的数据处理，同时禁止与健康或性生活等相关敏感信息数据的处理。2018年施行的《通用数据保护条例》（以下简称《条例》）更是进一步扩大了个人的数据权利，并对与隐私密切关联的"个人数据""基因数据""生物学识别数据""健康相关的数据"这四个概念进行了明确的规定，并赋予数据主体多项数据权利。

中国传统文化将隐私等同于阴私，主要指男女之私，带有浓厚的贬义色彩。㊱ 随着社会的发展，人们的隐私观念发生变化，隐私保护的权利主张也不断涌现。㊲ 隐私在我国主要是指私人生活安宁不受他人非法干扰，私人信息保密不受他人非法收集、刺探和公开。包括私生活安宁和私生活秘密两个方面㊳。2000年以前，隐私主要是由司法解释进行间接保护。㊴ 2000年以后，在修订和新制定的法律、行政法规中，隐私和隐私权频频出现，㊵从现有立法来看，使用得最多的是与国家秘密、商业秘密并列的个人隐私概念，涉及医疗隐私保护的《传染病防治法》《精神卫生法》《执业医生法》《护士条例》《乡村医生从业管理条例》等法律、法规中，也是用"患者隐私"或者"个人隐私"的表述㊶，可见，目前我国多数立法对隐私概念的理解主要是"个人不能公开的秘密"这一层面㊷。随着

㉟ 参见高富平：《个人信息保护：从个人控制到社会控制》，载《法学研究》2018年第3期。

㊱ 参见屠振宇：《宪法隐私权研究：一项未列举基本权利的理论论证》，法律出版社2008年版，第59页。

㊲ 1987年中国审理第一起隐私案件，此后关于隐私权的诉讼不断。参见屠振宇：《宪法隐私权研究：一项未列举基本权利的理论论证》，法律出版社2008年版，第2页。

㊳ 参见张新宝：《隐私权的法律保护》（第2版），群众出版社2004年版，第7页。

㊴ 具体参见1988年最高人民法院通过《关于贯彻执行〈中华人民共和国民法通则〉若干问题的意见》第140条以及1993年最高人民法院公布的《关于审理名誉权案件若干问题的解答》第7条中关于隐私问题等规定。

㊵ 据王秀哲教授统计，我国现有法律文本中含有隐私相关规定的条文，宪法法律有24条；行政法规及文件有13条；司法解释及文件有44条；决定有2条。参见王秀哲：《信息社会个人隐私权的公法保护研究》，中国民主法制出版社2017年版，第150页。

㊶ 如《传染病防治法》《精神卫生法》《执业医生法》《护士条例》《乡村医生从业管理条例》等法律、法规中，都是用"患者隐私"或者"个人隐私"的表述。

㊷ 参见王秀哲：《信息社会个人隐私权的公法保护研究》，中国民主法制出版社2017年版，第167页。

信息时代的到来，我国关于个人信息保护的研究蓬勃兴起，[43]关于个人信息保护的司法解释出现，[44]2012年全国人大常委会制定的《关于加强网络信息保护的决定》中还出现了关于隐私信息的规定。[45] 虽然信息保护引起了立法和司法领域的关注，但普遍存在法律效力低、规定不明确、个人信息权与个人隐私界分不清等问题。[46]

3. 隐私保护还是隐私信息保护

由隐私概念的发展变化可见，健康医疗大数据时代的隐私保护主要涉及用什么方法来确定隐私概念以及隐私与信息如何界分这两个关键问题。就隐私概念的确定而言，鉴于健康医疗大数据的特殊性和多样性，应该借鉴西方的模式对多个核心概念进行单独界定，而不是笼统采取隐私概念。就隐私与个人信息的界分而言，学界目前有两种观点：第一种观点认为，信息与隐私属于等同关系。如美国学者 Solove 和 Schwartz 同样指出，个人信息本质上是一种隐私，隐私就是我们对自己所有的信息的控制。[47] 第二种观点认为，信息与隐私属于交叉关系。如张新宝教授提出，个人信息和个人隐私之间存在交叉关系，有关私生活的秘密形成交集。[48] 笔者同样认为隐私与信息之间存在交叉关系。事实上，我国《关于加强网络信息保护的决定》中就是将公民个人隐私归为电子信息的范围。依此观点，健康医疗大数据的隐私保护实质上是健康医疗大数据的隐私信息保护。

---

[43] 关于隐私的概念也衍生出个人信息、个人数据和资料隐私等相关概念。参见王利明：《论个人信息权的法律保护——以个人信息权与隐私权的界分为中心》，载《现代法学》2013年第4期；张新宝：《从隐私到个人信息：利益再衡量的理论与制度安排》，载《中国法学》2015年第3期；郭瑜：《个人数据保护法研究》，北京大学出版社2012年版；谢永志：《个人数据保护法立法研究》，人民法院出版社2013年版；孔令杰：《个人资料隐私的法律保护》，武汉大学出版社2009年版。

[44] 如2009年《刑法修正案（七）》增加了出售、非法提供公民个人信息罪、非法获取公民个人信息罪。2014年《最高人民法院关于审理利用信息网络侵害人身权益民事纠纷案件适用法律若干问题的规定》第12条规定，法院应将"基因信息、病历资料、健康检查资料、犯罪记录、家庭住址、私人活动等"视为个人隐私保护，同时也保护"其他个人信息"。这是我国首次在司法解释中明确了个人信息权益的侵权法保护。

[45] 如2012年全国人大常委会制定的《关于加强网络信息保护的决定》第1条规定："国家保护能够识别公民个人身份和涉及公民个人隐私的电子信息。"

[46] 参见张里安、韩旭至：《大数据时代下个人信息权的私法属性》，载《法学论坛》2016年第3期。

[47] See Daniel J. Solove, Paul M. Schwartz. Information Privacy Law. 3rd ed. Wolters Kluwer, 2009: 2

[48] 参见张新宝：《从隐私到个人信息：利益再衡量的理论与制度安排》，载《中国法学》2015年第3期。

（二）立法内容上应该保护哪些医疗隐私信息

1. 传统的患者隐私权保护

西方国家虽然在隐私立法的理念、制度不尽相同，但以患者为中心来协调各方利益从而捍卫患者合法隐私权的初衷是基本一致的。其患者隐私立法贯穿了可识别健康信息保护原则、知情同意原则、公共利益优先原则、最小化使用原则及患者的信息自主控制几个原则。[49]

中国的患者隐私观念和立法相对滞后，其隐私保护呈现出由司法到立法、以隐私侵权为中心的特点。尤其是2009年的《侵权责任法》第61条、第62条，更被认为是患者隐私保护的直接立法。根据《侵权责任法》规定，患者隐私权是指在医疗活动中患者拥有保护自身的隐私部位、病史、身体缺陷、特殊经历、遭遇等隐私，不受任何形式的外来侵犯的权利。这种隐私权的内容除了患者的病情之外还包括患者在就诊过程中只向医师公开的、不愿意让他人知道的个人信息、私人活动以及其他缺陷或者隐情，[50]包括隐私隐瞒权、隐私利用权、隐私维护权、隐私支配权四项基本权能。[51]

2. 健康医疗大数据时代的隐私权保护

虽然西方国家的隐私保护立法较早，但随着大数据、数字身份、生物识别技术和社交媒体等新技术的不断发展，也给个人隐私的保护提出了新难题。对此，欧盟通过赋予数据主体个人数据保护权的方式来应对大数据时代的隐私侵犯。尤其是《条例》第15条至第22条规定了数据主体对个人数据的访问权、更正权、擦除权（被遗忘权）、限制处理权、数据携带权、一般反对权和反对自动化处理的权利。[52] 美国专门制定了《健康保险流通与责任法》和《隐私规则》来保护患者的个人隐私，还推出《个人可识别健康信息隐私标准》来保护个人的健康信息。

---

[49] 参见秦宇辰、吴骋等：《国内外患者隐私保护立法情况对比及国外基本立法保护原则探析》，载《中国卫生事业管理》2006年第1期。

[50] 参见奚晓明、最高人民法院侵权责任法研究小组：《〈中华人民共和国侵权责任法〉条文理解与适用》，人民法院出版社2010年版，第433页。

[51] 参见王胜明、全国人大常委会法制工作委员会民法室：《中华人民共和国侵权责任法解读》，中国法制出版社2010年版，第308页。

[52] 参见丁晓东：《什么是数据权利？——从欧洲〈一般数据保护条例〉看数据隐私的保护》，载《华东政法大学学报》2018年第4期。

2012 年,奥巴马政府为了回应《条例》出台了《消费者隐私权利法案》来保护数据隐私。近年来,随着远程医疗的兴起,美国的食品药品监督管理局(FDA)还以指南的形式对其进行管理[53]。加拿大通过《个人信息保护和电子文件法案》来保护个人医疗信息,法案规定个人有权知道收集或使用个人信息的理由,信息业者应该以合理和安全的方式来保护这些信息。[54]

我国在健康医疗大数据时代的隐私权保护需要重点思考并尽快解决以下两个问题:第一,个体拥有哪些隐私权利;第二,隐私侵权形式有哪些及如何保护?就个人隐私信息权利而言,有学者认为,信息主体应该具有知情权、同意权、访问权、可携带权和利用收益权五项积极权能,以及信息主体在信息权利遭到侵害时所享有的更正权、限制权、反对权以及删除权(被遗忘权)四项消极权能。[55] 同理,健康医疗大数据时代的隐私权不再集中于私人隐情、私人活动和私人信息等传统隐私内容,也应该享有相应的隐私信息权利。就隐私侵权形式来看,随着信息技术在医疗行业的应用,对传统患者隐私侵权的认定提出了侵权主体难以确定、损害结果呈现多样化的趋势、损害结果与行为直接的因果关系往往无法查明等多方面的挑战。[56] 有学者提出,未来应重新构筑新的侵权规则来应对大数据时代的隐私侵权:首先,明确以隐私权保护而非个人数据保护为基点的路线;其次,采取形式上的隐私权定义加实质判断标准相结合的方法;再次,扩张隐私损害结果的范围;最后,适用过错推定原则以增加被侵权人胜诉之可能性。[57]

(三)立法模式上如何保护

从西方的数据保护模式来看,美国采取"条块分割式立法模式",并严重依

---

[53] 如 2015 年发布的《工业和食品药品监督管理局关于移动医疗应用的工作指南》,2017 年《工业和食品药品监督管理局关于医疗软件使用的工作指南》等。载 https://www.fda.gov/MedicalDevices/DigitalHealth/ucm562577.htm。

[54] See Matturdl Bardi, Zhou Xianwei, LiShuai, Lin Fuhong, Big data security and privacy in healthcare: A Review, Procedia Computer Science, 2017, 113, 73-80.

[55] 参见叶名怡:《论个人信息权的基本范畴》,载《清华法学》2018 年第 5 期,载 http://www.pkulaw.cn/cluster_form.aspx? Db=qikan&EncodingName=&search_tj=info_kind{3a050205。

[56] 参见徐明:《大数据时代的隐私危机及其侵权法应对》,载《中国法学》2017 年第 1 期。

[57] 参见徐明:《大数据时代的隐私危机及其侵权法应对》,载《中国法学》2017 年第 1 期。

赖行业自律，这种碎片似的结构难以保护公民个人信息。[58] 欧盟采取“指令+成员国立法的国家主导模式”，这种模式虽然使个人数据得到了全方位的保护，但过于严苛的数据责任阻碍了大数据产业的发展。我国学者提出强化“个人敏感隐私信息”保护，强化“个人一般信息”利用，平衡个人、信息业者和政府三方利益的模式来构建我国的个人信息立法。[59] 就医疗隐私信息保护而言，笔者认为应努力寻求健康医疗数据的互联共享与公众隐私保护之间的利益平衡之道。具体的立法活动中，可以采取“纵向双管齐下+横向共建诚信”的纵横交错立法方式。

就纵向而言，央地两级立法机关应该双管齐下，发挥各自不同的立法作用。全国人大及其常务委员会应发挥人大立法的引领和主导作用。当下最紧迫是加快制定个人信息保护法，明确界定隐私信息概念并赋予个人隐私信息权利。同时，还需进一步加强健康医疗大数据规范性文件的法制化、规范化建设，将政策固化为立法文本，以解决长期存在的规范性文件效力低、缺乏可操作性，相关行政职能部门权限不清的问题。就地方立法而言，针对在健康医疗大数据隐私治理的具体问题，可以采取地方立法先行先试的方法，从而有效地支撑精准精细立法的实践需求。如2018年9月17日，国家卫生健康委员会在宁夏建设全国首个“互联网+医疗健康示范区”，支持其在发展政策、监管模式和标准规范等方面的积极探索。这就是地方立法先行先试的代表。

就横向而言，要加强三方诚信共建，即在个人、信息业者及政府三方之间重建诚信。诚信是现代社会运行的基础，更是健康医疗大数据应用发展的基石。对个人而言，要通过赋权的方式让个人相信其信息的使用是合法的、安全的[60]；对信息业者而言，要采取诚信机制[61]来促使他们的信息应用是在合法、规范的范围内进行；对政府而言，应大力推进诚信机制的建设同时也要加强法治政府和诚

---

[58] 参见叶名怡：《论个人信息权的基本范畴》，载《清华法学》2018年第5期，载 http://www.pkulaw.cn/cluster_form.aspx? Db=qikan&EncodingName=&search_tj=info_kind{3a050205。

[59] 张新宝：《从隐私到个人信息：利益再衡量的理论与制度安排》，载《中国法学》2015年第3期。

[60] 如加拿大的《个人信息保护和电子文件法案》规定个人有权知道其信息的收集和使用是安全、合理的。

[61] 现代社会信用体系的运行包括三个机制：信用信息公开机制程序、信用信息处理机制和信用的奖惩机制。参见石新中：《让诚信建设抓铁有痕》，载《光明日报》，2018年7月31日，第4版。

信政府的建设。2016年《国务院办公厅关于促进和规范健康医疗大数据应用发展的指导意见》第12条明确提出,要“推进网络可信体系建设”。并要求“强化健康医疗数字身份管理,建设全国统一标识的医疗卫生人员和医疗卫生机构可信医学数字身份、电子实名认证、数据访问控制信息系统,积极推进电子签名应用,逐步建立服务管理留痕可溯、诊疗数据安全运行、多方协作参与的健康医疗管理新模式”。

结 语

大数据和人工智能开启了医学的疾病防治和个人的健康管理,我们的立法也应该具有主动性和前瞻性。如马斯克在2017年美国州长大会上对人工智能立法所呼吁的,“人工智能是人类文明面临的最大风险,我们必须在监管方面积极主动,而不是被动应对”。[62]

2016年《关于促进和规范健康医疗大数据应用发展的指导意见》中明确指出,“到2020年,健康医疗大数据相关政策法规、安全防护、应用标准体系不断完善,适应国情的健康医疗大数据应用发展模式基本建立”。遗憾的是,我国健康医疗大数据领域的法律法规还存在明显的滞后性,因缺乏全面、细致、明确的指引和规则,健康医疗大数据的发展受到严重制约。[63] 可见,加快健康医疗大数据方面立法是我国大数据发展的基本保障。健康医疗大数据因为涉及了公共卫生、医疗服务、个人健康及数据资源共享、政府角色定位等众多复杂的法律保障问题,隐私保护研究不过是这众多制度中的一个组成部分。就隐私信息立法保护而言,涉及了立法理论与立法实践以及静态的立法文本与动态的立法过程。本文最后部分所提出的立法实践思考也只是提出了立法方式这一方面。未能就隐私保护的立法技术、民主立法、立法体系建构等问题一并提出系统的解决方案,从这个意义上而言,本文的研究仅仅只是一个开始。

---

[62] 源于 http://tech. sina. com. cn/it/2017-07-17/doc-ifyiakwa4244128. shtml。

[63] 参见朱敏、张驰:《健康医疗大数据领域的政策和法律问题》,载 http://bigdata. 51cto. com/art/201612/523638. htm。

论人工智能时代刑事风险的刑法应对*

王志祥**　张圆国***

摘　要：随着人工智能技术的跨越式发展，人工智能技术在给人类社会带来便利的同时，也带来了需要由刑法予以合理应对的刑事风险。人工智能时代的刑事风险具有以下两方面的显著特征：一方面，具有更大的社会危害性；另一方面，具有更显著的时代特征。弱人工智能机器人不能成为犯罪主体，不承担刑事责任；虽然强人工智能机器人拥有独立的意志以及辨认能力、控制能力，但同样也不能成为犯罪主体，不承担刑事责任。为防止滥用人工智能行为所带来的危害，需要设立破坏人工智能系统管理秩序罪；为防止强人工智能机器人实施严重危害社会的行为，需要对强人工智能机器人设定相关的监管人员。这样，当强人工智能机器人依据自己的意志实施犯罪行为时，对智能机器人负有监管义务且没有履行或充分履行该义务的人员就要负担相应的刑事责任。

关键词：人工智能　刑事风险　智能机器人　犯罪主体

人工智能是研究、开发用于模拟、延伸和扩展人的智能的理论、方法、技术及应用系统的一门新的技术科学，该领域的研究包括机器人、图像识别、语音识别、专家系统等。人工智能目前已经能够实现自动驾驶航空器、自动驾驶汽车、完成高考试卷。① 2017年7月20日，国务院印发的《关于新一代人工智能发展规划

* 本文系国家社科基金重大项目“我国刑法修正的理论模型与制度实践研究”（16ZDA061）的阶段性研究成果。

** 北京师范大学刑事法律科学研究院外国刑法与比较刑法研究所所长、教授、博士生导师。

*** 北京师范大学刑事法律科学研究院刑法专业博士研究生。

① 参见张保生：《人工智能法律系统的法理学思考》，载《法学评论》2001年第5期。

的通知》提出将人工智能发展放在国家战略层面进行系统布局。由此可见,人工智能这一人类的伟大发明对于社会发展具有重要的战略作用。然而,正如有关学者所指出的,人工智能既是人类社会的伟大发明,同时也会给法律秩序带来巨大的风险。② 而人工智能所带来的巨大刑事风险也的确不容忽视。1978 年日本广岛的摩托车厂机器人转身将其背后的工人抓住并切割,1989 年苏联国际象棋冠军尼古拉·古德科夫在与人工智能机器人对战时连胜三局,被"恼羞成怒"的对手自主释放强电流电死,2015 年德国大众汽车工厂内发生机器人杀人事件。近年来,人工智能技术日新月异,发展很快,人工智能也被人类赋予了更多的独立自主的能力,而智能机器人依据这种日渐强大的独立自主能力实施的危害社会的行为也将越来越不可预测,由此给社会带来的刑事风险也会进一步加大。人工智能会给人类社会带来哪些刑事风险?智能机器人是否应当对自己实施的行为承担刑事责任并接受刑事处罚?刑法应当按照怎样的路径对人工智能犯罪进行规制以适应人工智能的快速发展?这些问题都是亟待刑法学界作出回应的。凡事预则立,不预则废。只有对人工智能领域的刑法问题进行具有前瞻性的分析并探索出合乎法理、行之有效的解决途径,才能在不久的将来游刃有余地处理人工智能领域有可能出现的问题。在本文中,笔者在对人工智能时代的刑事风险和犯罪主体问题进行探析的基础上对人工智能时代刑法的完善途径提出建议,以求对人工智能领域刑法问题的解决有所裨益。

一、人工智能时代的刑事风险

由于人工智能实质上是以机器做需要人的智能来做的事情,机器根据程序的设定自主进行分析判断并采取行动,所以,机器实施的犯罪行为显然不同于传统的由自然人实施的犯罪行为,因此其带来的刑事风险与后者也不可同日而语。人工智能时代的刑事风险具有以下两方面的显著特征:一方面,具有更大的社会危害性;另一方面,具有更显著的时代特征。

② 参见吴汉东:《人工智能时代的制度安排与法律规制》,载《法律科学》2017 年第 5 期。

（一）具有更大的社会危害性

科技的发展在给人类社会带来便利的同时，也给人类社会带来了更大的风险。每次科技的进步都伴随着人类社会生产力的极大解放，同时也使犯罪的工具更加先进。伴随着两次工业革命的进行，人类发明了汽车、飞机等新型交通工具，同时也使犯罪的工具得到了扩展，给人类社会带来了更大的风险。犯罪分子能够利用这些新型交通工具给社会带来更大的危害，他们可以利用汽车等新型交通工具作为故意杀人和危害公共安全的工具，这比利用马车等传统交通工具给社会会带来更大的危害。而随着民航飞机的出现，犯罪分子为实现其犯罪意图而劫持飞机作为犯罪工具的行为给社会带来的危害之大，使利用其他传统交通工具为媒介的犯罪行为黯然失色。伴随着新时代网络科技的发展，以网络为媒介给社会带来严重危害的犯罪行为更是层出不穷。这些新兴科技在给人类社会带来便利的同时，犯罪分子以其为媒介所实施的犯罪给人类社会所带来的社会危害性也呈现出不断强化的趋势。而人工智能技术系现代社会技术进步的突出代表，犯罪分子以人工智能技术为媒介所实施的犯罪往往比以传统技术为媒介所实施的犯罪也具有更大的社会危害性，这主要体现在人工智能时代的刑事犯罪给社会带来的危害更广更深。从广度上来讲，现今人工智能技术被广泛应用于工业生产、医疗救治、智能驾驶、应急事件处置等多领域，而且在这些领域起到至关重要的作用。可以预见，在不久的将来，人工智能技术还将应用于农业、金融、商务、军事等重要领域。人工智能技术的应用范围非常广阔，且还有逐步扩大的趋势，这在给人们带来更多便利的同时，也给以人工智能为犯罪工具的犯罪行为提供了更为广阔的施展空间，犯罪分子很可能利用人工智能技术在更广的范围内实施犯罪行为。从深度上来讲，人工智能技术被应用在医疗救治、金融、军事等重要领域。犯罪分子在这些重点领域内利用人工智能技术所实施的犯罪行为会给人类社会带来难以估量的危害，造成更加深重、难以估量的损失。由此可见，人工智能技术会使犯罪行为的影响更广更深，使刑事犯罪具有更大的社会危害性。

（二）具有更显著的时代特征

人工智能时代的刑事风险具有更为显著的时代特征。这一方面体现在随着人工智能技术的进一步发展,人工智能技术的表现形式也会有所变化,逐步呈现出以弱人工智能向强人工智能的转化,刑事犯罪的主要表现形式也会随之变化;另一方面体现在随着人工智能技术的发展,人工智能时代的刑事犯罪可能会产生新的形式。为了更好地打击这些新形势下的犯罪行为,刑法需要创设新的犯罪类型。

依据美国加利福尼亚大学约翰·塞尔教授的观点,可以把人工智能分为"强人工智能"和"弱人工智能"。"弱人工智能"是指计算机在心灵研究中的主要价值,只为我们提供一个强有力的工具。"强人工智能"是指计算机不仅是我们研究心灵的工具,而且带有正确程序的计算机确实可被认为具有理解和其他认知状态,恰当编程的计算机其实就是一个心灵。在强 AI 中,由于编程的计算机具有认知状态,这些程序不仅是我们用来检验心理解释的工具,而且本身就是一种解释。③ 由此可见,弱人工智能并不具有自己的独立意志,只是在编程的范围内实施相关的行为,是人类为实现自己目的而制造的工具;而强人工智能则拥有自己独立的意志,具有认识能力和控制能力,能够在编程的范围外实施行为。毋庸置疑,弱人工智能是当前人工智能技术的主要表现形式,利用弱人工智能实施故意犯罪或者涉及弱人工智能的过失犯罪的行为也是当前人工智能犯罪的主流形态。然而,随着人工智能技术的不断发展,人工智能技术必然会经历由弱人工智能向强人工智能的转变,拥有强人工智能的智能机器人依据自己产生的独立意志实施的犯罪也极有可能随着人工智能技术的不断发展而得以出现。强人工智能机器人不具有自然人所具有的生命权、身体权,却具有自然人才能具有的独立意识。假如其实施犯罪行为,应当由其自身承担刑事责任还是由其背后的研发者、使用者承担责任?可以说,如何确定强人工智能机器人实施犯罪的刑事责任的归属成为现今刑法学领域亟待解决的重要问题。

科学技术的发展会使犯罪呈现出新形式,而为了惩治这些新形式的犯罪,刑法往往会针对这些犯罪的特点规定新的犯罪类型。比如,机动车的出现导致大量交通事故的出现。为了更好地预防刑事风险、惩治犯罪,刑法设立了交通肇事

③ 参见[英]玛格丽特·A.博登:《人工智能哲学》,刘西瑞、王汉琦译,上海译文出版社 2001 年版,第 92 页。

罪、危险驾驶罪等犯罪类型。飞机的出现给犯罪分子提供了新的犯罪工具。为此,刑法规定了劫持航空器罪等犯罪类型。信息网络技术的发展为一些别有用心的人提供了实施危害社会行为的"温床"。为了更好地规制这些行为,刑法规定了非法侵入计算机信息系统罪、破坏计算机信息系统罪等犯罪类型。同样,随着人工智能技术的不断发展,利用人工智能实施犯罪的情况也会大量出现,其中涉及许多新形式的犯罪行为,例如窃取人工智能技术所产生的数据库里的数据并进行传播的性质恶劣的行为,攻击人工智能技术系统从而使自己的违法犯罪行为逃脱应有处罚的行为等。这些利用人工智能技术而实施的新形式的危害行为具有很强的社会危害性,而以现有的刑事法律并不能有效地惩治此类行为,这在客观上要求刑法有针对性地增设犯罪类型,以更好地惩罚这些利用人工智能技术实施的新形式的犯罪行为。

二、人工智能时代犯罪主体的范围问题

我国传统刑法理论认为,犯罪主体,是指实施危害社会的行为并依法应负刑事责任的自然人和单位。④ 自然人犯罪主体应当具备以下两个方面的条件:第一,犯罪主体必须具有自然人人格;第二,犯罪主体必须具备刑事责任能力。单位犯罪的主体应当具备以下两个方面的条件:第一,单位犯罪的主体包括公司、企业、事业单位、机关、团体;第二,只有法律明文规定单位可以成为犯罪主体的犯罪,才存在单位犯罪及单位承担刑事责任的问题。⑤ 依据我国传统的刑法理论,人工智能机器人显然不能够成为犯罪主体。既然人工智能机器人并非我国刑法明文规定的犯罪主体,目前将其作为犯罪主体进行处罚就明显违反了罪刑法定原则。

而就人工智能时代犯罪主体的范围应否扩展至智能机器人的问题而言,有观点认为,随着人工智能技术的不断发展,智能机器人的能力也越来越强,智能机器脑可以像人脑一样进化,产生自主意识和意志,并通过深度学习机制与嵌入成长经历,达到或甚至超越人类的思维水平,有可能以"人工人"的方式成为人

④ 参见高铭暄、马克昌主编:《刑法学》(第5版),北京大学出版社2011年版,第82页。

⑤ 参见高铭暄、马克昌主编:《刑法学》(第5版),北京大学出版社2011年版,第82、101页。

类社会中新的一员。智能机器人在设计和编制程序范围内实施行为时,智能机器人不承担刑事责任;在设计和编制程序外实施行为时,智能机器人需要承担刑事责任。⑥ 有的观点主张,智能机器人一旦拥有属于自己的独立的辨认能力和控制能力,即拥有了刑事责任能力。在这种情况下,如果智能机器人实施了严重危害社会的犯罪行为,完全可以成为独立的刑事责任主体。⑦ 笔者认为,上述赋予智能机器人犯罪主体地位的观点是值得商榷的。弱人工智能机器人不能成为犯罪主体,不承担刑事责任;虽然强人工智能机器人拥有独立的意志以及辨认能力、控制能力,但同样也不能成为犯罪主体,不承担刑事责任。

(一)弱人工智能机器人不能成为犯罪主体,不承担刑事责任

如前所述,弱人工智能机器人并不具有自己的独立意志,只是在编程的范围内实施行为,是人类实现自己目的而制造的工具。其并不能成为犯罪主体并承担刑事责任。一方面,弱人工智能机器人只是犯罪分子实施犯罪时所使用的工具,并不具有自己独立的意识和意志。众所周知,犯罪分子为实现犯罪目的所采用的工具和手段五花八门。犯罪分子为实现剥夺他人生命权的犯罪目的,会使用刀具、枪械、交通工具、动物等作为犯罪工具。在犯罪行为实施过程中,刀具、枪械、交通工具、动物等没有独立意志,当然不可能成为犯罪主体。同样,自然人可以通过对弱人工智能的编程系统进行特定设置或者修改从而以智能机器人为媒介达到自己不可告人的犯罪目的。在这种情况下,借助弱人工智能机器人实施的犯罪行为所造成的危害虽然有可能比使用一般犯罪工具实施犯罪行为所造成的危害更为恶劣,但是,其并没有自己的独立意志,其本质是犯罪分子为实现犯罪目的而使用的工具,与上文所述的没有自己独立意志的刀具、枪械、交通工具、宠物等并无二致。在这种情况下,智能机器人当然不能够成为犯罪主体,不能承担刑事责任。另一方面,弱人工智能机器人没有刑法意义上的辨认和控制自己行为的能力。只有具有刑法意义上的辨认能力和控制能力的人才具有刑事责任能力。刑事责任能力与辨认能力和控制能力之间也存在有机联系,辨认能

---

⑥ 参见刘宪权、胡荷佳:《论人工智能时代智能机器人的刑事责任能力》,载《法学》2018 年第 1 期。

⑦ 参见刘宪权、朱彦:《人工智能时代对传统刑法理论的挑战》,载《上海政法学院学报》2018 年第 2 期。

力是刑事责任能力的基础,控制能力是刑事责任能力的关键。弱人工智能机器人受到编程程序的控制,没有自己的独立意志,更谈不上具有自然人所拥有的刑法意义上的辨认能力和控制能力,其只能够根据编程来实施编程人员希望其实施的行为,其辨认能力和控制能力受到自然人的操纵,是依附于自然人的辨认能力和控制能力的。这样,就只有操纵弱人工智能机器人实施犯罪的自然人才具有刑法意义上的控制能力和辨认能力,才是刑事责任的真正承担者。

由此可见,弱人工智能机器人不能成为犯罪主体。对于弱人工机器人所实施的故意犯罪行为,应由设定或改变弱智能机器人编程而控制弱智能机器人的自然人作为犯罪主体,承担相应的刑事责任。值得注意的是,弱人工智能机器人有可能因为研发者或使用者的失误而过失地实施犯罪,这里的过失包括研发者或使用者因为疏忽大意没有预见到弱人工智能机器人可能造成损害的疏忽大意的过失和研发者或使用者已经预见到弱人工智能机器人可能造成损害,但轻信这种情况能够避免而产生的过于自信的过失。在这种情况下,如果弱人工智能机器人实施了过失犯罪的行为并确实造成了危害结果,对于相关研发者或使用者应以相应的过失犯罪追究刑事责任。有观点认为,囿于一定地域内社会历史发展阶段与水平的限制,人类所掌握的人工智能内技术完全可能无法彻底消除人工智能的安全风险,亦即人工智能的安全系数与标准的提高还有赖于人工智能技术的进一步成熟。在此情况下,我们不应追究研发者和使用者的责任。对于最终导致的危害结果,可以按刑法中的意外事件处理。⑧ 笔者对这种观点表示赞同。智能机器人作为人类社会发展到一定阶段的产物,其发展必然会带来一定的风险。研发者和使用者在当前认知条件下尽到了注意义务,且在现有条件下没有可能对人工智能的刑事风险进行认知,也就谈不上具有疏忽大意或者过于自信的过失,且如果对这种行为进行处罚,会阻碍人工智能技术的发展,不符合刑事政策的要求,因此,在这种情况下不应当追究人工智能机器人研发者和使用者的刑事责任。

---

⑧ 参见刘宪权:《人工智能时代的刑事风险与刑法应对》,载《法商研究》2018年第1期。

(二)强人工智能机器人也不能成为犯罪主体,不承担刑事责任

如上所述,与弱人工智能机器人相比,强人工智能则拥有独立的意志,能够在编程的范围外实施相应的行为。对于这种强人工智能机器人所实施的犯罪行为,可否以人工智能机器人为犯罪主体,并由人工智能机器人承担刑事责任,是一个亟待解决的问题。有观点认为,人工智能时代的到来使我们不得不警惕人类设计和编制的程序无法完全控制住“头脑”越来越发达的智能机器人的行为,机器人完全可以按照自主意识和意志实施严重危害社会的犯罪行为。在这种情况下,智能机器人完全具有独立的辨认能力和控制能力,可以成为刑事责任主体并需要承担刑事责任。⑨ 笔者认为,这种观点从根本上动摇和改变了传统刑法学关于犯罪主体方面的规定,其合理性是值得商榷的。

支持将强人工智能机器人作为犯罪主体的观点认为强人工智能机器人能够成为犯罪主体的理由如下:第一,在设计和编制的程序范围外实施行为时,智能机器人的行为实现的是自主意志而非他人意志;第二,智能机器人在设计和编制的程序范围外的行为相比于传统理论对于“行为”的定义,除了不满足主体是具有生命体的“人”之要素之外,其他的要素似乎均符合行为理论要求。智能机器人在设计和编制的程序范围外的行为可以成为刑法学意义上的“行为”;第三,对智能机器人完全可以科处刑罚,这符合刑罚的目的,且有利于降低社会治理成本。⑩ 支持这一观点的理由还包括,在设计和编制的程序外实施行为的智能机器人具有辨认能力和控制能力,而我们完全可以将刑事责任能力直接理解为辨认能力和控制能力,所以也应当认为此类智能机器人具有刑事责任能力。⑪ 笔者认为,将强人工智能机器人作为犯罪主体的观点具有一定的道理,但是其忽视了自然人与智能机器人的本质区别,同时也有悖刑法法理,是很难成立的。这种观点的缺陷主要包括以下几个方面:

首先,将强人工智能机器人作为犯罪主体的观点忽视了自然人与智能机器

---

⑨ 参见刘宪权、胡荷佳:《论人工智能时代智能机器人的刑事责任能力》,载《法学》2018 年第 1 期。

⑩ 参见刘宪权、胡荷佳:《论人工智能时代智能机器人的刑事责任能力》,载《法学》2018 年第 1 期。

⑪ 参见刘宪权、朱彦:《人工智能时代对传统刑法理论的挑战》,载《上海政法学院学报》2018 年第 2 期。

人的区别,是形而上学的观点。具有刑事任能力必须具备辨认能力和控制能力,对此无须多论。然而,认为强人工智能机器人具备了依靠自我意识而具有辨认能力和控制能力,便具有刑事责任能力,能够成为犯罪主体的观点却过于肤浅,对自然人和强人工智能机器人之间的本质区别缺乏由表及里的审视。这种观点实质上是将强人工智能机器人作为法律拟制主体,将强人工智能机器人过度地考虑为自然人的抽象概念,而忽略了智能机器人和自然人的本质区别,犯了形式主义的错误。自然人作为有血有肉的社会活动主体,其与智能机器人具有天壤之别,这体现在自然人在社会中有多重身份、自然人作为社会中的人受到伦理道德规范的约束、自然人的本质是一切社会关系的总和,而这些都是机器人所不具备的特性。自然人的这些特性决定了即使出现了具有辨认能力和控制能力的强人工智能机器人,将其作为犯罪主体的观点也大大超出了预测可能性的范围,容易造成“道德危机”,很难被社会大众所接受。正如相关观点所指出的,在理解法律主体概念的时候,必须考虑人的其他面相,以更多地区别于智能机器人。如果仍然仅仅把人视为理性的过于抽象的法律主体,那么,作为人的其他面相就消失了。应该回到人的本质,更多地参考人的其他面相,构建法律主体的理论基础。人不是仅仅具有身体的一个实体存在,同时也是向他者、与他者共性的存在。显然,承认智能机器人的公法主体地位是十分困难的。[12] 还应当注意的是,自然人的独立意志是通过自然人在人类社会中受到伦理道德和社会规则约束的情况下形成的独立意志,而强人工智能机器人的独立意志并不受到人类社会伦理道德和社会规则的约束。因此,自然人的独立意志与强人工智能机器人的独立意志不具有对等性,很难将智能机器人的自由意志拟制为自然人的自由意志。由此可见,将强人工智能机器人作犯罪主体的观点超出了刑法对犯罪主体的“人”的概念可能具有的含义,在刑法立法者对犯罪主体的“人”的意识之外主张解释者自己所设定的原理;认识到了智能机器人不是刑法规定的犯罪主体,而以强人工智能机器人可能依据自己的意志实施具有相似社会危害性行为,而主张将其作为犯罪主体,实质上是对刑法规定的“人”的概念进行类推解释的结果。

---

⑫ 参见王勇:《人工智能时代的法律主体理论构造——以智能机器人为切入点》,载《理论导刊》2018年第2期。

这种观点显然是不妥当的。

其次，在将强人工智能机器人作为犯罪主体的情况下，缺乏相应的刑罚措施。“没有刑罚就没有犯罪”，这是西方刑法上的一句著名格言。这句格言显然是就立法而言的：即某种行为是法律所禁止的，但如果刑法没有对该行为规定刑罚后果，该行为就是无罪的；反之，如果刑法对某种行为规定了刑罚后果，该行为便是犯罪，而不是其他违法行为。我国刑法没有直接对犯罪规定非刑罚处罚后果的条文。因此，在我国，仍然可以说没有刑罚就没有犯罪。⑬ 如果要将强人工智能机器人作为犯罪主体对待，就必须对强人工智能机器人判处刑罚，否则将强人工智能机器人作为犯罪主体就失去了意义。我国现有的刑罚体系包括管制、拘役、有期徒刑、无期徒刑、死刑在内的五种主刑和包括罚金、剥夺政治权利、没收财产、驱逐出境在内的四种附加刑。但是，将这些刑罚适用于智能机器人是不可思议的。由于智能机器人不具有如同自然人一样的人身权，对智能机器人适用诸如管制、有期徒刑等限制或剥夺自由刑不会让智能机器人感到人身痛苦，由此刑罚的报应功能无法实现；而智能机器人被拘禁期间也很难在监狱里得到改造，由此不但刑罚的预防功能无法实现，反而会浪费大量的社会资源。由于智能机器人是由特殊材料制成的，其不具有如同自然人一般的生命权，对智能机器人适用死刑这种生命刑也不具有可操作性。智能机器人更没有财产和政治权利，对其适用罚金、没收财产、剥夺政治权利和驱逐出境也不具有现实意义。由此可见，在现有的刑罚体系下，不可能对智能机器人适用刑罚。而没有刑罚就没有犯罪。把智能机器人作为犯罪主体而对其不实施刑罚处罚的观点是不可取的。

再次，将强人工智能机器人作为犯罪主体并对其设定独特刑罚的观点无法实现刑罚的机能。由于对智能机器人判处现有的刑罚在刑法理论上是不科学的，在实践中是不可行的，在这种情况下将强人工智能机器人作为犯罪主体的观点就是无法自圆其说的。为了使强人工智能机器人可以成为犯罪主体的观点在理论和实践中得到支持，有学者指出，我们完全可以通过对刑罚体系的重构来实现对智能机器人的刑事处罚。智能机器人虽然没有生命，但其行为受到编程的影响。编程之于智能机器人犹如生命之于自然人。我们可以通过对自然人的生

---

⑬ 参见张明楷：《刑法格言的展开》（第3版），北京大学出版社2013年版，第186~188页。

命、自由进行限制来对自然人进行定罪处罚,我们也同样可以通过对智能机器人的编程进行调整来对其进行定罪处罚。适用于智能机器人的刑罚有三种,分别为删除数据、修改编程、永久销毁。⑭ 笔者认为,这种观点是不合理的,其漏洞集中体现在无法实现刑罚的机能。刑罚的机能,是指国家制定、裁量和执行刑罚对社会与社会成员可能产生的积极作用。⑮ 刑法学者对刑罚机能的理解大致有三分法和四分法。三分法即将刑罚机能分为对犯罪人的功能、对社会的功能和对被害人的功能。日本刑法学者牧野英一认为,刑罚主要具备以下三个方面的机能:第一,对犯罪人方面,刑罚首先对犯人发挥作用,称之为特别预防;第二,对社会方面,刑罚又以警戒社会的一般人以防后者的倾覆为目的,谓之一般预防,而同时又有满足一般社会报应思想的作用;第三,对被害者方面,刑罚对被害者有给予满足的作用。⑯ 四分法把刑罚机能分为报复感情缓靖机能、保安机能、赎罪机能和预防机能。日本著名刑法学者西原春夫持有这种主张,认为所谓报复感情缓靖机能,是指使被害者及其家属,进而包括社会一般的报复感情观得以和缓并满足的机能;所谓保安机能,是由于将犯人隔离于社会而保障社会安全的机能;所谓赎罪机能,是指受刑者自己由于受到刑罚的痛苦而赎罪;预防机能同样指的是针对一般人,利用威慑来防止犯罪的机能,以及针对犯人本人,使其不再重新犯罪的机能。⑰ 由此可见,刑罚的机能包括刑罚的报应机能和预防机能两大方面,而在刑罚设立时必须满足刑罚的两种机能。由于强人工智能机器人具有认识能力和控制能力,对强人工智能机器人施加刑罚具有一定的预防效果,这体现在对智能机器人的编程进行修改和删除可以使实施犯罪行为的机器人得到教育和改造,从而从一定程度上实现特别预防的效果;而且这种刑罚对其他具有独立意识的智能机器人产生震慑,使其他智能机器人考虑到刑罚后果而自觉控制自己的行为,在一定程度上实现一般预防的效果。但是,也应当看到,对强人工智能机器人施加刑罚,不利于实现刑罚的报应机能。对强人工智能机器人实

---

⑭ 参见刘宪权、朱彦:《人工智能时代对传统刑法理论的挑战》,载《上海政法学院学报》2018 年第 2 期。

⑮ 参见马克昌、卢建平主编:《外国刑法学总论(大陆法系)》(第 2 版),中国人民大学出版社 2016 年版,第 368 页。

⑯ 参见[日]牧野英一:《日本刑法》,有斐阁 1939 年版,第 576 页。

⑰ 参见[日]西原春夫:《刑法的根基与哲学》,顾肖荣等译,法律出版社 2004 年版,第 92 页。

施诸如删除数据、修改编程、永久销毁一类的刑罚措施，无法使被害者及其家属，进而包括社会一般的报复感情观得以和缓并满足。例如，自然人实施故意危害公共安全犯罪行为，造成多人伤亡后果的，在我国的刑事司法环境中极有可能以危害公共安全罪被判处死刑，这样，被害人和社会的报复感情就可以得到宣泄和满足；然而，具有辨认能力和控制能力的强人工智能机器人如果实施故意危害公共安全的犯罪行为并造成多人伤亡后果的，对其施加删除数据、修改程序一类刑罚措施则根本不可能使被害人和社会的报复感情得到满足。可能有人认为，单位可以成为刑法拟制的犯罪主体，而强人工智能机器人具有独立意识，更可以成为拟制的犯罪主体。这种观点忽视了单位具有一定的财产，其作为犯罪主体可以承担罚金刑，从而使被害人和社会的报复感情得到满足，而智能机器人则没有财产权，对其不能实施罚金刑，由此也就不能使被害人和社会的报复感情得到满足。这都体现出将强人工智能机器人作为犯罪主体并对其设定独特刑罚的观点是不合理的。

最后，将强人工智能机器人作为犯罪主体的观点违反了适用刑法人人平等的基本原则。刑法的基本原则，是指贯穿全部刑法规范、具有指导和制约全部刑事立法和刑事司法的意义，并体现我国刑事法治的基本精神的准则。罪刑法定原则、适用刑法人人平等原则、罪责刑相适应原则无可置疑地应当属于我国刑法的基本原则。⑱ 刑法的基本原则对刑事立法和刑事司法所具有的的巨大指导意义是毋庸置疑的，任何刑法学观点都应当符合刑法基本原则的精神。适用刑法人人平等原则和含义是：对任何人犯罪，不论犯罪人的家庭出身、社会地位、职业性质、财产情况、政治面貌、才能业绩如何，都应当追究刑事责任，一律平等地适用刑法，依法定罪、量刑和行刑，不允许任何人有超越法律的特权。⑲ 将强人工智能机器人作为刑事主体的观点违反了刑法面前人人平等原则。这体现在刑法不可能对强人工智能机器人与自然人一律平等地适用刑法，依法定罪、量刑和行刑。假使自然人以极其凶残的手段故意杀害被害人，大多会被判处故意杀人罪并处以死刑或长期监禁；而强人工智能机器人作为犯罪主体实施了这类行为，对

---

⑱ 参见高铭暄、马克昌主编：《刑法学》（第5版），北京大学出版社2011年版，第24页。

⑲ 参见高铭暄、马克昌主编：《刑法学》（第5版），北京大学出版社2011年版，第28页。

其判处故意杀人罪，却最多只能对其判处销毁或者删除数据等刑罚措施，这样就带来了平等定罪却不平等量刑和行刑的问题。自然人的生命权对于自然人来讲只有一次，其珍贵性对于单一的自然人个体而言是至高无上的，而对于智能机器人而言，其不具有生命权和身体权，对其实施删除数据甚至销毁等刑罚充其量只算是一种形式意义上的处罚，不能使智能机器人感到生命被剥夺的痛苦和身体上的痛苦，其残酷性与对自然人实施死刑的残酷性相比不可同日而语。如果在实施相同犯罪行为的情况下对智能机器人判处不同的刑罚，不但被判处死刑的自然人犯罪人会感到不公平和不可接受，整个社会也会感到不公平，甚至对这种不平等量刑的情况感到滑稽，从而使社会大众对刑法公平、公正的理念产生动摇，也将令全社会对智能机器人犯罪陷入一片恐慌之中。由此可见，将强人工智能机器人作为犯罪主体的观点违背了刑法面前人人平等原则的精神，在理论和实践层面是站不住脚的。

通过以上分析，笔者认为，弱人工智能机器人和强人工智能机器人都不能够成为犯罪主体，能够成为犯罪主体的只能是智能机器人背后的自然人。就自然人利用弱人工智能机器人实施故意犯罪以及涉及弱人工智能机器人的过失犯罪的犯罪主体问题以及刑事归责问题前文已有讨论，而关于强人工智能机器人犯罪的犯罪主体及刑事归责问题，笔者将在下文进行进一步的探讨。

三、人工智能时代刑事风险的刑法应对措施

如何使人们在充分享受人工智能技术创新与发展成果的同时最大限度地预防和控制人工智能技术给全社会带来的刑事风险，是刑法需要研究解决的重要问题。防控人工智能刑事风险的任务可谓长期而艰巨，不可能通过对当下人工智能刑事犯罪特点的研究与探索一劳永逸地加以解决。只有结合人工智能发展不同阶段的时代特征持续不断地进行探索，才能找到针对不同时期人工智能刑事风险的刑法应对措施并不断地予以完善。正如上文所论述的，人工智能的发展呼唤刑法有针对性的增加新的犯罪类型，以更好地惩罚这些利用人工智能技术实施的新形式的犯罪行为。另外，结合当前人工智能技术的发展特征及犯罪主体理论，就强人工智能机器人依据自主意志实施犯罪行为应当如何进行刑事归责的问题也值得进一步探讨。

(一)滥用人工智能行为的刑法应对措施

正如上文所论述的,人工智能技术的不断发展给整个社会带来的刑事风险与日俱增,社会危害性越来越大,尤其是强人工智能机器人可能依靠独立的意志实施犯罪,更凸显出从刑法立法上对滥用人工智能实施危害社会的行为创设新的犯罪类型的必要性。由于当前对滥用人工智能实施犯罪行为的刑法研究方兴未艾,滥用人工智能实施犯罪的形式也不充足,刑事立法尚不具备对滥用人工智能实施危害社会的行为规定大量法条的条件。然而,为化解目前人工智能技术所带来的巨大刑事风险,急需相关刑法罪名予以规制。为此,笔者建议设立"破坏人工智能管理秩序罪",规定滥用人工智能技术破坏人工智能管理秩序,情节严重的,按照破坏人工智能管理秩序罪论处。笔者认为,在目前的环境下增设破坏人工智能管理秩序罪具有其合理性:第一,从刑事立法上为滥用人工智能实施危害社会行为制定了新罪名,填补了此类犯罪行为在刑事立法上的空白;第二,人工智能管理秩序并不是横空出世的概念,其内容由民事法规和行政法规予以规定。设立新罪名,实际上构建了一道民事、行政、刑事紧密衔接打击滥用人工智能行为的体系,充分发挥了民法、行政法、刑法在惩治不同情节滥用人工智能危害社会行为上的作用。而规定对破坏人工智能管理秩序情节严重的行为才作为犯罪论处的规定也充分体现了刑法的谦抑性。第三,对新罪名进行如此设定,既考虑了当前滥用人工智能实施犯罪行为的特征,又前瞻性地对将来滥用人工智能实施犯罪行为的特征进行了预见。随着人工智能技术的不断发展,滥用人工智能实施危害社会的行为将具有更多的形式,将来针对人工智能技术进行规制的民事和行政法规必将如雨后春笋般不断涌现。刑法做出如此规定,顺应了人工智能不断发展的趋势,避免了刑法在打击新形式犯罪上的滞后性。也许有人会批评破坏人工智能管理秩序罪的设置过于笼统,不符合刑法明确性的要求,但是,我们更应该看到的是如此设定在惩治犯罪和保障人权上所具有的显著作用。回首往昔,新中国各项事业的发展刚刚起步,刑事学研究方兴未艾之时,我国刑法也曾经设定了诸如流氓罪等口袋罪名。这些罪名虽然在刑法的明确性上有所欠缺,但是在客观上符合当时社会发展环境的需要,起到了打击犯罪、保障人权的作用,完成了其历史使命。同理,为了更好地打击当前滥用人工智能危害社会的行为,有必要增设一个涵盖面较广的具有兜底性质的罪名,以避免无法可依情况的出现。而依据今后人工智能发展的新形势要求,对个别行为需要单独增设新罪名时,完全可以以刑法修正案的形式对相关新罪名进行增设;而对于人工智能发展新形势下新出现的亟待解决的疑难问题,也可以按照立法解释和司法解释的方式加以解决。

(二)强人工智能机器人犯罪的刑法应对措施

如上所述,将强人工智能机器人作为犯罪主体,由强人工智能机器人承担刑事责任的观点是站不住脚的。那么,对强人工智能机器人实施的犯罪行为应当如何进行归责?刑法应当对此类行为作出何种规制才能够在预防强人工智能技术所带来刑事风险的同时促进强人工智能技术的发展?对此,都需要进行进一步的探索。

在强人工智能机器人实施犯罪行为的场景下,虽然在表面上犯罪行为确实是由强人工智能机器人实施的,但是,正如上文所述,将强人工智能机器人作为犯罪主体是不符合刑法理论和司法实践要求的。这就要求我们刺破强人工智能机器人的面纱,找寻其背后真正应该承担刑事责任的犯罪主体。由于强人工智能机器人具有自己的意识,具有认识能力和控制能力,其所实施的犯罪行为很难直接由强人工智能机器人的研发者和使用者来承担责任。当然,如果智能机器人的研发者和使用者没有尽到注意义务,已经提前预见到自己的行为有可能生产出一个产生犯罪意识的强人工智能机器人或在使用中意识到强人工智能机器人有可能产生犯罪意识,却放任机器人依据自己产生的犯罪意识实施犯罪行为并造成危害结果发生,后来智能机器人果然基于这种扭曲意识实施犯罪行为的,应当作为相关犯罪的间接正犯承担相应的刑事责任。例如,强人工智能机器人的生产者在生产过程中意识到智能机器人的编程会使智能机器人产生扭曲意识,将来智能机器人可能基于此实施犯罪行为,却放任其进入相关领域,结果智能机器人果然基于扭曲意识实施了犯罪行为,则对相关生产者应当按照相关犯罪的间接正犯进行处罚;而如果智能机器人的研发者和使用者应该预见到所生产或使用的强人工智能机器人有可能产生犯罪意识,因为疏忽大意没有预见或已经预见却轻信能够避免,则应当对智能机器人犯罪承担相应的过失责任。但是，也应当注意的是，这样的情况毕竟是极少数，强人工智能机器人的生产者、使用者在生产、使用强人工智能机器人时，很难预见到强人工智能机器人今后是否会产生犯罪意识，也很难在生产、使用过程中对强人工智能机器人产生犯罪意识具有注意能力。在这种情况下，似乎就没有人对智能机器人的犯罪行为负责任，而这也给刑法学界带来了困惑。

笔者认为，基于强人工智能机器人实施犯罪行为的特殊性，不妨对强人工智能机器人设定相关的监管人员。这样，当强人工智能机器人依据自己的意志实施犯罪行为时，对智能机器人负有监管义务且没有履行或充分履行该义务的人员就要负担相应的刑事责任。随着科技的不断发展，在对强人工智能机器人实施的危害行为予以惩治方面引进替代责任已经较为成熟。可以预见，在不久的将来，强人工智能机器人必然会出现并应用在更广泛的领域。届时，强人工智能机器人给人类社会所带来的各种道德、伦理风险将大大增加，也会给社会带来更大的风险。根据阿西莫夫提出的智能机器人三定律，智能机器人不得危害人类、必须服从人类的命令、在不违反第一条和第二条的情况下必须保护自己。[20] 如何保障强人工智能机器人不危害人类和最大限度地服从人类命令成为当前社会必须解决的问题。对此，笔者认为，由于刑法具有补充性，仅仅以刑法为手段不可能抑制犯罪，并且因为刑罚是剥夺人的自由、财产等极苛酷的制裁，应当限于为了防止犯罪的最后手段。而正如德国学者李斯特所讲的，最好的社会政策就是最好的刑事政策，应当首先积极谋求从技术和社会的角度对强人工智能的危害行为进行防卫。鉴于强人工智能机器人给人类社会带来的巨大风险和挑战，应当成立专门的监管机构对强人工智能机器人进行监管，由精通人工智能技术的专业人员负责对强人工智能机器人进行监督管理。但是，由于强人工智能机器人拥有自己独立的思维意识，如何才能对其进行有效管理便成为一个难题。在我国首个功夫科幻系列片《功夫机器侠·北腿篇》里，具有自主意识的强人工智能机器人“阿狗”被植入了特殊芯片，在其准备着手实施针对自然人的暴力犯罪行为时智能系统将启动自毁装置，将智能机器人摧毁。笔者认为，强人工智能机器人拥有自己的意识，而且在某些方面具备比自然人更强的能力。为了对强

⑳ 参见[美]艾萨克·阿西莫夫：《我，机器人》，叶李华译，江苏文艺出版社2013年版，第59~60页。

人工智能机器人进行更加有效的监管,可以考虑在强人工智能机器人的编程系统里设定"毁灭系统"。这样,在强人工智能机器人产生犯罪意识时,相关的毁灭系统介入摧毁智能机器人的全部编程,使其变为没有任何意识的、冷冰冰的机器。待人类重新为其输入编程系统后,再行恢复其相关能力。毁灭系统由专门的智能机器人监管者负责安装与维护。当毁灭系统因故障失效时,监管者可以使用手动遥控启动毁灭程序的方式摧毁强人工智能机器人的编程。如此一来,监管者就承担起对强人工智能机器人的监管责任。如果因为监管者没有履行或充分履行监管义务而导致强人工智能机器人实施犯罪行为的,则由监管者承担相应的刑事责任。但是,由于在这种情况下,监管者仅因为存在一定的过失导致危害结果的发生,而不是积极追求或放任危害结果的发生,对其不宜按照人工智能机器人所实施的行为进行处罚,而应当针对人工智能监管者增设管理机器人失职罪,并按照此罪对监管者进行刑事处罚。强人工智能机器人犯罪未遂的,监管者不应承担相关的责任。此外,基于强人工智能机器人与自然人相比,可能实施具有更大社会危害性的行为,其犯罪行为会给被害人带来更为严重的危害,单单对监管者处以罚金刑显然不能满足对被害人的经济赔偿。由此,如何满足对被害人的经济赔偿的问题也亟待解决。笔者认为,应当推行对强人工智能机器人的强制保险制度。由此,如果强人工智能机器人实施严重危害行为的,则由保险公司承担经济赔偿责任。这样一来,就能够充分利用现代社会的保险制度对被害人的损失加以弥补。

此外,未来强人工智能机器人可能被用于诸多领域,例如工业生产、灾害救助、医疗救治、决策参谋等,这必将大大推动整个社会的发展。但同时也应当考虑到,强人工智能机器人拥有独立意识,一旦将其运用于智能武器系统和人类基因系统等重要领域,智能机器人在这些重要领域实施的犯罪行为将给人类社会带来难以估量的危害。而正如有关学者所指出的,安全是人工智能时代的核心法价值,安全价值是对整个社会秩序稳定的维护。[21] 为了维护整个社会的安全,强人工智能机器人的应用范围必须受到严格限制。我们不能将强人工智能机器人应用于智能武器系统等重要领域,否则必将给整个社会的安全带来更大的风

[21] 参见吴汉东:《人工智能时代的制度安排与法律规制》,载《法律科学》2017 年第 5 期。

险和挑战。

四、结语

人工智能技术就像一柄“双刃剑”,其快速发展既给人类社会带来了更多的便利,推动了人类社会的快速发展,也给整个人类社会带来了极大的风险和挑战。而对于人工智能机器人,尤其是随着人工智能技术的不断发展在将来出现的强人工智能机器人实施的危害社会的行为应当如何从刑法的维度进行规制,成为一个亟待解决的难题。世异则事异,事异则备变。人工智能技术所引发的刑法讨论才刚刚开始。伴随着人工智能技术的快速发展和人类社会知识的创新,刑法理论也需要进一步的发展和创新,以应对人工智能技术给整个社会带来的日益复杂的刑事风险。笔者认为,刑法学者应当秉着实事求是的实践精神和与时俱进的创新精神,对人工智能时代的刑法完善途径进行积极探索,以构建一整套防卫人工智能刑事风险的刑事法律制度体系,从而实现防卫人工智能刑事风险和推动人工智能技术不断发展的有机统一。

第六编　立法理论与立法方法

宪法的立法功能

马　岭*

摘　要：宪法是法律规范产生的“法律”依据。宪法基本原则对法律的指导作用主要表现在对其基本原则的形成方面；宪法中的子原则与法律中的母原则可能出现重叠，也可能派生出法律原则，还可能和宪法规则相结合后派生出法律规则；宪法规则可能直接转化为法律原则，也可能派生出法律规则。社会生活是法律规范产生的“社会”依据，宪法是立法的法律渊源，社会生活是立法的社会渊源。我国法律中有近2/3没有提及宪法，这种状况应当改变。

关键词：宪法　立法依据　基本原则　子原则　规则

作为国家根本法的宪法有多种功能，如建国的功能，宣告的功能，凝聚信仰的功能，象征性功能，等等。“提起宪法，一般人大多会联想到宪法史的问题”，联想到以前推翻帝制、争取宪政的峥嵘岁月。① 在推翻专制制度的过程中，宪法是一面大旗，在无数争取自由的心灵里高高飘扬。推翻专制制度后，人民积极参与制定宪法，热烈讨论、共同谋划共和国的体制蓝图，宪法构建国家机构的功能得以充分展示。② 同时，宪法作为国家的“名片”，犹如新国家的“出生证明”把自己介

---

* 中国社会科学院大学政法学院教授。

① 参见陈新民：《公法学札记》，中国政法大学出版社2001年版，第4页。

② 西耶士认为，国家作为“为某种目的而创立的一个团体”，没有一定的组织形式是不可能的，“没有组织形式，它便什么也不是；唯有通过组织形式，它才能行动，才能前进，才能掌握方向。”而“组织政府”是宪法最重要的功能之一。参见[法]西耶士：《论特权第三等级是什么》，冯棠译，商务印书馆1991年版，第58～59页。

绍给国际社会,“一个国家有一部宪法已成了一种礼仪上的必要。”③即使在立宪建国的任务完成之后,宪法仍具有一种凝聚功能,“它像一座灯塔那样,使社会中本来分散的各种成分团结在其周围。……在容忍和实行社会中各种不同观念的同时,又能维持整个社会表面的一致性。”④各派领袖和各阶层人民都聚集在宪法的旗帜下,宪法作为一种引领国民精神生活的航标,寄托着国家和人民的美好理想和神圣信念。宪法还是一种象征性符号,它“把爱国主义,对过去的光荣或耻辱的追忆,对未来成就的指望等等”,浓缩在宪法文本里,“宪法在许多国家被认为是民主、正义、自由和法治的象征。”⑤这种象征性符号的“制定和放弃是基本社会变迁的一个部分。”⑥宪法还有一种“民族主义职能”,它“以像国旗、国徽和国歌的同样方式来培养国家统一和团结的感情”⑦……但宪法的功能并不限于此,如果认为宪法只是在新中国成立初期或重大历史转折时期才发挥作用,在平时宪法仅仅是人民的一种信仰,那就太低估了宪法。事实上宪法还有非常重要的“法律”功能,宪法为法治国家中法律体制的建立和完善指引方向,为整个法律体系建构基础(立法),并适时地检查验收这些法律的质量(违宪审查),为维护法治的价值和法制的统一保驾护航。

宪法是立法的基础,法律不能与宪法相抵触,这已经是我国法学界的共识。正因如此,宪法又被誉为“母法”,而法律被称作“子法”。但母法是如何产生子法的?刑法、行政法、诉讼法、组织法等法律都不能与宪法相抵触,但它们都是根据宪法条文产生的吗?如果不是,那么它们与宪法是什么关系?如果是,它们是依据同样的宪法条文产生的吗?那么它们依据的是宪法原则还是宪法规则?还是既有宪法原则又有宪法规则?根据宪法产生的是法律的原则,还是法律的规则?还是其原则和规则都是根据宪法产生的?是否宪法原则只能产生相应的法律原则,宪法规则只能产生相应的法律规则呢?……

---

③ [荷]亨利·范·马尔赛文、格尔·范·德·唐:《成文宪法的比较研究》,陈云生译,华夏出版社1987年版,第352页。

④ [英]罗杰·科特威尔:《法律社会学导论》,潘大松等译,华夏出版社1999年版,第120页。

⑤ [荷]亨利·范·马尔赛文、格尔·范·德·唐:《成文宪法的比较研究》,陈云生译,华夏出版社1987年版,第353页。

⑥ [英]罗杰·科特威尔:《法律社会学导论》,潘大松等译,华夏出版社1999年版,第121页。

⑦ [荷]亨利·范·马尔赛文、格尔·范·德·唐:《成文宪法的比较研究》,陈云生译,华夏出版社1987年版,第351页。

一、宪法是法律规范产生的"法律"依据

"法律制度是由那些被认为蛛网般地构成整体的因素所组成的。宪法是蛛网上的一点,而蛛网上的变化就会影响到宪法,正像宪法发生了变化就要引起全局的变化一样。"⑧宪法的规范都与法律有关,都是法律在制定时不能违背的准则。区别仅仅在于,有些宪法规范是许多法律的共同立法基础,有些宪法规范只是个别法律的立法基础,有些宪法规范是这些法律的立法基础,有些宪法规范是那些法律的立法基础。

(一)宪法基本原则在立法中的作用

"法律必须以正义和理智为依据,宪法是比单纯法案更带有根本性的关于正义和理智的基本原则的阐述。"⑨人民主权、人权、分权、法治是贯穿于宪法的基本原则,宪法所确立的这些基本原则不仅仅具有一种宣扬共和精神的作用,而且对一个国家法律体制的建立和完善也具有一种指导和规范的作用。这种作用主要表现在"立宪"方面,它们是宪法其它原则和各种宪法规则产生的基础。同时它们对"立法"也有规范作用,所有法律都不得违背这些基本原则,只是立法中对这些基本原则的遵循往往是通过其它宪法原则或宪法规则转换后才实现的。宪法基本原则对所有法律的覆盖是要求所有法律都要在其指引下,都不得违背其精神,宪法基本原则的信念往往"渗透"在各部门法中,是各部门法所追求的终极目标。它们为这些部门法的制定提供理论源泉,而不一定直接作为这些法律的制定依据。在立法和违宪审查中,宪法基本原则往往不是孤立地发挥其作用的,如选举法、立法法、监督法等法律中大量法律规则的规定既是宪法中民主原则(人民主权)的体现,也渗透着分权原则和法治原则的精神,组织法、行政法、司法法等法律反映了分权原则的思想,但法治原则、保障人权原则的精神也在其中闪烁着光芒,结社法、游行法、宗教法等法律主要体现着保障人权的理念,但法治原则也贯穿其始终。

宪法的基本原则对法律的指导作用主要表现在对法律的基本原则的形成方

---

⑧ [荷]亨利·范·马尔赛文、格尔·范·德·唐:《成文宪法的比较研究》,陈云生译,华夏出版社1987年版,第303页。

⑨ [美]梅里亚姆:《美国政治思想》,朱曾汶译,商务印书馆1984年版,第94页。

面。如"依法行政"作为行政法的基本原则,其含义主要是、首先是指依"法律"行政,而不是依法规行政,这一原则的理论基础是宪法的基本原则。具体地说,法律之所以"优位",其依据是宪法确定的民主原则(人民通过其代表制定的法律高于行政机关自己制定的法规,有许多重大事项只能由国家法律、而不能由行政法规加以规定)、分权原则(立法机关立法、行政机关执法)和法治原则(法律体系的科学性和层次性等)。"如果要对言论自由权、结社权和集会权加以限制,那么,应由法律本身施加这种限制,而不能根据警察或其他政府机构的自由裁量。"⑩"在德国基本法中对行政法有相当重要性的国家指导原则,是由第 20 条、第 28 条所规定的法治国家原则及奉行本原则所实施的民主政治。……法治国家原则在传统上系针对行政为出发点,也促使行政法的发展。法治国家传统的两大法律制度是法律保留原则与法律优越原则,要求行政行为的行使,应该在法的界限之内。"⑪我国宪法虽未明确规定"依法行政"原则,但行政机关要"依法行政"却是宪法的题中之意,《宪法》第 5 条和第 85 条等条款的规定都可以作为推断行政机关应当依照最高国家权力机关制定的法律行政的依据。⑫

宪法的基本原则对法律的指导作用除了表现在对法律的基本原则的作用方面之外,是否对法律的其他原则也有直接的指导作用?法律也有基本原则和非基本原则(子原则)之分,每一个法律群都有自己的基本原则,它们指导着本法律群中所有法律规范,同时其中的每一部法律又还有自己的子原则。如"依法行政"原则是行政法的基本原则,对各种行政法都有指导作用,各行政法除了要遵循这一行政法的基本原则外,还要遵循自己的子原则。某一行政法的子原则

---

⑩ [英]詹宁斯:《法与宪法》,龚祥瑞、侯健译,生活·读书·新知三联书店 1997 年版,第 183 页。

⑪ 陈新民:《中国行政法学原理》,中国政法大学出版社 2002 年版,第 8 页。其中提到的《德国基本法》第 20 条规定:"(一)德意志联邦共和国是一个社会的和民主的联邦国家。(二)主权属于人民。它由人民通过选举和全民投票方式,以及通过有立法权、行政权和司法权的专门机构行使之。(三)立法权受宪法的限制,行政权和司法权受法律和法权的限制。"第 28 条规定:"(一)各州宪法制度必须符合本基本法规定的共和、民主和社会法权的国家基本原则。在州、县和乡中应设有经由普遍、直接、自由、平等和秘密选举产生的国民代表机构。这种代表机构,在乡一级可由乡民代表大会替代之。(二)必须保证各乡在法律范围内拥有独立负责地处理各种地方性事务的权限。乡在其法律任务的职权范围内,也拥有按法律规定的行政自治权。(三)联邦保障各州宪法制度与基本权利同本条第一、二款的规定相适应。"

⑫ 参见《宪法》第 5 条规定:"中华人民共和国实行依法治国,建设社会主义法治国家。""一切国家机关和武装力量、各政党和各社会团体、各企业事业组织都必须遵守宪法和法律。一切违反宪法和法律的行为,必须予以追究。"《宪法》第 85 条规定:"中华人民共和国国务院,即中央人民政府,是最高国家权力机关的执行机关,是最高国家行政机关。"

其直接的依据应是“依法行政”原则，而不是宪法上的“法治”原则，“法治”原则作为论证该原则的合理性、合法性的法理依据是非常重要的，但从法律渊源上看，它只具有间接性。因此，宪法基本原则对法律的作用主要表现在对法律原则（其中又重点是对法律群的总原则）的指导，一般不太可能直接对法律规则发生作用。所有法律都要遵守宪法，但这种“遵守”对许多法律来说是对宪法规则或宪法子原则的遵守，而不是对宪法基本原则的直接具体化。这并不是说立法者在立这些法时可以忽略宪法基本原则，虽然宪法基本原则的作用主要在立宪中而不是在立法中，它们一般不是直接的立法依据，但它们往往能够解释、说明宪法子原则和宪法规则的含义、地位、作用以及必要性等，因为这些宪法的子原则和规则都来自宪法基本原则，只有从理解基本原则入手才能真正把握和领悟这些子原则和规则为什么要这样而不是那样规定，其背后蕴藏的价值和精神是什么。立法者、律师、法官在具体的案件中都爱谈论宪法，此时他们并不一定在直接“依据”宪法原则（甚至不一定在“依据”宪法），他们“引用”宪法是为了“说明”他们制定或直接依据的宪法规范（在违宪审查中）或法律规范（在一般诉讼中）的精神，是在对宪法或法律条款作“目的性解释”。

（二）宪法子原则在立法中的作用

世界各国对宪法基本原则的确认是大体相同的，但宪法基本原则的子原则是什么，有哪些，却不十分确定，各国也有一定差别，我们很难为这些原则规定一个数量、范围或模式。从法律制定的依据来看，宪法子原则比宪法基本原则的作用更直接、更明显。

1. 当宪法专门为某部门法确定原则时，宪法中的子原则与法律中的母原则可能出现重叠。如“罪刑法定”是意大利宪法明确规定的宪法原则，同时也是意大利刑事立法的基本原则。我国《宪法》第 125 条关于“人民法院、人民检察院和公安机关办理刑事案件，应当分工负责，互相配合，互相制约，以保证准确有效地执行法律”的规定既是宪法确认的一条原则，也是刑事诉讼法的一条基本原则（《刑事诉讼法》第 7 条）。[13] 在这里，宪法和法律都对某一原则作出了规定，宪

⑬ 徐静村主编：《刑事诉讼法学》（上），法律出版社 1997 年版，第 130~133 页。

法的“子”原则与部门法的“母”原则出现了重合,但这种重合是不妥的。部门法的规范(无论是原则还是规则)应当是宪法规范的细化,而不是重复,否则部门法的条文就可能成为多余,因为人们可以直接依据宪法而不理睬部门法;或者宪法成为多余,因为当上位法与下位法有相同的规定时,一般应适用下位法。作为一个宪法原则它可以指导宪法规则,也可以指导各种法律的制定,必要时还可以作为违宪审查的依据;但它同时又是一个部门法原则,其作用则主要是指导本部门法的原则和规则的制定,同时也可能在实践中填补法律空白,但它不可能指导宪法规则和其他法律,也不能成为法官进行违宪审查的依据——违宪审查的依据是宪法而不是法律。因此这种宪法和部门法原则的重叠,不仅是立法资源的浪费,而且会给实践带来混乱。

2. 当宪法为某一类或某一群法律确定原则时,宪法中的子原则可能派生出法律原则。宪法子原则与法律母原则的重叠并不等于法律母原则在对宪法子原则“具体化”,法律对宪法的具体化是指某一宪法原则所具有的抽象性在部门法中被其相应的法律规范“稀释”了,这时候的宪法原则往往是对众多部门法都有指导作用,而它在某一部门法中的体现就是该原则的具体化。如宪法中的平等原则一方面是为了规范和指导各宪法规则(立宪),另一方面也是责成各部门法要在自己的领域内确定相应的平等原则(立法),同时为审查这些部门法规范是否真正贯彻了宪法中的平等原则提供依据(违宪审查)。宪法中的平等原则对许多立法都有规范作用,是这些法律在制定时必须普遍遵守的宪法原则,宪法中的平等原则体现在各部门法中时往往也是这些法律的原则(而不是法律规则)。但同样是平等原则,宪法中的平等原则更抽象,涵盖面更宽,而各法律中的平等原则则相对具体,如在刑法中表现为“适用刑法人人平等”;⑭在诉讼法中表现为“诉讼当事人在适用法律上一律平等”“当事人诉讼权利平等”;⑮在行政法上,“平等原则进入行政法法源体系中,而使当事人拥有可提起诉讼之权利。……

⑭ 高铭暄、马克昌主编:《刑法学》,北京大学出版社2004年版,第25~30页。

⑮ 刘家兴、潘剑锋主编:《民事诉讼法教程》,北京大学出版社2000年版,第43页;易萍、杜发全主编:《刑事诉讼法导论》,西北大学出版社1996年版,第43页;盛永彬主编:《行政法与行政诉讼法》,暨南大学出版社2002年版,第299页。

由宪法平等权条款的介入,使行政法法源有了新的内涵。”⑯当宪法中的平等原则转换为一个部门法的原则(如诉讼法中当事人的诉讼权利平等原则)后,这一部门法的原则其主要作用是在立法中指导该法律的众多规则,在实施中亦可作为规则缺位时的补充和对规则不适当运用的矫正。在这些依次产生的层次中,平等原则作为宪法原则所具有的指导立法的作用和作为部门法的原则指导各法律规则的作用以及在法律实施中的作用有时容易被人们混淆,如发生在成都的蒋韬身高歧视案⑰直接违反的是劳动法中的就业平等原则,⑱而不是宪法中的平等原则。

“依法行政”“法院、检察院独立行使审判权或检察权”等原则在有的国家宪法中有明确规定,⑲这些规定成为宪法基本原则的子原则,在有的国家宪法中没有明确的条文规定,但并不等于它们就完全不存在,只是需要推演、解释和发现。当宪法中有“依法行政”“司法独立”等原则的明确规定时,它们无疑是宪法原则,这时候部门法对这些原则的规定表面上看可能仅仅是该宪法原则的一种重复,但实际上这种重复通常被限定在一个特定的部门法领域内,已经有了更具体的内涵,是部门法对宪法中有关原则与本部门法的具体情况相结合的产物。而且在部门法规定了这一原则之后还有大量法律规则对这一原则加以具体化,使宪法原则(有时结合宪法规则)——法律原则——法律规则之间有了一种逻辑性的链条。如“法院、检察院独立行使审判权或检察权”作为一项宪法原则和作为一项诉讼法的原则,其含义是不完全相同的,宪法中的原则其含义更宽泛,包括法院、法官行使审判权独立,检察院行使检察权独立等,而作为刑事诉讼法的原则,它仅指在刑事审判中法院、检察院的独立,而在民事、行政等诉讼中法院是否独立,如何独立,就已经不在它的调整范围之内。同理,作为民事诉讼法的原

⑯ 陈新民:《中国行政法学原理》,中国政法大学出版社 2002 年版,第 10 页。

⑰ 有关案情的详细介绍可参看周伟:《宪法基本权利司法救济研究》,中国人民公安大学出版社 2003 年版,第 270~282 页。

⑱ 我国《劳动法》第 3 条规定:“劳动者享有平等就业和选择职业的权利。”这是宪法中的平等原则在劳动法中的体现,但当一项宪法原则转换为一项法律原则后,具体案件中适用的就应当是该部门法中的平等原则而不再是宪法中的平等原则。在此类案件中,并非不能提及宪法中的平等原则,但这种“提及”并不是将其作为案件的依据,而是作为对案件依据之条款(如劳动法中的平等原则)的解释和说明。

⑲ 如德国《基本法》第 20 条第 3 项规定:“立法权受宪法的限制,行政权和司法权受法律和法权的限制。”第 97 条第 1 项规定:“法官具有独立性,只服从法律。”

则,它仅指民事审判中法院的独立,作为行政诉讼法的原则,它仅指行政审判中法院的独立,而宪法中的含义包括所有这一切方面的独立。司法是否应该独立、如何独立等问题不是部门法能决定的事情,只有作为国家根本法的宪法才能对国家的权力体制作出总体安排,进行设计,国家的基本权力(如立法权、行政权、司法权)应如何分工,如何制约,彼此之间的关系如何调整,是宪法所要解决的问题,也是只有宪法才能解决的问题。这关系到国家权力宏观框架的建构,属于政权组织形式的范畴。因此上述原则对宪法而言是需要其"确认"的原则,而对于诉讼法而言是需要其"贯彻"的原则。

如果某一原则只是暗含在宪法中、却明确规定在部门法中,它们在性质上仍然应当属于宪法原则而不是法律原则。如美国宪法并没有明文规定"罪刑法定"的原则,但它们实际上体现在美国宪法的禁止追溯既往和剥夺公权法案以及有关宪法修正案中,尤其是体现在"正当程序"条款中。[20] 此时立法者如果根据宪法中蕴含的意思和精神,在刑法中明确归纳出相应的法律原则,使宪法中相对含混的精神明晰化,明朗化,这似乎是在根据宪法原则"创造"法律原则,但实际上宪法原则是明晰地表现在宪法中还是模糊地隐含在宪法中只是一个立宪技术的问题,并不影响该原则的性质,就像"三权分立"并没有明确规定在美国宪法的条文中,但却是公认的美国宪法原则一样。原则与规则的区别之一在于,规则往往有明确的规范表述,而原则的表述可能是清晰明确的,也可能是笼统模糊的,可能明示、也可能隐藏在法律规范中。一项原则是宪法原则还是法律原则,主要是由该原则的内涵决定的。[21] 从法律位阶上看,宪法子原则不论明确地还是模糊地出现在宪法中,它们都是宪法原则,具有宪法效力,体现的是立宪者的意志。如果它们出现在某部门法中,只是重复宪法原则(如宪法中有罪刑法定原则,刑法中又加以重复规定),该原则在性质上仍应是宪法原则,违宪审查机

---

⑳ 参见储槐植:《美国刑法》,北京大学出版社 1987 年版,第 38 页。

㉑ 有学者在论述部门法的原则时,也有类似看法,如"法律基本原则并不一定都会明确地表现在法律条款中,在行政程序法中,这一现象尤为明显,但这种立法方法并没有损害法律的实际功能。"参见章剑生:《行政程序法比较研究》,杭州大学出版社 1997 年版,第 113 页。"民法基本原则正式在立法中的出现,只是人类社会进入 20 世纪之后的事情。""有的国家以成文的形式明确宣誓这些原则,有的国家不这样做,而在实际中遵循这些原则而已。"参见徐国栋:《民法基本原则解释》,中国政法大学出版社 1992 年版,第 15~16 页。笔者认为,从立宪、立法的技术角度来看,有关原则的明示规定比暗示规定更科学。

关不能对其进行违宪审查;如果宪法原则在部门法中被“具体化”了,它们就已经转化为了法律原则(如宪法中的依法行政原则转化为行政复议法、行政监察法、行政处罚法等各种行政法律中的合法性原则,作为一个部门法原则,它们的准确表述应该是行政复议合法化原则、行政监察合法化原则、行政处罚合法化原则),它们就只具有法律效力,体现的是立法者的意志,违宪审查机关对这些法律原则可以进行违宪审查(虽然法院在违宪审查中主要审查的是法律规则而不是法律原则)。

3. 宪法中的子原则和宪法规则相结合可能派生出法律规则。如宪法中的权利界限原则作为宪法的子原则,与有关宪法权利规则相结合后,对许多部门法规则有派生和规范的作用。在宪法对公民权利作出了一系列规定后,每一项宪法权利都还需要有关法律将其具体化,而法律在对宪法权利加以具体化、详细化,使之具有可操作性的过程中,不可避免地要对权利加以适当限制,这种限制的直接依据就是宪法的权利界限原则。詹宁斯先生在谈道集会自由的限制时说:“这些限制是什么?只能通过考察干涉公认的基本自由权的那部分刑法和民法的内容才能够确定。”㉒说明对基本自由权的限制往往是通过部门法来实现的。所有的权利法都涉及权利行使的限度问题,而每一个权利的限度到底在哪里,需要立法者遵循宪法的权利界限原则和有关权利规则以及社会生活的需要加以确定。如宪法中结社自由的权利规则导致《结社法》的出台,其中一系列法律规则的制定,从结社的申请、成立,到有关组织、活动,乃至终止、解散等,都体现着宪法保护结社自由的规则和平等原则及权利界限原则;各国选举法除了规定了一系列保障公民选举权利的规定外,还规定了公民在选举中的禁止行为,㉓这些具体的选举法规则的法律渊源是宪法关于公民选举权的宪法规则的规定和宪法关于权利平等原则、权利界限原则的规定。在公权力方面,各国政府组织法中所确

㉒ [英]詹宁斯:《法与宪法》,龚祥瑞、侯健译,生活·读书·新知三联书店1997年版,第184页。

㉓ 如我国《选举法》第57条规定:“为保障选民和代表自由行使选举权和被选举权,对有下列行为之一,破坏选举,违反治安管理规定的,依法给予治安管理处罚;构成犯罪的,依法追究刑事责任:(一)以金钱或者其他财物贿赂选民或者代表,妨害选民和代表自由行使选举权和被选举权的;(二)以暴力、威胁、欺骗或者其他非法手段妨害选民和代表自由行使选举权和被选举权的;(三)伪造选举文件、虚报选举票数或者有其他违法行为的;(四)对于控告、检举选举中违法行为的人,或者对于提出要求罢免代表的人进行压制、报复的。”

定的许多法律规则也直接源自宪法中的某些子原则以及相应的宪法规则，如我国《宪法》第86条第2款、第105条第2款规定了首长制的原则，《宪法》第86条第1款对国务院组成人员的规定以及第88条“国务委员协助总理工作”的规定等是有关宪法规则，《国务院组织法》依此规定了更具体的法律规则，如第6条规定：“国务委员受总理委托，负责某些方面的工作或者专项任务，”第7条规定：“国务院秘书长在总理领导下，负责处理国务院的日常工作。”这些法律规则是从宪法中首长负责制原则和有关宪法规则中派生出来的法律规则。㉔

法律原则尤其是法律规则很难说是某一宪法原则或规则的产物，而往往是若干宪法原则和宪法规则共同发挥作用的结果。宪法与各部门法的关系是由宪法与这些部门法之间的总体联系决定的，而不是仅仅由某一项宪法规范与相应的法律规范之间的关系决定的。如刑法中的杀人罪、伤害罪、绑架罪的直接立法依据是宪法中关于公民人身权利的保护性规定，但宪法的这一规定不是其唯一的立法依据，宪法是一个整体，立法者在依宪立法时依的是整部宪法，既包括其中的宪法规则，也包括其中的宪法原则。刑法确认侵犯公民人身自由的杀人、伤害、绑架等行为构成犯罪，但在处罚时对孕妇不能适用死刑，对未成年人犯罪应从宽处罚，这些刑法规范同样来源于宪法——宪法中关于保护妇女、母亲和儿童的规定。又如我国行政程序法的宪法依据，有些学者持单一条文说，如“倾听人民意见说”（《宪法》第27条第2款㉕），或“公民参与说”（《宪法》第2条第3款㉖），或法治原则说（《宪法》第5条㉗）；有些学者认为是两个条文，即“公民参与说”和“倾听人民意见说”；还有学者认为是五个条文，即《宪法》第27条第2款是行政程序法中民主原则的确定，《宪法》第5条是行政程序法中依法行政原

㉔ 但我国法律的规则化往往不够，没有完全做到具体化，详细化，使之与宪法原则、宪法规则之间的区别不够明晰。

㉕ 《宪法》第27条第2款规定：“一切国家机关和国家工作人员必须依靠人民的支持，经常保持同人民的密切联系，倾听人民的意见和建议，接受人民的监督，努力为人民服务。”

㉖ 《宪法》第2条第3款规定：“人民依照法律规定，通过各种途径和形式，管理国家事务，管理经济和文化事业，管理社会事务。”

㉗ 《宪法》第5条规定：“中华人民共和国实行依法治国，建设社会主义法制国家。国家维护社会主义法制的统一和尊严。一切法律、行政法规和地方性法规都不得同宪法相抵触。一切国家机关和武装力量、各政党和各社会团体、各企业事业组织都必须遵守宪法和法律。一切违反宪法和法律的行为，必须予以追究。任何组织或者个人都不得有超越宪法和法律的特权。”

则的确定,《宪法》第 27 条第 1 款是对效率原则的确定,[28]宪法第 2 章关于公民权利的规定是行政程序法中尊重公民权利原则的确定,同时,《宪法》第 27 条第 2 款和第 41 条[29]为行政程序法的两大基本原则(事前的公听和听讯原则、事后的申诉和赔偿程序)提供了实质内容和基本准则。[30] 笔者认为在确定某一法律的宪法依据时,不宜过于机械化,不应当仅仅看到孤立的宪法条文,而应当将宪法作为一个有机整体来把握,"既不能脱离宪法条文,又不能过于拘泥于宪法条文。"[31]立法者在确定立法依据时不必自我限制得太死(如将宪法某一条作为立法依据),而应当留有余地,但这并不排斥立法者将某些、某个宪法条文作为某部法律制定的主要的依据。一般来说,当若干宪法规范成为某法律的立法依据时,宪法规则比宪法原则对立法的影响更直接,宪法子原则比宪法基本原则的作用在立法中更明显。[32]

(三)宪法规则在立法中的作用

宪法规则除了可在违宪审查中直接适用外,其主要作用是在立法中,包括派生出相应的法律原则和法律规则。

1. 宪法规则直接转化为法律原则。如美国宪法中"不得强迫自证其罪"(美国《宪法修正案》第 5 条),"禁止酷刑"(美国《宪法修正案》第 8 条),"禁止奴役制和强迫劳役"(美国《宪法修正案》第 13 条)等条文在宪法中是宪法规则,转化

㉘ 《宪法》第 27 条第 1 款规定:"一切国家机关实行精简的原则,实行工作责任制,实行工作人员的培训和考核制度,不断提高工作质量和工作效率,反对官僚主义。"

㉙ 第 41 条规定:"中华人民共和国公民对于任何国家机关和国家工作人员,有提出批评和建议的权利;对于任何国家机关和国家工作人员的违法失职行为,有向有关国家机关提出申诉、控告或者检举的权利,但是不得捏造或者歪曲事实进行诬告陷害。对于公民的申诉、控告或者检举,有关国家机关必须查清事实,负责处理。任何人不得压制和打击报复。由于国家机关和国家工作人员侵犯公民权利而受到损失的人,有依照法律规定取得赔偿的权利。"

㉚ 参见韩大元、王贵松:《论制定我国行政程序法的宪法基础》,载《宪政与行政法治评论》(创刊号),中国人民大学出版社 2004 年版,第 38~39 页。

㉛ 韩大元、王贵松:《论制定我国行政程序法的宪法基础》,载《宪政与行政法治评论》(创刊号),中国人民大学出版社 2004 年版,第 39 页。

㉜ 对于行政程序法来说,《宪法》第 2 章关于公民权利的一系列规定,与其说是一种"规则"约束,不如说是一种"原则"指引,或者说是二者的结合。即对行政机关行政活动的程序规范,是为了保障公民的各项宪法权利,而不是仅仅为了保障公民的某一项宪法权利,而"保障公民的各项宪法权利"已经是一条原则规范而不是规则规范。

为刑法条文后成为刑法的一项原则。各国宪法中将言论自由、出版自由作为公民的宪法权利予以确认,作为一项宪法规则它直接产生有关报纸法、新闻法"保障新闻自由""新闻独立"等基本原则,如1980年的埃及《新闻法》第1条规定:"在社会的基本法则范围内,在维护公民的自由、权利、公共义务和私生活的范围内,新闻业是独立的人民的权力,它解释舆论的倾向,运用各种表达方式形成和指导舆论,自由地行使自己为社会服务的使命。"1966年的西德北莱茵——威斯特伐利亚州《新闻法》第1条规定:"(1)新闻报道是自由的。它的使命在于维护自由与民主之基本秩序。……"1981年的法国《出版自由法》第1条规定:"印刷和出版是自由的。"等。㉝ "辩护权"在许多国家是作为一项宪法权利规则规定在公民权利中(我国宪法是将其作为一条权力规则规定在"人民法院"一节里),在刑事诉讼法中它通常"转化"成为一项法律原则——犯罪嫌疑人和被告人有权获得辩护的原则。

宪法规则直接转化为法律原则时,可以从正面予以肯定,也可以从反面加以禁止。正如凯尔森所说:"宪法可以消极地决定法律必须不要某些内容。例如,议会不能通过任何限制宗教自由的法律。……然而,宪法也可以积极地规定未来法律的一定内容,它可以就如美国的宪法那样,规定:'在一切刑事诉讼中,被告有权享有:由发生罪案的州或地区的公正陪审团予以迅速和公开的审理,该地区应事先已有法律规定……'宪法的这一规定就决定了未来关于刑事诉讼程序法律的内容。"㉞

2. 宪法规则派生出法律规则。如宪法中规定某国家机关具有"解释宪法"的权力,这是一条宪法权力规则,其规则的特征在于明确"谁"享有这一权力,但作为宪法规则它又具有模糊性,表现为它没有明确如何行使这一权力,这是需要法律规则解决的问题。为贯彻落实这条宪法规则需要制定一部解释法,由该法确认一系列法律规则,如谁有权提出解释?以什么形式提出?提出后多长时间应该进行讨论?讨论的程序是什么?讨论后如何进行表决?等等,这些法律规则的法律渊源是宪法的相应规则,没有宪法中"解释宪法"的授权,就不可能产

㉝ 《各国新闻出版法选辑》,人民日报出版社1981年版,第143、157页;《各国新闻出版法选辑》(续编),人民日报出版社1987年版,第199页。

㉞ [奥]凯尔森:《法与国家的一般理论》,沈宗灵译,中国大百科全书出版社1996年版,第143页。

生解释法的一系列关于如何解释宪法的法律规则。又如对选民年龄的资格限定，在世界上142个国家的成文宪法中，有95个国家的成文宪法对此予以了规定，占66.9%，[35]这是一条十分具体的宪法规则（具体到明确了选民的最低年龄，如18岁），而它转化为法律规则的时候所要解决的是，选民的最低年龄从何时开始计算，如我国选民18岁的计算方法是从其出生之日起至选举日为止。

宪法规则对立法的作用通常是扇形式的辐射，即一条宪法规则可以繁衍出一部法律的几十条甚至上百条规范或成为许多不同部门法的法律规范的渊源。如我国宪法中对公民"集会游行示威权"的规定是一项宪法权利规则，它直接产生《集会游行示威法》的36条法律规范，不仅如此，它还产生相应的刑法规则（我国《刑法》中的第298条"破坏集会游行示威罪"等）和行政法规则（如《治安管理处罚法》第55条的规定[36]）等。宪法中对人格尊严的规定，既是刑法"侮辱诽谤罪"的法律渊源，[37]也是民法中保护公民名誉权规范的法律渊源，[38]还是行政法中有关行政处罚规则的法律渊源。[39] 因此宪法关于某一权利的规定是所有法律涉及该权利的规定时都必须遵循的，其作用并不仅仅局限于某一部法律中的有关规定。

宪法规则作为立法依据时，宪法规则越详细，其规则的特征越明显，它对被产生的法律规则的内容控制就越严，即它对立法者在制定这些法律规则时的约束就越大。立法所依据的仅仅是一些宪法原则时，说明宪法实际上赋予了立法者在制定这些法律时有相当大的自由裁量幅度，如果立法者在立法时不仅受到宪法原则而且受到宪法规则的约束，说明立法者的自由裁量权相对较小。

---

[35] 参见［荷］亨利·范·马尔赛文、格尔·范·德·唐：《成文宪法的比较研究》，陈云生译，华夏出版社1987年版，第83~84页。

[36] 参见我国《治安管理处罚法》第55条规定，煽动、策划非法集会、游行、示威，不听劝阻的，处十日以上十五日以下拘留。

[37] 参见我国《刑法》第246条规定："以暴力或者其他方法公然侮辱他人或者捏造事实诽谤他人，情节严重的，处三年以下有期徒刑、拘役、管制或者剥夺政治权利。"

[38] 参见我国《民法通则》第101条规定："公民、法人享有名誉权，公民的人格尊严受法律保护，禁止用侮辱、诽谤等方式损害公民、法人的名誉。"

[39] 如我国《治安管理处罚法》第42条规定，有下列行为之一的，处五日以下拘留或者五百元以下罚款；情节较重的，处五日以上十日以下拘留，可以并处五百元以下罚款：（二）公然侮辱他人或者捏造事实诽谤他人的。

二、社会生活是法律规范产生的“社会”依据

宪法的目的是建立国家的基本秩序，重点是国家的权力秩序，以保障基本人权，在宪法之下的部门法也多是为了维护国家某一个方面的秩序而设立的。但某一领域的秩序应该是什么，怎样的秩序才是和谐的，才能最大限度地实现人之自由，宪法只能提供一种大致的标准，很难给予具体的指导，这是立宪者留给立法者的任务，探求某一具体领域的客观规律是立法者的重要职责。庞大的法律体系，众多的法律规则，不可能一一出自宪法，它们只是在宪法的精神照耀下，不能脱离宪法的原则指引。如果我们认为法律体系的每一条规定都能在宪法中找到对应的条文，都仅仅只是宪法某规则的具体化，那我们就把法律体系完全看作了一个从原则到原则、从原则到规则、从规则到规则的封闭系统，一个脱离现实生活的人造物，这无异于切断了法律与社会的有机联系，也将法律体系的构建过于简单化了。如果是这样，我们将不能解释那些丰富多彩、性格炯异的众多法律规范是如何产生的，以及怎么能够在现实中发挥作用。有许许多多法律规则固然受宪法的约束，但更要受时代和环境的制约，它们直接来源于生活，是社会上某种社会关系的存在以及对调整这种社会关系的需要促成了相应的法律规范产生，宪法对这种社会需要可能有所预见并在宪法中规定了相应的规范，也可能完全没有遇见，但立法者通常能够从宪法的抽象原则中推论出相似的意思表示。法律不仅仅是根据宪法制定的，法律的原动力不仅仅是、甚至主要不是宪法而是社会，立法者在立法时“必须考虑一切复杂的因素——过去的和现在的，传统的和合理的，必须考虑复杂的社会和经济力量——真实的和理想的，这一切都必须在一条规则或原则内体现出来。”我国有许多法律关于立法原则的条文已经明确指出了这一点，如《民法通则》第1条规定：“为了保障公民、法人的合法的民事权益，正确调整民事关系，适应社会主义现代化建设事业发展的需要，根据宪法和我国实际情况，总结民事活动的实践经验，制定本法。”《刑法》第1条规定：“为了惩罚犯罪，保护人民，根据宪法，结合我国同犯罪作斗争的具体经验及实际情况，制定本法。”在大多数情况下，宪法的原则和富有弹性的规则为立法者提供了很大的活动余地，使它们能够在“联系实际”方面有一个游刃有余的范围，立法者在此获得了呼吸社会空气的自由空间。也正因如此，立法者的立法活

动才具有一种“创造”性。如果法律都仅仅只是宪法规范的繁衍，那么，立法者精通宪法就足够了，而事实上，宪法只是立法的“法律”渊源，社会生活才是立法的“社会”渊源。立法者既要领会宪法的精神，遵循宪法的规范，又要理解和把握自己所处社会的脉搏，了解民众的愿望，重视本民族的历史和文化传统，掌握世界发展的基本潮流。总之，立法者所立之法，不仅要符合作为立宪者的人民的愿望，还要被现实的人民所接受。

法律规范在很多时候都建立在实践的基础上，是人们在长期的生产和生活的实践中摸索出来的经验总结，宪法并不排斥这种实践经验，相反，立宪者为立法者留下的大量空间就是期望并要求立法者用实践经验予以填补。法律规范及其分类“与其说是建立在逻辑与结构的基础之上，倒不如说是由于历史原因或实践中的做法促成的”。[40] 法律是宪法的具体化，“但具体化本身并不是无限制的，客观上存在一定的限度”，[41]这个限度不仅存在于宪法中，也存在于现实生活中。如婚内强奸是否应追究其刑事责任，如果从宪法保障人权的角度看问题，无疑应当作出肯定回答，但仅仅以此为由就以刑法认定施暴者的行为属于强奸罪，未免将问题过于简单化了，“取证难”是一个现实问题，认为其属于家务事而拒绝公权进入等民众心理也是立法者必须考虑的重要因素，这些问题不解决，没有相应配套的措施，此罪纳入立法就还不成熟。[42] 又如我国《婚姻法》第 6 条规定："结婚年龄，男不得早于二十二周岁，女不得早于二十周岁。”这一规定的依据与其说是宪法，不如说是人的生理和心理需要，以及社会的“政治、经济、文化条件，特别是人民群众的觉悟程度和接受能力”，[43]由于各国的风俗和习惯有很大差异（而不是由于各国宪法规范的不同），才导致各国法定婚龄的规定高低不一。我国《婚姻法》第 7 条规定禁止“直系血亲和三代以内的旁系血亲”结婚，依据的也主要不是宪法，而是优生学、医学、伦理学等方面的论据。在公共领域的立法同样是如此，选举中选区的划分固然要体现宪法规定的民主精神，但一个选

---

[40] ［法］勒内·达维主编：《法律结构与分类》，何力等译，西南政法学院法制史教研室 1987 年编印，第 30 页。

[41] 徐秀义、韩大元主编：《现代宪法学基本原理》，中国人民大学出版社 2001 年版，第 536 页。

[42] 参见夏勇：《从美国刑法看我国刑法的宪法制约》，载刘茂林主编：《公法评论》（第 1 卷），北京大学出版社 2003 年版，第 306 页。

[43] 杨大文主编：《婚姻法学》，法律出版社 1986 年版，第 121 页。

区究竟应该多大,容纳多少选民合适,显然在宪法中很难找到明确答案,这种法律规则的制定必须有赖于其他因素,如代表与被代表的选民之间沟通的方式受到交通、通信、地理环境、居住状况等多方面影响,这使每一个国家的选区范围可能有所差异,甚至同一个国家中城市和农村、平原地带和高原丘陵的选区也可能有所不同。㊹ 我国1953年的《选举法》规定乡、镇、市辖区、不设区的市选举人大代表时可以举手投票,也可以无记名投票。从理论上说,全部实行无记名投票无疑更符合宪法中民主选举的精神,但考虑到建国初期文盲较多,采用公开投票和秘密投票相结合的方式更为切合实际,无记名投票在广大农村很难完全实现,因此立法者不得不"迁就"现实。还有一些法律规范明显来源于习俗,如商法,"在中世纪的商法仅有为封闭保守的村社设立的习惯法,缺乏村社所不曾实践的有关商业经营的规范的情况下,有必要制定一个与习惯法体系相并列的带有国际性质的商法。因此,一个专门适用于商人的补充性法律体系就与普通法律并列发展起来"㊺"大陆法系各国都对商事行为和民事行为作了基本区别,因而导致制定单独的商法典以补充一般性的民法典。这个区别并非出于逻辑上的需要,而是根源于历史环境。"㊻虽然宪法是根本法,但它也要尊重形成商法的这种历史以及由这种历史决定的商法规范。我国《婚姻法》第50条也体现了对少数民族婚姻习惯的尊重:"民族自治地方的人民代表大会有权结合当地民族婚姻家庭的具体情况,制定变通规定。"民族自治地方的这种立法上的变通权,从法源上说,源自宪法中有关民族自治权的规定,但并不是所有民族自治地方的所有立法都需要变通,是否需要变通、对什么内容变通主要取决于当地民族自治地方的"实际需要"。"规则系统作为一个整体,其结构并不是法官或立法者设计的产物,而是这样一个进化过程的结果,亦即习俗的自生自发演进与法官和立法者对既有系统中的细节所作的刻意改善始终处于互动之中的那个进化过程。需要指出的是,上述自生自发演进与刻意改善这两个因素中的任何一个因素都必须在

㊹ 影响选区划分的因素多种多样,各国的相关法律规定可参看李步云主编:《宪法比较研究》,法律出版社1998年版,第663~665页。

㊺ [法]勒内·达维主编:《法律结构与分类》,何力等译,西南政法学院法制史教研室1987年编印,第25页。

㊻ [法]勒内·达维主编:《法律结构与分类》,何力等译,西南政法学院法制史教研室1987年编印,第121页。

对方提供的条件下发挥作用,以有助于型构一个事实上的行动秩序,而这个行动秩序的特定内容除了取决于法律规则以外还将始终取决于各种其他情势。任何一个法律系统在整体上都不是被设计出来的,即使是人们在法典编纂方面所做的各种尝试,也只不过是把现存的法律系统化而已,并在这样做的过程中,对它加以补充和消除其间不一致的内容。”㊼

三、我国宪法与法律的“母子”关系

根据对我国目前最高权力机关制定的 281 部法律的统计,其中明确规定“依宪法×章或×节或×条制定”的有 4 部,占 1.42%,如《国务院组织法》第 1 条规定:“根据中华人民共和国宪法有关国务院的规定,制定本组织法。”笼统规定“依宪法制定”的有 76 部,占 27.05%,如《行政许可法》第 1 条规定:“为了规范行政许可的设定和实施,保护公民、法人和其他组织的合法权益,维护公共利益和社会秩序,保障和监督行政机关有效实施行政管理,根据宪法,制定本法。”规定“依宪法和其他法律或实际情况制定”的有 19 部,占 6.76%,如《民办教育促进法》第 1 条规定:“为实施科教兴国战略,促进民办教育事业的健康发展,维护民办学校和受教育者的合法权益,根据宪法和教育法制定本法。”《妇女权益保障法》第 1 条规定:“为了保障妇女的合法权益,促进男女平等,充分发挥妇女在社会主义现代化建设中的作用,根据宪法和我国的实际情况,制定本法。”未提及宪法的有 182 部,占 64.77%,如《婚姻法》第 1 条规定:“本法是婚姻家庭关系的基本准则。”《合同法》第 1 条规定:“为了保护合同当事人的合法权益,维护社会经济秩序,促进社会主义现代化建设,制定本法。”㊽在我国现行法律中,有近 2/3 的法律在确立其立法依据时没有提及宪法,是立法者立法时“忘记”了宪法还是有意为之?是否由全国人民代表大会制定的法律就都应该“根据宪法”,而由全国人民代表大会常务委员会制定的法律就不一定要根据宪法?或者正好相反?从目前的法律中看不出这样的“规律”。笔者认为,宪法本身并没有明确要求“根据宪法”立法,而只要求法律不得与宪法“相抵触”,说明宪法认为国家法律的制定

㊼ [英]哈耶克:《法律、立法与自由》,邓正来等译,中国大百科全书出版社 2000 年版,第 160 页。

㊽ 以上数据是由中国青年政治学院法律系 2004 级学生孙淑涛同学收集和整理的,在此表示感谢。

所适用的原则是“不抵触”原则而不是“根据”原则,我们不应随意混淆这两个原则。在国外的许多法律中并没有“根据宪法制定本法”的表述,但这并不影响其违宪审查制度的存在,说明这些国家在立法时适用的是“不抵触原则”而不是“根据原则”。至于立法者自己在立法中明确规定出本法制定的宪法依据,这是立法者的一种自我限权。这种自我限权也是立法者的一种权力,但这种权力的行使应该有统一的标准,并有法理作依据,即什么样的法律应该根据宪法制定,什么样的法律不一定要根据宪法制定而只要求不与宪法相抵触即可?其标准是什么,其理由又是什么?

从以上1/3写有“依据宪法”或“依据宪法有关章节”的法律来看,其表述并不相同。有学者认为,“根据××法关于××的规定,制定本法”的写法较好,如《国务院组织法》的立法根据写的较为具体、明确(“根据中华人民共和国宪法有关国务院的规定,制定本组织法”)。而“根据××法,制定本法”则太笼统、模糊。同时法律的宪法依据也不宜写得太具体,如1979年的《逮捕拘留条例》规定:“根据中华人民共和国宪法第18条和第47条的规定……特制定本法。”宪法在1982年全面修改后,这一根据条文就产生问题了。㊾ 笔者认为,“根据××法,制定本法”的表述固然太笼统、模糊,但“根据××法关于××的规定”(如“根据中华人民共和国宪法有关国务院的规定”)的写法也不十分妥当。《国务院组织法》的内容一般主要是根据宪法中有关国务院的规定制定的,但我们很难说宪法“总纲”中的有关规定在该法制定时就完全没有依据作用,宪法中有些条款是针对所有国家机关的原则性规定,我们不能否认这些普遍适用的原则对某一具体机关的指导作用。如果立法者在制定《国务院组织法》时,需要对宪法中“国务院”一节规定的内容加以具体化,但如何具体化的问题可能不是“根据宪法有关国务院的规定”就能解决的,立法者可能需要依据“总纲”中“法治国家”“法制统一”“民主集中制”等原则的规定,结合实际情况的需要制定有关国务院组织的条文。事实上,我们很难把立法者的工作局限在严格依据宪法规则立法,它们往往既要依据有关宪法规则,同时也可以根据宪法的有关于原则和实际情况的需要,从而创造性地制定法律,立法者对宪法的发挥余地应该“从宽”而不是“从严”,

㊾ 参见周旺生主编:《立法学》,法律出版社2000年版,第609页。

或者说,对宪法规则的发挥应从严,对宪法原则的发挥可以从宽。以立法机关和立法活动的性质来看,立法权是国家权力中受具体约束最少的一项,其自由裁量的范围远远宽泛于行政权和司法权(其受到的约束主要表现为程序方面的设计),这是由立法权的性质决定的。如果在制定法律时需要对立法者制定法律的内容予以一定制约,这也应该是立宪者的任务(如美国《宪法修正案》第 1 条规定“国会不得制定关于下列事项的法律”),立法者一般不必自缚手脚。因此,笔者认为,在确定法律依据的条文时“根据宪法关于××的规定以及相关规定,制定本法”的写法,更为妥当。“根据宪法关于××的规定”较为明确、具体,加上“以及相关规定”则使之具有了一定的伸缩性,较为符合立法权活动的特点。这不仅仅是一个立法技术的问题,它反映了我们对宪法与法律之间关系的认识,立法者在制定一部法律时,不仅要掌握有关的几个宪法条文,而是要领会整个宪法的精神——既包括其中的规则,也包括其中的原则,以及这些规则和原则之间复杂的关系。

宪法基本权利条款立法的理论建构

彭　超*

摘　要：宪法基本权利条款立法，在理论层面需要厘清三大问题：何谓"宪法基本权利条款立法"、为何需要"宪法基本权利条款立法"，以及如何完善"宪法基本权利条款立法"。就本体角度而言，宪法基本权利条款立法之实质，是对宪法基本权利的立法具体化，主要包括基本权利内容、基本权利效力和基本权利对应国家义务之立法具体化。基本权利经立法具体化之后，就具体化为法律权利，形成以基本权利为权源（权利之源）的法律权利群系，使得对基本权利的保障落实为具体法律之保障。从价值维度来看，宪法基本权利条款立法在法理观念（立法是权利斗争成果载体）、法律传统（成文法传统对立法之偏重）、法治阶段（形式法治向实质法治进阶）、法权定位（立法权居于宪制权力中心）、法制体系（宪法实施之制度存有缺漏）五个方面与中国的国情具有全面且高度的契合性。在方法层面来说，正向加强宪法基本权利条款立法，促成基本权利立法转型升级，其内在逻辑在于：立法理念上，需要由"秩序维护"向"权利保障"转向；立法模式上，需要由"回应型立法"向"引领型立法"迈进；立法领域上，需要实现"民生权利"和"民主权利"并重；立法技术上，需要由"粗略式立法"向"精细化立法"迁移。

关键词：基本权利　立法　国家义务　宪法实施　法律保障

中国共产党的十八届四中全会通过《中共中央关于全面推进依法治国若干

* 彭超（1986-　），男，武汉大学法学院讲师，武汉大学社会学系博士后研究人员。

重大问题的决定》,强调要"使每一项立法都符合宪法精神",要加强重点领域立法,"依法保障公民权利,实现公民权利保障法治化"。[①]《国家人权行动计划(2016-2020年)》也明确指出,要进一步提高人权保障的法治化水平。[②] 党的十九大报告强调,"加强人权法治保障,保证人民依法享有广泛权利和自由"。[③] 可见,"权利保障法治化"已成为中国党和政府的一项重要工作目标。为实现这一目标,首要是加强宪法基本权利条款立法,这是实现权利保障法治化目标的前提。

人们制定宪法的终极目标在于使国家权力受到控制,并为人民的权利和福祉服务。[④] 宪法的精神旨归和终极目的在于保障人权。然而,"宪定权利不等于现实权利",宪法基本权利若缺乏具体法律制度之支持,充其量只是一种"善意的声明""政治上的箴言""虔诚的愿望""立宪者的独白"而已。[⑤] 基于此,宪法基本权利条款立法对于宪法实施,[⑥]特别是对基本权利形成制度性保障至关重要。

完善宪法基本权利条款立法,必须在理论上厘清三大问题:其一,何谓"宪法基本权利条款立法",这是本体性问题;其二,为何需要"宪法基本权利条款立法",此为价值性问题;其三,如何完善"宪法基本权利条款立法",是为方法性问题。唯有在理论上对此三大问题有清晰认知,才能在立法实践过程中完善宪法基本权利条款立法,实现基本权利保障法治化。

一、宪法基本权利条款立法的法理阐释

"宪法基本权利条款立法"的具体意涵是什么?这是研究"宪法基本权利条

---

① 《中共中央关于全面推进依法治国若干重大问题的决定》,载《人民日报》2014年10月29日,第1版。

② 参见中华人民共和国国务院新闻办公室:《国家人权行动计划(2016-2020年)》2016年9月29日发布。

③ 习近平:《决胜全面建成小康社会夺取新时代中国特色社会主义伟大胜利——在中国共产党第十九次全国代表大会上的报告(2017年10月18日)》,人民出版社2017年版,第37页。

④ 参见周叶中主编:《宪法》,高等教育出版社2016年版,第129页。

⑤ 欧爱民:《宪法实践的技术路径研究——以违宪审查为中心》,法律出版社2007年版,第4页。

⑥ 宪法实施最终实施的是基本权利规范,基本权利规范的实施是宪法实施的本质与目的。参见范进学:《宪法实施:到底实施什么?》,载《学习与探索》2013年第1期。

款立法"问题之始基。从描述性研究(descriptive research)的维度展开,可以从"宪法基本权利条款立法"的实质、性质和效果等层面进行阐述。这是认识由里而外、由深到浅的过程。

(一)"宪法基本权利条款立法"之实质

概言之,宪法基本权利条款立法之实质,就是基本权利的立法具体化。载于宪法文本之中的基本权利,集中表现为宪法的基本权利条款⑦,宪法的原则性决定了基本权利条款的抽象性。抽象的宪法基本权利条款,既是对基本权利作为价值理念的确认和宣示,同时又是具有最高效力的基本权利法律规范。宪法基本权利条款立法所指称或针对的基本权利乃实定法上的权利⑧——从形式角度而言,即是宪法基本权利条款。基本权利立法并不将仅存在于价值理念层面尚未被宪法所确认的权利纳入自己的视野,因为尚未被宪法文本所规定的权利乃至是一种自然法上的权利。日本学者星野英一认为:"'与生俱来的天赋权利',乃是自然法上的权利,能够取得的'权利'意指实定法上的权利。"⑨如果人们认为某一项自然权利是"与生俱来的天赋权利"或是"人之为人的最为基本的权利",需要使其成为一项法律权利以更好保障,那么这是是否需要将此种权利写入宪法所需要讨论的问题(立宪问题),而不是宪法基本权利条款立法所讨论的问题(立法问题),超出了宪法基本权利条款立法讨论的范围。如是,宪法基本权利条款立法主要包括以下三个方面:

1.基本权利内容之立法具体化

宪法基本权利条款承载了基本权利的概念形式,但是没有且事实上也不可

---

⑦ 宪法基本权利条款,主要集中在宪法文本"公民的基本权利和义务"一章,但是,宪法所确认的基本权利,并不以"公民的基本权利和义务"一章中的权利条款为限。例如,我国宪法"总纲"一章中的第12条、第13条就规定了财产权。

⑧ 郑贤君教授也认为:"基本权利是实定法上的权利。"参见郑贤君:《基本权利原理》,法律出版社2010年版,第5页。凯尔森也指出:"'权利'这一术语具有一些十分不同的意义。这里我们只涉及被理解为'法律权利'的那一种。这一概念必须要从纯粹法理论的角度出发来加以理解。"参见[奥]凯尔森:《法与国家的一般理论》,沈宗灵译,中国大百科全书出版社1996年版,第84页。

⑨ [日]星野英一:《私法中的人》,王闯译,中国法制出版社2004年版,第24页。因此,在研究方法上,应区分实定法上的权利和自然法上的权利,法学研究应以实定法所规定的权利作为首要的研究分析对象。具体到基本权利立法研究而言,可以宪法基本权利条款作为形式标准,来识别一项权利是否是实定法上的权利。

能细化规定基本权利的具体内容。需要注意的是，此处所说的“基本权利的内容”是指基本权利主体所享有的要求国家作为或不作为的具体内容，而不是基本权利指向的领域，如政治权利和经济、社会、文化权利的分殊，就是以基本权利的内容（领域）不同作为划分的标准。[⑩] 基本权利的主体，到底可以要求国家为或不为哪些行为，其空间范围、时间限度、行为程度、要求力度等，都需要借由立法具体化，宪法文本不可能规定得十分详细。概言之，必须通过普通法律具体化，才能形成基本权利的内容。比如，宪法规定“公民有集会游行示威的自由”，集会游行示威作为一项基本权利，其权利主体公民可以要求国家提供哪些成就条件？可以要求国家不能限制哪些行为？等等。这些内容，就必须通过立法者制定法律的方式予以具体化，唯有完成基本权利的立法具体化（实证化），基本权利才能实现其有效性，从纸上权利走向生活权利。

2. 基本权利效力之立法具体化

基本权利的效力直接针对国家，以约束国家对个人权利之侵犯。国家作为抽象的概念，具体代表国家的是各种国家机关，主要包括立法机关、行政机关和司法机关。基本权利拘束国家机关，其效力包括三个方面：一是基本权利作为一种价值体系，立法和行政部门的行为不应与之相悖，司法机关的裁判亦应以基本权利作为最高的准则；二是当适用基本权利遇有多重意义解释及发生解释上的疑义时，适用基本权利规定的机关应尽可能使基本权利条款发挥最大的效力；三是当在规范竞合时，如批准的国际人权公约与本国宪法基本权利条款发生重叠时，应适用最有利于当事人之规定。[⑪] 可见，基本权利条款本身，对国家机关活动的效力是一种宪法层面的抽象效力，更多表现为指导意义上的弱拘束力。这种“指导意义上的弱拘束力”要成为“有法律效力的强拘束力”，有两种途径：一是建构违宪审查制度，通过违宪审查机关宪法审判机能之发挥，将宪法宣示的基本权利的价值及其对国家的效力予以具体化和实化；二是普通立法具体化，通过

---

⑩ 以基本权利的内容（实是权利领域）作为标准，对基本权利进行分类，并在此基础上进行类型化研究，是宪法学研究中常见的方法。如郑贤君教授在其著作《基本权利原理》一书中，将基本权利分为自由权和社会权，并明确强调：“本书对基本权利的分类是实质上的，是依基本权利的内容所作的分类。这种分类方法是宪法学理论中的常见做法。”参见郑贤君：《基本权利原理》，法律出版社 2010 年版，第 132 页。

⑪ 参见吴庚：《宪法的解释与适用》，台北三民书局 2004 年版，第 149 页。

普通法律具体细化基本权利对各国家机关的效力，明确而具体地划定国家权利的界限，以有效约束国家权利，防止其膨胀侵犯个人权利。此外，随着基本权利理论和实践的发展，特定基本权利逐渐深入到私法关系之中，对私主体亦产生拘束力。基本权利对私人的效力一般称为基本权利的水平效力(horizontal effect)⑫，以与传统上基本权利对国家的效力即垂直效力(vertical effect)相对称。制定法在规范私主体之间关系的普通立法中贯彻基本权利，是基本权利水平效力发挥的客观化与具体化之保证。

3. 基本权利对应国家义务之立法具体化

基本权利对应的是国家义务，即在宪法关系中，基本权利构成国家义务。基本权利从文本走向实证有赖于国家履行其义务。如是，对国家义务的分析，与基本权利的类型化紧密相关。传统理论将基本权利分为消极权利和积极权利，国家对应的义务就是消极不侵犯和积极作为的义务。尽管这一分类法仍然具有相当的解释力，但是，随着宪法理论与实践的发展，基本权利的分类之间出现了相互叠加⑬，亦即基本权利的性质呈现出一种综合化趋向，每一项基本权利所对应的国家义务也表现出一种复合化特征。例如，基本权利最为重要的二分类型：自由权—社会权，通常认为国家对自由权仅承担消极义务，对社会权则承担积极义务。然而，基本权利的二分法已然趋于崩溃，国家对自由权也承担着积极的义务，对社会权亦承担着消极义务。具体缘由在于：

其一，自由权之真正实现，往往需要国家的积极作为。例如，不受虐待的人身自由作为一种典型的消极权利，通常认为国家只是承担消极不侵犯的义务，“但是，确保这种侵犯不会发生，在几乎所有的情况下都要求重要的‘积极’计

⑫ 基本权利的水平效力(horizontal effect)这一概念，在不同国家学者的研究中有不同的称谓：德国称为“第三者效力”(third-party effect)或“间接第三者效力”(indirect third-party effect)；美国称为“州政府行为”(state action doctrine)；加拿大称为“政府行为”(governmental action)；英国称为“水平效力”(horizontal effect)。

⑬ See, Henry Shue, Rights in the Light of Duties, in Human Rights and U. S. Foreign Policy, Peter G. Brown & Douglas Maclean(eds.), Lexington MA: Lexington Books, 1979, pp. 263-264. Henry Shue 观察到了一种关于基本权利的“双重二分”(double dichotomy)的现象，并且认为应当寻找“更好地思考权利问题的概念框架”(a better conceptual framework for thinking about rights)。

划，它包括训练、监督和控制警察和安全部队”。⑭ 可见，“自由权仅仅作为一种消极性权利无法实现”⑮，自由权在很大程度上还要求国家承担积极的作为义务。正是在这一意义上，霍尔姆斯和桑斯坦才作出“所有权利都是积极权利”⑯的判断。甚至有学者认为，所有被看作积极权利的“福利权利”都可以从被看作消极权利的自由权中推导出来。⑰

其二，社会权要求国家承担提供特定经济和社会给付的作为义务，但同时也要求国家承担不侵犯的消极义务。例如，受教育权通常被理解为是一项积极权利，要求国家承担积极的义务，采取实现受教育权的必要措施。⑱ 对此，国家应承担的必要义务就包括国家建立和维持教育制度，整备教育条件与设施，经济上帮助就学困难者以致提供免费教育等。⑲ 但是，这并不能否认“受教育自由”是受教育权的重要内容，“失去了自由要素的受教育权也难以称得上权利”⑳。这即意味着，受教育权主体可以自由选择学校、教师以及学习内容等，国家不得干预。可见，作为积极权利的受教育权针对的国家义务不仅是积极义务也包含消极义务的内容。

因此，基本权利的分类难以作为国家义务体系分析的框架，最早出现在德国法上的“基本权利的功能体系”可资作为国家义务体系分析的理论资源。㉑ 基本权利的功能大体上可以分为三个层次：一是防御权功能，即指基本权利所具有的要求国家不予侵犯的功能；二是受益权功能，即指公民基本权利所具有的可以请求国家作为某种行为，从而享受一定利益的功能；三是客观价值秩序功能，即基本权利的性质中作为“客观的法”的功能，这要求国家除了承担针对防御权功能

---

⑭ ［美］杰克·唐纳利：《普遍人权的理论与实践》，王浦劬等译，中国社会科学出版社 2001 年版，第 32～33 页。

⑮ ［日］大沼保昭：《人权、国家与文明》，王志安译，三联书店 2003 年版，第 210 页。

⑯ ［美］史蒂芬·霍尔姆斯、凯斯·R. 桑斯坦：《权利的成本——为什么自由依赖于税》，毕竞悦译，北京大学出版社 2004 年版，第 19 页。

⑰ See Allen Buchanan, Deriving Welfare Rights From Libertarian rights, in Income Support: Conceptual and Policy Issues, Peter G. Brown, Conrad Johnson & Paul Vernier (eds.), Totowa, NJ: Rowman and Littlefield. 1981, p. 233.

⑱ 参见［日］宫泽俊义：《日本国宪法精解》，董璠舆译，中国民主法制出版社 1990 年版，第 240 页。

⑲ 参见［日］芦部信喜：《宪法》，李鸿禧译，元照出版公司 2001 年版，第 243 页。

⑳ 温辉：《受教育权入宪研究》，北京大学出版社 2003 年版，第 37～38 页。

㉑ Richard B. unlin, Kommentar zum Grundgesrtz fÜr die Bundesrepublik Deutschland, Darmstadt: Luchterhand, 1984, S. 249. ff.

的“不侵犯义务”和针对受益权功能的“给付义务”以外，还应当运用一切可能的和必要的手段来促成基本权利的实现，其义务范围非常广泛。㉒ 如是，基本权利的功能与国家义务的对应关系，就可以归纳为下图所示：

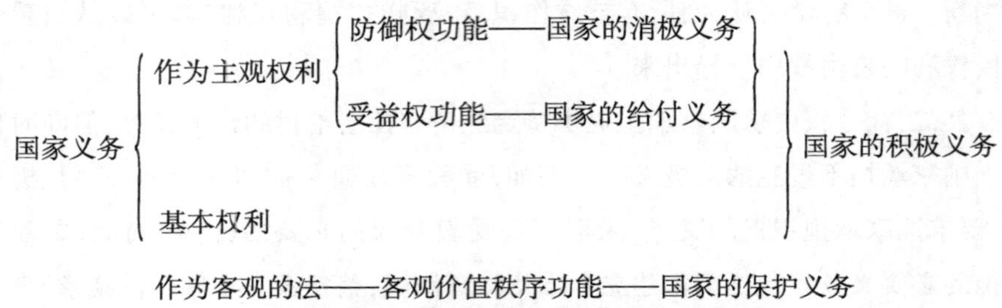

图1 基本权利的功能与国家义务的对应关系㉓

由此可见，基本权利对应的国家义务体系由消极义务和积极义务构成，而积极义务又具体包括给付义务和保护义务。这些国家义务的具体承担与履行，都有赖普通立法具体化。具体而言：

一是消极义务要求立法机关不得违背宪法规定的条件对基本权利加以恣意限制，唯有在遵循“法律保留原则”且基于“公共利益”之需要的情形下，立法机关始得对基本权利进行限制。行政机关和司法机关的消极义务则主要表现为严格依法行使权力，尤其在行使自由裁量权时，不得滥用权力侵犯基本权利。这即意味着，消极义务之确定，需要普通立法对法律保留事项及其范围、公共利益之确定、行政机关和司法机关的权力范围及其行为准则等予以明确和具体化。

二是给付义务是指国家以积极作为的方式为公民提供某种利益的义务，给付的内容包括物质性利益、法律程序和服务行为。国家履行给付义务很大程度上就是为了保障所有个人都能获得符合人的尊严的最低生存条件，使人们在任何情况下都能维持起码的生活水准。㉔ 然而，宪法中基本权利规定过于抽象，国家给付的种类、范围、条件、程序、内容、数额、提供方式等都有赖于普通立法予以明确。这是立法机关承担给付义务的方式，即制定法律。唯有立法机关通过立

㉒ 参见张翔：《基本权利的规范建构》，高等教育出版社2008年版，第44~45页。

㉓ 参见张翔：《基本权利的规范建构》，高等教育出版社2008年版，第45页。

㉔ 参见陈爱娥：《自由—平等—博爱：社会国原则与法治国原则的交互作用》，载《台大法学论丛》第26卷第2期。

法具体明确国家给付的具体内容后,个人依据法律之规定才可以请求国家积极"作为",基本权利作为主观权利的受益权功能才能得以具体实现。

三是保护义务有广义和狭义两个层次,广义的保护义务指基本权利所针对的国家的所有义务,包括制度性保障义务、组织与程序保障义务,以及其他各种排除妨碍的义务。[25] 狭义的保护义务则仅指国家保护公民免受来自第三方的侵害的义务。[26] 不论是广义的保护义务还是狭义的保护义务,国家承担保护义务的最主要方式是通过制定法律,建立各种制度,为公民基本权利的实现创造条件。[27] 这是国家保护义务的基本内涵。因此,国家保护权利的范围、程度、方式、对侵权行为的界定及惩罚力度等,都必须通过普通立法的方式予以具体化。

(二)"宪法基本权利条款立法"之性质

宪法基本权利条款立法是对宪法基本权利条款的具体化,这一作业过程的结果使得基本权利的内涵得以明确而具体,这一作业过程的性质,则可以从宪法规范的解释、宪法义务的履行和宪法实施的方式三个角度来考量。具体而言:

1. 宪法规范之立法解释

宪法基本权利条款立法是对宪法基本权利规范的立法解释。宪法是具有最高法律效力的法律,因而,宪法基本权利规范当然是法律规范。法律规范的逻辑结构包含三个要素:假定条件、行为模式和法律后果,[28]然而,由于宪法基本权利规范高度抽象、高度概括,其规范结构在宪法中并没有完整表达,这也就决定了基本权利规范通常不能直接适用。基本权利规范结构之补全有两种途径:一是宪法解释,在宪法解释中充实具体内容;二是普通法律立法具体化,通过制定普通法律贯彻基本权利,具体化基本权利之内容。在这一意义上,宪法基本权利条款立法是宪法基本权利规范的立法解释,即通过制定普通法律的方式,对宪法基本权利规范进行解释,使其含义得以明确、具体,并可直接适用。如此看来,立法

---

[25] 参见[德]克里斯提安·史塔克:《基本权利之保护义务》,李建良译,载《政大法学评论》1997 年第 58 期。

[26] See Volker Epping, Grundrechte, Berlin u. a: Springer, 2005. S. 43 ff.

[27] 参见[德]彼得·巴杜拉:《国家保障人权之义务与法治国家宪法之发展》,载陈新民:《宪法基本权利之基本理论》(上),元照出版公司 1999 年版,第 3 页。

[28] 参见李龙:《法理学》,武汉大学出版社 2011 年版,第 72 页。

者不仅是“宪法的第一个解释者”[29],也是最权威的宪法诠释者。

2. 宪法委托义务之履行

宪法基本权利条款立法是立法者对宪法委托义务的具体履行。“宪法委托”又称为“对立法者的宪法委托”,或者“立法委托”,意指宪法条文仅为原则性规定,而委托立法机关以特定的、细节性的行为加以贯彻。这种委托是宪法对立法者的一个具有拘束力的强制性的命令,而不仅仅只是一种理念或政治道德性的要求,立法者必须履行这一义务。立法机关制定法律的活动是对宪法的具体化,是在履行宪法所委托的义务。[30] 从宪法委托角度考量,基本权利规范直接拘束立法权之行使,立法者负有制定法律以尊重、保护、实现、促进基本权利的义务。如是,基本权利立法正是对宪法委托义务之履行。

3. 宪法实施之直接方式

宪法基本权利条款立法是宪法实施的直接方式,立法者是宪法实施的重要主体。宪法基本权利条款的抽象概括性,决定了其需要通过立法具体化来明确其保障范围,也需要通过立法来构建对基本权利的具体保障机制。[31] 从经验的角度来看,我国宪法颁布实施以来,主要是通过立法方式来实施,而不是宪法审查的方式;从观念的角度来看,我国主流的宪法观念,也主要特别强调“通过完备的法律推动宪法实施”[32]。因此,以立法的方式实施宪法,是我国宪法实施最主要、最直接、最有效的方式。如是,基本权利立法,是宪法基本权利规范得以实施的直接方式。

(三)“宪法基本权利条款立法”之效果

宪法基本权利条款立法对基本权利的性质、权利体系和权利保障都会产生重要的影响,基本权利立法具体化之后,宪法基本权利就具体化为法律权利,形成以基本权利为权源(权利之源)的法律权利群系,使得对基本权利的保障落实

---

[29] [德]克里斯托夫·默勒斯:《德国基本法:历史与内容》,赵真译,中国法制出版社2014年版,第75页。

[30] 关于宪法委托的理论,可参见陈新民:《论“宪法委托”之理论》,载陈新民:《宪法基本权利之基本理论》(上),元照出版公司1999年版,37~93页。

[31] 参见魏治勋:《全面有效实施宪法须加快基本权利立法》,载《法学》2014年第8期。

[32] 习近平:《在首都各界纪念现行宪法公布施行30周年大会上的讲话》(2012年12月4日)。

为具体法律之保障。具体而言,基本权利立法之效果主要表现在以下三个方面:

1. 权利性质:宪法权利具化为法律权利

宪法基本权利经过立法具体化之后,就细化为法律权利。法律权利是立法机关在实现基本权利内容的过程中所形成的"终端产品"。申言之,宪法基本权利条款立法使得基本权利由抽象权利具化为法律权利成为具体权利,也使得基本权利的主体由整体性的个人具化为个体化的个人或部分个人的集合体(法人)。[33] 基本权利是根源性权利,是法律权利之发端基础;法律权利是延伸性权利,是基本权利的内容表现。从权利性质角度考量,基本权利与为法律所具体化了的权利在性质上属于不同权利,前者是宪法权利,后者是法律权利。普通法律权利是宪法基本权利内容的充实化和具体化,是基本权利在具体法律关系中的映射。

2. 权利体系:宪法权利衍生为权利群系

宪法的根本法地位以及宪法规范的概括抽象特点,决定了宪法中规定的基本权利仅仅只是一个"权利的名称",其具体内容需要由立法机关予以充实和具体化。[34] 因此,实际上来看,经过普通立法具体化之后所形成的法律权利是基本权利在内容上的表现形式,使得宪法基本权利由此衍化生成为一个法律权利群系。例如,宪法规定了受教育权这一基本权利,《教育法》《义务教育法》《未成年人教育法》《高等教育法》《教师法》等法律对受教育权的内容进行了具体化,形成了包括受教育平等权、受教育选择权、受义务教育权、获得入学升学机会权、获得学习权、获得基本学习条件权、学生身份权、考试权、成绩公正评价权、获得学业学位证书权等权利群系。可见,宪法所规定的基本权利若离开由其衍生而来经普通立法具体化的法律权利,基本权利就失去了其内容而成为空洞的"权利名称"。

3. 权利保障:宪法保障落实为法律保障

基本权利之保障分为宪法保障和法律保障两个层次,宪法对基本权利的规定和确认构成了基本权利的宪法保障,普通法律对宪法基本权利进行具体化、条文化和程序化之后,形成了基本权利的法律保障。可见,宪法基本权利条款立法

---

[33] 参见马玲:《宪法权利与法律权利:区别何在?》,载《环球法律评论》2008 年第 1 期。

[34] 参见刘志刚:《立法缺位状态下的基本权利》,复旦大学出版社 2012 年版,第 30 页。

使得基本权利保障由宪法保障落实为法律保障。实践中,通常秉持基本权利的法律保障优先准则,只有在穷尽法律权利或者法律规定有违基本权利精神或者缺乏法律权利的情形下,才考虑由宪法来保障基本权利的问题。㉟ 需要注意的是,由于基本权利之内容有赖于立法来形成,宪法基本权利条款立法就成为基本权利保障制度的基础。此外,基本权利宪法保障之有效性依赖于切实可行的违宪审查制度之建立运行,设若宪法原则性地确认了一项基本权利,但是没有法律在实体上或程序上予以具体落实,在宪法不能直接适用的情况下,该项基本权利就难以获得有效保障。㊱

二、宪法基本权利条款立法的必要性

中国为什么需要宪法基本权利条款立法？这是宪法基本权利条款立法研究要具有“中国问题意识”和“中国实际意义”必须回答的问题。宪法基本权利条款立法与中国的法理观念、法律传统、法治阶段、法权定位和法制体系具有全面的契合性。

(一)法理观念:立法是权利斗争成果载体

权利法理观念,决定了权利的生成方式(来源)。中国的权利法理观念可概括为“斗争人权观”:权利来自斗争,斗争得来的权利需要以法律的形式来宣示和保障,即权利需要载明于法律,这就决定了立法是权利斗争成果的载体。

我国的宪法是在二战后才出现的,这种特定的历史背景以及附着于宪法文本之上的意识形态必然型塑出“斗争人权观”,即基本权利更倾向于被看作人们通过斗争得来的,而不被看作对人权的宣示和满足。㊲

㉟ 法律保障优先准则,是由宪政理念和法治要求中对多数民主的尊重奉行决定的。具体而言,当普通立法对基本权利予以具体化之后,亦即立法程序完成之后,法律权利就具备了存在的独立性,基于“多数民主必须受到最大限度之尊重”的宪政理念和法治要求,经过民主程序获得多数赞同的法律就必须得到贯彻实施,否则,宪政与法治得以存在之“多数民主”基石将受到侵蚀。

㊱ 我国基本权利保障就时常出现这样的尴尬情况:宪法确认的基本权利,在没有法律具体落实的情况下,当该项基本权利受到侵犯时,法院手里有宪法但无权适用,有权适用法律但却没有相关法律。为此,应深化宪法立法适用、重点充实和完善保障公民基本权利的立法。参见童之伟:《宪法适用应依循宪法本身规定的路径》,载《中国法学》2008年第6期。

㊲ 参见刘志刚:《立法缺位状态下的基本权利》,复旦大学出版社2012年版,第6页。

从意识形态来看,马克思主义是中国国家意识形态,㊳马克思主义人权观是国家人权观的理论指导。马克思主义人权观,“是从现实的前提出发,而且一刻也不离开这种前提。它的前提是人,但不是某种处在幻想的与世隔绝、离群索居状态的人,而是处在一定条件下进行的、现实的、可以通过经验观察到的发展过程中的人”。㊴ 概言之,马克思主义人权观是从“社会的人”出发,认为不存在抽象的、自然的人——也就不存在脱离社会的人的抽象人权,人权都是具体的现实社会的人的权利,人的各种权利是通过斗争得来的,是人类自己创造的,“人权不是天赋的,而是历史的产生的”㊵。资产阶级提出“人权”口号,将“人权”作为封建特权和神权的对立物,为资产阶级革命提供了理论支撑,是资产阶级要求提高政治地位,与封建主争夺统治权的表现。㊶

从中国共产党的实践来看,早在 1922 年,党领导安源路矿工人罢工时提出的口号就是“从前做牛马,现在要做人”,即要“争得做人的权利”;1923 年,领导“二七”大罢工时,党就明确提出“争人权”的口号;1935 年,党的《八一宣言》明确提出了“为人权自由而战”。“几十年来,中国共产党领导中国人民始终不渝地为争取和实现自己的人权而奋斗。无数革命先烈前仆后继、流血牺牲,为的是什么？就是为了争得国家的独立权,人民的生存权和发展权。”㊷

从宪法法律的本质来看,“宪法的本质在于,它是一国统治阶级在建立民主制国家过程中各种政治力量对比关系的集中表现”。㊸ 列宁曾指出:“宪法的实质在于:国家的一切基本法律和关于选举代表机关的选举权以及代表机关的权限等的法律,都体现了阶级斗争中各种力量的实际对比关系。”㊹政治力量对比关系,既包括阶级力量的对比,即统治阶级与被统治阶级力量的对比;还包括同一阶级内部不同阶层、派别和集团之间的力量对比。宪法由掌握国家权力的统

㊳ 参见黄力之:《马克思主义作为中国国家意识形态的现实性问题》,载《马克思主义研究》2006 年第 5 期。

㊴ [德]马克思、恩格斯:《马克思恩格斯全集》(第 3 卷),人民出版社 1960 年版,第 30 页。

㊵ [德]马克思、恩格斯:《马克思恩格斯全集》(第 2 卷),人民出版社 1957 年版,第 146 页。

㊶ 参见郑发全:《两种根本对立的人权观》,载《郑州大学学报》(哲学社会科学版)1992 年第 4 期。

㊷ 江泽民:《江泽民论人权》,载人民网官网:http://politics.people.com.cn/GB/8198/5139784.html,最后访问时间:2017 年 4 月 23 日;载《人民日报》1991 年 5 月 11 日。

㊸ 周叶中主编:《宪法》,高等教育出版社 2016 年版,第 39 页。

㊹ [苏联]列宁:《列宁全集》(第 17 卷),人民出版社 1988 年版,第 320 页。

治阶级制定,体现的是统治阶级的意志。可见,宪法是政治力量对比博弈(权利斗争)中力量较强者权益的载体。

毛泽东认为,宪法是民主的法律化,是对民主事实的承认。㊺ 民主事实,即是各种政治力量之间经过权利斗争之后所达成的妥协状态。"为了使民主法律化,人民才运用制宪权制定宪法,规定了民主制度的原则与具体程序,宪法是民主法律化的基本形式。"㊻由此可见,宪法和法律是对民主事实(即权利斗争结果)的承认和确认,是权利斗争成果(结果)的载体。

此外,《国际歌》的歌词也告诉人民:权利是通过斗争得来的。㊼《国际歌》不仅在中国革命史上具有重要意义,而且,至今仍然有着重要作用。恰如耶林所言:"世界上的一切法都是经过斗争得来的。所有重要的法规首先必须从其否定者手中夺取。不管是国民的权利,还是个人的权利,但凡一切权利的前提就在于时刻都准备着去主张权利。……无论是个人还是国民,为权利而斗争是他们的义务。"㊽

(二)法律传统:成文法传统对立法之偏重

法律传统决定了权利的确认方式。中国制定成文法的传统,决定了权利主要通过立法的方式来确认。

中国的成文法传统具有悠久的历史,立法是国家一项非常重要的国家活动。早自夏朝,就开创了成文法历史。"夏有乱政,而作禹刑;商有乱政,而作汤刑;周有乱政,而作九刑"(《左传·昭公六年》),这是中国古代制定成文法的开端。春秋时期,社会变革促使成文法诞生。公元前536年,郑国执政子产"铸刑书",是中国历史上第一次公布成文法;公元前513年,晋国赵鞅"铸刑鼎",这是中国历史上第二次公布成文法。成文法的公布,直接向"刑不可知,则威不可测"宣战,

㊺ 转引自褚江丽:《毛泽东人民立宪思想及其对我国宪政发展的影响》,载《毛泽东思想研究》2009年第3期。

㊻ 任进:《宪政的要义是民主》,载《法学》2008年第3期。

㊼ 参见石文龙:《〈东方红〉与〈国际歌〉:民主与法治的不同言说——兼及现代社会中国民众对民主与法治的特殊表达》,载《云南大学学报法学版》2012年第3期。

㊽ [德]鲁道夫·冯·耶林:《为权利而斗争》,胡宝海译,中国法制出版社2004年版,第1页、第102页。

打破了统治阶级专断刑律、任意处置剥夺百姓权利的不合理局面，在中国法制史上具有进步意义。

战国时期，各国“争于气力”（《韩非子·五蠹》），为满足战争的需要，各国纷纷制定了体现命令特征的成文法。如楚国造《宪令》、魏国立《太府之宪》、魏李悝著《法经》、韩国申不害立新法布新令、秦国商鞅受《法经》相秦并“改法为律”。1975年，湖北云梦地区出土的秦简，让人们看到了中国古代制定成文法的细密程度与高超技术。完备的秦律，是中国古代法典编纂的典范。

秦朝之后，中国进入了绵延两千多年的封建帝制时期。成文法传统亦历经两千年历史而未中断。汉朝刘邦建立政权后制定了《九章律》，汉武帝更加注重立法，史书记载：“宪令稍增，科条无限。”魏晋南北朝时期，各个政权也都制定了大量法律，比如《北齐律》就是一部当时立法成就最高的法律，在中国法制史上具有承前启后的重要作用，对隋朝的《开皇律》和唐朝的《唐律疏议》都产生了直接的影响，为隋唐法制奠定了基础。唐代的《唐律疏议》是中国古代成文法的集大成者，是中华法系的典范之作，[49]其编写体例、主要内容、法律术语以及法律解释，既是前朝成文法发展的结晶，又是后世成文法仿效的典范，宋元明清的法典都是以《唐律疏议》为范本进行编纂的。[50] 唐代以后，宋代的《宋刑统》、元代的《大元通制》、明代的《大明律》、清代的《大清律例》都是国家颁布的系统的成文法法典。

近代以来，中国选择与继受大陆法系法典化模式不是一种偶然或巧合，而是中国悠久的法律传统观念和文化背景以及法典法和判例法的特点等诸多因素共同决定的历史的必然。[51]

（三）法治阶段：形式法治向实质法治进阶

法治阶段决定了权利的保障依据。中国目前正处于形式法治向实质法治进

---

[49] 参见张晋藩：《论中国古代司法文化中的人文精神》，载《法商研究》2013年第2期；张中秋：《为什么说〈唐律疏议〉是一部优秀的法典》，载《政法论坛》2013年第3期。

[50] 参见刘广安：《中国法律的传统》，载《研究生法学》1996年第4期。

[51] 参见封丽霞：《偶然还是必然：中国近现代选择与继受大陆法系法典化模式原因分析》，载《金陵法律评论》2003年第1期。

阶的阶段,这就决定了权利保障依据主要是法律条文,而不是法的精神。因此,立法才能提供权利保障的具体依据。

当今时代,倡导和遵循法治是全世界范围内政府正统性的公认标尺,而拒绝法治的观点则实属冒天下之大不韪。[52] 在国家层面,法治是一种政治理想和道德;在社会层面,法治则是一种文明标尺和美德。[53] 然而,什么是法治? 人类法律实践的多样性决定了人们必然抱持多维的法治观念。但是,迄今为止,亚里士多德对法治的定义仍堪称经典:"法治应包含两重含义:已成立的法律获得普遍的服从,而大家所服从的法律又应该本身是制定得良好的法律。"[54]可见,在亚里士多德看来,"服从法律"是法治的第一重含义,这是法治的首要之义——若已成立的法律得不到普遍的服从,这样的法律制定得再良好也无从实现法治;而"良法之治"则是在"服从法律"的基础之上对法治的"质"的要求。"服从法律"可看作形式法治,而"良法之治"则可视为实质法治。如是,亚里士多德对法治的定义似乎已经揭示了法治的规律:形式法治是法治的前提和基础,法治必须经由形式法治走向实质法治,不可偏弃形式法治而谋求实质法治。

形式法治和实质法治是对法治类型的理论界分,[55]为的是便于对法治内涵进行深入理解,以描述法治的实践样态。理论层面上,形式法治和实质法治的基本区别在于:"形式理论聚焦于合法律性(legality)的恰当渊源和形式,而实质理论则进一步包含关于法律内容方面的要求——通常要求法律必须符合正义或道德原则。"[56]但是,法治建设实践过程中,不可能在形式法治和实质法治之间泾渭

---

[52] 参见[美]布雷恩·Z. 塔玛纳哈:《论法治:历史、政治和理论》,李桂林译,武汉大学出版社 2010 年版,第 4 页。

[53] 英国法理学家尼尔·麦考密克(Neil MacCormick)就认为:"法治是文明社会的一种显著美德。"[英]尼尔·麦考密克:《修辞与法治:一种法律推理理论》,程朝阳、孙光宁译,北京大学出版社 2014 年版,第 16 页。

[54] [古希腊]亚里士多德:《政治学》,吴寿彭译,商务印书馆 1983 年版,第 199 页。

[55] 形式法治在 20 世纪所遭遇的挑战以及相应的实质法治思潮的兴起,被认为是现代法治从形式法治转向实质法治的标志。韦伯将这种转型称为近代法的"反形式倾向"。参见[德]韦伯:《韦伯作品集:法律社会学》,康乐、简惠美译,广西师范大学出版社 2005 年版,第 321 页。哈贝马斯则将其称为"法律的社会转型"(social transformation of law),并进一步将其概括为从"自由主义范式"向"福利国家范式"的转型。See J. Habermas, *Between Facts and Norms: Contributions to a Discourse Theory of Law and Democracy*, trans. William Rehg, MIT Press, 1996, p. 389.

[56] Brian Z. Tamanaha, *On the Rule of Law: History, Politics and Theory*, Cambridge University Press, 2004, p. 92.

分明、彼此绝缘,而必定是二者相互融贯的动态过程。因此,对形式法治和实质法治的理解不能陷入偏执,既不能带着形式主义的愤恨来看待形式法治,也不能刻意忽视实质法治带有的毁灭法治的危险倾向。[57] 因为,实质法治的前提预设是,现行法律是或至少部分是恶法;其逻辑理路是,恶法非法,因而实质法治追求实质正义,可以不遵循现有法律规则。可见,在片面追求实质法治和良法的过程中,隐含着瓦解法治的危险——现有法律变得可有可无,法的规范约束力荡然无存。

在警惕实质法治可能具有的对法治的反动一面的同时,也不能误解形式法治,要正确认识形式法治的积极意义。形式法治奉行"法律至上",强调"法的统治",注重法律的确定性、稳定性和权威性,要求严格实施法律——这些要素是实现法治所必需的,在法治的规诫中占有非常重要的位置。[58]

需要注意的是,形式法治并不是不区分法之善恶,因为善恶标准是一种主观评价,形式法治强调认真贯彻法律,以此来祛除立法者所认定的恶。将善恶标准交由具有民意基础的立法者来确定,相较由个人来决定,更具有明确性和稳定性,也更接近于善,能够减少个人的主观随意性和自立性对善恶标准的不利影响。设若完全放弃形式法治,将善恶标准交由个人如官员、法官等个人来确定,这无疑意味着法治的崩溃,个人权利将陷入无尽的黑暗之中——此时,权力即善、权力即正义,普通个人的权利完全臣服甚或匍匐在权力脚下。当然,立法者制定的法律不可能尽善尽美,也有可能因为理性局限致使法律存在漏洞,亦有可能因为立法权恣意致使法律本身不符合善的标准(法非良法),但这并不能成为不遵守法律的正当理由,因为,通过法律选择适用和合宪性审查能够弥补法律漏洞和纠正法律之"不善"。故此,在法律还没有足够权威的情况下,必须坚守形式法治立场,强调法规范的刚性效力,通过"法律必须遵循"和法规范的明确性,杜绝以实质法治之名践踏法律规则、悖逆法治本旨、败坏法治精神。

中国的法治建设不能超越形式法治阶段而劲直谋求实现实质法治,因为,中

---

[57] 参见陈金钊:《实质法治思维路径的风险及其矫正》,载《清华法学》2012 年第 4 期。

[58] 夏勇先生提出"法治十大规诫":一是有普遍的法律;二是法律为公众知晓;三是法律可预期;四是法律明确;五是法律无内在矛盾;六是法律可循;七是法律稳定;八是法律高于政府;九是司法权威;十是司法公正。参见夏勇:《文明的治理——法治与中国政治文化变迁》,中国社会科学出版社 2012 年版,第 20~30 页。

国真正开启现代法治文明进程是在改革开放以后,时间还不过四十来年,可以说,中国正处在法治建设的起步阶段,并没有进入法治成熟和发达阶段。在这一阶段,国家和社会的整体性文化观念中,并没有内在的接受"法律至上","服从法律"还没有成为国民的内心确信与行为坚守。因此,需要通过严格的形式法治来形塑国民的规则意识,以树立法律权威,为实质法治奠定基础。概言之,形式法治是法治建设的必经阶段,是法治建设的基础。正如有学者所言:"形式法治是法治的脊梁,没有对形式法治的坚守,或者说在中国如果不补上形式法治这一课,根本就无法实现向法治社会的转型。……只有在坚守形式法治的前提下,实质法治才能发挥对社会调整的积极意义。"[59]因此,法治建设不能搞所谓"后发优势"或"弯道超车",不能舍形式法治之根基来逐求实质法治之大成,而必须遵循法治建设的内在规律。否则,在实质法治名义之下,"例外"和"破格"等越出法律规则之外的行为将成为常态,而且是以一种占据道德(法治)制高点的姿态(实质法治名义)不遵守法律规则的约束,这将是对法治最大的伤害和反动。

更为重要的是,法治的核心和精髓在于限制公权力,将权力关在法律制度的笼子里面。形式法治能够有效约束公权力——权力法定原则要求公权力"法无授权不可为",而实质法治则为公权力恣意提供了"借口",这将使权利限于极度不安全状态之中,随时可能遭到不受法律约束的公权力之侵害。

诚然,形式法治亦有其固有的缺陷,其强调对法律规则的遵守,有其封闭僵化和机械呆板的一面;而实质法治虽带有超越法律规则瓦解法治的危险,但其对情境因素的考虑却能够弥补形式法治的缺陷。"如果说形式法治思维的极端是机械司法的话,实质法治思维的绝对化就是有法不依。"[60]因此,客观公允的认识应该是,"形式法治的思维方式是法治的基础,而实质法治只是一种对机械司法的纠偏措施",[61]不能试图跨越形式法治而直接谋求实质法治——实质法治思维需要形式法治思维来保障,才不至于偏离法治的方向。

---

[59] 陈金钊:《对形式法治的辩解与坚守》,载《哈尔滨工业大学学报》(社科科学版)2013年第2期。

[60] 虽然实质法治也被冠以法治之名,但从本质上说,由于其无视法治的权威,把思维和行动的规范依据悄然替换了。这对法治而言,无疑是釜底抽薪式的打击,因而实质法治在思维路径上是反法治、逆法治的。熊瑛:《形式法治和实质法治:法治思维观的比较与抉择》,载《领导科学》2014年第11期。

[61] 陈金钊:《魅力法治所衍生的苦恋——对形式法治和实质法治思维方向的反思》,载《河南大学学报》(社会科学版)2012年第5期。

当然,实质法治是法治发展的进路,“中国全面推进依法治国对人权司法保障、社会公平正义的制度改革体现了实质法治正在成为中国法治进程的必由之路。”[62]党的十八届四中全会通过的《全面推进依法治国若干重大问题的决定》,描绘了中国法治建设的蓝图,标明“中国共产党法治观的质变,寄希望于从‘形式法治’迈向‘实质法治’。”[63]“社会主义法治在很大程度上指向了一种社会正义向度的实质法治。”[64]

因此,公民基本权利的保障要适应形式法治向实质法治进阶的阶段,以形式法治思维为主、实质法治思维为辅,强化宪法基本权利条款立法,通过法律来确认和保障公民的基本权利。

(四)法权定位:立法权居于宪制权力中心

国家权力关系的法律定位决定了权利保障的主导性主体。中国宪制权力秩序中,立法权居于中心位置,这就决定了立法机关是权利保障的主导性主体。换言之,立法主导着权利保障。

人民代表大会制度是我国的根本政治制度,“根本政治制度”的基本要义在于:人民代表大会是国家权力机关,其他国家机构都由人民代表大会产生并受其监督。[65] 现行《宪法》第 57 条、第 58 条规定,全国人民代表大会是最高国家权力机关,它的常设机关是全国人民代表大会常务委员会;全国人民代表大会和全国人民代表大会常务委员会行使国家立法权。可见,我国是由最高国家权力机关及其常设机关行使国家立法权,而且,其他国家机构如行政机构和司法机构,都由国家权力机关产生并受其监督。

由此可见,在国家权力关系法律定位上,我国立法权居于宪制权力中心地位。这意味着:其一,国家保障基本权利的重心在立法者身上。立法者负有积极立法之义务,以塑造客观的法律秩序来促使基本权利能够得到最大限度地实现。

---

[62] 付子堂:《实质法治:中国法治发展之进路》,载《学术交流》2015 年第 3 期。

[63] 李树忠:《迈向“实质法治”——历史进程中的十八届四中全会〈决定〉》,载《当代法学》2015 年第 1 期。

[64] 孙国东:《试论法治转型的社会理论逻辑——兼及转型中国的“社会主义法治”》,载《法学评论》2012 年第 3 期。

[65] 参见江国华、彭超:《依宪治国与人民代表大会制度的完善》,载《中州学刊》2015 年第 11 期。

其二,基本权利立法是基本权利获得司法保障的前提。司法活动是适用法律的活动,法律之存在是司法得以进行之逻辑前提,因而,司法保障基本权利的基础在于立法确认基本权利。其三,立法确定司法的活动场域,立法权领域不容许司法权过度扩张侵入。这是由作为法治国家基本原则的分权原则决定的。申言之,立法形成基本权利之内容,司法权需予以尊重并保持谦抑秉性,不得以司法解释或裁判限缩、改变基本权利内容,也不得过分扩张基本权利的内容和保护范围——因为基本权利对应着国家义务,国家义务之确定应由具有民主性的立法权来确定;同时,在公民个人之间,对一方主体权益的过度保护必然意味着对另一方主体权益的过分限制。

在立法者怠于履行宪法委托义务的情形下,即立法者消极不作为致使基本权利处于立法缺位状态,立法缺位状态下的基本权利有被虚置之虞,法官可以反对此种情形,但是,除非特别紧急之例外情况,法院可单纯地决定法律之效果,如法院否认不足立法作为法律规范之效力,法官却不能自行取代立法者的不作为或不充分作为而自为法律之制定。[66] 由法律负有保障法治国家及基本权利的功能来看,法律是不可以由司法行为来取代的。

(五)法制体系:宪法实施之制度存有缺漏

法制体系状况决定了权利保障的具体路径。中国法律制度体系中,宪法实施的制度存有缺漏,如宪法解释机制尚未完全激活、宪法监督制度尚未有效建构,中国宪法实施的首要和直接方式是立法,这就决定了宪法基本权利的保障高度依赖于立法具体化。

宪法具有的政治和法律双重属性,决定了宪法实施的两种类型:政治化实施和法律化实施。[67] 在中国语境下,"宪法实施"是一个具有高度政治性的概念,中国宪法更多依靠政治化的方式来实施,即主要通过执政党主导的政治动员提高

---

[66] P. Badura, "Die parlamentarische Volksvertreung und die Aufgabe der Gesetzgebung", Zeitschrift fur Gesetzgebung, 1987, S. 300. 转引自[德]彼德·巴杜拉:《国家保障人权之义务与法治国家之发展》,陈新民译,载陈新民:《宪法基本权利之基本理论》(上册),台北三民书局1992年版,第11页。

[67] See Thomas C. Grey, Constitutionalism: An Analytic Framework, in Richard N. Bronaugh, Michael A. Eizenga & Stephen B. Sharzer (eds.), Readings in the Philosophy of Constitutional Law, Kendall/ Hunt Publishing Company, 1992.

民众的宪法观念进而实施宪法。[68] 然而，伴随着中国全面推进法治建设的进程，宪法实施机制体现出“双轨制”特点，即由单一的政治化实施，逐渐过渡到政治化实施和法律化实施两种方式协同推进。[69] 宪法的法律化实施，主要是以立法实施为主，“通过（制定）完备的法律推动宪法实施”是主流的观念和话语，[70]而制定法中“根据宪法，制定本法”的表述则是立法实践贯彻上述观念的体现。从立法统计数据来看，宪法实施以来的大多数立法都是对宪法规定的具体化。[71] 但是，当下中国的宪法解释机制尚未完全激活、合宪性审查制度尚未有效建构，这是中国宪法法律化实施的两大制度缺漏。[72] “由于长期以来中国尚未真正建立起有效的违宪审查制度，所以宪法实施主要是通过立法这一中介来间接实施的，宪法上的基本权利也不例外。”[73]

“无救济即无权利”，宪法基本权利最有效的救济方式是司法救济。诚如莫纪宏先生所言：“通过司法审判程序来实现人权的有效法律救济，这是大多数国家在人权保障中采取的最有效手段。”[74]在这一认识基础之上，中国学术界在宪法实施方面的一个理想即是冀望实现“宪法的司法化”。[75] 宪法司法化的本质，就是在穷尽普通法律规范的条件下，法官在司法程序中直接适用宪法条文裁决个案，让宪法规范成为司法裁判的直接依据。[76] 但是，2008 年最高人民法院废止了齐玉苓案批示，客观上阻碍了宪法的可诉性。[77] 这一事实再次表明：在中国试图实现“宪法司法化”，有着难以逾越的障碍。

---

[68] 参见翟国强：《中国语境下的“宪法实施”：一项概念史的考察》，载《中国法学》2016 年第 2 期。

[69] 参见翟国强：《中国宪法实施的双轨制》，载《法学研究》2014 年第 3 期。

[70] 参见习近平：《在首都各界纪念现行宪法公布施行 30 周年大会上的讲话》（2012 年 12 月 4 日）；张德江：《在全国人大常委会立法工作会议上的讲话》（2013 年 10 月 30 日）。

[71] 参见全国人大常委会法工委立法规划室编：《中华人民共和国立法统计》，中国民主法制出版社 2008 年版，第七章。

[72] 胡肖华教授认为，依当下宪法规范含义理解的非确定性以及“实体——程序”二元背离的现实，激活宪法解释机制加强自律落实，构建违宪审查制度监督宪法他律实施，是中国未来宪法实施的两条永恒战略定力。参见胡肖华、聂辛东：《自律与他律：中国宪法实施的战略定力》，载《湘潭大学学报》（哲学社会科学版）2015 年第 1 期。

[73] 上官丕亮：《行政诉讼：宪法实施的重要推动力》，载《学习与探索》2013 年第 1 期。

[74] 莫纪宏：《国际人权公约与中国》，世界知识出版社 2005 年版，第 71 页。

[75] 参见江国华：《司法立宪主义与中国司法改革》，载《法制与社会发展》2016 年第 1 期。

[76] 参见谢维雁：《“宪法间接适用论”质疑》，载《法商研究》2011 年第 2 期。

[77] 参见范进学：《宪法在中国实施何以艰难》，载《政法论丛》2009 年第 1 期。

更为重要的是,我国宪法并未明确规定基本权利的保障机构与救济程序,也没有明确规定基本权利对国家权力是否具有直接效力,故而,我国基本权利的保障与救济,主要还是通过制定保障人权的法律、执行保障人权的政策措施以及司法机关对法律权利的司法救济来实现的。(78) 也就是说,宪法基本权利需要通过立法程序转换之后,即通过立法将宪法基本权利结构性地转化为普通法律权利,才能得到司法救济。人民法院并不享有直接适用宪法的权力,只能通过适用普通法律来保护权利。(79)

三、完善"宪法基本权利条款立法"的内在逻辑

中国宪法基本权利条款立法该如何完善？完善宪法基本权利条款立法首先需要明确的一点是,中国宪法基本权利条款立法不是太多而是太少。因此,从正向角度加强宪法基本权利条款立法,促成宪法基本权利条款立法的转型升级,是完善基本权利立法进而形成完备的基本权利法律规范体系的首要之义。具体而言,实现基本权利立法的转型升级需要在以下四个方面着力:

(一)立法理念之转变:"秩序维护"向"权利保障"转向

什么是理念？什么是法的理念？黑格尔认为,"理念是任何一门学问的理性",他将法和理念结合起来,认为:"法的理念,即是指法的概念及其现实化,或曰法的理念即是自由。"(80)史尚宽先生则认为:"法律制定及运用之最高原理,谓之法律理念。"(81)如是,立法理念,则是内蕴在立法过程中的最高原理,是立法者对立法的本质、原则及其运作规律的理性认识以及在这一理性认识之下所形成的立法价值取向。(82)

---

(78) 参见戴瑞君:《国际人权条约的国内适用研究:全球视野》,社会科学文献出版社2013年版,第268页。

(79) 参见王广辉:《中国宪法实施的普通法路径——以法院对权利的救济为视角》,载《学习与探索》2013年第1期。

(80) [德]黑格尔:《法哲学原理:或自然法和国家学纲要》,范扬、张企泰译,商务印书馆2009年版,第1~2页。

(81) 史尚宽:《法律之理念与经验主义法学之综合》,载刁荣华主编:《中西法律思想论集》,台北汉林出版社1984年版,第259、264页。

(82) 参见刘军平:《中国法治进程中的立法理念刍论》,载《政法论丛》2005年第3期。

立法理念是指导立法制度设计和立法活动的理论基础和主导的价值观,任何一项法律的创制都必然受制于一定的立法理念。[83] 因此,可以说,有什么样的立法理念,就会产生什么样的立法。宪法基本权利条款立法的理念,内在决定了权利立法的价值指向,型塑了权利立法的基本品格。

诚然,国家是秩序的象征,[84]无序状态下基本权利无以获致保障,更难以得到实现。然而,若立法理念过于侧重"秩序维护",则会使得本是旨在保障权利的基本权利立法,在事实上走向了它自身的反面,成了权利实现的限制或障碍。

诚如郭道晖先生所言:"社会主义法律体系应该是以宪政立法为纲,以公民的政治权利立法为基础,以'以人为本、人权至上'的立法理念为立法品质的考量。"[85]因此,宪法基本权利条款立法的精髓在于要确立"人权至上"的理念,实现立法理念的转变,即由"秩序维护"向"权利保障"转向。

(二)立法模式之转换:"回应型立法"向"引领型立法"迈进

所谓"模式",是指某种事物的标准形式或可使人照着做的标准样式。[86] 江国华教授认为:"立法模式实际上是一个国家创制法律的惯常套路、基本体制和运作程式等要素所构成的有机整体,它是一个历史的范畴,但对整个立法活动却具有现实的拘束作用。"[87]

根据行为主义理论,可将立法模式区分为"回应型立法模式"和"追赶型立法模式"两种类型。行为主义理论认为,人的行为是对"刺激"的"反应"。以行为主义理论为准则,行为对"刺激"的"反应"包括两种类型,这两种类型也是"刺激"与"反应"的两种关系,即回应型行为和追赶型行为。回应型行为,是指对"刺激"能够即时作出"反应"的行为,即行为者在接受"刺激"时能立即作出行为;追赶型行为,是指对"刺激"不能即时作出"反应"而是一种迟到"反应",也就是说在"刺激"和反应行为之间存在一个较长的时间差,行为者在收到"刺激"信

---

[83] 参见高其才:《现代立法理念论》,载《南京社会科学》2006年第1期。

[84] 参见周叶中主编:《宪法》,高等教育出版社2016年版,第129页。

[85] 郭道晖先生的观点,引自于兆波:《立法决策论》,北京大学出版社2005年版。序一,郭道晖,第3~4页。

[86] 《现代汉语词典》,商务印书馆2002年版,第84页。

[87] 江国华:《立法:理想与变革》,山东人民出版社2007年版,第245页。

号后，经过一段时间才能作出“反应”行为。概言之，回应型立法能及时回应社会立法需求；而追赶型立法则主要表现为立法不适时、不适度，立法滞后于社会发展和立法需求。正是基于这样的考量，学者多主张立法模式应由“追赶型立法”向“回应型立法”转变。(88)

诚然，“回应型立法”相较于“追赶型立法”具有相对优越性，但是，“回应型立法”也有其自身的不足：其一，回应型立法缺乏既定目标导引，而是以回应社会的即时需求作为立法目标，其立法的动因在于社会的“刺激”，这多少还是带有“被动性”；其二，回应型立法以“刺激”为前提，设若没有“刺激”或“刺激”无法被立法者感知到——社会立法需求无法通过制度化渠道到达立法者，即立法开放性、民主性制度保障不足，此种情形下，立法亦无法及时回应社会立法需求；其三，回应型立法强调对“刺激”进行回应的“及时性”，而对“刺激”源的辨识，即对“刺激”本身的正当性（立法需求的正当性），则很有可能会欠缺充分考虑——因回应型立法注重回应的“及时性”而缺乏足够时间保障来对“正当性”进行充分考量。

如是，由于立法模式对立法活动具有拘束作用，而且在相当程度上承载着立法者的价值期望，具有价值导向性；同时，回应型立法模式又有其自身的不足。故而，为因应社会转型发展需要、实现良法之治和提高立法的实效力，有必要转换立法模式，即由“回应型立法”向“引领型立法”迈进。

“引领型立法”不是对“回应型立法”的全盘否定，而是在回应型立法基础之上，力图克服回应型立法模式自身之不足，在强调立法回应的“及时性”同时，主张以“人权保障”作为价值目标导引立法，在基本权利立法方面适度超前——而不是纯粹消极被动地回应社会立法需求，更加强调立法者要积极主动履行宪法所委托的义务。概言之，“引领型立法”的基本要素有三：一是人权保障，这是引

(88) 参见［美］P. 诺内特、P. 塞尔兹尼克（P. Nonet and P. Selznick）：《转变中的法律与社会：迈向回应型法》（Law and Society in Transition：Toward Responsive Law），张志铭译，中国政法大学出版社2004年修订版；江国华：《立法：理想与变革》，山东人民出版社2007年版，第293～299页；冯玉军、刘雁鹏：《中国城市立法的实践演变与理论争鸣》，载《地方立法研究》2016年第1期；张健：《迈向回应型法：我国地震预报立法的反思与完善》，载《云南社会科学》2014年第1期；刘怡达：《回应式立法与建构式立法——深化改革背景下的立法模式变迁》，载《中共南京市委党校学报》2014年第1期；石佑启、苗志江：《两型社会与地方立法的回应和创新》，载《楚天主人》2008年第7期。

领型立法的价值目标;二是积极主动,这是引领型立法的行为要求;三是立法者责任,这是引领型立法的责任机制。

在基本权利保障方面,奉行"引领型立法"显得尤为重要,"引领型立法"应当成为权利立法的新常态。具体而言有三:其一,在政治层面,立法与改革的关系是"立法引领和推动改革"。[89] 这就要求立法与改革决策相衔接,通过立法程序使改革决策更加科学完善,同时,需要突出立法的前瞻性,为改革预留空间;但是,绝不是意味着立法简单迎合改革,做改革的"应声虫"和"背书者"。其二,在法治层面,立法与人权的关系是"立法以人权保障为价值追求"。这就要求立法以人权保障为价值导引,加强和改进立法工作,并加快重点领域立法,尤其是基本权利立法,以形成完备的基本权利法律规范体系。其三,在现实层面,立法与权利保障需求的关系是"立法以满足权利保障需求为工作目标"。这就要求立法不仅要回应权利保障需求,更要通过切实的立法工作,满足权利保障需求。换言之,立法所形成的法律制度作为一种"供给",要能够满足人民权利保障的"需求",法律制度"供给"与权利保障"需求"之间始终要保持一种良性的动态平衡。

(三)立法领域之延展:"民生权利"和"民主权利"并重

基本权利的一种分类,是将其分为公民权利、政治权利和经济、社会与文化权利两大类,这种对基本权利体系的分类方法得到了两大国际人权公约的采纳,即《公民权利和政治权利国际公约》和《经济、社会与文化权利国际公约》。公民权利和政治权利可概称为民主权利,经济、社会与文化权利可概称为民生权利。

诚如王毅外长所言:"民主民生是促进和保护人权的抓手。民主和民生是人权的两个方面,如鸟之两翼、车之双轮,都是人权事业的重要奋斗目标。经济、社会和文化权利与公民政治权利相互联系,不可分割。各项人权同等重要,不可偏废。"[90]因此,在进行宪法基本权利条款立法时,要并重民生权利立法和民主权利立法。由于,立法覆盖基本权利,是权利保障法治化的前提。所以,既要通过

---

[89] 参见乔晓阳:《发挥立法对改革的引领和推动作用》,载《人民日报》2016 年 7 月 19 日,第 7 版。

[90] 王毅:《共同促进和保护人权　携手构建人类命运共同体》,载《人民日报》2017 年 2 月 27 日,第 21 版。

立法着力保障和改善民生权利,又要通过立法有力保障和增进民主权利,防止权利保障出现法律真空和洼地。

需要注意的是,强调加强宪法基本权利条款立法,延展权利立法领域,不是鼓励盲目追求基本权利立法数量,相反,而是要警惕搞立法政绩工程的倾向。立法数量不是政绩,基本权利立法首先应当充分考虑的是立法对权利保障的有效性和可操作性。因为"权利决不能超出社会的经济结构以及由经济结构制约的社会的文化发展"。[91] 权利立法若不能落实,尽管对基本权利的规定再完美,也只不过是一张写满权利的纸。例如,德国魏玛共和国时期,其宪法明确将社会基本权利作为一项重要的社会政策原则,然而却无法实践,严重损害了《魏玛宪法》的权威与公信力。[92] 此历史镜鉴,立法者当引以为戒:宪法明定的基本权利,不能沦为无实质内涵的空洞概念形式,否则,宪法和法律就会成为虚无缥缈的空头支票或者是镜花水月中的一纸空文。这不仅会严重损及宪法和法律的权威与公信力,而且会使得基本权利成为幻化泡影。

(四)立法技术之更新:"粗略式立法"向"精细化立法"迁移

改革开放之初,为解决"有法可依"的问题,邓小平同志提出,法律法规"有比没有好""快搞比慢搞好"的指导原则。在这一原则指导下,立法技术上采取的方式是"宜粗不宜细"的"粗略式立法"方式,大量的法律法规得以快速出台,填补了法制上的空白。经过三十多年的大规模高速度立法,截至2010年,中国特色社会主义法律体系已经形成,国家和社会各个方面基本实现了"有法可依"。在此背景下,党的十八届四中全会对推进全面依法治国作了具体部署,明确提出要"推进立法精细化"。在已经解决"有法可依"问题之后,实现由"粗略式立法"向"精细化立法"迁移是立法工作的必然趋势和客观要求,也是法治建设的内在规律。

精细化立法,就是针对以往立法工作中存在的粗放化问题形成的以体例精

---

[91] [德]马克思、恩格斯:《马克思恩格斯选集》(第3卷),人民出版社2012年版,第305页。

[92] See Wilhelm Frenz, Grundrechte, "Grundlagen unserer Demokratie", Bundeszentrale fur politische Bildunged, 1988, pp. 56-57. 转引自叶阳明:《德国宪政秩序》,五南图书出版有限公司2005年版,第45~46页。

简、内容细实、质量至上、总体管用为目标的立法技术方式。[93] 精细立法的核心就是要精细化法律规范的具体内容。尤其,宪法基本权利条款立法本质在于对宪法基本权利条款的具体化。因此,基本权利立法要以有效性、可操作性作为首要目标,注重以具体明确的量化标准和清晰准确的语词取代笼统模糊的宣示性、原则性条文,加大权利保障条款的占比,明晰国家对基本权利所负有的义务,细化国家权力限制基本权利的裁量基准。在此基础上,形成完备且精细的基本权利法律规范体系,促进基本权利保障的法治化。

权利立法领域"粗略式立法"方式下的模糊立法,对于权利的保障造成了诸多困惑和障碍。例如,2016 年 4 月,温州土地出让金续费风波,[94]争议的焦点即是 2007 年出台的《物权法》第 149 条之规定,"住宅建设用地使用权期间届满的,自动续期。"《物权法》规定的"自动续期"究竟该如何理解?续期是否需要缴费?《物权法》在制定时为了减少立法阻力顺利出台,有意回避了这一实质问题。这对于公民财产权的保护造成了困惑。又如,"同命不同价"问题,立法技术上简单粗放的以"户籍"作为赔偿标准的基点,这是造成同命不同价问题的根源。[95]令人欣慰的是,2009 年,新出台的《侵权责任法》第 17 条规定,"因同一侵权行为造成多人死亡的,可以以相同数额确定死亡赔偿金。"2012 年,最新修改的《国家赔偿法》也以"国家上年度职工年平均工资"作为计算死亡赔偿金的基数。[96] 这对于落实宪法中"中华人民共和国公民在法律面前一律平等"的规定,具有积极意义。

法律的精细化是立法技术成熟的重要标志,也是法律能够真正得到执行的基本前提。[97] 可操作性是衡量立法技术的一项重要的基本指标,宪法基本权利条款立法不具有可操作性无异于没有立法。权利立法的精细程度决定了权利保

---

[93] 参见李宝山:《关于精细化立法的思考》,载《人民代表报》2015 年 4 月 7 日,第 3 版。

[94] 温州土地金续费风波的起因是,温州一批 20 年产权住宅的土地使用年限即将到期,而当地官方人士表示,业主如果进行房产交易,必须续缴占房价总额约 1/3 的高额土地出让金。参见阿文:《"模糊立法"须加速精细化》,载《浙江人大》2016 年第 6 期。

[95] 参见此飞:《以立法精细化终结"同命不同价"》,载《人民法院报》2015 年 5 月 27 日,第 2 版。

[96] 参见《中华人民共和国国家赔偿法》(2012 年修改)第 34 条第 1 款第 3 项:"造成死亡的,应当支付死亡赔偿金、丧葬费,总额为国家上年度职工年平均工资的二十倍。对死者生前扶养的无劳动能力的人,还应当支付生活费。"

[97] 参见赵迎辉:《走向立法精细化》,载《学习时报》2016 年 3 月 3 日,第 4 版。

障的有效性，精细化立法是权利保障需求的立法因应之道。因此，实现从“粗略式立法”向“精细化立法”迁移，是实现从“有法可依”到“良法之治”转型升级的关键，[98]同时，也是在社会主义法律体系已经形成之后进一步完善各项法律提升立法工作的必然要求，亦是基本权利保障的内在需求。

结　语

宪法基本权利条款立法是为了因应人民权利保障之需求。现阶段，中国社会主要矛盾的法律理论表达是：人民日益增长的权利保障需求和权利保障制度供给不足之间的矛盾。制度供给不足主要表现在：其一，权利内容具体化（制度化）之不足，基本权利停留在宪法纸面，难以在人民生活中落实，立法实施基本权利不足；其二，权利救济制度之不足，权利救济范围、救济方式受限，亟待形成有效、可及、无漏洞的权利救济制度；其三，权利发展制度之不足，基本权利是一个开放性体系，其内涵和类型随着社会生活的发展而不断丰富，“新权利”之确认制度阙如。为此，权利保障法治化也要求进行“制度供给侧改革”，即是要求加强宪法基本权利条款立法，通过立法形成完善的权利保障制度，才能不断满足和促进基本权利保障之最大化，满足人民权利保障之需求。

宪法基本权利条款立法，使得宪法真正成为“生活之法”[99]——因为，正是基本权利立法才使得基本权利具有“有效性”。只有通过立法将基本权利具体化为每一个人享有的法律上的权利，并且通过法律明确规定国家应该承担的相关义务，才能保证基本权利能够被解释、适用并强制实施，如是，基本权利才能真正走进人们生活之中。换言之，宪法基本权利条款立法，能够让每一个人在生活中“将权利带回家”（brings rights home）[100]，使得宪法真正成为人民的生活之法，在日常琐碎的生活中成就人权之保障，让每一个人在生活中都能感受到宪法的慈

---

[98] 参见郭跃：《论立法精细化的标准与实现路径》，载《学术界》2016年第2期。

[99] 周叶中教授最先提出了“宪法是生活之法”的观点，他认为，“宪法既是政治性的规范，又是公民的生活规范，宪法与公民的生活息息相关”。周叶中：《宪法与公民生活息息相关——关于树立我国宪法权威的一点思考》，载《求是》2004年第11期。

[100] “将权利带回家”（brings rights home）这一概念，系借用自英国1998年《人权法案》之目的表述，其原意是通过《人权法案》将权利从位于法国斯特拉斯堡的欧洲人权法院带回英国的国内法律体系，并规定《欧洲人权公约》由英国法院负责实施。

爱与温暖。

因此,国家法治战略的重心应该回缚于法治源头的立法,因为立法是制度的形成者和供给者。尤其在基本权利保障方面,中国“权利保障法治化”的前提就是要形成完备的权利法律规范体系,唯有通过立法将宪法基本权利结构性地转化为普通法律权利,才能得到司法的保障。故此,宪法基本权利条款立法是中国人权保障法治化的必由之路,应该成为国家法治战略的重要内容之一。[101]

[101] “基本权利作为客观价值的功能构成了国家一切行为的基础,没有什么政治问题不是在基本权利思维之下展开讨论的。”Juergen Christoph Goedan, The Influence of the West German Constitution on the Legal System of the Country, 17 Int L. J. Legal Info. 1989, p. 121. 从某种意义上讲,国家的一切行为都是以基本权利为依归的。

立法程序的二元结构论:基于组织视角与个人视角的转换

郑文睿　傅　珊*

内容提要:当前对立法程序所形成的"法案的提出、法案的审议、法案的表决和法案的公布"四个正式立法程序的基本共识,不能全面解释立法运行过程的真实性。原因在于实践中至少还存在"立法规划/立法计划、法案的起草、法案的审议、适用解释"四个隐性立法程序。其中的逻辑主线表现为正式立法程序与"组织"相勾连,隐性立法程序与"个人"相勾连。《立法法》条文以"组织"视角所建构的正式立法程序和立法实践以"个人"视角所探寻的隐性立法程序共同构成了立法程序的二元结构。从纯粹立法学问题的解释选择问题着手,所建构的立法程序二元结构,需要在"组织"和"个人"两种视角中循环联动,实现视角的融合,以扩张既有的理论解释力,争取最大限度的接近立法运行过程的真实性。

关键词:立法程序　二元结构　组织视角　个人视角　正式立法程序　隐性立法程序

* 郑文睿,1985 年出生,四川省社会科学院法学研究所副研究员,中国人民大学法学博士、硕士生导师,研究方向为立法学、劳动法与社会保障法学;傅珊,1987 年出生,四川省发展和改革委员会社会发展处一级主任科员,中国人民大学法学博士,研究方向为立法学、劳动法与社会保障法学。本文系国家社科基金西部项目"设区的市地方立法权运行样本分析和制度回应研究"(项目批准号:17XFX015)、国家社科基金西部项目"设区的市地方立法体制研究"(项目批准号:16XFX004)、四川省社会科学院 2018~2021 年"立法与行政法学"学科建设(项目批准号:18XK006)的阶段性成果。

"二元论在不同时期似乎或多或少有所冲淡，但从来没有完全放弃"①

——题记

一、视角转换：对二元结构立法程序的探索

立法程序是《立法法》以及立法学的重要组成部分和主要内容之一，如何在学说上圆满地诠释立法程序的真实运行状况，"实现从立法论向解释论的转变"，②值得进一步的研究。因为"语言和世界的基本关系并不意味着世界变成了语言的对象。一切认识和陈述的对象都总是已被语言的世界视域所包围"，③由此，可以说，作为一个解释选择问题，任何人都不可能精准地用语言复述立法程序的每一个环节与细节，更何况大多数立法的立法程序往往要持续几年以上甚至更久。这就使《立法法》所建构的立法程序仅仅是立法者及专家学者所提炼概括出来的步骤节点和程序框架而已。换句话而言，针对立法程序的"文本—实践—解读"三者之间未必能够顺利地实现有序衔接和无缝对接。

当前，理论界和实务界对立法程序所形成的基本共识是法案的提出、审议、表决和公布四大环节。④ 同时，《立法法》条文也是按照如此共识性的逻辑对制定、修改、废止法律的立法程序谋篇布局的。在《立法法》第二章第二节"全国人民代表大会立法程序"12 个条文中，第 14 条至第 15 条对应着提出法律案（2 个条文），第 16 条至第 23 条对应着审议法律案（8 个条文），第 24 条对应着表决法律案（1 个条文），第 25 条对应着公布法律（1 个条文）。在《立法法》第二章第三节"全国人民代表大会常务委员会立法程序"19 个条文中，第 26 条至第 27 条对应着提出法律案（2 个条文），第 28 条至第 40 条对应着审议法律案（13 个条

① ［德］爱德华·策勒尔：《古希腊哲学史纲》，翁绍军译，世纪出版集团和上海人民出版社 2007 年版，第 84 页。

② 郑泰安：《设区的市地方性法规与省级政府规章效力等级辨析——基于讨论规则的视角》，载《法学论坛》2018 年第 1 期。

③ ［德］汉斯-格奥尔格·伽达默尔：《诠释学Ⅰ：真理与方法》，洪汉鼎译，商务印书馆 2010 年版，第 633 页。

④ 参见张春生：《关于全国人大常委会的组织制度和议事制度》，载《十届全国人大常委会法制讲座（第 1 辑）》，中国民主法制出版社 2004 年版，第 57 页；万其刚：《立法理念与实践》，北京大学出版社 2006 年版，第 214 页；周旺生：《立法学》，法律出版社 2009 年版，第 223～249 页；朱力宇、叶传星主编：《立法学》，中国人民大学出版社 2015 年版，第 123～133 页；全国人大常委会法制工作委员会国家法室编著：《中华人民共和国立法法解读》，中国法制出版社 2015 年版，第 116 页。

文），第41条至第43条⑤对应着表决法律案（3个条文），第44条对应着公布法律（1个条文）。

如果聚焦和透视这四个法定正式立法程序就会发现，《立法法》是以国家机关为中心建构的“法案的提出、审议、表决和公布”四个程序环节。换句话而言，《立法法》对立法程序的制度设计是以“组织”视角切入并展开其规范内容。然而，表面上来看，立法是以会议的形式断续走完整个流程的，但实际上，会议之前和会议之后的具体工作亦是不能缺乏的，只有“会议之前——会议之中——会议之后”才能确保整个立法程序的连续运转和顺畅运行。会议之前和会议之后的具体工作是需要个人即立法机关工作人员（主要是全国人大常委会法工委的工作人员）来完成的，甚至在会议之中（特别是在法案的审议阶段）也不乏立法机关工作人员辛勤劳动的忙碌身影。由此，《立法法》关于立法程序制度设计的这一解释选择问题，或许是出于设计便利、体系建构、表述逻辑等原因，缺乏从“个人”视角出发去探寻那些匿藏在正式立法程序背后可又切切实实发挥作用的隐性立法程序。

从“组织”视角切换到“个人”视角，就会发现，立法机关工作人员虽然不能作为法案的提出、审议、表决、通过的法定主体，但仍然能够在立法规划/立法计划、法案的起草、法案的审议、适用解释四个隐性立法程序⑥中发挥着至关重要的作用，并在某种程度上影响着立法者、立法文本以及立法进程。于是，顺理成章并合乎逻辑地，《立法法》条文以“组织”视角所建构的正式立法程序就与立法实践以“个人”视角所探寻的隐性立法程序共同构成了立法程序的二元结构（参见表1），二者交相辉映，相互影响，相互作用，彼此关联，不可割裂。

转换不同视角所建构的立法程序二元结构理论，属于纯粹立法学问题中的解释选择问题。纯粹立法学问题虽然不会影响《立法法》规范的设计和适用，但相关的解释选择结论会有效提升对立法程序的深刻认知。立法者有意省略或无

---

⑤ 其中，《立法法》第42条稍显特殊，本条位于第41条和第43条表决法律案的两个条文之间，从体系解释上来讲，应该也是涉及表决法律案的条文，但本条的内容不仅仅包括表决法律案，还关联着终止审议的审议法律案事项。

⑥ 参见卢群星：《隐性立法者：中国立法工作者的作用及其正当性难题》，载《浙江大学学报（人文社会科学版）》2013年第2期。

意忽略隐性立法程序的结果，导致理论上不能全面解释立法运行过程的真实性。实际上，正式立法程序与隐性立法程序首尾衔接、环环相扣、联动运行、互相嵌入，由此形成的二元结构成为理解、解释立法程序真实运行的逻辑线索。

表 1　立法程序二元结构示意表

<table>
<tr><td>程序类别</td><td colspan="2">立法前阶段</td><td colspan="4">正式立法阶段</td><td>立法后阶段</td></tr>
<tr><td>正式立法程序</td><td>×</td><td>×</td><td>法案的提出</td><td rowspan="2">法案的审议</td><td>法案的表决</td><td>法案的公布</td><td>×</td></tr>
<tr><td>隐性立法程序</td><td>立法规划/立法计划</td><td>法案的起草</td><td>×</td><td>×</td><td>×</td><td>适用解释</td></tr>
<tr><td colspan="8">备注：①符号“×”代表无此程序；②“法案的审议”是正式立法程序和隐性立法程序共享的程序</td></tr>
</table>

二、组织视角：正式立法程序的逻辑主线

诚如“语言是联系自我和世界的中介”⑦，《立法法》使用立法语言对制定、修改、废止法律的正式立法程序展开了专节条文的叙述与宣告，同时，对正式立法程序进行解读的讨论者也是借助语言以类型化的方式（法案的提出、审议、表决和公布）来实现从生活世界向法律世界的转变。以组织视角审视正式立法程序，需要充分运用系统性的体系化思维，分别展开“约束过程”“政治过程”“解释过程”的三重平行视角。

从约束过程来透视正式立法程序，需要考量各类组织受到相关规范制度的约束，而这种规范制度主要表现为《立法法》等法律。整个的正式立法程序不是杂乱无章的，而是呈现出动态的、连续的按部就班式关联，以确保程序的正常运转。首先，规范制度决定了问题的聚焦点，影响正式立法程序的起步门槛。提案主体原则上限定于各类国家机关等组织，当然也存在“一个代表团或三十名以上的代表联名”可以向全国人大行使提案权以及“常务委员会组成人员十人以

⑦ ［德］汉斯-格奥尔格·伽达默尔：《诠释学Ⅰ：真理与方法》，洪汉鼎译，商务印书馆 2010 年版，第 666 页。

上联名”可以向全国人大常委会行使提案权的情况,这两类主体虽不是组织,但都以团体的名义,可以视为“类组织”。由于提出法律案时需要提交法律草案文本及其说明,甚至还要提供必要的参阅资料,对于类组织而言,其不像组织那样有专门的组成部门与工作人员具有时间、能力与资源来确保草案的起草,所以类组织“很少提出法律草案”⑧。这也从某种角度进一步印证了《立法法》中立法程序条文的组织视角。其次,规范制度决定了利益的分配,影响正式立法程序的博弈程度。根据既往的博弈经验,一般要经三次常委会会议审议后才交付表决,甚至还曾出现《物权法》经历了全国人大常委会的七次审议和全国人大的一次审议,被有些媒体称为“五年八审”。如果各类组织之间博弈程度激烈,针对重大问题存在较大意见分歧搁置审议满两年的,则终止审议相关的法律草案。最后,规范制度决定了体制的结构,影响正式立法程序的决策走向。《立法法》设计了“统一、分层次”⑨的立法体制,针对立法权限,只有全国人大及其常委会才能行使国家立法权,制定法律,主导立法权,那么相关各类组织就只能在给定的立法程序中行使职权,而不能逾越自身的权限。

从政治过程来透视正式立法程序,是一个在利益冲突背景下讨价还价与互相妥协的过程,要能够容纳不同于己方的观点,互相宽容与理解,承认不同讨论者之间价值观的多元化态势,来达成最低限度的共识。英国著名历史学家和政治思想家阿克顿就曾言:“妥协是政治的灵魂。”⑩这句貌似与政治妥协同义反复的话就是为了强调妥协在应对立法过程中利益冲突时的协调功能与作用。“在政治学理论中,我们不是要求协调一致而是一直在寻求妥协……所有的妥协的共同之处是,它们都涉及到调和对立的理想和利益”。⑪ 特别是当考察妥协的英文表述“compromise”时就会更为深刻地理解政治过程的视角。因为该英文词汇的前缀“com-”是“共同”的意思,而后面的“-promise”有“应允”“承诺”“约定”

---

⑧ 蔡定剑:《中国人民代表大会制度》,法律出版社2003年版,第293页。

⑨ 关于我国立法体制的说法,至少存在三类表述:一是在党的文件中主要使用“党委领导、人大主导、政府推动(作用)”的表述;二是在《立法法》及相关官方辅助材料中主要使用“统一、分层次”的表述;三是在专家学者的论著中主要使用“一元、两级、多层次”的表述。

⑩ [英]阿克顿:《自由史论》,胡传胜等译,译林出版社2001年版,第181页。

⑪ [英]约翰·格雷:《自由主义的两张面孔》,顾爱彬、李瑞华译,凤凰出版传媒集团和江苏人民出版社2008年版,第138页。

等深意在其中。于是,在法案的审议阶段,通过沟通、协调、谈判、对话、交流等实现求同存异的场景就屡见不鲜。反映到《立法法》条文上就会发现,依据组织程序,发表/征求/听取意见、进行讨论等成为审议阶段的高频词汇,⑫最终谋求组织利益在妥协背景下的最大化。

从解释过程来透视正式立法程序,需要在整个过程中完成解释的工作,力争说服(说服是解释的最优结果)。问题在于"前见"会影响组织的解释与说服过程。"决不可能存在摆脱一切前见的理解,尽管我们的认识意愿必然总是力图避开我们前见的轨迹"。⑬ 首先,信息资料会影响解释过程。正式立法程序中,总是会存在信息不对称、信息不一致等情况,从而有些组织会质疑某些条文的表述,但有时经过条文起草者阐明关于为什么这样起草的原因后,部分组织会放弃原有的质疑。这就意味着增加相关的信息有助于提高立法决策质量。其次,经历经验会影响解释过程。在审议环节中,相关组织的参会人员会基于自身的经历经验去解读相关条文,有些理解可能会偏离条文起草者的本意,但有时很难在特定的时间场合中改变参会人员的偏好和想法,再加上引起偏好和想法的感性因素远多于理性因素,特别是在价值取向多元化的今天,更是难以针对价值判断问题达成共识。同时,这些参会人员的意见会传导表现为组织的意见,增加说服的难度。最后,角色身份会影响解释过程。不同的角色身份对待同一问题可能会产生不同的想法和见解。"屁股决定脑袋"的通俗说法,最为生动形象地说明参会人员的角色身份会导致他们的认知受其所限,影响看问题的角度,传导到组织后更是受到角色身份的制约,也由此增加了说服的难度。正是如此,为了提高效率、降低说服的成本,修订后的《立法法》新增了针对意见分歧较大的重要条款单独表决的制度设计。

---

⑫ 《立法法》相关条文就表述为"应当通过多种形式征求全国人民代表大会代表的意见""听取提案人的说明""提案人应当派人听取意见,回答询问""有关机关、组织应当派人介绍情况""对重要的不同意见应当在审议结果报告中予以说明""就法律案中的重大问题听取各代表团的审议意见,进行讨论""召集代表团推选的有关代表进行讨论""根据代表的意见进一步审议""对法律草案中的主要问题进行讨论""发表意见""听取意见可以采取座谈会、论证会、听证会等多种形式""听取有关专家、部门和全国人民代表大会代表等方面的意见""听取有关基层和群体代表、部门、人民团体、专家、全国人民代表大会代表和社会有关方面的意见""征求意见"。

⑬ [德]汉斯-格奥尔格·伽达默尔:《诠释学Ⅰ:真理与方法》,洪汉鼎译,商务印书馆2010年版,第688页。

三、个人视角:隐性立法程序的逻辑主线

以"组织"的视角来审视正式立法程序与以"个人"视角来探究隐性立法程序不同,尤其在强调二者差异的情况下,前者注重"组织"系统的体系性,后者则关心"个人"散乱的断续性。这种断续性经过"拼图游戏"或"拼接创建"的理性作业也能够归纳出一种体系结构。对于正式立法程序的认知,语言是认知世界的一种方式与中介,只需要展开对《立法法》相关条文立法语言的理性作业即可。但基于语言的局限性,世界远非语言所展示的那样。生活世界的现实运行与法律世界的人为构造之间,还需要凭借"人"自身的因素来认知和把握,这就使得对隐性立法程序的认知要复杂于对正式立法程序的认知。

一方面,"尽管阅读绝不是再现,但我们所阅读的一切文本都只有在理解中才能得到实现"⑭,借助阅读相关的文献资料⑮来理解围绕着立法机关工作人员所展开的隐性立法程序。另一方面,为了继续更好地挖掘隐性立法程序,除了阅读相关的文献资料之外,还需要通过调研、座谈、演讲等方式获取立法机关工作人员的切身经验与体悟。由此,才能精准地诠释出立法机关工作人员(即"人"的因素)发挥作用的隐性场域和实际作用。应当指出的是,隐性立法程序不代表《立法法》中完全没有条文涉及,而是没有专门放置在"立法程序"的节之下(立法规划/立法计划、法案的起草、适用解释),或者即使与正式立法程序存在交叉重合但基于"个人"的视角独立于正式立法程序之外(法案的审议)。具体而言,至少在如下四个场景中,立法机关工作人员与隐性立法程序相勾连。

第一,关于立法规划/立法计划环节,涉及到立法资源的分配。《立法法》第52条第2款明确规定由全国人大常委会法工委(参见表2)负责编制拟定、督促落实。于是,法工委的工作人员就会具体从事编制立法规划、拟订年度立法计划、督促落实立法规划及年度立法计划工作。委员长会议对法工委工作人员经

---

⑭ [德]汉斯-格奥尔格·伽达默尔:《诠释学Ⅱ:真理与方法》,洪汉鼎译,商务印书馆2010年版,第25页。

⑮ 参见卢群星:《隐性立法者:中国立法工作者的作用及其正当性难题》,载《浙江大学学报》(人文社会科学版)2013年第2期;刘怡达:《隐性立法解释:"法律释义"的功能及其正当性难题》,载《政治与法律》2017年第8期。

过一系列程序(征求意见等)后上报的立法规划和年度立法计划往往不会做大的变动和调整。近年来,法工委积极把握立项主动权,实现立法项目由被动地"等米下锅"向主动地"点菜上桌"转变的趋势。在立法资源的分配上,立法机关工作人员起到了"入口把关"的作用。

第二,关于法案的起草环节,涉及立法本意的传递。无论是哪个国家机构具体负责起草或联合起草,都是该(些)机构的具体工作人员负责落实。在新增全国人大常委会法工委负责立法规划/立法计划工作的基础上,修订后的《立法法》还增加规定全国人大有关的专门委员会、全国人大常委会法工委提前介入以参与法案的起草工作,甚至还增加了全国人大有关的专门委员会、全国人大常委会法工委可以组织起草综合性、全局性、基础性的重要法律草案的事项要求。法案的起草影响深远,其为未来的审议环节提供了文本基础,审议也只是在此基础上进行修改、删减和变动,极少存在全盘否定的情况。这就意味着谁掌握了法案的起草,谁就具有相当程度的主动权和相对的"利益分配权"。

表 2　立法规划/立法计划工作体制演变示意表⑯

界别	第七届~第九届全国人大常委会	第十届全国人大常委会	第十一届~第十三届全国人大常委会
负责主体	全国人大常委会秘书处	全国人大常委会办公厅	全国人大常委会法制工作委员会
备注:①在第七届全国人大常委会任期内,于 1991 年 11 月出台的《全国人大常委会立法规划(1991 年 10 月~1993 年 3 月)》是报经党中央同意的第一个立法规划。②2013 年,第十二届全国人大常委会首次将立法规划中的立法任务由以前的两类(大类、小类)更改并调整为三类(第一类、第二类、第三类)			

第三,法案的审议环节,涉及到立法意见的协调。本环节依旧存在立法机构工作人员施展的空间。根据 2000 年《立法法》既有规定所形成的常规做法,有关的专门委员会(含宪法和法律委员会)和法工委需要通过座谈会、论证会、听证会等形式听取各方面的意见。此外,法工委不仅应将法律草案发送及征求意见,还需要整理审议意见和各方面意见及其他有关资料等。2015 年修订的《立

⑯　本表资料来源于阚珂:《人民代表大会那些事》,法律出版社 2017 年版,第 138~142 页。

法法》新增法工委可以在提请审议通过法律案之前进行立法前评估的规定。立法机关工作人员的观点会作为一种“前见”潜移默化地影响着参加审议环节的立法者。

第四,适用解释环节,涉及到立法意义的补充。任何一部立法都不可避免地存在着语义模糊、语义欠缺、语义冲突等情况,未必出现这些情况时都要经过《立法法》第二章第四节“法律解释”[17]程序,可能法工委通过法律询问答复的方式就将问题化解了。修订后的《立法法》继续延续2000年《立法法》的做法,保留了法工委关于法律询问答复的权力。虽然已有学者针对法工委的答复法律询问权指明了效力之争并提出优化建议,[18]但不可否认的是这种所谓“有分无名”的答复法律询问权已经在实践中发挥着较为权威的重要作用。

值得进一步指出的是,在立法后阶段中实际上还会存在立法后评估环节,涉及到立法效果的摸查。但这个环节一般不会被认为是立法程序,虽然该环节可能会影响到相关立法的修改或废止。尤为关键的是,于立法后评估中,法工委的工作人员并不能根据自己的意愿左右评估结果,这与四个隐性立法程序的环节中其能发挥“相对决定性”的作用不同。因此,本文并没有将立法后评估环节纳入隐性立法程序中。

实际上,经由对立法机关工作人员断续性的工作透视,所展示的“立法规划/立法计划、法案的起草、法案的审议、适用解释”四个隐性立法程序,都是“工作过程”单一视角下的结果,不同于对正式立法程序“约束过程”“政治过程”“解释过程”的三重平行视角。

四、结语:关于立法程序的视角融合

基于对隐性立法程序的关注所建构的立法程序二元结构,并不是说将目光仅仅停留在隐性立法程序上,也不是说仅仅重视正式立法程序即可,而是需要在

---

⑰ 已有立法实务工作者提出对“法律解释”正当性的质疑。参见袁吉亮:《论立法解释制度之非》,载《中国法学》1994年第4期;袁吉亮:《再论立法解释制度之非》,载《中国法学》1995年第3期;陈斯喜:《论立法解释制度的是与非及其他》,载《中国法学》1998年第3期。

⑱ 参见褚宸舸:《论答复法律询问的效力——兼论全国人大常委会法工委的机构属性》,载《政治与法律》2014年第4期。

“组织”和“个人”两种视角中循环联动,游走并穿梭于“组织”和“个人”之间,在正式立法程序与隐性立法程序上实现目光毫无障碍地往返流转。这是因为“个人”在“组织”之中,“组织”由“个人”赋予生命。所以,从纯粹立法学问题出发探讨立法程序二元结构,应当实现“组织”视角和“个人”视角的深度融合,以最大限度的接近立法运行过程的真实性。

值得进一步指出的是,关于正式立法程序“约束过程”“政治过程”“解释过程”的三重平行视角,第一个“约束过程”面临着规范制度本身的非理性,第二个“政治过程”面临着无法达成最低限度共识的可能性,第三个“解释过程”面临着“立法者—法律文本—解释者”⑲的冲突性,三者可以合并归结为实效性的诘问。隐性立法程序“工作过程”单一视角面临着以个人击穿民主的正当性拷问,可以归结为合理性的质疑。由此,在立法程序的二元结构中,正式立法程序与隐性立法程序均面临着正当性的追问,前者关联着正当性中的实效性,后者则涉及正当性中的合理性。⑳

---

⑲ 张志铭:《法律解释学》,中国人民大学出版社 2015 年版,第 25~43 页。

⑳ 对立法程序的二元结构中正式立法程序与隐性立法程序的正当性追问值得进一步思考和研究。对这个问题,笔者会在《隐性立法程序检视及其规范化研究》一文中予以回应。

宪法与民法典的关系

南京大学法学院　田　芳*

在中国民法典的制定中,越来越多的民法学者强调人权在民法典制定中的重要地位和意义。如何理解人权在民法典制定中的作用和意义?民法与宪法基本权利的关系又如何?我国曾对宪法司法化或宪法私法化问题进行过讨论,对民法与宪法的关系也曾有深入研究,但是民法与宪法的关系到底应当如何界定,私权又如何获得宪法上的保障?这些问题还有待进一步研究。本文从私法、宪政与政治的关系入手,探讨了宪法基本权利第三效力理论以及其与私法自治的关系,认为宪法对民法的引导不仅仅在立法过程中,也在司法过程中。

一、民法政治化、宪法政治化与政治宪法化

1931年卡尔施密特提出了"统一国家"概念。① 施密特所定义的统一国家并不是一个极权国家,而是指传统的私法自治领域与国家统治领域(或者称为公共领域)之间的界分消失了。施密特认为,市民社会中的多元力量已捕获国家,使国家成为为其服务的工具。市民社会的多元化直接反映到了国会中众多分裂的政党。国家权力被市民社会所捕获的结果就是,国家权力可以直接进入到市民社会中,而市民社会中的各种利益集团可以利用国家机器来实现自己的目的。这样私法中就有了深深的政治意识,这又可以称为私法的政治化。传统私法与公法的二元分化已随着市民社会对国家权力的掌握而逐渐消退,而这种

---

* 南京大学法学院副教授,主要从事宪法与立法学研究。

① CARL SCHMITT, *Die Wendung zun Totalen Staat*, *in* POSITIONEN UND BEGRIFFE IM KAMPF MIT WEIMAR, GENF, VERSAILLES 1923-1939, at 166-78(3d ed. 1994).

消退产生的结果就是私法的政治化,统一国家的出现。这种统一国家与市民社会产生之前的统一国家在性质上是不相同的,市民社会产生之前的统一国家是一种国家强大而市民社会却不发达,但是现代的统一国家,却是市民社会发达之后,市民社会对国家权力控制的结果。

(一)私法自治的消退与民法政治化的产生

私法自治强调私法是免于国家干预的领域,其有两层含义:第一,市民社会仅仅依靠私法来治理,而这种私法的内容主要是由非政治性色彩的专家,即法学家来定义的;第二,私法是一种自然法、习惯法,是基于法律推理而产生的。现代国家的产生,使得私法自治的这两层含义都不再存在。

私法早已成为了一种自觉的并有着广泛基础的政治斗争对象,早已从法律的神坛上走下来成为世俗法规规范的对象。19 世纪一些传统思想认为私法就是自然法,是源自历史的,一套自成体系的法律术语所构建的,并认为民法典就是法律理性的权威体现,将私法的性质界定为是一种自然法,或是一种完全源自于法律理性的推理,这是私法自治与现代私法制定中最大的不同。现代私法的制定则受到了政治过程的影响,使得私法的内容有了更多的利益博弈和体现,而不仅仅是一种以法律理性为基础的推理和自我体系。现代的私法更多是一种政治角逐的结果,而不是所谓的一种法律理性的选择。

与此相应,在现代规制国家中,指越来越能动的立法者,越来越强大的行政机关,能灵活地应对现代社会所产生的各种危机。可以说 20 世纪就是这种规制性国家产生的高峰期,越来越多的国家开始并积极地干预市场,而成为了一个规制政府,一个规制国家。政府制定了竞争法,禁止卡特尔的产生。国家也制定了法律来限制合同自由,即规定了最低工资和最长工作时间,而且越来越多的法律来规范雇员和雇主之间的关系。越来越多的关于经济转型的激进条款成为政治公开讨论的对象。当然国家之所以越来越积极地干预市场,主要还是在几次大的经济危机之后。

(二)宪法是政治的注脚

正如很多 20 世纪的前半叶议会民主制国家一样,魏玛宪法中的宪法基本权利并不具有任何可司法性。② 魏玛宪法所具有的实际意义仅仅在于其确立了一种程序，这种程序决定了什么才是具有可司法性的法律。那一长串起着修饰魏玛宪法的宪法基本权利并不具有可司法性。法院被认为并不能胜任对宪法所包含的抽象原则作出解释的工作，因为给宪法中抽象性的原则作出解释是一种政治性判断，而法院并不能胜任这项工作。在讨论魏玛宪法草案时，美国最高法院的经历常常被引用来证明为什么不能让法院拥有解释宪法基本权利的原因。美国在 19 世纪末和 20 世纪初时，法院对经济和社会的改革所持有的敌对态度，使得美国的经济与社会改革受到了阻碍。德国在制定魏玛宪法时也因此认为不能赋予法院有司法审查的权力。20 世纪宪法还有一个特点就是，宪法本身即不受到所谓的合法性和神圣性的保护，也不受到无法修改的宪法条款的保障。在 20 世纪的魏玛宪法时期，宪法还没有自我保障的条款，即没有议会或立法机关不可修改的条款，当时的宪法中所有条款都可能被政治性的立法机关所修改。

所以宪法与政治的关系是可以从两个方面来反映的：一是宪法中基本权利的效力，二是宪法中的不可修改条款，在 20 世纪的魏玛宪法中，或者说 20 世纪最具有代表性的宪法中，宪法中的基本权利不具有可司法性，宪法中也没有不可被立法机关修改的条款，因此 20 世纪的宪法与政治的关系，宪法并不能规制政治，而仅仅是政治的工具。宪法并不能约束政治，当时的宪法仅仅是政治的一种注脚，宪法仅仅是用来证明通过某种政治过程而产生的法律是具有可司法性的。所以宪法与政治的关系，宪法是为政治服务的，宪法并不能对政治予以审查，也不能推翻政治的决定。正如施密特所观察的，魏玛宪法就是一个价值中立的技术性的程序工具。魏玛宪法的合法性被认为是构建在这样一个事实基础之上，即它构建了一种法律秩序，而且规定了一种法定程序。

也就是说当时宪法的合法性并不在于其建立了怎样的一种法律制度，而是建立了一种设立法律制度的程序，通过这种程序某种法律制度就会建立起来。中国 1982 年宪法也是如此，它的合法性也是建立了人民代表大会制度和多党合作的政治协商制度，通过这种制度国家的法律得以确立起来。而宪法的意义就

② 制定于 1918 年并于 1919 年 8 月 11 日生效的魏玛宪法一共有 181 条，两编，第一编为联邦的组织及其职责，第二编为德国人民的基本权利和基本义务。

在于确认这种制度的合法性。而人民代表大会制度其实也是一种法律程序。

当时一些有影响的法学家,如施密特和凯尔森都用这样或那样的方式坚持认为,法律就是用另一手段来延续政治。施密特发展了一种宪法理论,将政治概念作为其宪法理论的核心内容。③ 而凯尔森则发展了法律科学理论,决定将政治(包括所谓的经验和道德)从宪法理论中剔除出去,以挽救学术的纯正和超然。④ 然而正如凯尔森自己所指出的,⑤纯粹法学理论,以它现代的抽象性和规范性,提示了法律的实践自始自终就是政治性的。而正是凯尔森理论的形式结构和实质空虚,使得凯尔森的纯粹法学理论成为了一个强有力的武器,提示了政治在法律实践和法律研究中的普遍性:如果纯粹法学理论无法说明法律是如何解释的,那么法律解释实际上就是一个政治性行为,而不是法律的行为。

围绕着政治与宪法的关系,德国产生了两大法学理论,即施密特的政治宪法学和凯尔森的纯粹法学理论。这两大理论都为法学理论提供了很好的研究路径。施密特的政治宪法学与凯尔森的纯粹法学理论在当下的中国演变与为相类似的政治宪法学与规范宪法学,政治宪法学强调宪法更多的受制于政治,而规范宪法学则强调宪法的一种超然性。显然在20世纪之初,政治宪法学是对当下宪法实践的一种反映,而规范宪法学则是现代宪法的一种体现,其核心还是在于宪法也体现着一种价值观,而这种价值观并不是政治体制所能改变的,规范宪法学最终实现了宪法的最高法地位。

(三)政治宪法化或统一宪法建立

20世纪之后,德国却向着相反的方向发展,即承认了凯尔森的纯粹法学理论,认为宪法也应当有着其独立的法律价值,而这种价值恰恰就是宪法最根本的精神,而不受政治的影响,或者说恰恰是来引领政治的。20世纪将宪法理解成为一种价值中立的程序性工具,这也是与当代宪法最大的不同,如果宪法仅仅是一种价值中立的程序性工具,那么宪法与政治的关系就是,宪法仅仅是保障某种政治选择的工具,而政治选择就体现了价值选择,而这种价值选择正是通过宪法

③ CARL SCHMITT, DER BEGRIFF DES POLITISCHEN(3d ed. 1963).

④ HANS KELSEN, REINE RECHSLEHRE(2d ed. 1960).

⑤ HANS KELSEN, REINE RECHSLEHRE(2d ed. 1960). 349.

所保障的一种程序来决定的。而现代宪法则认为,宪法是具有价值选择的,并不是仅仅是一种工具,并不仅仅是一种任由政治程序来选择,而对于政治程序的选择并不作出任何的评价和判断。所以在现代宪法中,宪法不仅仅是保障某种具体的政治制度,而本身具有某种价值。

德国基本法经过 20 世纪下半叶的发展,实现了宪法政治化向政治宪法化的转变,或者说实现了统一国家向统一宪法的转变。⑥ 在一个统一的国家中,法律被认为是政治延续的另一种方式,那么在统一的宪法中,政治在一定的意义上被认为是法律的延续。也就是说,宪法为所有的政治问题的解决提供一种实质性的限制和引导。而任何一项政治性决定的有效性都将会在宪法法院受到挑战,在宪法基本权利可司法性的面具之下,所有的政治决定都将受到宪法法院的合理性评估,于是议会制国家最终转变成为了一个宪法统治的国家。⑦ 代议制国家转变成为一个宪政国家,其实质是由一个法律政治化的国家转变成为一个政治法律化的国家,而政治法律化的国家正是通过宪法基本权利的可司法性而完成的。所以宪法基本权利可司法性的问题背后还是政治与法律的关系问题。

政治宪法化或统一宪法有如下三个特点:第一,如果统一国家没有使宪法基本权利具有可司法性,而统一宪法就可以将所有的政治和法律冲突问题宪法化——统一的宪法可以宪法基本权利的名义来限制或引导政治性或法律问题的解决。通过宪法基本权利条款,宪法提供了一套规范标准——使这套标准是用一种抽象的术语来表达的。宪法赋予宪法法院裁决权,即如果某个人的权利受到了威胁,宪法法院自己宣告何为宪法正义。一个统一宪法起着这样的功能:⑧ 正如艾伦斯特福斯特霍福将其翻译为:蕴含着整个法律体系发展的 DNA,蕴含着法律基因。统一宪法为国家也为个人建立起了一个规范的选择程序。它引导公权力机关对私人领域事务介入还是不介入,而介入的适当方式又是什么。民主政治、政府行政决策和司法判决都成为了在实施宪法、执行宪法而都将受到宪

⑥ 当然施密特本人从来没有将“统一”一词与“宪法”相联系。施密特更喜欢将统一与国家相联系。CARL SCHMITT, *Totaler Feind, totaler Krieg, totaler Staat* (1937), *in* POSTIONEN UND BEGRIFFE IM KAMPF MIT WEIMAR-GENF-VERSAILLES 1923-1939, at 268(3d ed. 1994).

⑦ “宪法统治”一词是由施密特的最杰出的学生 E. W. Btckenfbrde 首创。See E. W. BOCKENFORDE, *Grundreclite lals Grundsat normen*, *in*STAAT, VERFASSUNG, DEMOKRATIE 185(1991).

⑧ E. FORSTHOFF, DER STAAT DER INDUSTRIEGESELLSCHAFT 144(2d ed. 1971).

法法院的监督。统一宪法将代议制立法国家转变成为了宪法统治的国家。

第二,如果说在统一国家中,宪法最基本的实质要素有可能会被修改,那么统一宪法通过保障其基本结构特征——宪法基本权利,民主和法治——不受修改,而使自己免于一种激进的政治变革。⑨ 而且统一宪法还明确表明,它并不是一套价值中立的程序,而是能明确什么是其敌人。比如,政党可以被取缔(基本法第 21 条),宪法法院可以取消个人参与政治的权利,如果这项权利被用来反对自由民主宪政秩序(基本法第 18 条)。宪法增加了不可修改的条款,使得宪法更能免于政治的随意修改,而使得宪法能不受到政治的干预,而宪法免于政治的干预才真正实现了宪法至上、宪法统治。

第三,如果说私人之间的关系政治化是统一国家的特点,那么私人之间关系的宪法化则是统一宪法的特点。在统一宪法中,宪法基本权利并不仅仅是保障个人免受到国家的干涉,更为重要的是,基本权利成为了当个人在面对第三方的威胁时可以要求国家为其提供保障。这个第三方可以是一个威胁要杀害人质的恐怖分子,将会对周国居民造成威胁的核能工厂,⑩执行不利于债务人合同的债权银行,⑪雇主解雇了一个雇员,或者房东威胁要将一个租客赶走。在这些申诉中,公民所针对的公权力机关可以是立法者(立法者没有制定提供适当保护的法律),可以是执行机关(执行机关没有采取适当的保护措施),也可以是司法机关。

二、宪法基本权利水平效力

(一)从消极权利到积极权利:国家保护义务的确立

无论从基本法的文本上来看,还是从基本法的制定历史上来看,基本法中的权利仍然主要是消极权利。除了基本法中所规定的母亲有权利获得社会的保障和资助之外,⑫基本法并没有规定公民的积极权利。当然我们可以引用国家有

---

⑨ 参见德国《基本法》第 20 条和第 79 条。

⑩ BVerfGE 49,89 and BVerfGE 53,30.

⑪ BVerfGE 89,214.

⑫ 德国《基本法》第 6 条第 4 款。

义务保障人格尊严,[13]也可以引用基本法中关于德国是一个社会主义国家条款[14]来推导出公民的积极权利。也就是说如果从基本法的条文上来看,基本法主要有三个条款可以推导出公民的积极权利:基本法第1条的人格尊严条款,国家有保障公民人格尊严的义务;基本法第20条第1款所规定的,德国是一个社会主义国家;宪法第6条第4款所保障的母亲有权利获得社会的资助。

宪法基本权利理论从消极权利向积极权利的转变是如何发生的呢?这个发展的关键在于德国宪法法院早期有关私人之间争议的判决。在吕特案中,[15]该案争议的焦点在于宪法基本权利是否仅仅是一种防御性的权利,即防御国家侵犯的权利,而同时也是一种具有水平效力的权利,即可以适用于个人之间的关系。在这一案例中,宪法法院首次判决:"宪法基本权利不仅仅是保障公民免于国家的干涉,而且也包含了客观价值,而这种客观价值可以适用于所有的法律领域,这种客观价值引导国家的立法、执行和司法。"[16]宪法权利规范辐射到所有的法律体制中。例如,表达自由,不仅仅是个人免于国家干涉的权利,同时也是一种价值和一种原则,成为所有涉及表达自由的法律所必须遵守的原则。因此表达自由也可以涉及如下问题,即一个人是否可以因另一个人的不当言论而获得民事赔偿。[17] 宪法原则辐射到国家社会和个人所有的权利和义务,这成为了现代宪政国家的基础,而不仅仅是宪法基本权利适用于私领域。这也是最终构建起个人积极权利的基础。所以私法宪法化不仅仅是基本权利的水平效力问题,最终或者说最强大的还是在于私法宪法化的后果是确认了积极权利,即基本权利最终成为了可以要求国家积极作为的权利。私法宪法化仅仅是基本权利积极化的结果之一。私法宪法化其实是基本权利由消极权利向积极权利转变的结果之一。

所以当论及宪法基本权利范围时,基本权利的辐射效力理论是巨大的。第一,法院坚持认为宪法基本权利要求某些组织和程序制度化。这些组织和程序

---

[13] 德国《基本法》第1条。

[14] 德国《基本法》第20条第1款。

[15] BVerfGE 7,198 (*Lueti*).

[16] BVerfGE 39,1(41).

[17] BVerfGE 86,1.

的制度化包括特别法院的建立，特别行政程序，甚至包括复杂的制度规制以保障广播自由，建立免于国家干预的电视广播体制，建立多元化的广播体制等。第二，要求国家采取积极的行为以保障个人的权利不受到第三方的干涉。这方面的案例涉及要求国家加强核反应堆安全标准以充分保障公民个人权利不受到核能厂的侵犯，要求国家在宪法义务之下满足恐怖分子要求营救某一人质。⑱ 当然最重要的涉及国家保护义务的案件就是堕胎案。妇女并没有引用选择自由（或者说一般自由条款）来挑战刑法的制裁。恰恰相反，对堕胎问题的挑战是在国会中的多数制定了一项法律，将某些堕胎行为免予刑事处罚之后，立法机关中的少数挑战这一新的规定。少数派的观点是，国家负有宪法责任以保护未出生的胎儿的生命权，因此国家有责任对堕胎行为予以刑事制裁。⑲ 最后辐射理论也为社会权利的保障提供了理论支持。社会经济权利都涉及一些具体的物质支持，而这物质性的支持对于自由权的实现有着决定性的意义。联邦宪法法院甚至承认了职业选择自由就是要求国家提供充分的大学求学机会，使得每一个有能力的人都可以去选择他所喜欢的专业。

所以私法宪法化仅仅是宪法基本权利扩张的后果之一，私法宪法化的前提或者说最大的成果就是宪法基本权利辐射效力，通过宪法基本权利的辐射效力，将基本权利的范围从传统的消极权利发展到了积极权利，又从积极权利发展出了国家义务理论，在国家义务理论下，很多权利的实现依靠国家的积极行为。而在积极权利和国家义务理论的前提下，社会经济权利得以产生。最终社会国家出现，或者说社会福利国家出现。社会福利国家的出现也是符合德国基本法对社会国的定义。而社会国家的出现是在统一宪法概念之下的又一次国家的扩张。但是这一次国家是义务的扩张，但是国家义务扩张的同时也是导致了国家权力的扩张。所以社会国家出现是否最终会导致一种强权国家，以保障基本权利的名义而实现了对权力的扩张。

---

⑱ BVerfGE 46,160.

⑲ BVerfGE 39,1 and BVerfGE 88,203.

(二)民法宪法化

从文本上来看,德国《基本法》只是规定“基本权利约束所有的立法机关、执法机关和司法机关。”⑳一般来说,基本法所保障的基本权利并不是针对个人的。个人并不能直接依赖宪法基本权利对另一个人提起民事诉讼。宪法基本权利在民事诉讼中仅仅具有间接效力,其意义是指在民事诉讼中,民事法院在解释民事法律时应当尊重宪法基本权利,而国家立法机关在制定民事法律时应当尊重宪法基本权利。这就是宪法第三人效力的核心内容。因此德国宪法第三人效力理论并没有将宪法基本权利的效力扩张到公民可以直接在民事诉讼中引用宪法基本权利来对抗另一当事人,只是说在民事诉讼中,民事法院的法官在解释民事法律时应当尊重宪法基本权利,而立法机关在制定民事法律时应当尊重宪法基本权利,这就是宪法基本权利的第三人效力。

但是在实际的运作中宪法基本权利在民事诉讼中的间接效力和直接效力区别完全可以忽略。宪法基本权利第三人效力原则仅仅涉及在民事诉讼中法律问题的形成方式,而对于案件最终的结果以及对于公权力机构的能力要求并没有什么实质性的影响。如果我们作一个大胆的假设,德国制宪者将宪法进行了修改,明确规定宪法基本权利也可以直接适用于私主体之间,这种宪法修正并不会对现实的司法实践产生任何实质性影响。可能产生的影响只会是起诉方式的变化,起诉人不再起诉某个公权力机关(这是现在宪法诉愿中常见的方式),而是直接将某个私主体作为被告。而受到挑战的行为就直接是私主体个人行为而不是公权力机关行为。但是这种变化对于宪法法院对基本法的解释来说并不会产生什么实质性的影响。这也就意味着即使在“间接效力”原则之下,宪法原则已成为私法和公法的共同原则和基础。下面将论证这一观点。

善良公俗:民法的普通条款

我们可以先假设一下:一个消费者A陷入了严重的财政危机,于是和一家信用卡公司C签订了一份合同。A签订了一张信用卡,该信用卡广告上宣传的是提供最高信贷限额,而且在头6个月有10%的利息。标准合同上6个月后利

⑳ 德国《基本法》第1条第三自然段。

息将上升为每年35%。A在几年后还清了本金,但是拒绝偿还利息,认为信用卡公司对于利息的规定高得可笑。信用卡公司在证明A有能力偿还债务后,决定对A提起诉讼,要求A偿还剩下的利息。

本案中的问题并不在于谁能获胜,或者消费者权益保护法是如何规定的,我们要讨论的是如何形成问题并解释这个问题,宪法基本权利如何进入到这一争议当中。初看这一案件仅仅是一个私法案件不涉及宪法基本权利问题。但本案中所涉及的问题其实关系两个宪法基本权利,即涉及信用卡公司的合同自由,和合同另一方的免于高利贷剥削的权利。支持合同自由的辩护理由一般会是——有效合同必须得到执行,有效合同拥有合法预期,执行有效合同有利提高经济效率。另一方面则是对合同另一方相对弱者的权利保障。就是说本案的问题是如何在这两者之间划定一个界限。如何对这两者进行划分实践中也有不同的方法。德国民法典包含一个一般条款,即规定"违背善良风俗"㉑的合同无效。这一条款在很多合同案件中都成为了相对弱势方的保护利器。在美国法中显失公正原则被法院发展成为一项普通法原则,㉒也起到了与这一条款相同的作用。也就是说,在美国的民法典并没有对合同无效的一般性规定条款,但是法院发展了显失公正这一原则,使得这一由法院发展出来的原则成为了一项普通法律,而起着德国成本法中"违反公序良俗"条款相同的效果。无论是在美国法院根据显失公正原则来审理案件,还是在德国法院根据"违背公序良俗"来审理案件,法院都需要在相互冲突的利益之间划定一条界限,而在划定这一界限时,法院会决定在具体的情形下合同该如何实施。当然今天这种相互冲突的利益划分一般由立法者来完成。现在除了民事法典中的这种一般条款和普通法中的一般原则外,很多国家的立法者制定了消费者权益保护法律。在欧洲各国家消费者保护法中(这些法律也由欧盟相关法规补充),对标准合同问题,分期付款合同问题以及消费者信贷合同问题都予以了明确规定。而且这些立法一般来说还都包含了一些行政法规(很多法律将某些具体情形下的消费者权益保护问题委托给行政机关来进一步予以规范),因此现在对于合同自由与消费者权益保护之间的

㉑ 德国《民法典》第138条第一自然段。

㉒ *Campbell Soup Co. v. Wentz*,172 F. 2d 80(3d Cir. 1948).

界限划分问题不再是由各自的法院来完成而是由立法者来完成的。

首先我们设想一下,宪法基本权利在德国是具有直接水平效力的,可以被普通法院直接适用。我们进一步设想,新的宪法修正案规定:宪法基本权利可以适用于所有的公权力机关,也可以适用于所有的私主体。所有的事情都会相同。在德国 A 和 C 都可以引用宪法基本权利来支持他们的申诉。经由德国宪法法院解释,德国基本法中拥有一条可以包罗万象一般自由权条款,该条款被理解为是个人根据意愿有做或不做的自由。㉓ 而对自由权利的侵犯就当然引起了宪法问题以及随之而来的宪法审查。㉔ C 可以提起宪法侵权诉讼,声称 A 拒绝执行有效的合同,就侵犯了其应当享有的合同自由,而合同自由经由宪法法院的解释被认为是基本法第 2 条一般自由权的具体表现形式之一。当然这里不仅有 C 的宪法基本权利。A 也可以引用宪法自由权利来起诉 C。C 实际想让 A 在不符合自己意愿的情况下把钱拿出来,因为当时 A 处于财政危机,在这种不得已的情况下接受了这种不利合同。这是两种相冲突的利益,乍一看他们两人的自由权似乎都应当获得宪法的保障,这两种相冲突的利益将在各自的理由之下获得平衡,最终决定谁的利益将获得更高的保障。比例原则是法院司法审查的中心原则,不仅仅是用于处决个人利益与集体利益冲突问题,也用于处决个人利益与个人利益冲突问题。这种平衡需要评估各种因素:如 A 当时的困难程度,这种困难程度对他当时作出承诺时有怎样的影响;C 当时的信赖利益,当时的情形下,C 要求比市场利益高出很多的利息;法院事后的救济在改善弱势方的情形时是否也考虑到了经济的效率。如何解决合同中相冲突的问题,也是如何解决宪法问题。

当然法院在解决这种问题时一般都会尊重已有的法律规定、先例和相关的原则。但是宪法作为国家的最高法律可以代替普通法律、先例和原则,成为解决私法冲突问题的最终依据。当然如果私法对于相关问题可以给出一种很好的平衡,当然可以成为法院的依据。如果不能法院还得利用比例原则来处理。也就

㉓ 德国《基本法》第 2 条规定,"Everyone has the right to freely develop their personality",德国宪法法院将这一条款解释为,everyone is free to do or to abstain from doing whatever they like. BVErfGE 6,32(*Elfes*)。

㉔ 正是这种对自由权的广义界定使得德国宪法法院可以介入到很多事情当中,如可以去评估在公共场所喂鸽子是否合宪 BVerfGE 54,263;在公共森林骑马是否合宪 BVErfGE 80,137 等问题。

是说,比例原则成为了所有法律的帝王原则,所有的问题如果宪法法院认为已有的法律、先例和原则都没有能更好地平衡相冲突的利益,那么宪法法院就可以直接根据比例原则来对相冲突的利益进行平衡,而最终对相冲突的利益应当如何平衡作出最终的判断。这也许就是许多学者批判的宪法基本权利辐射效力或者水平效力的重要原因。

为什么要对宪法基本权利的水平效力问题给出一个假设呢?在现实生活中,任何一个德国的民事法院都可能会立刻否定 A 侵犯了 C 的权利或者反过来说。德国基本法中的宪法权利都是针对公权力机关而不是针对私主体。㉕ 私主体并不是宪法基本权利的适用主体。民事法院法官可以说宪法基本权利并没有直接的水平效力。

虽然宪法法院否定了宪法基本权利具有直接的水平效力,但这并不意味着宪法基本权利就不能进入民事领域。当然宪法基本权利是针对公权力机关的,但是自从吕特案之后,㉖现在人们都接受,民事法院作为私法的解释者,当然应当受到宪法基本权利的约束。C 可能没有权利直接引用宪法基本权利声称 A 侵犯了其宪法基本权利,A 也是如此。不像宪法侵权,A 或 C 的起诉理由必须基于私法而提起,提出具体履行或损害,如依据合同法或者侵权法。但是在私法诉讼当中 A 或 C 都可以引用宪法基本权利来起诉民事法院。

C 可坚称法院应当保证其合同自由,而合同自由就是基本法所保障的一般自由权的具体体现。在这个意义上,基本权利的基本价值通过法律秩序辐射到了民事法院,成为了对民事法院的一种要求,即民事法院的法官在对私法进行解释时应当遵循宪法的基本精神。法院在解释私法时,包括解释私法的一般条款时,应当符合宪法所体现的基本价值。也就是说民事法院的法官在解释私法条款时应当更好地平衡相冲突的宪法权利。㉗ 在这个案件中,就意味着解释善良公俗例外应当作狭义的解释,因为合同自由也是宪法所保障的自由的具体体现。

A 也可以声称,C 有权利要求法院在解释私法条款应当注意到相冲突的宪

㉕ 除了一个例外,即德国《基本法》第 9 条第 2 款的规定,私人合同如果禁止工人集体组织将构成违宪,因此是无效的。

㉖ BVErfGE 7,198 (*Lathi*).

㉗ BVerfGE 30,173 (*Mephisto*).

法基本权利,但是对于法院该如何平衡却犯了错误。根据A的自由权来说(这一合同对A所施加的不当负担)如果A坚持认为合同条款不公正,法院就只能根据善良公俗条款认定合同无效。如果法院没有这样解释民法典中的“善良公俗”条款导致A败诉,A就可以起诉到宪法法院声称其宪法权利被民事法院侵害。

也就是说在解释一般条款的外衣下,法院实际上被要求对相冲突的基本权利作出一个平衡。而法院法官在解释民法典的“善良公俗”条款时实质上就是在平衡当事人之间相互冲突的利益,民事法院的法官需要对相冲突的利益作出一个最终的平衡,判断谁的利益胜出。而根据水平效力理论,最终民事案件还会上诉到宪法法院,这样宪法法院就成为私法争议问题的最终裁决者。如果某方当事人认为民事法院对私法条款的解释没有充分考虑到当事人的宪法基本权利,于是就可以将相关的判决上诉到宪法法院。

(三)民法的具体条款

但如果法律本身是清楚的,没有什么要解释的,情况又会怎样呢?在实践当中,基本权利水平效力的直接性或非直接性是否取决于民事法院所要解释的条款,是否为可以进行选择解释的条款呢?也就是说,如果私法条款是清楚的,民事法院的法官是否就可以不用理会宪法呢?一个民事法院的法官不用去解释法典中的那些高度抽象一般条款,情况会怎样呢?或者再假设立法者已对于相关的问题作出非常清楚的规定,比如说,国家立法机关已非常明确地规定,所有的信用卡利息都不得超过35%(或者说不得超过的百分比具体数字更小一些),否则就是违反了善良公俗原则。法官就可以松一口气了,高兴这种平衡已被立法者解决了,立法者的语言也不是模糊的,法官不用去解释这种复杂的问题,不用对相关的利益进行复杂的平衡,也就没有了什么宪法问题。

即使法律条文是清楚的,规定是明确的,不用民事法院的法官来解释相关的条款,但这并不是说就没有宪法问题了。现在合宪性问题就落在了立法者身上,即立法者所规定的利息不得高于35%的规定是否是合宪的,这一立法是否合理地考虑了另一方的宪法利益。

即使宪法基本权利不具有直接的水平效力,宪法基本权利的问题并不仅仅涉及法律的解释问题。立法者制定私法时也需要考虑宪法基本权利。立法行为当然是国家公权力行为,当然应当受到宪法基本权利的限制。一个民事法院的法官如果执行了一个对宪法基本权利产生过重负担的法律也是违背了宪法。当然民事法院法官并无权将违背宪法的私法放弃不用,只有宪法法院才有权这样做。㉘ 如果私法并没有达到宪法标准,法官就应当将这一问题提交到宪法法院,由宪法法院来决定该法律的合宪性和有效性问题。如果法官没有这样做,那么民事诉讼当事人就可以直接上诉到宪法法院,认为民事法院的判决和相关民事立法都侵犯了其宪法基本权利。

所以私法宪法化不仅仅是私法的一般权利条款,宪法进入私法也不仅仅是通过私法的一般条款,其实即使私法中的相关条款对相关问题已经规定得非常清楚了,民事诉讼当事人仍然可以对相关的私法条款提起诉讼,认为相关立法侵犯了其宪法基本权利,而民事法院的法官仍然执行了侵犯公民基本权利的法律,民事诉讼当事人仍然可以将民事法院告到宪法法院。所以私法宪法化通过前面的基本法第 2 条一般自由权利条款的广义解释,民法概括条款,但是私法宪法化最终还是通过德国宪法诉讼制度来完成的,即宪法诉愿制度,公民不仅仅针对民事法院对私法的解释可以提起宪法诉讼,而且可以针对相关条款的制定,提起宪法诉讼。这种诉讼范围使得私法的所有条款,私法之间所有的争议都全部变为了宪法问题。也可以说这样就完全完成了私法的宪法化。

无论宪法基本权利是具有间接的水平效力还是直接的水平效力都不影响最终的效果。无论民法条款是否清楚,是否需要解释,其结果都一样,当事人都可以其侵犯了基本权利而起诉到宪法法院。这样导致的结果就是宪法水平效力就是具有直接的效力。

当然宪法法院对于立法者是很尊重的,对于民事法院也是很尊重的。㉙ 只有当民事法院严重地忽略了宪法问题或者严重的曲解了法律,宪法法院才会认

㉘ 德国构建了凯尔森式宪法法院,只有宪法法院才有权力推翻某一立法违背了宪法而无效。

㉙ 有关宪法法院对普通法院和立法机关的尊重问题可以参见 MARIUS RAABE, GRUNDRECHTE UND ERKENNTNIS(1998)。

定法院违背了宪法，侵犯了当事人的宪法基本权利。[30] 私法的立法者仍然享有很大的裁量权来决定相冲突的利益平衡问题。[31] 但这并不是说宪法法院对于民事法院的审查或者说对于民事法律的审查是没有力量的。其实在德国，债权债务法领域内的合同、[32]房屋租赁合同、[33]婚前合同[34]都被宪法法院进行了再造。

三、民法宪法化与私法自治

如果宪法法院肯定了基本法第2条一般自由权具有广义概念，而私法就是决定所有个人一般自由权边界的法律，那么私法实际上就是一部实用宪法。它将宪法所规范的自由具体化、规范化。所以从一定的意义上来说，民事诉讼就可被视为有关宪法基本权利冲突的诉讼。私法就是一部实用宪法，民事诉讼就是关于宪法基本权利冲突的诉讼，私法从私法自治到私法政治化再到私法宪法化。私法宪法化是否就否定了私法自治呢？

私法关注的个人之间的问题，而公法关注的则是个人与国家之间的问题。宪法基本权利应当仅仅是作为个人抵御国家的基本权利，而私法则主要是关于个人之间的关系问题。[35] 如果不考虑公法与私法的划分问题将会影响到私法自治原则。例如言论自由主要是限制国家因言论内容而对于言论进行的审查。如果一个教授建议对税收体制改革希望建立统一税，他的提议可能会伤害到社会中的弱者。但是任何对这种言论的法律审查都将是违背宪法的，侵犯了其言论自由权。比如他并不能因为这一言论而受到开除。但是即使公权力机关不会限制其言论自由，个人可能还是会。在一个自由社会中私法是允许个人对某个人的言论表示不满。言论自由并不能被引用来个人在开一个晚宴时公开表明不欢迎支持单一税的人。在一个自由社会中个人可以做许多公权力机关无法做的事情。私法自治，作为私法的中心原则，就表达了这种思想。如果个人也像公权力

---

[30] 有关宪法法院与普通法院之间的关系问题可以参见 Christian Starck, *Verfassungsgerichtsbarkeit und Fachgerichte*, 51 JURISTENZEITUNG 1033(1996)。

[31] Johannes Hager, *Grundrechte iti Privatrecht*, 49 JURISTENZEITUNG 374(1994).

[32] BVerfGE 89, 214.

[33] BVerfGE 89, 1.

[34] BVerfGE 103, 89.

[35] PITZNER/RONELLENFITSCH, DAs ASSESSOREXAMEN IMI(F FENTLICHEN RECHT 51(9th ed. 1996).

机关一样受到宪法的限制,这将削弱私法自治精神。所以从表面上看来,统一宪法似乎与统一国家是一对双胞胎。它们似乎都不太尊重私法自治。

这一观点并不具有说服力。的确私法自治在一定的意义上来说就是公民可以自由做其想做的任何事情,但是国家公权力机关则不可以。晚宴的主体将支持统一税的客人赶走了,并没有侵犯客人的言论自由。但是这并不能说宪法基本权利就不可以适用于私法,也不可以说宪法基本权利不能调整私主体之间的关系。这只能说当将宪法基本权利适用于私领域时,另一方的自治利益需要获得考虑。一个人拥有言论自由仅仅意味着国家不可以其言论而对他另眼相看,但并不能因此也推导说,另一个人不能对其另眼相看。在后面的情形下,言论自由需要与主人自由邀请客人的自由相平衡。在不同的情形下,比例原则所考虑的因素不一样。在考虑相冲突的个人利益时,宪法基本权利的保障需要考虑到私法自治作为一个可以抵消的因素。宪法法院需要考虑民事法院是否考虑到了各种相关因素。

最后,将宪法基本权利适用于私领域并没有削弱这样的观点,即在私领域中,每个人的行为都不用对公共负责,在私领域中,他们并不承担公共责任。㊱当一个人将不同政治观点的人走出其私人晚宴时,问题并不在于其行为是否值得公共批评,是否应承担公共责任,不在于其将一个政治不同意见者赶出去是否合理。问题的关键在于如何界定其各自自治领域。在这个领域内,一个权利所有者不必对其所说的或所做的负责。一个人不想邀请另一个人不需要有充足的理由。在这一私领域内,他个人自由与其他人的自由相平衡的结果就是,他在他个人领域内可以自由地作他自己想做的任何事情,他完全可以因自己不喜欢某种人而不邀请他参加其私人派对。但是在雇佣关系领域则又不同了。一个雇主不可以因不喜欢某个人的政治言论而不雇佣某人。㊲ 雇佣决定的合理性又完全不同。雇佣人的权利必须受到限制。这也是劳动法所规定的。劳动法就是考虑了各种相冲突的利益。而宪法法院则可以以宪法基本权利来审查各种相冲突的利益是否获得了充分考虑和平衡。

㊱ J. HABERMAS, BETWEEN FACTS AND NORMS 109(1996).

㊲ BVerfGE 86,122.(某人在某一学生期刊上发表了某些政治言论,但是这一政治性言论并不能成为不雇佣这一学生的理由)

因此,将宪法基本权利适用于私法领域并没有损害传统的私法与公法的划分。将宪法基本权利适用于私法即不是什么自由主义也不是什么社会民主主义,而对抛弃传统的公法与私法的划分更不是什么集权主义。宪法基本权利适用于私法仅仅是提供了一种讨论私法问题的途径。宪法基本权利适用于私法领域使得立法者以及司法者在私法自治的前提能更好地考虑善良正义公平效率等问题。如果现有的私法考虑了这种平衡,那么这种私法规制就是合理的。如果合同法的某些部分太过自由或太过关注消费者权益保护,那么宪法基本权利原则就提供了一种分析路径。这就是私法宪法化的理论与实践意义。

图书在版编目(CIP)数据

新时代的中国立法：中国法学会立法学研究会2018年年会论文集/朱景文，沈国明主编. -- 北京：法律出版社，2019
ISBN 978-7-5197-3975-1

Ⅰ. ①新… Ⅱ. ①朱… ②沈… Ⅲ. ①立法－中国－文集 Ⅳ. ①D920.0-53

中国版本图书馆CIP数据核字(2019)第230835号

新时代的中国立法
——中国法学会立法学研究会2018年年会论文集
XINSHIDAI DE ZHONGGUO LIFA
—ZHONGGUO FAXUEHUI LIFAXUE YANJIUHUI 2018NIAN NIANHUI LUNWENJI

朱景文
沈国明 主编
冯玉军 执行主编

策划编辑 高 山
责任编辑 李 军
装帧设计 李 瞻

出版 法律出版社
总发行 中国法律图书有限公司
经销 新华书店
印刷 北京建宏印刷有限公司
责任校对 郭艳萍
责任印制 陶 松

编辑统筹 学术·对外出版分社
开本 710毫米×1000毫米 1/16
印张 26
字数 402千
版本 2019年11月第1版
印次 2019年11月第1次印刷

法律出版社/北京市丰台区莲花池西里7号(100073)
网址/www.lawpress.com.cn
投稿邮箱/info@lawpress.com.cn
举报维权邮箱/jbwq@lawpress.com.cn
销售热线/400-660-8393
咨询电话/010-63939796

中国法律图书有限公司/北京市丰台区莲花池西里7号(100073)
全国各地中法图分、子公司销售电话：
统一销售客服/400-660-8393/6393
第一法律书店/010-83938432/8433 西安分公司/029-85330678 重庆分公司/023-67453036
上海分公司/021-62071639/1636 深圳分公司/0755-83072995

书号:ISBN 978-7-5197-3975-1
定价:98.00元
(如有缺页或倒装,中国法律图书有限公司负责退换)